GUIDE

01 직업기초능력

1. 직업기초능력이란 무엇인가?

직업기초능력이란 모든 직무자에게 필요한 공통적이고 핵심적인 능력이다. 대부분의 직종에서 직무를 성공적으로 수행하는 데 공통으로 요구되는 지식, 기술, 태도 등을 말한다.

2. 직업기초능력의 중요성

① 업무성과의 핵심요소

② 공통으로 요구되는 능력

③ 자기 동기부여, 자기관리, 창의력, 문제해결능력의 근본

3. 직업기초능력의 평가

① 직무상황의 제시 : 직업적 개연성 및 구체적 미션 제공

- 문항에 제시되는 상황은 직업적인 개연성이 있어야 함
  → 직무자들이 회사에서 겪을 수 있는 상황
- 문항의 발문에는 문항에 제시된 직무자가 수행해야 하는 업무가 무엇인지 구체적으로 명시되어야 할 뿐만 아니라, 업무와 관련된 사항(목적, 수행 이유, 관련 업무 등)도 함께 제시해야 함

② 직무수행에 실제로 필요한 능력을 평가 문항에 반영

- 실제 업무 상황에서 필요한 능력을 평가하는 문항

02 직업기초능력 시험 유형

1. 채용 필기시험의 변화 과정

전공		NCS		NCS + 전공
• 전공 문제로 신입사원 채용 • 전공자에게 집중된 채용 방식 • 공기업별 시험 난도 상이	→ 도입	• 직무와 관련된 지식 · 기술 · 태도를 평가하기 위해 직무를 성공적으로 수행하는 데 요구되는 내용을 평가하고자 함 • 인적성 및 PSAT형 문제의 유입으로 NCS 도입의 목적이 불분명해짐 • 직무수행능력을 평가하는 데 관련성이 적음	→ 변화	• NCS 기반 채용의 불분명성에 따라 NCS의 정통이라 할 수 있는 모듈형 문제로 출제 방향이 변화 • 전공의 비중을 높여 업무 전문성을 높임

2. 직업기초능력 시험 유형 및 특징

구분	특징
모듈형	• 이론 · 개념을 활용하여 풀이하는 유형 • 채용기업 및 직무에 따라 직업기초능력 10개 영역 중 선별하여 출제 • 기업의 특성을 고려한 직무 관련 문제 출제 • 대개 1문제당 1분의 시간이 소요 • 주어진 상황에 대한 판단 및 이론 적용을 요구
PSAT형	• 대부분 의사소통능력, 수리능력, 문제해결능력을 중심으로 출제되며, 일부 기업의 경우 자원관리능력, 조직이해능력이 추가로 출제됨 • 자료에 대한 추론, 해석 능력을 요구
피듈형 (PSAT+모듈형)	• 기초 · 응용 모듈을 구분하여 풀이하는 유형 • '기초인지모듈'과 '응용업무모듈'로 구분하여 출제 • 유형이 정형화되어 있고, 유사한 유형의 문제가 세트로 출제됨

03 PSAT형이란?

- 국가직 공무원 5급과 7급 선발에서 실시하는 공직적격성평가(PSAT)와 유사한 형태의 문제가 출제되는 유형으로, PSAT의 경우 언어논리, 자료해석, 상황판단 3가지 영역을 측정한다.
- 주로 이해력, 분석 및 추론능력, 상황판단능력 등을 평가하며, 문제의 길이가 대체로 긴 편이다.
- 모듈형 시험과 달리 논리적 사고력과 문제에서 주어진 정보를 해석 및 추론하는 능력이 필요하다.
- PSAT형을 출제하는 대표적인 대행사는 행동과학연구소, 휴노, BSC, 인크루트, 엑스퍼트컨설팅, 잡앤피플연구소, 커리어넷, 한국능률협회 등이 있다.
- 대부분의 공사 · 공단에서는 자체적인 문제개발보다는 출제기관을 이용하게 되는데, 출제기관별 문제유형을 구별하기 위해 PSAT형의 경우 대표적인 출제기관인 휴노의 이름을 따서 휴노형이라고도 불린다.
- PSAT형은 복합적인 상황에서 다양한 관점으로 판단해야 하는 문제가 출제되므로 기출 문제를 바탕으로 출제 유형을 파악하고, 유형별 풀이 전략에 대한 습득이 필요하다.

04 왜 PSAT형을 공부해야 하는가?

- NCS는 산업현장에서 직무를 수행하기 위해 요구되는 지식 · 기술 · 태도 등의 내용을 국가가 체계화한 것이다. 기업에서는 직무분석자료, 인적자원관리 도구, 인적자원개발 프로그램, 특화자격 신설, 일자리정보 제공 등을 원하고, 기업교육훈련기관은 산업현장의 요구에 맞는 맞춤형 교육훈련과정을 개설하여 운영하기를 원한다. 이에 따라 능력 있는 인재를 개발해 핵심 인프라를 구축하고, 나아가 국가경쟁력을 향상시키기 위해 국가직무능력표준이 필요하다.
- 현재 PSAT형을 출제하는 공기업은 2025년 상반기 기준으로 국민건강보험공단, 근로복지공단, 한국공항공사, 한국남동발전, 한국마사회, 한국수력원자력, 한국수자원공사, 한국전력공사, LH 한국토지주택공사 등이 있으며, NCS 핵심영역에 대한 추론 및 해석 등 다양한 유형의 난도 높은 문제를 제한 시간 안에 푸는 연습을 해야 한다.

05 대행사별 출제기업 소개(2025년 상반기 기준)

주요 대행사	출제기업
사람인	한국가스공사, 한국남동발전, 한국남부발전
인크루트	근로복지공단, 국민건강보험공단, 부산항만공사, 한전MCS, 한국부동산원
휴노	한국공항공사, 한국수자원공사, 한국전력공사
휴스테이션	건강보험심사평가원, 서울교통공사
인사바른	한국마사회
트리피	SH 서울주택도시공사, 한국환경공단, 한국전기안전공사
매일경제	한국도로교통공단
한국사회능력개발	LH 한국토지주택공사, 한국철도공사
스카우트	한국도로공사서비스

온라인 모의고사

PSAT형 온라인 모의고사

2회분	ATRD-00000-985BF

(기간 : ~2026년 9월 30일)

※ 쿠폰 등록 후 30일 이내에 사용 가능합니다.
※ 쿠폰 등록 및 응시는 윈도우 기반 PC에서만 가능합니다.
※ 모바일 및 macOS 운영체제에서는 서비스되지 않습니다.

합격시대 홈페이지 접속 (www.sdedu.co.kr/pass_sidae_new) → 홈페이지 우측 상단 '쿠폰 입력하고 모의고사 받자' 클릭 → 쿠폰번호 등록 → 내강의실 → 모의고사 → 합격시대 모의고사 클릭 후 응시하기

합격시대 맞춤형 온라인 테스트 | www.sdedu.co.kr/pass_sidae_new | 1600-3600 평일 9시~18시 (토 · 공휴일 휴무)

PC/모바일 무료동영상 강의

무료NCS특강 제공

1. 시대에듀 홈페이지 접속(www.sdedu.co.kr)
2. 상단 카테고리 「회원혜택」 클릭
3. 「이벤트존」 – 「NCS 도서구매 특별혜택 이벤트」 클릭
4. 쿠폰번호 확인 후 WFN-10860-19176 입력 (기간 : ~2026년 9월 30일)

※ 해당 강의는 본 도서를 기반으로 하지 않습니다.

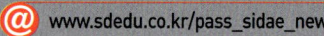

1권

2025년 PSAT형 NCS

기출복원 모의고사

www.sdedu.co.kr

〈문항 및 시험시간〉

평가영역	문항 수	시험시간	모바일 OMR 답안채점 / 성적분석 서비스
의사소통능력 / 수리능력 / 문제해결능력 / 자원관리능력 / 정보능력	50문항	60분	

PSAT형 NCS 집중학습 봉투모의고사

2025년 PSAT형 NCS 기출복원 모의고사

문항 수	: 50문항
시험시간	: 60분

※ 다음 글의 내용으로 적절하지 않은 것을 고르시오. [1~2]

| 코레일 한국철도공사 / 의사소통능력

01

요즘은 콘텐츠 이용 편의를 위해 오디오북을 제공하는 책들을 종종 접할 수 있다. 하지만 모든 책들이 오디오북화되고 있는 것은 아닌데, 이는 제작 환경에서 발생하는 막대한 비용 때문이다.
10시간짜리 오디오북을 만들기 위해서는 그 이상의 실제 녹음 시간이 필요하다. 또한 편집 과정에 들어가는 시간과 비용, 전문 성우에게 지급하는 비용까지 고려하면 결국 제작비용의 한계에 부딪히게 된다.
이러한 현실에서 고안된 방법이 AI 음성 합성 기술이다. 이 기술을 통해 오디오북 제작비용과 시간은 줄이고, 오디오북 제작률은 높여 이용자의 편의를 높일 수 있게 된 것이다.
하지만 이 기술에도 한계는 존재하는데, 이는 현재 AI 음성 합성 기술이 사람의 감정까지 담아 표현할 수 없다는 것이다. 이에 따라 현재는 전문 성우가 반드시 필요하지는 않은 경제, 과학 등과 관련된 비문학 도서들은 AI 음성 합성 기술로 제작하고, 소설, 동화 등 문학 도서는 전문 성우들이 낭독하는 방식으로 제작되고 있다.

① AI 음성 합성 기술이 전문 성우의 녹음보다 더 효율적이다.
② AI 음성 합성 기술이 오디오북 제작에서 전문 성우의 역할을 대체할 수 있다.
③ 문학보다는 비문학이 AI 음성 합성 기술을 통한 오디오북화에 더 유리하다.
④ 전문 성우들의 오디오북 녹음에는 많은 시간이 소요되어 제작에 어려움을 겪고 있다.
⑤ 전문 성우들의 오디오북 녹음에는 막대한 비용이 소요되어 현실적으로 제작이 어렵다.

02

민족의 대명절인 설날과 추석은 가족과 친지를 만나기 위해 전국 각지로 이동하는 사람들이 급증하는 시기이다. 이때 코레일의 기차 이용률은 평소보다 훨씬 높아진다. 예매가 시작되면 몇 분 만에 전 노선의 승차권이 매진되고, 예매 경쟁률이 수십 배에 달하는 경우도 흔하다. 그만큼 명절 기간 기차는 국민들의 중요한 이동 수단으로 자리 잡았지만, 최근에는 '노쇼' 문제로 인해 심각한 어려움을 겪고 있다. 이 문제는 명절 기간에 더욱 두드러지며, 해마다 노쇼 비율이 증가하는 추세이다.
2024년 설 연휴 기간 코레일이 판매한 승차권은 약 408만 매에 이른다. 추석 연휴 역시 약 120만 매가 판매되어 명절에 기차 이용 수요가 얼마나 폭발적인지 알 수 있다. 하지만 이 중 상당수가 실제 탑승하지 않아 공석으로 남는 일이 반복되고 있다. 2024년 설날 노쇼 비율은 무려 46%에 달했으며, 이 중 약 19만 매 이상의 좌석이 재판매되지 못해 빈 좌석으로 운행되었다. 추석 연휴에도 비슷한 수준의 노쇼와 공석 운행 문제가 발생했다. 이는 단순히 좌석이 비어 있는 것 이상의 심각한 문제를 야기한다.
공석 운행은 여러 측면에서 부정적인 영향을 끼친다. 우선, 실제로 기차를 타고자 하는 실수요자들이 좌석을 구하지 못하는 상황이 발생한다. 예매 경쟁이 매우 치열한 명절 기간에 노쇼로 인해 좌석이 비어 있음에도 불구하고, 다른 승객들이 그 좌석을 이용하지 못하는 것은 매우 불합리하다. 결국 노쇼는 국민들의 이동권을 제한하는 결과를 낳는다. 두 번째로, 공석 운행은 철도 운영의 효율성을 떨어뜨린다. 빈 좌석을 채우지 못한 채 열차를 운행하는 것은 불필요한 에너지와 인력, 비용 낭비로 이어진다. 이는 코레일뿐 아니라 국가적으로도 큰 손실이다. 세 번째로, 노쇼 문제는 사회적 비용 증가로 연결된다. 노쇼를 줄이기 위한 정책 마련과 시스템 개선에 투입되는 비용, 그리고 이에 따른 환불 정책 변경 등은 모두 국민의 부담으로 돌아올 수밖에 없다.
이러한 문제를 해결하기 위해 코레일은 다양한 대책을 시행하고 있다. 2025년부터 명절 특별수송기간에 출발 후 20분까지의 위약금을 기존 15%에서 30%로 상향 조정하는 등 노쇼 억제에 나서고 있으며, 취소・반환 기준 시점을 앞당겨 승객들이 불필요한 예약을 조기에 취소할 수 있도록 유도하고 있다. 이와 함께 좌석 재판매율을 높이기 위한 시스템 개선 작업도 진행 중이다.
하지만 노쇼 문제는 단순히 코레일의 노력만으로 해결되기 어렵다. 근본적인 제도 개선과 국민들의 인식 변화가 함께 이루어져야 한다. 예매 시스템의 투명성 강화, 노쇼에 대한 법적 제재 강화 그리고 국민들의 책임감 있는 예약 문화 정착이 필요하다. 또한 실수요자 중심의 예약 정책과 더불어, 노쇼 발생 시 불이익을 명확히 하는 제도적 장치가 마련되어야 한다. 이러한 종합적인 접근이 이루어질 때 비로소 명절 노쇼 문제를 효과적으로 줄이고, 국민 모두가 편리하고 공정하게 기차를 이용할 수 있을 것이다.

① 명절에는 승차권 예매 경쟁이 평소보다 수십 배에 달한다.
② 노쇼로 인해 발생하는 비용은 결국 국민의 부담으로 돌아온다.
③ 2024년 설날에 판매된 승차권 중 46%는 노쇼로 인해 공석으로 운행되었다.
④ 2025년부터 명절 특별수송기간에는 승차권 취소 위약금이 평소보다 커진다.
⑤ 노쇼 문제를 해결하기 위해서는 코레일의 노력뿐만 아니라 국민들의 의식 변화와 정부의 제도 개선이 필요하다.

03 다음은 2019년부터 2024년까지의 노인 취업자 수 추이에 대한 그래프이다. 이에 대한 설명으로 옳은 것은?

〈노인 취업자 수 추이〉

(단위 : 만 명)

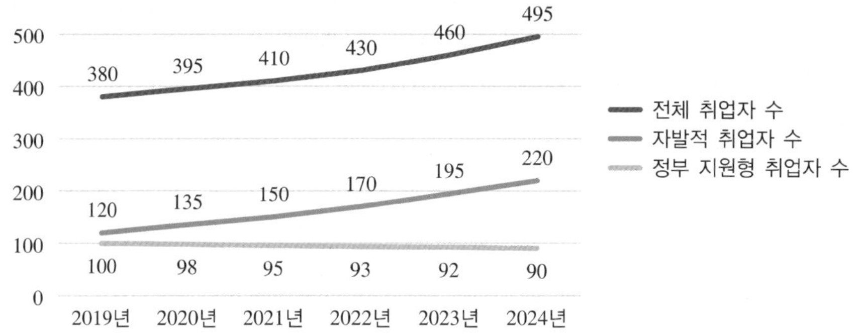

① 정부 지원형 취업자 수는 꾸준히 증가하고 있다.

② 노인 취업자의 증가는 전적으로 정부 일자리 확대에 의한 것이다.

③ 전체 노인 취업자 수는 감소하고 있지만 자발적 취업자는 증가하고 있다.

④ 자발적으로 취업하는 노인의 수는 정부 지원 취업자 수에 비해 점점 줄고 있다.

⑤ 자발적 취업자 수는 매년 증가하고 있으며, 이는 정부 지원 일자리 증가와는 별개의 흐름이다.

04 다음은 서울시 전철 3개 주요 역사에서 시간대별 탑승 및 하차 인원수에 대한 자료이다. 이에 대한 설명으로 옳은 것은?

〈서울시 주요 역사 시간대별 탑승 및 하차 인원수〉

(단위 : 명)

구분	역삼역		시청역		구로디지털단지역	
	탑승	하차	탑승	하차	탑승	하차
07:00 ~ 09:00 (출근시간)	1,150	350	620	870	2,300	400
12:00 ~ 14:00 (점심시간)	480	520	530	500	900	950
17:00 ~ 19:00 (퇴근시간)	390	1,250	420	1,480	280	2,150

① 역삼역은 모든 시간대에서 탑승 인원이 하차 인원보다 많다.
② 시청역은 점심시간대보다 퇴근시간대에 탑승 인원이 더 많다.
③ 역삼역은 전 시간대를 통틀어 탑승보다 하차 인원이 많은 유일한 역이다.
④ 시청역은 출근시간대 대비 퇴근시간대 하차 인원의 증가 폭이 역삼역보다 크다.
⑤ 구로디지털단지역은 퇴근시간대 하차 인원이 출근시간대 하차 인원의 5배 이상이다.

05 K공사의 사내 보안시스템은 숫자 1부터 6까지를 사용해 4자리 비밀번호를 설정하도록 되어 있다. 다음 〈조건〉을 만족하는 4자리 비밀번호는 모두 몇 가지인가?

〈조건〉

- 각 자릿수에는 1부터 6까지의 숫자 중 하나가 들어간다.
- 같은 숫자는 최대 2번까지만 사용할 수 있다.

예 1123, 2331, 4455 가능 / 1112, 2122, 4444 불가능

① 1,170가지
② 1,196가지
③ 1,236가지
④ 1,241가지
⑤ 1,296가지

06 다음은 K쇼핑몰에서 판매된 상품에 대한 월별 후기 수와 반품 및 환불률에 대한 자료이다. 상품을 구매한 사람이 모두 1건씩 후기를 작성하였다고 가정할 때, 조사기간 동안 발생한 반품 건수와 환불 건수의 합은?

〈K쇼핑몰 월별 후기 수 및 반품 · 환불 비율〉

(단위 : 건, %)

구분	후기 수	반품률	환불률
1월	1,000	3	2
2월	1,200	2	3
3월	1,500	4	1
4월	1,300	3	2

① 240건
② 246건
③ 248건
④ 250건
⑤ 252건

07 다음은 최근 5년간 산사태로 인한 피해면적과 해당 연도의 복구비용에 대한 자료이다. 이에 대한 설명으로 옳은 것은?

〈연도별 산사태 피해면적〉

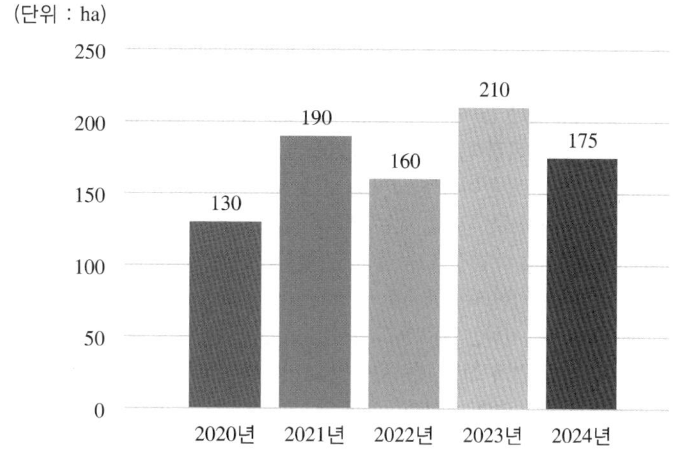

〈연도별 산사태 복구비용〉

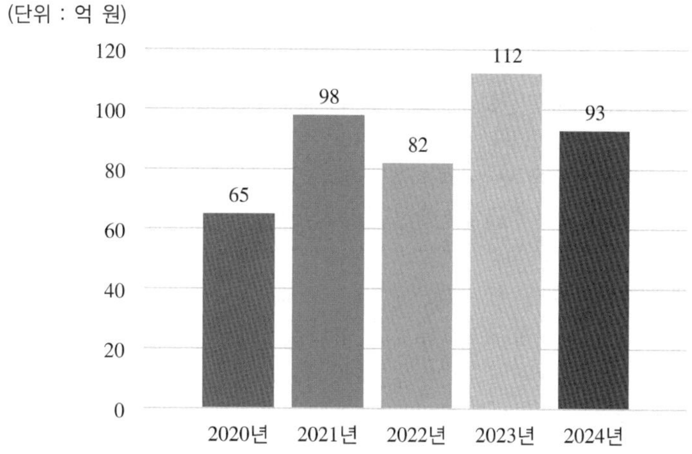

① 2022년은 피해면적 대비 복구비용이 가장 컸다.
② 복구비용은 2020년부터 매년 증가하였다.
③ 매년 피해면적 1ha당 복구비용은 일정하게 유지되었다.
④ 피해면적과 복구비용이 모두 가장 컸던 해는 2023년이다.
⑤ 2024년에는 피해면적이 줄었으나, 복구비용은 전년보다 늘었다.

※ 다음 글의 주제로 가장 적절한 것을 고르시오. [8~9]

| 한국전력공사 / 의사소통능력

08

결핵은 기원전 7000년경 석기 시대의 화석에서도 흔적이 발견될 만큼 인류와 오랜 시간을 함께 해온 질병이다. 결핵균(Mycobacterium Tuberculosis)에 의해 발병하는 결핵은 치료법이 없던 시기에는 수많은 사람들의 생명을 앗아가 백색 페스트라고 불릴 정도로 전염성과 치명률이 높은 질병이다.
그러나 결핵균에 감염된다 하더라도 모든 사람이 즉시 결핵이 발병하지는 않는다. 상당수의 감염자는 결핵균에 노출된 후에도 바로 증상을 보이지 않는데, 이를 일컬어 잠복결핵감염(LTBI; latent TuBerculosis Infection)이라고 한다. 잠복결핵감염은 결핵균에 감염되어 있지만 몸속에 들어온 결핵균이 활동하지 않아 결핵 증상이 없고, 몸 밖으로 균이 배출되지 않아 전염성 또한 없는 상태이다. 증상과 전염성이 없어 잠복결핵감염은 별거 아닌 것 같아 보이지만, 이는 면역체계가 결핵균을 억제하고 있기 때문이며, 면역력이 약해지는 경우 언제든지 결핵으로 이어질 가능성이 있음을 의미한다.
잠복결핵감염이 결핵으로 악화되는 경우는 약 5 ~ 10% 수준으로 특히 고령자, 당뇨병 환자, 면역억제 치료를 받는 환자 등 면역력이 저하된 사람들에게서 더욱 빈번하게 발생한다. 잠복결핵감염이 활동성 결핵으로 진행된 경우 이미 다른 요인에 의해 면역력이 떨어진 상황이므로 독성이 더욱 강력하며, 본인은 물론 주변 사람들에게도 광범위하게 결핵을 전파할 수 있어 공중보건상의 심각한 문제를 야기한다.
잠복결핵감염은 증상이 없기 때문에 본인이 감염 사실을 인지하지 못하는 경우가 많다. 따라서 결핵 발생률이 높은 국가에서는 결핵 환자와 밀접하게 접촉한 사람, 면역 저하자, 의료업계 종사자 등 고위험군을 대상으로 잠복결핵감염 검사를 권고하고 있다. 대표적인 검사 방법으로는 투베르쿨린 피부반응 검사(TST)와 인터페론 감마 분비 검사(IGRA)가 있다. 만일 잠복결핵감염에 양성 반응이 있을 경우 3 ~ 9개월 동안 꾸준한 투약 치료가 필요하며, 적절한 치료를 받을 경우 결핵 발병 확률을 60 ~ 90%까지 예방할 수 있다.
잠복결핵감염의 위험성은 단순히 개인의 건강 문제를 넘어 사회 전체의 공중보건과 직결되는 문제이므로 무증상이라고 방치할 것이 아니라, 적극적인 검사와 예방적 치료를 통해 결핵의 확산을 차단하는 노력이 필요하다. 특히 우리나라의 경우 보건소나 가까운 의료 기관에서 잠복결핵감염 치료를 전액 무료로 받을 수 있으므로 평소에 잠복결핵감염에 관심을 가지고, 미연에 예방하는 것이 가장 중요하다.

① 잠복결핵감염의 위험성
② 잠복결핵감염의 치료 과정
③ 잠복결핵의 증상과 전염성
④ 효과적인 결핵의 억제 방법
⑤ 잠복결핵감염이 활동성 결핵으로 이어지는 과정

09

온실가스를 적게 배출하면서도 높은 경제성을 가진 원자력 발전소는 원전에서 나오는 방사성 물질의 차단이나 외부 오염물질의 유입 방지를 위한 강력한 공기조화시스템(공조시스템)이 필요하다. 특히 공기 중으로 떠다닐 수 있는 에어로졸 형태의 방사성 물질은 $1 \sim 10\mu m$ 정도의 아주 작은 물질이지만, 높은 밀도의 방사성 기체는 인체에 치명적일 수 있으며 환경 오염문제 또한 발생할 수 있다. 따라서 원자력 발전소의 공조시스템은 이러한 미립자를 걸러내기 위하여 헤파필터(HEPA Filter)를 사용하고 있다.
헤파필터는 'High Efficiency Particulate Air Filter'의 약자로, 공기 중의 아주 미세한 입자까지 효과적으로 걸러내는 고성능 필터이다. 일상 생활에서는 주로 공기청정기, 진공청소기, 에어컨 등에 사용되며 $0.3\mu m$ 크기의 입자(MPPS; Most Penetrating Particle Size)를 99.97% 이상 포획할 수 있다. 헤파필터는 주로 유리섬유나 폴리프로필렌 같은 합성섬유로 만들어지는데, $0.5 \sim 2.0\mu m$의 섬유가 불규칙하게 얽혀있는 거미줄 구조로 구성되어 있다. 오염물질이 포함된 공기가 헤파필터를 통과할 때, 헤파필터의 간격보다 큰 오염물질은 걸러지고 그보다 작은 오염물질은 공기 흐름을 따라 진행하다 섬유에 달라붙게 된다. 또한 헤파필터는 등급에 따라 E10(85%), E11(95%), E12 (99.5%), H13(99.75%), H14(99.975%) 등으로 나뉘며 등급이 높을수록 더 작은 입자까지 걸러낼 수 있다. 특히 H13 이상을 트루 헤파필터라고 부르며, 원자력 발전소의 경우 H13 이상의 트루 헤파필터를 사용하는 등 일반적인 산업용 필터보다 엄격한 기준을 충족해야 한다.
이처럼 헤파필터는 원자력 발전소의 안전을 지키는 핵심 장치로, 방사성 입자와 미세먼지, 바이러스까지도 효과적으로 제거하는 중요한 역할을 한다. 특히 헤파필터의 정화 성능을 보장하기 위하여 ASME AG-1이나 KEPIC-MH 등 국내외에서 기술기준을 정해 시설, 유지, 보수 등 관리법의 기준을 제시하고 있다. 안전관리가 필요한 원자력 발전소의 특성상 헤파필터는 없어서는 안 될 중요한 안전 설비이다.

① 헤파필터의 여과 원리
② 헤파필터의 등급별 성능
③ 방사성 물질의 위험과 대처방법
④ 원자력 발전소에서의 헤파필터의 역할
⑤ 원자력 발전소의 발전 효율과 미래 전망

10 다음은 J식당의 메뉴에 따른 판매가격과 재료비 및 고정비용에 대한 자료이다. 손익분기점을 넘기 위해 가장 많이 판매해야 하는 메뉴는?

〈J식당 메뉴별 판매가격과 재료비, 고정비용〉

(단위 : 원)

구분	판매가격	재료비	고정비용
제육볶음	10,000	2,000	2,800,000
오징어볶음	12,000	2,000	3,300,000
돈가스	9,000	1,500	2,600,000
라면	6,000	800	1,800,000
고등어구이	11,000	2,000	3,100,000

※ 판매가격과 재료비는 1인분당 비용임
※ 손익분기점을 넘기 위해서는 순이익[=(판매가격)−(재료비)]이 고정비용을 초과해야 함

① 제육볶음
② 오징어볶음
③ 돈가스
④ 라면
⑤ 고등어구이

11 **K주임이 다음 〈조건〉에 따라 출장을 갈 때, K주임이 C지점에 도착한 시각과 A지점에서 C지점까지 이동할 때의 평균 속력이 바르게 연결된 것은?(단, 평균 속력에는 B지점에서의 업무 시간을 포함하지 않으며, 가속, 정차 등 제시된 조건 이외의 사항은 고려하지 않는다)**

〈조건〉

- K주임은 A지점에서 정오에 회사 차량을 이용하여 출장을 간다.
- K주임의 이동 경로는 A지점 → B지점 → C지점 순서이다.
- A지점에서 B지점까지 100km/h의 속력으로 이동하였다.
- B지점에서 C지점까지는 80km/h의 속력으로 이동하였다.
- A지점에서 C지점까지의 거리는 190km이다.
- A지점에서 B지점까지의 거리는 B지점에서 C지점까지의 거리보다 110km 길다.
- K사원은 B지점에 도착하여 1시간 업무를 수행하였다.

	도착 시각	평균 속력
①	오후 2시	90km/h
②	오후 2시	92km/h
③	오후 2시	95km/h
④	오후 3시	90km/h
⑤	오후 3시	95km/h

※ 다음은 J국의 소송에 대한 자료이다. 이어지는 질문에 답하시오. **[12~13]**

〈연도별 J국 전체 소송 건수〉

(단위 : 건)

구분	민사소송	형사소송	기관소송	권한쟁의	헌법소원	합계
2019년	150,000	50,000	5,000	3,000	500	208,500
2020년	160,000	70,000	7,000	5,000	600	242,600
2021년	300,000	140,000	15,000	40,000	2,000	497,000
2022년	270,000	150,000	20,000	40,000	1,900	481,900
2023년	310,000	130,000	17,000	50,000	2,500	509,500
2024년	290,000	170,000	16,000	53,000	2,500	531,500
합계	1,480,000	710,000	80,000	191,000	10,000	2,471,000

※ J국에서 진행되는 소송은 민사소송, 형사소송, 기관소송, 권한쟁의, 헌법소원만 존재함

※ J국에서 소송은 개인과 기관만 제기할 수 있으며, 기관소송과 권한쟁의는 기관만 제기할 수 있음

〈연도별 J국 개인이 제기한 주요 소송 종류〉

(단위 : 건)

구분	민사소송			형사소송			헌법소원	합계
	부동산	사기	혼인	상해	사기	살인		
2019년	30,000	20,000	10,000	10,000	5,000	5,000	200	80,200
2020년	35,000	20,000	15,000	20,000	10,000	10,000	200	110,200
2021년	70,000	50,000	30,000	40,000	40,000	20,000	1,000	251,000
2022년	50,000	50,000	30,000	30,000	30,000	15,000	1,000	206,000
2023년	50,000	60,000	20,000	20,000	30,000	10,000	1,000	191,000
2024년	80,000	50,000	15,000	25,000	10,000	12,500	800	193,300
합계	315,000	250,000	120,000	145,000	125,000	72,500	4,200	1,031,700

〈연도별 J국 기관이 제기한 주요 소송 종류〉

(단위 : 건)

구분	민사소송		형사소송		헌법소원	합계
	부동산	사기	상해	사기		
2019년	20,000	10,000	20,000	10,000	300	60,300
2020년	15,000	10,000	15,000	10,000	400	50,400
2021년	50,000	40,000	20,000	5,000	(　)	(　)
2022년	40,000	30,000	10,000	5,000	(　)	(　)
2023년	30,000	30,000	5,000	10,000	1,500	76,500
2024년	30,000	20,000	20,000	10,000	1,700	81,700
합계	185,000	140,000	90,000	50,000	5,800	470,800

12 다음 〈보기〉에서 자료를 바탕으로 잘못 설명한 사람을 모두 고르면?

〈보기〉

가영 : 2019년부터 2024년까지 기관에서만 제기하는 소송 건수의 합은 80,000건이야.
나리 : 2021년에 제기된 민사소송 중 개인이 제기한 민사소송의 비율은 50%야.
다솜 : 2019년부터 2024년까지 기관이 제기한 헌법소원은 매년 증가했어.
라주 : 2021년부터 2024년까지 개인이 제기한 소송은 매년 전년 대비 감소했어.

① 가영, 나리
② 가영, 나리, 다솜
③ 가영, 다솜, 라주
④ 나리, 다솜, 라주
⑤ 가영, 나리, 다솜, 라주

13 다음은 자료를 바탕으로 작성한 보고서이다. 이에 대한 내용으로 옳지 않은 것은?

〈J국 개인 · 기관 소송 보고서〉

① J국의 전체 소송 건수는 2019년부터 2021년까지 그리고 2022년부터 2024년까지 증가하는 추세를 보이고 있으며, 특히 2021년의 경우 전년 대비 소송 제기 건수가 큰 폭으로 증가했는데 이는 전자 소송이 활성화되기 시작했기 때문으로 보인다.
민사소송과 형사소송에 있어 사기는 모두 주요 소송의 유형으로 집계되었는데, ② 사기소송 유형이 민사소송에서 차지하는 비율은 형사소송에서 차지하는 비율보다 크다. ③ 또한, 기관에서만 제기하는 소송의 총합 건수는 매년 전년 대비 증가하였다. 이는 기관이 소송을 자제하던 분위기가 풀려가면서 발생한 것으로 보인다.
이와 함께 2023년부터 2024년까지 전체 소송의 건수는 감소하였다가 증가하는 추세를 보이고 있는데, ④ 이에 따라 기관에서 제기한 기관소송 및 권한쟁의 건수의 비율 역시 2023년부터 2024년까지 전년 대비 증가하였다.
⑤ 마지막으로, 개인이 제기한 형사소송에서 상해 대비 살인의 비율은 매년 동일하다.

14 다음 〈조건〉에 따라 J공사 직원들이 본회의를 시작할 수 있는 가장 빠른 시각은?

> J공사의 직원들은 공사 프로젝트 회의를 1시간 동안 진행하려고 한다. 회의 시작 30분 전에는 반드시 회의실에서 회의 준비를 해야 하며, 본회의 이후 30분 동안 회의록을 작성해야 한다. 회의 준비, 본회의, 회의록 작성은 다음 조건에 따라 연속적으로 이루어져야 한다.

〈조건〉

- 회의실은 오전 9시부터 오후 6시 사이에 사용할 수 있다.
- J공사의 점심시간은 12:00 ~ 13:00로 이 시간에는 준비 및 회의, 회의록 작성이 불가능하다.
- 참석자 중 1명은 15:00 ~ 16:00에 외부 미팅이 있어 이 시간에는 준비 및 회의, 회의록 작성이 불가능하다.
- 현재 회의실은 10:00 ~ 10:30, 14:00 ~ 14:30에 이미 예약되어 사용할 수 없다.

① 9시 30분
② 11시
③ 13시
④ 16시
⑤ 16시 30분

15 다음 A ~ E의 대화에서 1명만 거짓말을 할 때 항상 옳은 것은?(단, 한 층에 1명만 내린다)

> A : B는 1층에서 내렸다.
> B : C는 1층에서 내렸다.
> C : D는 적어도 3층에서 내리지 않았다.
> D : A는 4층에서 내렸다.
> E : A는 4층에서 내리고 나는 5층에 내렸다.

① C는 1층에서 내렸다.
② A는 4층에서 내리지 않았다.
③ D는 3층에서 내렸다.
④ C는 B보다 높은 층에서 내렸다.
⑤ A는 D보다 높은 층에서 내렸다.

16 J회사는 A～D 네 부서에 신입사원을 1명씩 선발하였다. 지원자는 총 5명이었으며, 선발 결과에 대해 다음과 같이 진술하였다. 이 중 1명의 진술만 거짓으로 밝혀졌을 때, 항상 옳은 것은?

> 지원자 1 : 지원자 2가 A부서에 선발되었다.
> 지원자 2 : 지원자 3은 A 또는 D부서에 선발되었다.
> 지원자 3 : 지원자 4는 C부서가 아닌 다른 부서에 선발되었다.
> 지원자 4 : 지원자 5는 D부서에 선발되었다.
> 지원자 5 : 나는 D부서에 선발되었는데, 지원자 1은 선발되지 않았다.

① 지원자 1은 B부서에 선발되었다.
② 지원자 2는 A부서에 선발되었다.
③ 지원자 3은 D부서에 선발되었다.
④ 지원자 4는 B부서에 선발되었다.
⑤ 지원자 5는 C부서에 선발되었다.

17 다음은 응시자 A～E의 J국가자격 필기시험 결과에 대한 자료이다. 합격한 사람은 모두 몇 명인가?

〈J국가자격 필기시험 결과〉

(단위 : 점)

구분	필기시험				가점
	객관식 1과목	객관식 2과목	논술형	약술형	
A응시자	85	52	61	57	6
B응시자	75	71	67	81	-
C응시자	67	81	72	54	2
D응시자	87	72	57	48	5
E응시자	66	82	58	78	-

※ 한 과목이라도 50점 이하 득점 시 과락 처리
※ 전체 평균 점수에 가점을 합하여 70점 이상 득점 시 합격

① 1명
② 2명
③ 3명
④ 4명
⑤ 5명

❙ 한국전력공사 / 정보능력

18 다음 중 엑셀에서 「=A1+B1」 수식을 [C2] 셀에 상대참조 복사했을 때의 수식으로 옳은 것은?

① 「=A1+B1」
② 「=A2+B2」
③ 「=AA1+BB1」
④ 「=A1+A1+B2」
⑤ 「=A2+B2+B1」

❙ 한국전력공사 / 정보능력

19 다음 중 점수(참조 대상)가 90점 이상이면 '합격'을, 그렇지 않으면 '불합격'을 출력하는 엑셀 함수식으로 옳은 것은?

① 「=IF(참조 대상>90,"합격","불합격")」
② 「=IF(참조 대상>=90,"불합격","합격")」
③ 「=IF(참조 대상>=90,"합격","불합격")」
④ 「=CHOOSE(참조 대상<=90,"불합격","합격")」
⑤ 「=CHOOSE(참조 대상>=90,"합격","불합격")」

❙ 국민건강보험공단 / 의사소통능력

20 다음 글을 읽고 추론한 내용으로 적절하지 않은 것은?

> 만성질환이란 증상이 극심하지는 않지만 오래 지속되는 질환인 탓에 삶의 질을 저하시키고, 관리를 소홀히 할 경우 합병증의 발생으로 사망까지 이를 수 있어 운동이나 식이 등 꾸준한 관리가 필요한 질환을 말한다. 만성질환에는 당뇨, 천식, 심장병, 허리통증 등이 있으며, 만성질환이라고 하더라도 모든 운동이 좋은 것은 아니다. 또한 질환별로, 환자의 상태에 따라 맞는 운동 방법과 강도는 천차만별이다.
> 당뇨병의 경우 인슐린 분비량이 없거나 혹은 적어 인슐린이 혈당을 낮추는 기능을 정상적으로 수행할 수 없는 상태를 말한다. 따라서 혈당조절에 효과적인 유산소 운동을 통해 인슐린이 더 효율적으로 사용되도록 하여 혈당 수치를 낮출 수 있다. 이뿐만 아니라 규칙적인 유산소 운동은 심혈관계를 향상시켜 심장 건강을 개선시킬 수 있다.
> 운동 중 또는 운동 후에 호흡곤란과 반복적이고 발작적인 기침이 나타날 수 있는 천식의 경우 운동 시 각별히 주의하여야 한다. 특히 건조하거나 찬 공기가 있는 환경에서 운동하거나, 갑작스레 격렬한 운동을 할 경우 천식 발작이 일어날 수 있다. 따라서 수영과 같이 건조하지 않고, 심장 박동이나 호흡 수가 급격히 증가하지 않는 환경에서 운동하는 것이 도움이 될 수 있다.
> 허리통증의 경우는 유산소 운동보다는 코어 운동이 도움이 된다. 코어 운동을 통해 척추 주위의 근육이 강화되면서 척추를 지지하는 힘이 늘어나 허리 통증이 감소하는 것이다.

① 당뇨 환자는 달리기나 등산, 수영과 같은 운동을 하는 것이 혈당 개선에 도움이 된다.
② 규칙적인 걷기 운동은 당뇨 환자와 심장병 환자의 질환을 개선시킬 수 있다.
③ 천식 환자는 심장박동 및 호흡 수를 증가시키는 달리기나 줄넘기보다는 등산이 좋다.
④ 허리 통증을 가진 환자에게는 허리의 중심 부위를 강화시키는 플랭크나 브릿지와 같은 운동이 좋다.

21 다음은 보건의료 빅데이터 심포지엄의 개최에 대한 개요이다. 각 발표자가 준비한 자료의 내용으로 적절하지 않은 것은?

〈2024년 보건의료 빅데이터 활용 성과 공유 심포지엄〉

1부 : 빅데이터 · AI 기반 건강보험 서비스 혁신

1. 인공지능(AI) 기술을 통해 공단이 어떻게 데이터 기반의 가입자 맞춤형 서비스를 제공하고, 보험자의 역할을 더욱 강화할 수 있을지에 대한 비전
   – ○○대병원 A교수
2. 'sLLM(소형언어모델)을 활용한 건강보험 내 · 외부 서비스 향상'을 주제로 인공지능(AI) 기술을 통한 고객 서비스와 업무 효율성 증대 사례
   – ○○대 B교수
3. 공단이 보유한 방대한 건강보험 데이터를 어떻게 인공지능(AI)을 통해 분석하고 활용할 수 있는지에 대한 방안
   – 공단 C실장(빅데이터연구개발실)

2부 : 건강보험 빅데이터를 활용한 우수 연구 성과

1. 야간 인공조명이 인간의 건강에 미치는 영향에 대한 분석 결과
   – ○○대 D교수
2. 결핵 빅데이터인 국가결핵통합자료원(K–TB–N Cohort) 구축을 통해 국가 결핵 관리 정책 · 사업의 효과를 평가, 정책을 수립 · 보완할 근거를 생산
   – ○○청 E과장
3. 병원 내에서 발생하는 폐렴 데이터의 분석을 통해, 이를 예방하기 위한 실효성 있는 병원 내 감염관리 체계 마련 필요성 제시
   – 공단 F팀장(빅데이터연구개발실)

① A교수 : 사람과의 직접 대면이 아닌 인공지능 기술로 대체할 수 있는 공단의 서비스에 대한 자료가 필요하겠군.

② B교수 : 인공지능 기술을 활용해 건강보험 서비스를 이용한 고객과 공단 근로자에게 편리성 및 효율성에 대한 설문조사를 진행해야겠군.

③ D교수 : 자연광에만 주로 노출된 사람과 자연광과 더불어 인공조명에 많이 노출된 사람의 건강 상태를 비교할 수 있는 자료가 필요하겠군.

④ F팀장 : 병원 내 병동별 폐렴 발생 현황과 주로 발병하는 연령대에 대한 조사가 필요하겠군.

22 다음 글에 이어질 문단을 논리적 순서대로 바르게 나열한 것은?

국민건강보험공단은 담배소송 제12차 변론에서 직접 손해배상 청구권을 포함해 지금까지의 주요 쟁점에 관련한 전반적 입장을 적극적으로 표명했다.

(가) 또한 흡연과 암 발생의 인과관계를 과학적 근거에 따라 분명히 하기 위해 대상 암종을 소세포암과 편평세포암으로 흡연기간이 30년 이상이고, 하루 한 갑의 담배를 20년 이상 흡연한 대상자로 구분하였기에 이번 변론에서는 흡연과 암 발생의 인과관계를 의학적으로 또 국민 상식에 부합하도록 인정하여야 한다고 강조했다.

(나) 공단은 담배회사들이 담배라는 제품에 대한 중독성과 건강 위해성을 인지하고 있음에도 수십 년 동안 이를 소비자에게 정확히 알리지 않고 막대한 이득을 취한 것은 소비자를 기만한 것이자 기업의 사회적 책임을 다하지 않은 중대한 문제임을 지적하며, 특히 담배회사가 흡연중독 피해를 개인의 선택으로 치부한 것은 소비자를 두 번 기만한 것이라며 비판했다.

(다) 마지막으로 공단은 이번 변론을 준비하면서 국민들의 보험료가 주요 재원인 건강보험 재정이 담배로 인해 발생되는 질병으로 재산상 손해가 발생한 점에 대해 당연히 담배회사에 법적으로 책임을 물어야 한다고 주장하며 이에 대한 국민들의 관심과 지지가 필요하다고 호소했다.

(라) 아울러 공단은 이 주장을 입증하기 위한 뒷받침 자료로 대한폐암학회와 호흡기내과 전문의 의견서, 담배 중독에 대한 한국중독정신의학회와 정신건강의학과 전문의 의견서, 대한금연학회에서 실시한 담배 중독 감정서와 이들 중 일부에 대한 흡연경험 심층사례 분석 결과, 공단 내부 연구결과 등을 추가 증거로 제출하였다.

① (가) – (나) – (라) – (다)
② (가) – (라) – (나) – (다)
③ (나) – (가) – (라) – (다)
④ (나) – (라) – (가) – (다)

※ **다음은 K국의 연도별 7대 주요 범죄 발생 현황과 교도소별 복역자 현황에 대한 자료이다. 이어지는 질문에 답하시오. [23~24]**

〈연도별 7대 주요 범죄 발생 현황〉

(단위 : 건)

구분	살인	사기	폭행	강도	절도	성범죄	방화
1989년	500	2,000	5,000	4,000	25,000	3,000	500
1990년	600	2,500	7,000	8,000	20,000	2,500	600
1991년	700	3,000	10,000	5,000	23,000	2,000	800
1992년	800	2,000	15,000	8,000	18,000	2,500	700
1993년	900	3,000	10,000	10,000	20,000	3,000	1,000
1994년	1,000	2,000	20,000	10,000	27,000	5,000	900
1995년	1,100	3,500	17,000	9,000	34,000	2,000	1,100

※ 현 시점은 2025년임

〈K국 교도소의 잔여 형량별 복역자 수〉

(단위 : 명)

구분	A교도소	B교도소	C교도소	D교도소	E교도소	F교도소
1년 미만	3,000	4,000	5,000	6,000	7,000	8,000
1년 이상 3년 미만	1,500	1,000	2,000	3,000	2,000	2,500
3년 이상 5년 미만	400	400	500	600	800	1,000
5년 이상 10년 미만	350	250	250	300	400	50
10년 이상 20년 미만	30	35	40	60	55	35
20년 이상	20	15	10	40	45	15
합계	5,300	5,700	7,800	10,000	10,300	11,600

※ K국의 교도소는 A～F 6개 존재함

| 국민건강보험공단 / 수리능력

23 다음 중 자료에 대한 설명으로 옳지 않은 것은?

① 살인이 가장 많이 발생한 해에는 절도 역시 가장 많이 발생하였다.
② 모든 교도소에서 잔여 형량이 많을수록 복역자 수는 감소한다.
③ 범죄가 가장 많이 발생한 해는 폭행도 가장 많이 발생하였다.
④ 잔여 형량이 1년 미만인 경우가 가장 많은 교도소는 전체 복역자 수가 가장 많다.

| 국민건강보험공단 / 수리능력

24 다음 중 자료의 수치를 계산하여 해석한 내용으로 옳지 않은 것은?

① 1990년부터 1995년까지 전년 대비 살인 사건 발생 변화율은 매년 감소한다.
② K국 전체 교도소 복역자 수 중 D교도소 복역자 수의 비율은 20% 이하이다.
③ 1993년부터 1995년까지 7대 주요 발생 범죄 중 절도가 차지하는 비율은 45% 이하이다.
④ 교도소별 잔여 형량이 1년 미만인 복역자 수 대비 3년 이상 5년 미만인 복역자 수의 비율은 F교도소가 가장 높다.

※ 다음은 2025년 2월 10일 기준 국내 월평균 식재료 가격에 대한 자료이다. 이어지는 질문에 답하시오. **[25~26]**

〈월평균 식재료 가격(2025.02.10 기준)〉

구분	세부항목	2024년						2025년
		7월	8월	9월	10월	11월	12월	1월
곡류	쌀 (원/kg)	1,992	1,083	1,970	1,895	1,850	1,809	1,805
채소류	양파 (원/kg)	1,385	1,409	1,437	1,476	1,504	1,548	1,759
	배추 (원/포기)	2,967	4,556	7,401	4,793	3,108	3,546	3,634
	무 (원/개)	1,653	1,829	2,761	3,166	2,245	2,474	2,543
수산물	물오징어 (원/마리)	2,286	2,207	2,267	2,375	2,678	2,784	2,796
	건멸치 (원/kg)	23,760	23,760	24,100	24,140	24,870	25,320	25,200
축산물	계란 (원/30개)	5,272	5,332	5,590	5,581	5,545	6,621	9,096
	닭 (원/kg)	5,436	5,337	5,582	5,716	5,579	5,266	5,062
	돼지 (원/kg)	16,200	15,485	15,695	15,260	15,105	15,090	15,025
	소_국산 (원/kg)	52,004	52,220	52,608	52,396	51,918	51,632	51,668
	소_미국산 (원/kg)	21,828	22,500	23,216	21,726	23,747	22,697	21,432
	소_호주산 (원/kg)	23,760	23,777	24,122	23,570	23,047	23,815	24,227

※ 주요 식재료 소매 가격

: 물오징어는 냉동과 생물의 평균 가격, 계란은 특란의 평균 가격, 돼지는 국내 냉장과 수입 냉동의 평균 가격, 국산 소고기는 갈비, 등심, 불고기의 평균 가격, 미국산 소고기는 갈비, 갈빗살, 불고기의 평균 가격, 호주산 소고기는 갈비, 등심, 불고기의 평균 가격임

※ 표시 가격은 주요 재료의 월평균 가격이며, 조사 주기는 일별로 조사함

25 다음 중 자료에 대한 설명으로 옳지 않은 것은?

① 2024년 8월 대비 9월 쌀 가격의 증가율은 2024년 11월 대비 12월 무 가격의 증가율보다 크다.
② 소의 가격은 국산, 미국산, 호주산 모두 2024년 7월부터 9월까지 증가하다가 10월에 감소한다.
③ 계란 가격은 2024년 7월부터 2025년 1월까지 꾸준히 증가하고 있다.
④ 쌀 가격은 2024년 8월에 감소했다가 9월에 증가한 후 그 후로 계속 감소하고 있다.

26 K식품회사에 재직 중인 A사원은 국내 농수산물의 동향과 관련한 보고서를 쓰기 위해 자료를 토대로 2024년 12월 대비 2025년 1월 식재료별 가격의 증감률을 구하고 있으며, 다음은 A사원이 작성한 보고서의 일부이다. 증감률이 가장 큰 재료는?(단, 소수점 셋째 자리에서 버림한다)

〈국내 농수산물 가격 동향에 따른 보고서〉

식품개발팀 A사원

저희 개발팀에서 올해 기획하고 있는 신제품 출시를 위하여 국내 농수산물 가격 동향을 조사하였습니다. 하단에 월평균 식재료 증감률을 첨부하였으니 신제품 개발 일정을 수립하는 데 참고하시면 될 것 같습니다. 자세한 사항은 식품개발팀 B과장님께 문의하십시오.

〈월평균 식재료 증감률(2025.02.10 기준)〉

구분	세부항목	2024년 12월	2025년 1월	증감률(%)
곡류	쌀(원/kg)	1,809	1,805	
채소류	양파(원/kg)	1,548	1,759	
	무(원/개)	2,474	2,543	
수산물	건멸치(원/kg)	25,320	25,200	
… 생략 …				

① 쌀
② 양파
③ 무
④ 건멸치

27 다음은 K사의 신입사원 선발 조건이다. 〈보기〉의 지원자 A ~ D 중 최고득점자와 최저득점자를 바르게 연결한 것은?

〈K사 신입사원 선발 조건〉

• 다음과 같은 항목에 따른 점수를 합산하여 최종점수(100점 만점)을 산정하여 점수가 가장 높은 지원자 2명을 신입사원으로 선발한다.

– 학위점수(30점 만점)

학위	학사	석사	박사
점수(점)	18	25	30

– 어학능력점수(20점 만점)

어학시험점수 (300점 만점)	0점 이상 50점 미만	50점 이상 150점 미만	150점 이상 220점 미만	220점 이상
점수(점)	8	14	17	20

– 면접점수(20점 만점)

면접점수	미흡	보통	우수
점수(점)	18	24	30

– 실무경험점수(20점 만점)

인턴근무 총기간	4개월 미만	4개월 이상 8개월 미만	8개월 이상 12개월 미만	12개월 이상
점수(점)	12	16	18	20

〈보기〉

구분	학위점수	어학시험점수	면접점수	인턴근무 총기간
A지원자	학사	228	우수	8개월
B지원자	석사	204	보통	11개월
C지원자	학사	198	보통	9개월
D지원자	박사	124	미흡	3개월

	최고득점자	최저득점자
①	A지원자	B지원자
②	A지원자	D지원자
③	B지원자	C지원자
④	C지원자	D지원자

28 다음 글을 읽고 추론한 내용으로 적절하지 않은 것은?

> 개인의 DNA 내에 있는 특정 유전자의 변화 또는 돌연변이는 질병을 유발한다. 우성 유전은 한 쌍의 대립 유전자 중 하나만 있어도 그 특성이 발현되는 반면, 열성 유전은 두 쌍 모두 열성일 때 그 특성이 나타난다. 유전성 질병의 발생 원인은 다양하며, 단일 유전자 변이에 의해 유발되거나 복수의 유전자와 환경 요인의 상호작용으로 발생할 수 있다.
> 유전자 이상으로 발생하는 낫적혈구 빈혈은 부모 양쪽 모두에게서 낫적혈구 유전자를 물려받은 사람에게 관찰되는 질환이다. 정상적인 적혈구가 둥글납작한 형태를 가졌다면, 낫적혈구 빈혈 환자의 적혈구는 낫 모양이나 초승달 모양을 가지고 있다.
> 낫적혈구는 생존 기간이 짧고, 세포 자체가 딱딱하고 서로 잘 달라붙는 특성 때문에 얇은 혈관의 통과가 어려워 혈류를 막히게 하고 이로 인해 조직으로의 산소 공급을 방해해 신체 기관의 손상을 발생시키기도 한다. 각 기관은 산소를 효율적으로 전달받지 못해 쉽게 피로해지고 황달 증상이 생기기도 하며, 심각해지면 폐의 혈관이 막혀 호흡까지 어려워진다. 그러나 현재까지 이 질환의 치료방법은 타인의 혈액을 수혈받는 조혈모세포 이식이 유일하다.
> 낫적혈구 빈혈 환자는 정기적인 수혈이 필요한데, 적혈구의 수명은 약 120일 정도로 짧으며 수혈 받은 혈액 속에는 젊은 적혈구뿐만 아니라 늙은 적혈구도 섞여 있어 실제로는 120일이 되기 전에 수혈받은 적혈구의 수명이 끝나 더 빈번한 수혈이 필요하다. 하지만 혈액 공급 부족 문제로 이마저도 쉽지 않은 게 현실이다. 이러한 혈액 공급 부족 상황을 해결하고자 영국에서는 인공혈액의 임상 시험이 시작되었다. 인공혈액의 경우 실제 사람의 혈액과 달리 모두 젊은 적혈구로 구성되어 있어 120일 동안 온전히 그 기능을 다할 수 있을 것으로 예상돼 수혈의 빈도도 감소할 것으로 예측된다.

① 낫적혈구 빈혈은 열성 유전되는 질환이다.
② 낫적혈구는 모세혈관에서의 통과가 어렵다.
③ 낫적혈구 빈혈 환자는 최소 4개월의 한 번씩 수혈을 받아야 한다.
④ 인공혈액으로 수혈을 받을 경우 수혈을 받는 주기가 길어질 것이다.

29 다음은 주택담보대출 비교 자료이다. 이에 대한 설명으로 옳지 않은 것은?

〈주택담보대출 비교 자료〉

구분	보금자리론	디딤돌대출
신청대상	• 민법상 성년 • 대한민국 국민 • 한국신용정보원 신용정보관리규약에 해당사항 없고, 신용점수(CB) 271점 이상	• 민법상 성년 • 대한민국 국민 • 접수일 현재 세대주(만 30세 미만 단독세대주는 제외) • 한국신용정보원 신용정보관리규약에 해당사항 없고, 신용점수(CB) 350점 이상 • 본인 및 배우자 합산 순자산 가액 4.88억 원 이하
대출요건	• 6억 원 이하 공부상 주택 • 구입용도, 보전용도, 상환용도로 취급 가능 • 본건 담보주택 제외 무주택 또는 1주택 • 부부합산 연소득 7천만 원 이하(신혼부부 8천 5백만 원 이하, 미성년 자녀 1명 9천만 원, 다자녀 1억 원) • LTV 최대 70% • DTI 최대 60%	• 5억 원(신혼, 다자녀 6억 원) 이하 공부상 주택 • 주거전용면적 $85m^2$(수도권을 제외한 도시지역이 아닌 읍 또는 면 지역은 $100m^2$) 이하 • 구입용도의 대출만 취급 가능 • 세대원 전원이 무주택 • 부부합산 연소득 6천만 원 이하(생애 최초, 다자녀 7천만 원, 신혼부부 8천 5백만 원) • LTV 최대 70% • DTI 최대 60%
대출한도	• 최대 3.6억 원(다자녀, 전세사기 피해자 4억 원, 생애 최초 4.2억 원)	• 최대 2.5억 원(생애 최초 3억 원, 신혼 및 다자녀 4억 원)
대출만기	• 10, 15, 20, 30, 40, 50년	• 10, 15, 20, 30년(거치기간 1년 또는 비거치)
상환방법	• 원리금 균등, 원금 균등, 체증식 분할상환	• 원리금 균등, 원금 균등, 체증식 분할상환

※ 신혼부부 : 신청일 당시, 혼인 신고일 기준으로 7년 이내인 사람

① 주택 구입 목적이 아닌 단순 임차 목적이라면 보금자리론만 이용이 가능하다.

② 디딤돌대출은 30세 이상 세대주만 신청 가능하나, 보금자리론은 민법상 성인이라면 신청할 수 있다.

③ 신혼부부의 경우 담보주택의 평가액 한도와 소득요건이 두 대출 모두 동일하나 대출한도에서 디딤돌대출이 유리하다.

④ 신용도가 낮거나 본인 및 배우자의 합산 순자산 가액이 높다면 디딤돌대출보다 보금자리론 대출을 이용하는 것이 유리하다.

30 다음 엑셀 시트를 바탕으로 사용한 함수식 중 사용법이 옳지 않은 것은?

	A	B
1	이름	점수
2	김규진	80
3	손나은	90
4	오현석	70
5	주현호	95

① =SUMIF(B2:B5,">80")

② =COUNTIFS(B2:B5,">85",B2:B5,"<95")

③ =COUNTA(A2:A5)

④ =SUMIF(A2:A5,"오현석",B2:B5,"70")

31 다음은 K공사의 문자 암호화 규칙이다. 제시된 규칙에 따라 'BANANA'를 암호화했을 때 나오는 문자로 옳은 것은?

- 암호화할 문자의 위치에 따라 알파벳을 변경한다.
  - 첫 번째 자리의 알파벳을 1글자 뒤의 알파벳으로 변경한다.
  - 두 번째 자리의 알파벳을 2글자 뒤의 알파벳으로 변경한다.
  - 세 번째 자리의 알파벳을 3글자 뒤의 알파벳으로 변경한다.
  - 네 번째 자리의 알파벳을 4글자 뒤의 알파벳으로 변경한다.
  - 다섯 번째 자리의 알파벳을 5글자 뒤의 알파벳으로 변경한다.
  - 여섯 번째 자리의 알파벳을 6글자 뒤의 알파벳으로 변경한다.
- 알파벳 Z 다음은 A로 순환한다.

① CBPBQE ② CBQCSG

③ CCQCRF ④ CCQESG

※ 다음은 K공사의 A ~ D 부서에 대한 외부 · 내부평가 결과이다. 이어지는 질문에 답하시오. **[32~34]**

〈외부평가 점수 기준표〉

(단위 : 점)

구분	세부 평가 항목별 점수	평가 반영 비율
프로젝트 목표 달성률	백분율로 평가하여 그 수치만큼 점수로 환산(80% → 80)	35%
업무 프로세스 효율	높음(100), 약간 높음(80), 약간 낮음(60), 낮음(40)	20%
고객 및 민원 대응	매우 만족(100), 만족(75), 보통(50), 불만족(25), 매우 불만족(0)	20%
규정 준수 및 책임성	모범 사례(100), 기본 준수(75), 개선 필요(50)	25%

〈내부평가 점수 기준표〉

(단위 : 점)

구분	세부 평가 항목별 점수					평가 반영 비율
	매우 높음	높음	보통	낮음	매우 낮음	
예산관리 효율	100	80	60	40	20	20%
근무자 성과	100	75	50	25	0	30%
직원 만족도	100	80	60	40	20	15%
내부 협업 수준	100	85	70	55	40	35%

〈부서별 외부평가 결과〉

구분	프로젝트 목표 달성률	업무 프로세스 효율	고객 및 민원 대응	규정 준수 및 책임성
A부서	78%	약간 높음	만족	기본 준수
B부서	91%	약간 낮음	불만족	모범 사례
C부서	84%	약간 높음	만족	개선 필요
D부서	71%	높음	보통	기본 준수

〈부서별 내부평가 결과〉

구분	예산관리 효율	근무자 성과	직원 만족도	내부 협업 수준
A부서	낮음	보통	낮음	보통
B부서	낮음	보통	매우 높음	높음
C부서	낮음	매우 높음	높음	낮음
D부서	높음	낮음	보통	높음

〈최종 평가 점수 산정 방법〉

- 항목별 점수에 평가 반영 비율을 적용한 뒤 합산하여 외부평가 총점과 내부평가 총점을 구한다.
- 외부평가 총점과 내부평가 총점에 6 : 4의 비율을 적용하여 최종 평가 점수를 구한다.

| 건강보험심사평가원 / 문제해결능력

32 다음 중 최종 평가 점수가 가장 높은 부서는?

① A부서
② B부서
③ C부서
④ D부서

| 건강보험심사평가원 / 문제해결능력

33 다음 〈보기〉에서 자료에 대한 설명으로 옳은 것을 모두 고르면?

〈보기〉

ㄱ. 모든 부서는 내부평가 총점보다 외부평가 총점이 더 높다.
ㄴ. 외부평가와 내부평가 총점이 가장 많이 차이나는 부서는 D부서이다.
ㄷ. 최종 평가 점수가 가장 높은 부서와 가장 낮은 부서의 점수 차이는 5점 이하이다.
ㄹ. 외부평가와 내부평가의 최종 평가 점수 반영 비율이 5 : 5라면 최종 평가 점수가 가장 높은 부서는 B부서이다.

① ㄱ, ㄴ
② ㄱ, ㄷ
③ ㄴ, ㄷ
④ ㄴ, ㄹ

| 건강보험심사평가원 / 문제해결능력

34 K공사에서 최종 평가 점수가 4등인 부서의 내부평가 총점에 가점을 부여하려고 한다. 다음 중 최종 평가 점수가 4등인 부서가 3등이 되기 위해서 필요한 가점은 최소 몇 점인가?(단, 내부평가 총점에 부여하는 가점은 자연수로 한다)

① 2점
② 4점
③ 8점
④ 16점

35 다음 글을 읽고 추론한 내용으로 적절하지 않은 것은?

> 목재나 금속을 가공하는 등의 생산 과정에서는 불가피하게 분진이 발생하게 된다. 이러한 분진은 작업자의 건강을 위협하기 때문에 산업 현장이나 작업장, 공장에서는 주로 분진 집진기를 사용한다. 분진 집진기는 작업자의 안전과 쾌적한 작업환경을 유지하기 위해 공기 중 떠다니는 분진을 제거하는 장비이다.
> 집진기는 강력한 팬(Fan)이나 블로워(Blower)를 이용해 작업하면서 발생한 분진이 포함된 공기를 흡입한다. 이렇게 흡입된 공기는 집진기의 필터 또는 집진 장치로 이동하여 분진과 공기를 분리하는 과정을 거친다. 이때 분리 과정은 집진기가 작동하는 기술 방식에 따라 사이클론, 필터, 전기 등으로 구분할 수 있다. 사이클론 집진기의 경우 원심력을 이용해 분진을 분리하는 방식이라 큰 입자 제거에 유리한 반면, 전기 집진기는 분진에 (+) 전하를 부여하여 이를 집진판에 흡착시키는 방식이기 때문에 미세한 분진 제거에 유리하다. 또한 필터 집진기의 경우 섬유필터를 통해 분진을 걸러내기 때문에 다양한 크기의 분진을 제거할 수 있으나 그만큼 필터 관리에 주의를 기울여야 한다. 이렇게 분리된 깨끗한 공기는 다시 작업 공간으로 배출되거나 외부로 배출되어 이용한다.

① 분진 집진기는 공기 흡입, 분진 분리, 공기 배출 3단계로 작동한다.
② 분진 집진기는 분진을 없애는 것이 아니라 분진과 공기를 분리한다.
③ 전기 집진기의 집진판은 (+) 전하를 띠고 있어 분진의 부착이 용이하도록 되어있다.
④ 필터 집진기는 다른 방식에 비해 발생하는 분진의 크기에 따라 광범위하게 사용할 수 있다.
⑤ 작업환경에서 발생하는 분진의 크기에 따라 집진기 작동방식을 선택하여야 효과적으로 사용할 수 있다.

36 다음은 S시 지하철 노선별 에스컬레이터 설치 현황에 대한 자료이다. 이에 대한 설명으로 옳지 않은 것은?

〈S시 지하철 노선별 에스컬레이터 설치 현황〉

(단위 : 개)

구분	전체 역사 수	에스컬레이터 설치 역사 수
1호선	50	38
2호선	65	50
3호선	45	30
4호선	55	44
합계	215	162

① 3호선의 에스컬레이터 설치율은 2호선의 에스컬레이터 설치율보다 높다.

② 1호선에서 에스컬레이터가 설치된 역사의 비율은 75% 이상이다.

③ 4호선에서 에스컬레이터가 설치되지 않은 역사 수는 11개이다.

④ 전체 역사 중 에스컬레이터가 설치되지 않은 역사의 비율은 $\frac{1}{4}$ 이하이다.

⑤ 3호선에서 에스컬레이터가 설치된 역사 수는 1, 2, 4호선의 평균 설치 역사 수보다 적다.

37 다음은 S시의 버스 이용 현황에 대한 자료이다. 2025년의 노선당 평균 이용자 수를 2024년의 노선당 평균 이용자 수 이하로 유지하려면 2025년에 충원해야 하는 최소한의 버스 노선 수는?

〈S시 버스 이용 현황〉

구분	2024년	2025년(예상)
총이용자 수(천 명)	5,200	5,850
운영 버스 노선 수(개)	250	

① 28개

② 29개

③ 30개

④ 31개

⑤ 32개

※ S공사는 인천국제공항과 제휴를 통해 캐리어 보관 및 이동 서비스인 또타 T-luggage를 제공하고 있다. 이어지는 질문에 답하시오. **[38~39]**

〈공항 – 지하철역 간 캐리어 이동 비용〉

(단위 : 원)

출발지 \ 도착지		인천국제공항 제1터미널	인천국제공항 제2터미널	서울역	홍대입구역	강변역
인천공항	제1터미널	–	30,000	50,000	40,000	60,000
	제2터미널	30,000	–	45,000	60,000	65,000
서울역		50,000	45,000	–	–	–
홍대입구역		40,000	60,000	–	–	–
강변역		60,000	65,000	–	–	–

〈지하철역 간 거리 및 이동 시간〉

출발지 \ 도착지	서울역	신촌역	수서역	영등포역	광명역
서울역	–	5km, 7분	21km, 42분	10km, 15분	27km, 37분
신촌역	5km, 7분	–	26km, 51분	7km, 14분	20km, 34분
수서역	21km, 42분	26km, 51분	–	25km, 43분	28km, 28분
영등포역	10km, 15분	7km, 14분	25km, 43분	–	15km, 20분
광명역	27km, 37분	20km, 34분	28km, 28분	15km, 20분	–

※ 지하철역 간 캐리어 1개당 거리 비용은 지하철역 간 거리가 15km 이하인 경우 기본 비용(10,000원)이 부과되고, 15km를 초과할 경우 초과한 1km당 3,000원의 추가 비용이 발생함

※ 지하철역 간 캐리어 1개당 시간 비용은 1분당 200원이 부과됨

〈캐리어 크기별 보관료〉

(단위 : 원)

시간 \ 크기	30인치 미만	30인치 이상 44인치 미만	44인치 이상 55인치 미만	55인치 이상
4시간 미만	7,000	10,000	15,000	20,000
4시간 이상	기본 시간(4시간) 이후 시간당 1,000원의 추가 비용 발생			

※ 캐리어 크기는 (가로)×(세로)×(높이)로 표시하며, 가로, 세로, 높이의 합을 기준으로 함

※ 1인치는 2.54cm임

38 다음은 또타 T-luggage 서비스를 이용한 A ~ E고객 5명의 이용내역이다. 이들 중 캐리어 이동 비용 및 보관료를 가장 많이 지불한 사람은?(단, 소수점 둘째 자리에서 반올림한다)

> A고객 : 40cm×20cm×55cm 크기의 캐리어를 홍대입구역에서 인천국제공항 제1터미널로 이동시켰고, 5시간 동안 보관하였다.
> B고객 : 40cm×40cm×55cm 크기의 캐리어를 강변역에서 인천국제공항 제1터미널로 이동시켰고, 7시간 동안 보관하였다.
> C고객 : 40cm×60cm×60cm 크기의 캐리어를 서울역에서 인천국제공항 제2터미널로 이동시켰고, 14시간 동안 보관하였다.
> D고객 : 25cm×30cm×60cm 크기의 캐리어를 홍대입구역에서 인천국제공항 제2터미널로 이동시켰고, 5시간 동안 보관하였다.
> E고객 : 20cm×20cm×30cm 크기의 캐리어를 서울역에서 인천국제공항 제1터미널로 이동시켰고, 12시간 동안 보관하였다.

① A고객
② B고객
③ C고객
④ D고객
⑤ E고객

39 다음은 또타 T-luggage 서비스를 이용한 갑 ~ 정 고객 4명의 이용내역이다. 지하철역 간 캐리어 이동 서비스 비용은 거리 비용과 시간 비용의 합이라고 할 때, 이들이 지불한 비용의 총합은?(단, 1인당 캐리어 이동 서비스 비용이 50,000원 이상인 경우 서비스 비용의 10%를 할인한다)

> 갑 고객 : 서울역에서 수서역까지 캐리어 2개 이동 서비스를 이용하였다.
> 을 고객 : 신촌역에서 영등포역까지 캐리어 3개 이동 서비스를 이용하였다.
> 병 고객 : 광명역에서 신촌역까지 캐리어 2개 이동 서비스를 이용하였다.
> 정 고객 : 수서역에서 영등포역까지 캐리어 1개 이동 서비스를 이용하였다.

① 209,760원
② 216,120원
③ 217,040원
④ 223,400원
⑤ 235,560원

40 다음은 S국의 기업 A ~ E에 대한 자료이다. 총자본 대비 순수익의 비율이 높은 경우 효율적인 사업을 한다고 할 때, 가장 효율적인 사업을 하는 기업은?

〈S국 기업별 자본〉

(단위 : 만 원)

구분	부동산	토지	예금	부채	합계
A기업	3,500	500	1,000	2,300	7,300
B기업	5,000	1,000	700	1,800	8,500
C기업	3,500	800	400	2,100	6,800
D기업	5,700	200	500	1,200	7,600
E기업	4,300	1,000	800	2,700	8,800

〈S국 기업별 투입 비용〉

(단위 : 명, 만 원, 개, 시간)

구분	인원	장비		자금	시간	비고
		가격	개수			
A기업	4	100	3	500	120	–
B기업	3	150	2	470	100	특별
C기업	5	130	3	510	75	–
D기업	2	200	1	535	135	–
E기업	5	170	2	495	150	특별

※ (전체 투입 비용)=(인건비)+(장비비용)+(자금)+(시간비용)
※ 특별 기업의 경우 전체 투입 비용의 20%가 추가로 소요됨
※ 인건비는 1인당 100만 원씩 소요됨
※ 시간비용은 1시간당 10,000원으로 계산함

〈S국 기업별 판매 정보〉

(단위 : 개, 원)

구분	판매량	단가	비고
A기업	400	70,000	–
B기업	650	50,000	–
C기업	550	65,000	세일
D기업	300	85,000	–
E기업	850	55,000	세일

※ (전체 수입)=(판매량)×(단가)
※ (순수익)=(전체 수입)−(전체 투입 비용)
※ 세일 기업의 경우 전체 수입의 80%를 전체 수입으로 얻음

① A기업 ② B기업
③ C기업 ④ D기업
⑤ E기업

41 다음은 S공사의 여비 및 국내외 파견 강사료에 대한 자료이다. S공사에 귀속할 강사료가 임직원에게 지급한 여비보다 많으면 흑자이고, 그 반대는 적자일 때, 이에 대한 설명으로 옳은 것은?

〈S공사 임직원 구분〉

- 임원 : 제1호(회장, 사장, 부사장), 제2호(전무, 상무, 이사)
- 직원 : 제3호(부장, 차장, 과장), 제4호(대리, 주임, 사원)

〈S공사 여비 지급표〉

(단위 : 원)

구분	교통비(편도)				출장비		
	철도운임	선박운임	항공운임	자동차	일비(1일)	숙박비(1박)	식비(1일)
제1호	100,000	100,000	1,000,000	100,000	50,000	100,000	60,000
제2호	100,000	50,000	1,000,000	100,000	50,000	100,000	50,000
제3호	50,000	50,000	500,000	50,000	30,000	50,000	40,000
제4호	30,000	30,000	500,000	50,000	30,000	50,000	30,000

〈S공사 국내외 파견 강사료 1일 수령 기준표〉

(단위 : 원)

구분	국내			국외		
	2시간 미만	4시간 미만	4시간 이상	2시간 미만	4시간 미만	4시간 이상
제1호	100,000	200,000	250,000	200,000	350,000	500,000
제2호	80,000	150,000	200,000	150,000	300,000	450,000
제3호	50,000	70,000	180,000	120,000	250,000	400,000
제4호	30,000	50,000	150,000	100,000	200,000	300,000

※ S공사의 임원은 자신이 받은 강사료의 80%를 S공사에 귀속시킴
※ S공사의 직원은 자신이 받은 강사료의 60%를 S공사에 귀속시킴

① A부사장이 철도를 왕복 이용하여 출장을 떠나 국내에서 2박 3일 동안 매일 4시간씩 강의를 했다면, S공사는 흑자이다.

② B상무가 선박을 왕복 이용하여 출장을 떠나 국내에서 1박 2일 동안 매일 8시간씩 강의를 했다면, S공사는 흑자이다.

③ C부장이 자동차를 왕복 이용하여 출장을 떠나 국내에서 4박 5일 동안 매일 4시간씩 강의를 했다면, S공사는 적자이다.

④ D대리가 선박을 왕복 이용하여 출장을 떠나 국외에서 3박 4일 동안 매일 4시간씩 강의를 했다면, S공사는 적자이다.

⑤ E사원이 선박을 왕복 이용하여 출장을 떠나 국외에서 5박 6일 동안 매일 3시간씩 강의를 했다면, S공사는 적자이다.

42 다음은 S사의 고객문의에 대한 스프레드 시트이다. [A7] 셀에 [A6] 셀에 입력된 날짜에 5일을 더한 값을 표기하려고 할 때, [A7] 셀에 들어갈 함수식으로 옳은 것은?

	A	B	C	D
1	날짜	처리 건수	담당 부서	비고
2	2024-10-12	6건	품질관리부	-
3	2024-10-13	4건	품질관리부	-
4	2024-10-14	2건	품질관리부	미해결 2건
5	2024-10-15	5건	홍보부	-
6	2024-10-16	8건	홍보부	-
7				

① =A6+5
② =A6+DAY(5)
③ =EDATE(A6,5)
④ =A6+5,$A6+5
⑤ =MONTH(A6)+DATE(A6,5)

43 다음 자료를 변환한 그래프로 옳은 것은?

〈K-water 한강유역 대수력 발전소 연간 발전량〉

(단위 : GWh)

구분	2019년	2020년	2021년	2022년	2023년	2024년
소양강댐	347	551	314	600	430	490
충주댐	484	769	574	680	706	759

①
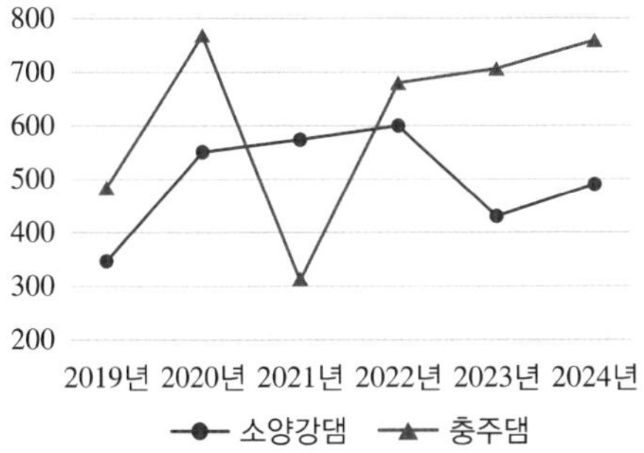

②
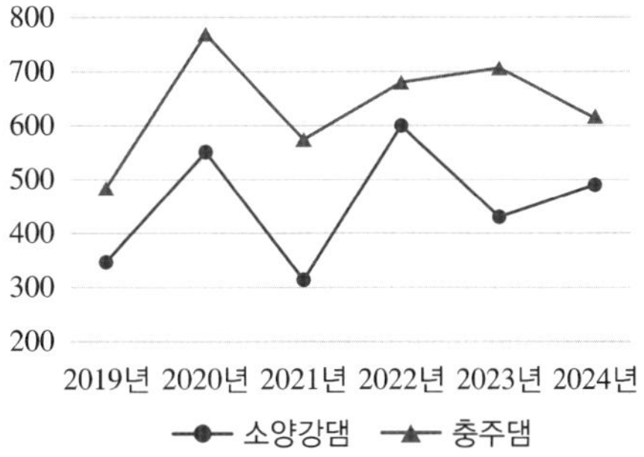

③
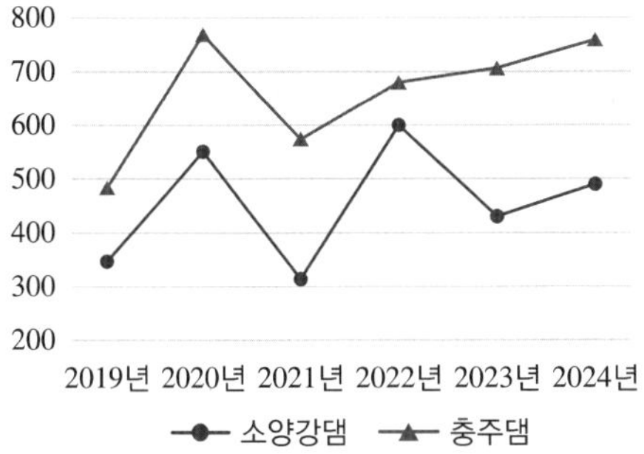

④
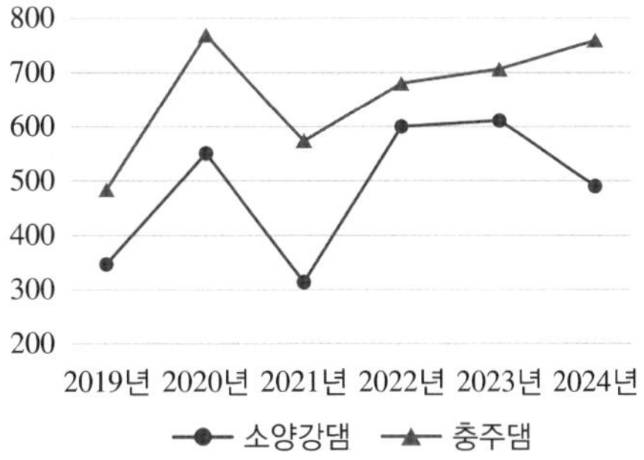

44 다음 글에 대한 설명으로 적절하지 않은 것은?

> 큐비트(Qubit)는 양자 컴퓨터에서 정보를 저장하고 처리하는 기본 단위이다. 기존의 컴퓨터가 정보를 0과 1로 이루어진 비트(Bit)로 표현하는 것과 달리, 큐비트는 양자역학의 특성을 활용해 더 복잡하고 강력한 방식으로 정보를 다룬다.
>
> 큐비트는 0과 1의 상태를 동시에 가질 수 있는 양자 중첩 특성을 가지고 있다. 양자 중첩이란 빛이 입자와 파동 2가지 상태를 가진 것과 마찬가지로 미시적 세계에서 여러 양자 상태가 동시에 존재할 수 있는 현상을 뜻하며, 측정하기 전까지 양자 상태를 정확히 파악할 수 없고 관측과 동시에 상태가 결정되는 것을 의미한다. 이처럼 큐비트 또한 측정하기 전까지 0과 1의 상태를 동시에 가진 중첩 상태가 유지되며 측정 시에는 0 또는 1 중 하나의 값으로 확정된다. 이를 통해 큐비트는 병렬 계산을 가능하게 만들어 복잡한 문제를 빠르게 해결할 수 있다.
>
> 또한 두 개 이상의 큐비트가 양자 얽힘 상태에 있으면, 한 큐비트의 상태가 다른 큐비트의 상태와 즉각적으로 연결된다. 이에 따라 한 큐비트가 측정되면 얽혀 있는 다른 큐비트의 상태 또한 자동으로 결정되므로 큐비트 간의 빠른 정보 전달과 협력 계산을 가능하게 한다.
>
> 양자 컴퓨터에 사용되는 큐비트는 다양한 방식으로 개발되고 있으며 대표적인 방식은 초전도 회로, 이온 트랩, 광자, 스핀 등이 있다. 초전도 회로는 전기적 초전도체를 활용해 양자 상태를 생성하고, 이온 트랩은 전기장으로 이온을 가두고 조작한다. 광자는 빛 입자를 이용한 정보 저장 및 전송에 사용되며, 스핀은 전자의 스핀 상태를 활용한다.
>
> 큐비트는 기존 컴퓨터보다 훨씬 더 많은 정보를 처리할 수 있다. 예를 들어, 20개의 큐비트를 활용하면 2^{20}, 약 100만 개의 상태를 동시에 표현할 수 있다. 이는 암호 해독이나 복잡한 시뮬레이션 같은 문제에서 기존 컴퓨터보다 월등히 빠른 성능을 발휘한다. 하지만 현재 기술로는 큐비트를 안정적으로 유지하고 제어하는 데 한계가 있다. 환경적 요인으로 인해 양자 상태가 쉽게 붕괴되기 때문에 이를 극복하기 위한 연구가 활발히 진행 중이다.
>
> 큐비트는 양자역학의 원리를 기반으로 기존 컴퓨터와는 완전히 다른 방식으로 정보를 처리한다. 중첩과 얽힘 같은 특성 덕분에 복잡한 계산 문제를 해결하는 데 강력한 도구가 될 수 있지만, 기술적 도전 과제도 많다. 앞으로 양자 컴퓨팅 기술이 발전하면 큐비트를 활용한 혁신적인 응용이 더욱 확대될 것으로 기대된다.

① 큐비트의 값은 측정과 동시에 정해진다.

② 큐비트는 정보를 0과 1의 2진수로 나타내는 것이다.

③ 큐비트는 측정하기 전까지는 양자 중첩 상태로 존재한다.

④ 4개의 큐비트를 활용하면 16번의 상태를 동시에 표현할 수 있다.

45 다음 글에 대한 설명으로 가장 적절한 것은?

> 소형 모듈 원전(SMR; Small Modular Reactor)은 기존 대형 원자로와는 다른 설계와 운영 방식을 가진 차세대 원자력 발전 기술이다. SMR은 전기 출력이 300MWe 이하로 소형화된 원자로를 의미하며, 크기가 작고 유연한 설계 덕분에 다양한 환경에서 활용 가능하다. 주요 특징 중 하나는 모듈화된 설계로, 주요 기기를 모듈화하여 공장에서 제작한 뒤 현장으로 운송해 조립한다. 이로 인해 건설 기간이 단축되고 초기 투자 비용을 줄일 수 있다.
>
> SMR은 기존 원전에 비해 안정성 또한 높다. 자연 순환 냉각 방식을 채택해 전력 공급 없이도 중력과 밀도차, 자연 대류를 활용해 원자로를 냉각할 수 있다. 이는 사고 발생 시 노심 용융 가능성을 낮추며, 방사성 물질의 저장 및 관리 측면에서도 유리하다. 또한 다양한 입지 조건에서 설치가 가능하여 전력망이 없는 지역이나 해상에서도 활용할 수 있다. 이는 탄소 배출이 적은 에너지원으로서 기후 변화 대응에도 기여할 수 있다.
>
> SMR의 경제성도 강점이다. 공장에서 미리 제작된 모듈을 현장에서 조립하는 방식은 전통적인 대형 원전보다 건설 비용과 기간을 줄인다. 그러나 단위 출력당 건설 비용이 높아질 수 있어 대량 생산과 표준화를 통해 비용을 절감해야 한다. 기술적 검증도 중요한 과제로, 안전성과 경제성을 동시에 만족시켜야 한다. 기후 변화에 따른 환경적 취약성도 고려해야 하며, 이를 극복하기 위해 각국 정부와 민간 기업들은 협력하여 연구 개발에 투자하고 있다.
>
> SMR은 탄소 중립 시대를 맞아 중요한 에너지원으로 주목받고 있으며, 다양한 분야에서 활용 가능성이 높다. 한국을 포함한 여러 국가가 SMR 개발에 적극적으로 나서고 있으며, 이를 통해 글로벌 에너지 시장에서 새로운 패러다임을 제시할 것으로 보인다. SMR은 단순히 기존 원전을 대체하는 것을 넘어 안전하고 지속 가능한 에너지 시스템 구축에 기여할 핵심 기술로 자리 잡고 있다.

① SMR은 방사성 폐기물이 발생하지 않는다.

② SMR은 기존의 원전보다 다양한 환경에서 건설이 가능하다.

③ SMR은 원전 부지에서 모듈을 생산하여 조립하는 방식으로 건설된다.

④ 선진국에서는 기존 원전 대부분이 SMR로 전환되어 탄소 중립을 실천하고 있다.

46 다음은 J공사의 컴퓨터 비밀번호 규칙에 대한 내용이다. 〈보기〉에서 J공사 비밀번호 규칙에 맞지 않는 것의 개수를 구하면?

> J공사의 직원들은 업무를 시작하기 위해 컴퓨터에 직원별 비밀번호를 입력해야 한다. 직원들의 비밀번호는 9자리의 숫자와 문자로 구성되어 있다. 첫 번째 자리는 직원 종류별 코드로 정직원은 1, 계약직은 2, 파견직은 3이 부여된다. 두 번째 자리부터는 직원별 입사일이 YYMMDD 방식으로 부여된다. 이후 데이터의 진위 여부를 확인하기 위해 체크데이터로 앞의 숫자를 모두 더한 뒤, 2를 뺀 값에 해당하는 알파벳이 대문자로 부여된다. 마지막으로 비밀번호 식별의 용이성을 위해 첫 번째 자리의 숫자와 동일한 숫자가 부여된다.

〈보기〉

- 3011210F3
- 2981111U2
- 3051231M3
- 1241215N2
- 4200817T4
- 1942131S1
- 1840624W1
- 1211014H1
- 2210830P2
- 2191229Z2

① 2개　② 3개
③ 4개　④ 5개

※ 다음 명제가 모두 참일 때 항상 참인 것을 고르시오. [47~48]

| 한국중부발전 / 문제해결능력

47

- A카페에 가면 타르트를 주문한다.
- 빙수를 주문하면 타르트를 주문하지 않는다.
- 타르트를 주문하면 아메리카노를 주문한다.

① 아메리카노를 주문하면 빙수를 주문하지 않는다.
② 빙수를 주문하지 않으면 A카페를 가지 않았다는 것이다.
③ 아메리카노를 주문하지 않으면 A카페를 가지 않았다는 것이다.
④ 타르트를 주문하지 않으면 빙수를 주문한다.

| 한국중부발전 / 문제해결능력

48

- 아침에 시리얼을 먹는 사람은 두뇌 회전이 빠르다.
- 아침에 토스트를 먹는 사람은 피곤하다.
- 에너지가 많은 사람은 아침에 밥을 먹는다.
- 피곤하면 회사에 지각한다.
- 두뇌 회전이 빠르면 일 처리가 빠르다.

① 회사에 가장 일찍 오는 사람은 피곤하지 않다.
② 두뇌 회전이 느리면 아침에 시리얼을 먹는다.
③ 아침에 밥을 먹는 사람은 에너지가 많다.
④ 회사에 지각하지 않으면 아침에 토스트를 먹지 않는다.

※ 다음은 J기업의 본사와 부속 공장 간의 도로에 대한 자료이다. 이어지는 질문에 답하시오. **[49~50]**

〈본사와 부속 공장 간 도로〉

(단위 : km)

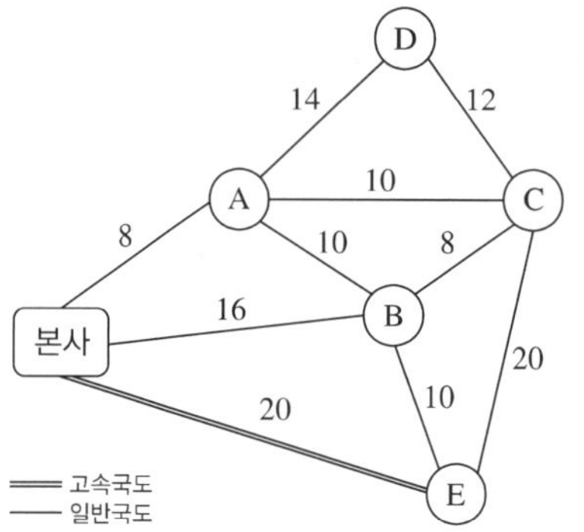

❙ 한국중부발전 / 자원관리능력

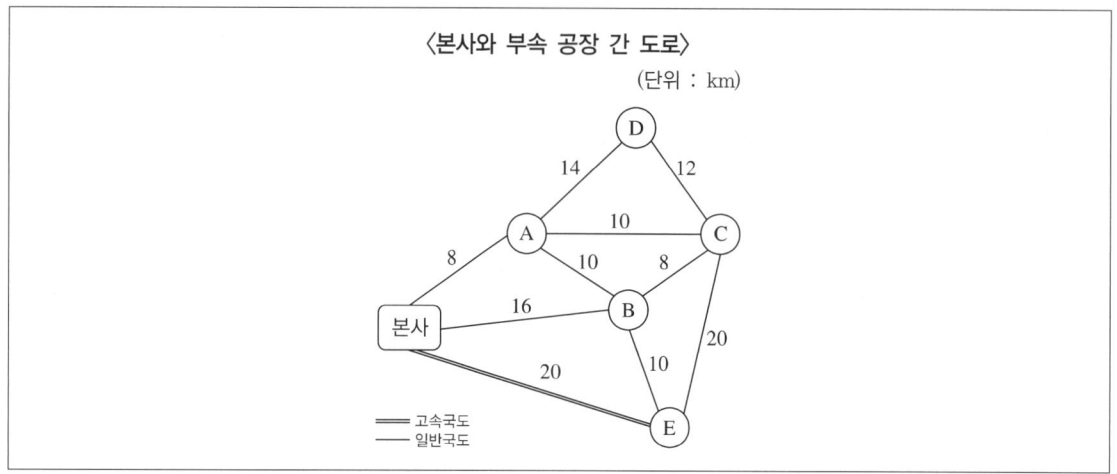

49 S대리는 본사에서 출발하여 모든 부속 공장을 방문한 뒤, 본사로 복귀하려고 한다. 다음 중 S대리가 일반국도만을 이용할 때의 최단거리는?(단, 한 번 방문한 공장은 다시 방문하지 않는다)

① 72km ② 76km
③ 80km ④ 84km

❙ 한국중부발전 / 자원관리능력

50 S대리는 회사로부터 교통비를 지원받아 고속국도를 이용할 수 있게 되었다. 다음 중 S대리가 고속국도를 이용하여 모든 부속 공장을 방문한 뒤, 본사로 복귀할 때의 최단거리와 고속국도를 이용하지 않을 때의 최단거리의 차이는?(단, 한 번 방문한 공장은 다시 방문하지 않는다)

① 6km ② 8km
③ 10km ④ 12km

제1회 PSAT형

NCS 모의고사

〈문항 및 시험시간〉

평가영역	문항 수	시험시간	모바일 OMR 답안채점 / 성적분석 서비스
의사소통능력 / 수리능력 / 문제해결능력 / 자원관리능력	50문항	60분	

PSAT형 NCS 집중학습 봉투모의고사

제1회 모의고사

문항 수 : 50문항
시험시간 : 60분

| 의사소통능력

01 다음 글에서 〈보기〉의 문장 ㄱ, ㄴ이 들어갈 위치로 가장 적절한 곳은?

문화가 발전하려면 저작자의 권리 보호와 저작물의 공정 이용이 균형을 이루어야 한다. 저작물의 공정 이용이란 저작권자의 권리를 일부 제한하여 저작권자의 허락이 없어도 저작물을 자유롭게 이용하는 것을 말한다. 비영리적인 사적 복제를 허용하는 것이 그 예이다. (가) 우리나라의 저작권법에서는 오래전부터 공정 이용으로 볼 수 있는 저작권 제한 규정을 두었다.

그런데 디지털 환경에서 저작물의 공정 이용은 여러 장애에 부딪혔다. 디지털 환경에서는 저작물을 원본과 동일하게 복제할 수 있고 용이하게 개작할 수 있다. (나) 그 결과 디지털화된 저작물의 이용 행위가 공정 이용의 범주에 드는 것인지 가늠하기가 더 어려워졌고 그에 따른 처벌 위험도 커졌다. (다)

이러한 문제를 해소하기 위한 시도의 하나로 포괄적으로 적용할 수 있는 '저작물의 공정한 이용' 규정이 저작권법에 별도로 신설되었다. 그리하여 저작권자의 동의가 없어도 저작물을 공정하게 이용할 수 있는 영역이 확장되었다. 그러나 공정 이용 여부에 대한 시비가 자율적으로 해소되지 않으면 예나 지금이나 법적인 절차를 밟아 갈등을 해소해야 한다. (라) 저작물 이용의 영리성과 비영리성, 목적과 종류, 비중, 시장 가치 등이 법적인 판단의 기준이 된다.

저작물 이용자들이 처벌에 대한 불안감을 여전히 느낀다는 점에서 저작물의 자유 이용 허락 제도와 같은 '저작물의 공유' 캠페인이 주목을 받고 있다. 이 캠페인은 저작권자들이 자신의 저작물에 일정한 이용 허락 조건을 표시해서 이용자들에게 무료로 개방하는 것을 말한다. 누구의 저작물이든 개별적인 저작권을 인정하지 않고 모두가 공동으로 소유하자고 주장하는 사람들과 달리, 이 캠페인을 펼치는 사람들은 기본적으로 자신과 타인의 저작권을 존중한다. 캠페인 참여자들은 저작권자와 이용자들의 자발적인 참여를 통해 자유롭게 활용할 수 있는 저작물의 양과 범위를 확대하려고 노력한다. (마) 그러나 캠페인에 참여한 저작물을 이용할 때 허용된 범위를 벗어난 경우 법적 책임을 질 수 있다.

〈보기〉

ㄱ. 따라서 저작물이 개작되더라도 그것이 원래 창작물인지 이차적 저작물인지 알기 어렵다.
ㄴ. 이들은 저작물의 공유가 확산되면 디지털 저작물의 이용이 활성화되고 그 결과 인터넷이 더욱 창의적이고 풍성한 정보 교류의 장(場)이 될 것이라고 본다.

	ㄱ	ㄴ
①	(가)	(나)
②	(가)	(마)
③	(나)	(다)
④	(나)	(라)
⑤	(나)	(마)

02 다음 글에 대한 반론으로 가장 적절한 것은?

> 법과 정의의 관계는 법학의 고전적인 과제 가운데 하나이다. 때와 장소에 관계없이 누구에게나 보편적으로 받아들여질 수 있는 정의롭고 도덕적인 법을 떠올리게 되는 것은 자연스러운 일이다. 전통적으로 이런 법을 '자연법'이라고 부르며 논의해 왔다. 자연법은 인위적으로 제정되는 것이 아니라 인간의 경험에 앞서 존재하는 본질적인 것으로서 신의 법칙이나 우주의 질서 또는 인간 본성에 근원을 둔다. 특히 인간의 본성에 깃든 이성, 다시 말해 참과 거짓, 선과 악을 분별할 수 있는 인간만의 자질은 자연법을 발견해 낼 수 있는 수단이 된다.
> 서구 중세의 신학에서는 자연법을 인간 이성에 새겨진 신의 법이라고 이해하여 종교적 권위를 중시하였다. 이후 근대의 자연법 사상에서는 신학의 의존으로부터 독립하여 자연법을 오직 이성으로써 확인할 수 있다고 보았다. 이런 경향을 열었다고 할 수 있는 그로티우스(1583 ~ 1645)는 중세의 전통을 수용하면서도 인간 이성에 따른 자연법의 기초를 확고히 하였다. 그는 이성을 통해 확인되고 인간 본성에 합치하는 법 규범은 자연법이자 신의 의지라고 말하면서, 이 자연법은 신도 변경할 수 없는 본질적인 것이라고 주장하였다. 이성의 올바른 인도를 통해 다다르게 되는 자연법은 국가와 실정법을 초월하는 규범이라고 보았다.

① 자연법은 누구에게나 받아들여질 수 있어야 한다.
② 보통 인간만이 가지고 있는 자질이 자연법이 된다.
③ 그로티우스는 실정법과 자연법을 구별하여 다뤘다.
④ 근대부터 자연법을 신학으로부터 독립적으로 취급했다.
⑤ 자연법은 명확히 확정하기 어렵기 때문에 현실적으로 효력을 갖춘 실정법만을 법으로 인정해야 한다.

03 다음 밑줄 친 ㉠~㉢의 방법이 적용된 사례 중 그 방법이 다른 하나는?

> 대부분의 사람들은 자연 현상이나 사회 현상에 인과 관계가 존재한다고 생각한다. 인과적 사고는 이와 같이 어떤 일이 발생하면 거기에는 원인이 있을 것이라는 생각에서 비롯되었다. 이러한 맥락에서 원인을 찾아내는 방법을 밝혀내고자 한 사람으로 19세기 중엽 영국의 철학자 존 스튜어트 밀이 있다. 그는 원인을 찾아내는 몇 가지 방법을 제안하였다.
>
> ㉠ 일치법은 어떤 결과가 발생한 여러 경우들에 공통적으로 선행하는 요소를 찾아 그것을 원인으로 간주하는 방법이다. 가령 수학여행을 갔던 ○○고등학교의 학생 다섯 명이 장염을 호소하였다고 하자. 보건 선생님이 이 학생들을 불러서 먹은 음식이 무엇인지 조사하였다. 다섯 명의 학생들이 제출한 자료를 본 선생님은 이 학생들이 공통적으로 먹은 유일한 음식이 돼지고기라는 사실을 알게 되었다. 이때 선생님이 돼지고기가 장염의 원인이라고 결론을 내리는 것이 바로 일치법을 적용한 예이다.
>
> ㉡ 차이법은 결과가 나타난 사례와 나타나지 않은 사례를 비교하여 선행하는 요소들 사이의 유일한 차이를 찾아 그것을 원인으로 추론하는 방법이다. 인도네시아의 연구소에 근무하던 에이크만은 사람의 각기병과 유사한 증상을 보이는 닭의 질병을 연구하고 있었다. 어느 날 그는 병에 걸린 닭들 중에서 병이 호전된 한 마리의 닭을 발견하고는 호전의 원인이 무엇인지를 찾아보고자 하였다. 그 결과 병이 호전된 닭과 호전되지 않은 닭들의 모이에서 나머지는 모두 같았으나 유일한 차이가 현미에 있음을 알게 되었다. 즉, 병이 호전되지 않은 닭들은 채소, 고기, 백미를 먹었으나 병이 호전된 닭은 추가로 현미를 먹었던 것이다. 이렇게 모이의 차이를 통해 닭의 병이 호전된 원인을 현미에서 찾은 에이크만의 사례는 바로 차이법을 적용한 예이다.
>
> ㉢ 일치 - 차이 병용법은 일치법과 차이법을 결합한 것으로, 어떤 결과가 나타나는 둘 또는 그 이상의 사례에서 한 가지 공통된 요소가 존재하고, 그 결과가 나타나지 않는 둘 또는 그 이상의 사례에서는 그러한 요소가 존재하지 않을 때, 그것을 원인으로 간주하는 방법이다.

① 시력이 1.5 이상인 사람들을 조사한 결과 모두 토마토를 자주 먹는다는 것이 밝혀졌다. 그러자 시력이 좋지 않은 사람들이 토마토를 먹기 시작했다.

② A시에서는 전염병이 발생하였고, 전염병에 감염된 사람들은 모두 돼지 농장에서 일한 사람들이었다. 방역 당국은 전염병이 돼지로부터 발병되었다는 결론을 내렸다.

③ 사고 다발 구간을 40km/h 이하로 지나간 500대의 차량을 조사한 결과, 단 한 차례의 사고도 일어나지 않았다. 결국 사고 다발 구간에서는 차량의 속도가 40km/h 이하일 때 교통사고 발생률이 0이 된다는 것을 알아냈다.

④ 1반 학생들과 2반 학생들의 지구력을 측정한 결과 1반 학생들의 지구력이 월등히 높았다. 알고 보니 1반 학생들은 매일 아침 운동장을 달렸지만, 2반 학생들은 아무 것도 하지 않았다. 결국 달리기가 지구력 향상에 탁월한 효과를 보인다는 결론을 내렸다.

⑤ 유치원에서는 외출 후 반드시 손을 씻어야 한다는 규칙을 만들어 아이들에게 알려주었다. 아이들이 손 씻기를 생활화하자 유치원에서는 단 한 명의 감기 환자도 발생하지 않았다. 아이들은 손 씻기가 감기를 예방한다는 것을 깨닫게 되었다.

04 다음 글을 읽고 추론한 내용으로 적절한 것을 〈보기〉에서 모두 고르면?

피부색은 멜라닌, 카로틴 및 헤모글로빈이라는 세 가지 색소에 의해 나타난다. 흑색 또는 흑갈색의 색소인 멜라닌은 멜라노사이트라고 하는 세포에서 만들어지며, 계속적으로 표피세포에 멜라닌 과립을 공급한다. 멜라닌의 양이 많을수록 피부색이 황갈색에서 흑갈색을 띠고, 적을수록 피부색이 엷어진다. 멜라닌은 피부가 햇빛에 노출될수록 더 많이 생성된다. 카로틴은 주로 각질층과 하피의 지방조직에 존재하며, 특히 동양인의 피부에 풍부하여 그들의 피부가 황색을 띠게 한다. 서양인의 혈색이 분홍빛을 띠는 것은 적혈구 세포 내에 존재하는 산화된 헤모글로빈의 진홍색에 기인한다. 골수에서 생성된 적혈구는 산소를 운반하는 역할을 하는데, 1개의 적혈구는 3억 개의 헤모글로빈을 가지고 있으며, 1개의 헤모글로빈에는 4개의 헴이 있다. 헴 1개가 산소 분자 1개를 운반한다.

한편 태양이 방출하는 여러 파장의 빛, 즉 적외선, 자외선 그리고 가시광선 중 피부에 주된 영향을 미치는 것이 자외선이다. 자외선은 파장이 가장 길고 피부 노화를 가져오는 자외선 A, 기미와 주근깨 등의 색소성 질환과 피부암을 일으키는 자외선 B, 화상과 피부암 유발 위험을 지니며 파장이 가장 짧은 자외선 C로 구분된다. 자외선으로부터 피부를 보호하기 위해서는 자외선 차단제를 발라주는 것이 좋다. 자외선 차단제에 표시되어 있는 자외선 차단지수(SPF; Sun Protection Factor)는 자외선 B를 차단해주는 시간을 나타낼 뿐 자외선 B의 차단 정도와는 관계가 없다. SPF 수치는 1부터 시작하며, SPF 1은 자외선 차단 시간이 15분임을 의미한다. SPF 수치가 1단위 올라갈 때마다 자외선 차단 시간은 15분씩 증가한다. 따라서 SPF 4는 자외선을 1시간 동안 차단시켜 준다는 것을 의미한다.

〈보기〉

ㄱ. 멜라닌의 종류에 따라 피부색이 결정된다.
ㄴ. 1개의 적혈구는 산소 분자 12억 개를 운반할 수 있다.
ㄷ. SPF 50은 SPF 30보다 1시간 동안 차단하는 자외선 B의 양이 많다.
ㄹ. SPF 40을 얼굴에 한 번 바르면 10시간 동안 자외선 B의 차단 효과가 있다.

① ㄱ, ㄴ
② ㄱ, ㄷ
③ ㄴ, ㄹ
④ ㄱ, ㄷ, ㄹ
⑤ ㄴ, ㄷ, ㄹ

※ 다음은 Z국의 6대 도시 A～F시의 장애인택시 이용자 현황에 대한 자료이다. 이어지는 질문에 답하시오. **[5~6]**

〈Z국 6대 도시 A～F시의 장애인택시 이용자 현황〉

구분	2021년	2022년	2023년	2024년
A시	822명	885명	1,020명	1,239명
B시	102명	132명	168명	202명
C시	559명	628명	770명	984명
D시	479명	508명	648명	712명
E시	302명	358명	420명	492명
F시	462명	512명	602명	754명

05 다음 〈보기〉에서 자료를 변환한 그래프로 옳은 것을 모두 고르면?

〈보기〉

ㄱ. 지역별 2022년 대비 2024년 장애인택시 이용자 수

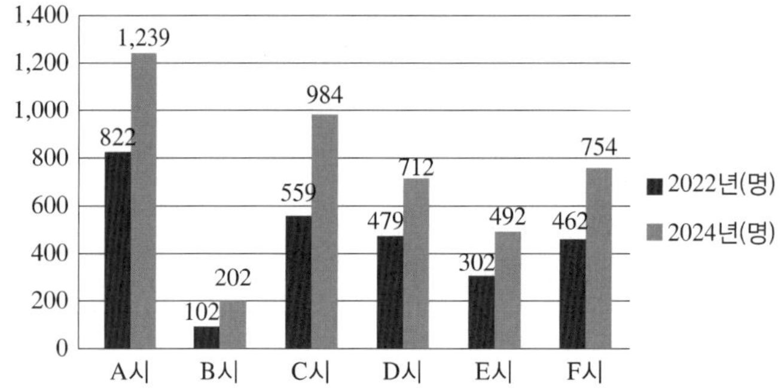

ㄴ. 2024년 전년 대비 지역별 장애인택시 이용자 수 증가폭

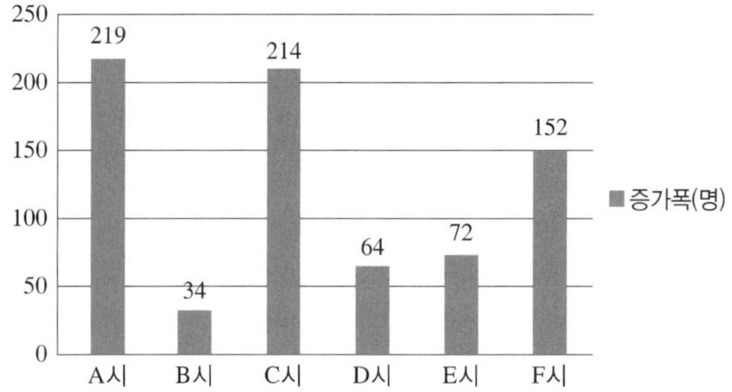

ㄷ. 연도별 A시와 C시의 장애인택시 이용자 수 합계

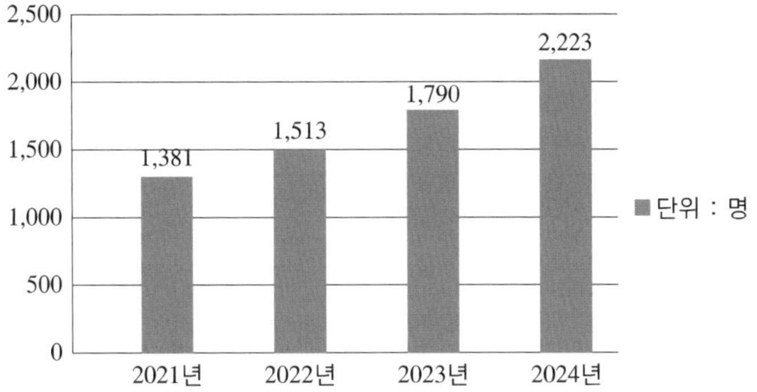

ㄹ. C시와 B시 지역의 장애인택시 이용자 수 현황

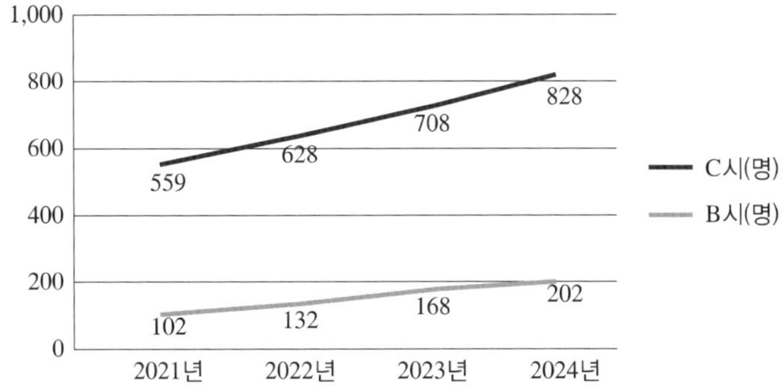

① ㄱ, ㄴ
② ㄱ, ㄷ
③ ㄴ, ㄷ
④ ㄴ, ㄹ
⑤ ㄷ, ㄹ

| 수리능력

06 다음 중 자료에 대한 설명으로 옳지 않은 것은?

① A시와 F시의 장애인택시 이용자 수의 차이는 매년 증가하고 있다.
② 2024년 A시의 장애인택시 이용자 수는 2022년 대비 1.4배 증가하였다.
③ B시의 전년 대비 장애인택시 이용자 수의 증가폭이 가장 작은 연도는 2022년이다.
④ 연도별 장애인택시 이용자 수가 가장 많은 지역은 A시이고, 가장 적은 지역은 B시이다.
⑤ 연도별 D시와 E시의 장애인택시 이용자 수의 합계는 A시의 장애인택시 이용자 수보다 작다.

07 다음은 미디어 매체별 이용자 분포에 대한 자료이다. 이를 변환한 그래프로 옳지 않은 것은?

〈미디어 매체별 이용자 분포〉

(단위 : %)

구분		TV	스마트폰	PC / 노트북
사례 수		7,000명	6,000명	4,000명
성별	남	49.4	51.7	51.9
	여	50.6	48.3	48.1
연령	10대	9.4	11.2	13.0
	20대	14.1	18.7	20.6
	30대	17.1	21.1	23.0
	40대	19.1	22.2	22.6
	50대	18.6	18.6	15.0
	60세 이상	21.7	8.2	5.8
직업	사무직	20.1	25.6	28.2
	서비스직	14.8	16.6	14.9
	생산직	20.3	17.0	13.4
	학생	13.2	16.8	19.4
	주부	20.4	17.8	18.4
	기타	0.6	0.6	0.6
	무직	10.6	5.6	5.1
소득	상	31.4	35.5	38.2
	중	45.1	49.7	48.8
	하	23.5	14.8	13.0
도시 규모	대도시	45.3	47.5	49.5
	중소도시	37.5	39.6	39.3
	군지역	17.2	12.9	11.2

① 연령대별 스마트폰 이용자 수(단위 : 명)

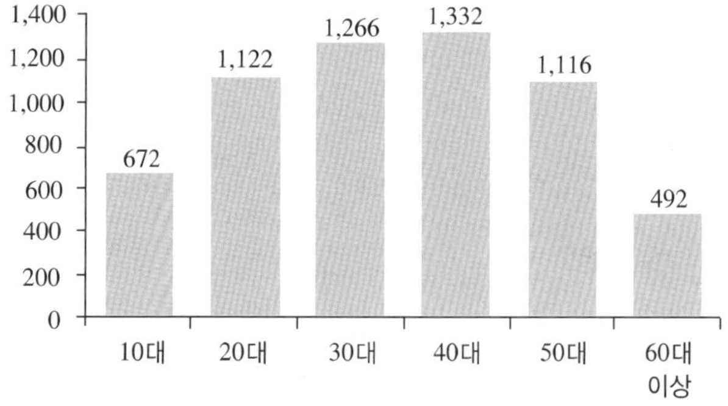

② 성별 매체 이용자 수(단위 : 명)

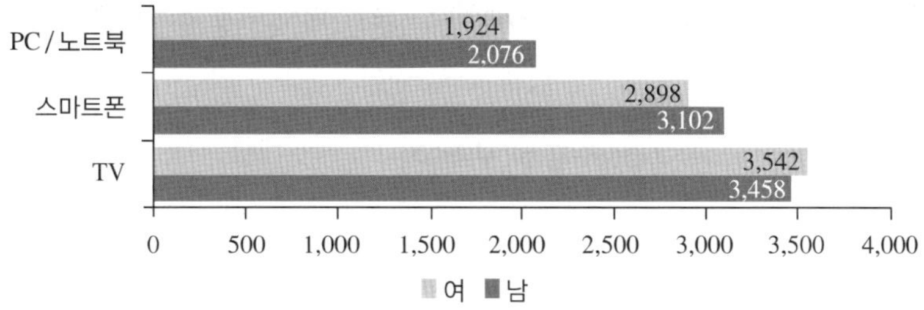

③ 매체별 소득수준 구성비

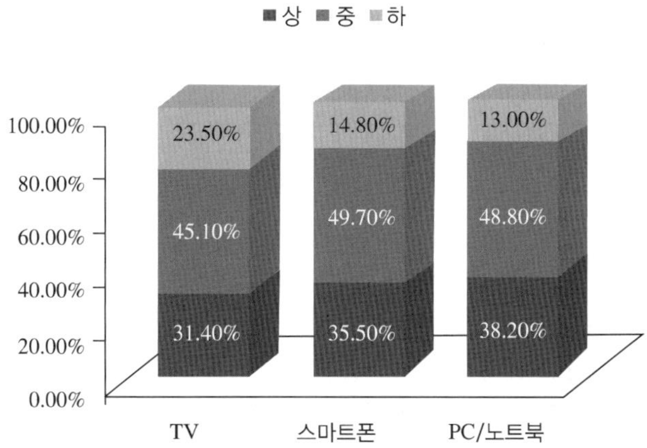

④ 사무직 이용자의 매체별 구성비

⑤ TV+스마트폰 이용자의 도시 규모별 구성비

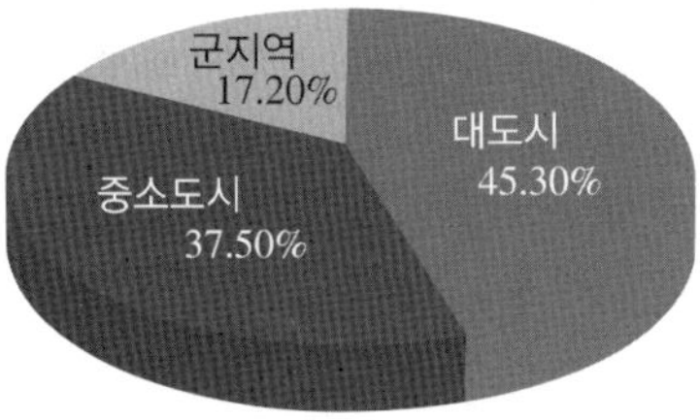

08 다음은 2024년 상반기 경상수지 및 무역수지에 대한 자료이다. 〈보기〉에서 이에 대해 바르게 해석한 사람을 모두 고르면?

〈경상수지 및 무역수지〉

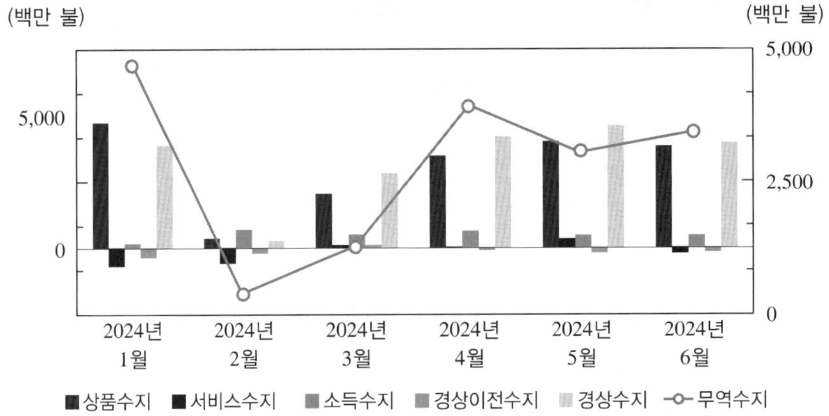

※ 무역수지는 오른쪽 축에 해당함

- 상품수지 : 상품 수출과 수입의 차이로, 소유권 이전 기준으로 작성되며 가격조건은 수출입 모두 FOB로 평가 – 일반상품, 가공용 재화, 비화폐용금수지로 세분
- 서비스수지 : 서비스 수출과 수입의 차이로, 운수, 여행, 통신서비스, 보험서비스, 특허권 등 사용료, 사업서비스, 정부서비스 및 기타수지로 세분
- 소득수지 : 비거주자 노동자에게 지급되는 급료 및 임금, 대외 금융자산 및 부채와 관련된 투자소득이 포함
- 경상이전수지 : 개인송금, 국제기구 출연금 및 구호를 위한 식량, 의약품 등의 무상원조가 포함

〈보기〉

난정 : 미국에서 유학 중인 수현이가 부모님으로부터 학비를 받았다면, 이는 소득수지에 해당해.
희수 : 상품수지는 기간 내에 항상 흑자였어.
소정 : 대외 금융자산 및 부채와 관련된 투자소득이 0이라고 할 때, 우리나라에 있는 외국인 노동자에게 지급되는 임금 총량보다 외국에 있는 우리나라 노동자에게 지급되는 임금 총량이 더 커.
만호 : 2024년 2월에 무역수지는 적자였어.

① 난정, 희수　② 난정, 소정
③ 희수, 소정　④ 희수, 만호
⑤ 소정, 만호

09 다음은 주당배당금 및 배당수익률 산출식에 대한 자료이다. 배당금이 많은 사람부터 적은 사람까지 순서대로 바르게 나열한 것은?(단, 빈칸은 일부 누락된 부분이다)

〈개인별 투자 현황〉

투자자	투자한 회사의 당기순이익	투자한 회사의 주가	투자한 회사의 배당수익률	투자한 회사의 발행주식 수
A	20억 원	20,000원		10만 주
B		30,000원	10%	80만 주
C	40억 원	100,000원		10만 주
D		60,000원	20%	20만 주
E	20억 원	40,000원		20만 주

※ 주당배당금(DPS; Dividend Per Share) : (배당금 총액)÷(발행주식 수)
※ 배당수익률(DYR; Dividend Yield Ratio, %) : (주당배당금)÷(주가)×100
※ 배당금 총액은 통상 당기순이익의 20%이며, 배당금은 주당배당금의 100배임

① C>D>B>A>E
② D>A>C>B>E
③ D>C>A>B>E
④ E>B>A>C>D
⑤ E>C>B>A>D

10 K동에서는 임신한 주민에게 출산장려금을 지원하고자 한다. 출산장려금 지급 기준 및 K동에 거주하는 임산부에 대한 정보가 다음과 같을 때, 출산장려금을 가장 먼저 받을 수 있는 사람은?

〈K동 출산장려금 지급 기준〉

출산장려금 지급액은 모두 같으나, 지급 시기는 모두 다르다. 지급 순서 기준은 임신일, 자녀 수, 소득 수준 순서이다. 임신일이 길수록, 자녀가 많을수록, 소득 수준이 낮을수록 먼저 받는다(단, 자녀는 만 19세 미만의 아동 및 청소년으로 제한함). 또한 임신일, 자녀 수, 소득 수준이 모두 같으면 같은 날에 지급한다.

〈K동 거주 임산부 정보〉

구분	임신일	자녀	소득 수준
A임산부	150일	만 1세	하
B임산부	200일	만 3세	상
C임산부	100일	만 10세, 만 6세, 만 5세, 만 4세	상
D임산부	200일	만 7세, 만 5세, 만 3세	중
E임산부	200일	만 20세, 만 16세, 만 14세, 만 10세	상

① A임산부
② B임산부
③ C임산부
④ D임산부
⑤ E임산부

11 K중학교 백일장에 참여한 가 ~ 마 학생 5명에게 다음 〈조건〉에 따라 점수를 부여할 때, 점수가 가장 높은 학생은?

〈K중학교 백일장 채점표〉

구분	오탈자(건)	글자 수(자)	주제의 적합성	글의 통일성	가독성
가 학생	33	654	A	A	C
나 학생	7	476	B	B	B
다 학생	28	332	B	B	C
라 학생	25	572	A	A	A
마 학생	12	786	C	B	A

〈조건〉

- 기본 점수는 80점이다.
- 오탈자가 10건 이상일 때 1점을 감점하고, 5건이 추가될 때마다 1점을 추가로 감점한다.
- 전체 글자 수가 350자 미만일 때 10점을 감점하고, 600자 이상일 때 1점을 부여하며, 25자가 추가될 때마다 1점을 추가로 부여한다.
- 주제의 적합성, 글의 통일성, 가독성을 A, B, C등급으로 나누며 등급 개수에 따라 추가 점수를 부여한다.
  - A등급 3개 : 25점
  - A등급 2개, B등급 1개 : 20점
  - A등급 2개, C등급 1개 : 15점
  - A등급 1개, B등급 2개 또는 A등급, B등급, C등급 1개 : 10점
  - B등급 3개 : 5점

  예 오탈자 46건, 전체 글자 수 626자, 주제의 적합성, 글의 통일성, 가독성이 각각 A, B, A일 때 점수는 80−8+2+20=94점이다.

① 가 학생
② 나 학생
③ 다 학생
④ 라 학생
⑤ 마 학생

12 다음 글이 참일 때 항상 참인 것을 〈보기〉에서 모두 고르면?

> 이번에 우리 공장에서 발생한 화재사건에 대해 조사해 보았습니다. 화재의 최초 발생 장소는 A지역으로 추정됩니다. 화재의 원인에 대해서는 여러 가지 의견이 존재합니다.
> 첫째, 화재의 원인을 새로 도입한 기계 M의 오작동으로 보는 견해가 존재합니다. 만약 기계 M의 오작동이 화재의 원인이라면 기존에 같은 기계를 도입했던 X공장과 Y공장에서 이미 화재가 났을 것입니다. 확인 결과 이미 X공장에서 화재가 났었다는 것을 파악할 수 있었습니다.
> 둘째, 방화로 인한 화재의 가능성이 존재합니다. 만약 화재의 원인이 방화일 경우 감시카메라에 수상한 사람이 찍히고 방범용 비상벨이 작동했을 것입니다. 또한 방범용 비상벨이 작동했다면 당시 근무 중이던 경비원 갑이 B지역과 C지역 어느 곳으로도 화재가 확대되지 않도록 막았을 것입니다. B지역으로 화재가 확대되지는 않았고, 감시카메라에서 수상한 사람을 포착하여 조사 중에 있습니다.
> 셋째, 화재의 원인이 시설 노후화로 인한 누전일 가능성도 제기되고 있습니다. 화재의 원인이 누전이라면 기기관리자 을 또는 시설관리자 병에게 화재의 책임이 있을 것입니다. 만약 을에게 책임이 있다면 정에게는 책임이 없습니다.

〈보기〉

ㄱ. 이번 화재 전에 Y공장에서 화재가 발생했어도 기계 M의 오작동이 화재의 원인은 아닐 수 있다.
ㄴ. 병에게 책임이 없다면, 정에게도 책임이 없다.
ㄷ. C지역으로 화재가 확대되었다면, 방화는 이번 화재의 원인이 아니다.
ㄹ. 정에게 이번 화재의 책임이 있다면, 시설 노후화로 인한 누전이 이번 화재의 원인이다.

① ㄱ, ㄷ
② ㄴ, ㄹ
③ ㄷ, ㄹ
④ ㄱ, ㄴ, ㄷ
⑤ ㄴ, ㄷ, ㄹ

※ M사는 A ~ E의 5개 팀으로 나누어 각각 다른 발전소로 견학을 가고자 한다. 5대 발전소별 견학 운영 조건이 다음과 같을 때, 이어지는 질문에 답하시오. **[13~14]**

〈5대 발전소 발전소 견학 운영 조건〉

구분	견학 시간	제한 인원	견학 장소
U발전소	90분	50명	홍보관
W발전소	120분	40명	발전 시설, 에너지 체험관
X발전소	90분	50명	발전소 전체(홍보관, 발전 시설, 에너지 체험관을 모두 포함)
Y발전소	90분	40명	발전 시설, 에너지 체험관
Z발전소	120분	50명	발전소 전체(홍보관, 발전 시설, 에너지 체험관을 모두 포함)

| 자원관리능력

13 다음 〈조건〉에 따라 A ~ E팀이 견학할 발전소를 정할 때, 팀과 견학 장소를 바르게 연결한 것은?

〈조건〉

- 한 발전소에 두 팀 이상 견학을 갈 수 없다.
- A, C팀의 견학 희망 인원은 각각 45명이고, B, D, E팀의 견학 희망 인원은 각각 35명이다.
- A, D팀의 견학 희망 장소는 발전소 전체이다.
- C팀의 견학 희망 장소는 홍보관이며, B팀은 발전 시설 견학을 희망하지 않는다.
- A, E팀의 견학 희망 시간은 최소 100분이다.
- 그 외 희망 사항이 없는 팀은 발전소 견학 운영 조건을 따르는 것으로 한다.

① A팀 – W발전소
② B팀 – U발전소
③ C팀 – Y발전소
④ D팀 – X발전소
⑤ E팀 – Z발전소

| 자원관리능력

14 다음 〈조건〉에 따라 발전소의 견학 순서를 정할 때, 항상 두 번째로 견학을 가게 되는 발전소는?

〈조건〉

- Z발전소보다 U발전소와 Y발전소에 먼저 견학을 간다.
- X발전소는 W발전소보다 먼저 견학한다.
- Y발전소와 W발전소 사이에 발전소 한 곳에 견학을 간다.
- W발전소는 첫 번째 견학 장소가 될 수 없다.
- X발전소는 반드시 짝수 번째로 견학한다.

① U발전소
② W발전소
③ Y발전소
④ Z발전소
⑤ X발전소

15 다음은 A ~ E자동차의 성능을 비교한 자료이다. S씨의 가족은 서울에서 거리가 140km 떨어진 곳으로 여행을 가려고 한다. 가족 구성원은 총 4명이며 모두가 탈 수 있는 차를 렌트하려고 할 때, 어떤 자동차를 이용하는 것이 가장 비용이 저렴한가?(단, 비용은 일의 자리에서 반올림한다)

〈자동차 성능 현황〉

구분	종류	연료	연비
A자동차	하이브리드	일반 휘발유	25km/L
B자동차	전기	전기	6km/kW
C자동차	가솔린 자동차	고급 휘발유	19km/L
D자동차	가솔린 자동차	일반 휘발유	20km/L
E자동차	가솔린 자동차	고급 휘발유	22km/L

〈연료별 비용〉

구분	비용
전기	500원/kW
일반 휘발유	1,640원/L
고급 휘발유	1,870원/L

〈자동차 인원〉

구분	인원
A자동차	5인용
B자동차	2인용
C자동차	4인용
D자동차	6인용
E자동차	4인용

① A자동차
② B자동차
③ C자동차
④ D자동차
⑤ E자동차

16 다음은 지역별 교통위반 단속 건수에 대한 자료이다. 이에 대한 설명으로 옳은 것은?

〈지역별 교통위반 단속 건수〉

구분	무단횡단	신호위반	과속	불법주정차	음주운전	전체
서울시	80	960	1,320	240	410	3,010
경기도	70	820	1,020	210	530	2,650
인천시	50	870	1,380	240	280	2,820
대구시	5	880	1,210	45	30	2,170
부산시	20	950	1,350	550	210	3,080
강원도	5	180	550	15	70	820
대전시	5	220	470	80	55	830
광주시	15	310	550	180	35	1,090
울산시	10	280	880	55	25	1,250
제주시	10	980	550	140	120	1,800
세종시	20	100	240	90	30	480
전체	290	6,550	9,520	1,845	1,795	20,000

※ 수도권은 서울시, 경기도, 인천시를 가리킴

① 수도권 지역의 단속 건수는 전체 단속 건수의 절반 이상이다.
② 경기도의 모든 항목에서 교통위반 단속 건수는 서울시보다 적다.
③ 신호위반이 가장 많이 단속된 지역이 과속도 가장 많이 단속되었다.
④ 울산시의 단속 건수가 전체 단속 건수에서 차지하는 비중은 6.4%이다.
⑤ 광주시의 단속 건수가 전체 단속 건수에서 차지하는 비중은 대전시보다 1.3%p 더 높다.

17 다음 글의 중심 내용으로 가장 적절한 것은?

> 통계는 다양한 분야에서 활용되며 막강한 위력을 발휘하고 있다. 그러나 모든 도구나 방법이 그렇듯이, 통계 수치에도 함정이 있다. 함정에 빠지지 않으려면 통계 수치의 의미를 정확히 이해하고, 도구와 방법을 올바르게 사용해야 한다.
> 예를 들어 보자. 친구 5명이 만나서 이야기를 나누다가 연봉이 화제가 되었다. 2천만 원이 4명, 7천만 원이 1명이었는데, 평균을 내면 3천만 원이다. 이 숫자에 대해 4명은 "나는 봉급이 왜 이렇게 적을까?" 하며 한숨을 내쉬었다. 그러나 이 평균값 3천만 원이 5명의 집단을 대표하는 데 아무 문제가 없을까? 물론 계산 과정에는 하자가 없지만, 평균을 집단의 대푯값으로 사용하는 데 어떤 한계가 있을 수 있는지 깊이 생각해 보지 않는다면 우리는 잘못된 생각에 빠질 수도 있다. 평균은 극단적으로 아웃라이어(비정상적인 수치)에 민감하다. 집단 내에 아웃라이어가 하나만 있어도 평균이 크게 바뀐다는 것이다. 위의 예시에서 1명의 연봉이 7천만 원이 아니라 100억 원이었다고 하자. 그러면 평균은 20억 원이 넘게 된다.
> 나머지 4명은 자신의 연봉이 평균치의 100분의 1밖에 안 된다며 슬퍼해야 할까? 연봉 100억 원인 사람이 아웃라이어이듯이 처음의 예에서 연봉 7천만 원인 사람도 아웃라이어인 것이다. 두드러진 아웃라이어가 있는 경우에는 평균보다는 최빈값이나 중앙값이 대푯값으로서 더 나을 수 있다.

① 평균은 집단을 대표하는 수치로서는 매우 부적당하다.
② 통계는 숫자 놀음에 불과하므로 통계 수치에 일희일비할 필요가 없다.
③ 평균보다는 최빈값이나 중앙값을 대푯값으로 사용해야 한다.
④ 통계 수치의 의미와 한계를 정확히 인식하고 사용할 필요가 있다.
⑤ 통계는 올바르게 활용하면 다양한 분야에서 사용할 수 있는 도구이다.

18 다음 자료를 바탕으로 이해한 내용으로 옳지 않은 것은?

수신자 : 전 부서
제목 : 전자제품 판매 프로모션 안내
해당 부서에서는 아래와 같이 전자제품 판매 프로모션을 기획하였으니 업무에 참고하시기 바랍니다.

– 아래 –

- 기간 : 2025년 7월 7일(월) ~ 8월 26일(화)
- 대상 : 행사 품목 구매 고객 중 응모한 자에 한함
- 내용 : 해당 프로모션 당첨자에게 평생 전기세 지원 명목으로 일정 금액을 증정함(무상 A/S지원 포함)
- 혜택 : 품목별 혜택이 상이함

품목	혜택	당첨자 수
냉장고	전기세 200만 원 지원, 10년 무상 A/S	2명
에어컨	전기세 200만 원 지원, 5년 무상 A/S	2명
세탁기	전기세 100만 원 지원, 5년 무상 A/S	3명
TV	전기세 50만 원 지원, 5년 무상 A/S	4명
PC	전기세 50만 원 지원, 3년 무상 A/S	4명

- 기타
  - 제세공과금(22%, 현금)은 당첨자 본인 부담
  - 지정된 행사 매장에 방문 또는 상담 시 구매여부와 관계없이 당해 다이어리 증정(1,000부 선착순)
  - 9월 중순 당첨자 발표 예정(홈페이지 게시, 개별통보)

별첨1. 프로모션 제품별 가격표 1부
별첨2. 지정 행사장 위치 및 진행 계획 1부
별첨3. 온라인 홍보물 1부. 끝.

① 이번 프로모션은 본 회사의 행사품목 제품을 구매한 고객 중 당첨자에게 전기세를 지원하는 데 의의를 두고 있다.
② 이번 프로모션은 품목별 혜택이 서로 다르긴 하지만 공통적으로 전기세 지원과 무상 A/S를 받을 수 있다.
③ 전국 매장에 방문하거나 상담 시 구매여부와 관계없이 다이어리를 증정한다.
④ 프로모션 당첨자는 제세공과금 22%를 현금으로 부담해야 한다는 것을 응모자들에게 사전에 알려줄 필요가 있다.
⑤ 행사 품목 구매 고객 중 응모한 자에 한해서만 프로모션을 진행한다.

19 다음은 A기업 지원자의 인턴 및 해외연수 경험과 합격여부에 대한 자료이다. 이에 대한 설명으로 옳은 것을 〈보기〉에서 모두 고르면?

〈A기업 지원자의 인턴 및 해외연수 경험과 합격여부〉

(단위 : 명, %)

인턴 경험	해외연수 경험	합격여부		합격률
		합격	불합격	
있음	있음	53	414	11.3
	없음	11	37	22.9
없음	있음	0	16	0.0
	없음	4	139	2.8

※ $[\text{합격률}(\%)] = \frac{(\text{합격자 수})}{(\text{합격자 수})+(\text{불합격자 수})} \times 100$

※ 합격률은 소수점 둘째 자리에서 반올림한 값임

〈보기〉

ㄱ. 해외연수 경험이 있는 지원자가 해외연수 경험이 없는 지원자보다 합격률이 높다.
ㄴ. 인턴 경험이 있는 지원자가 인턴 경험이 없는 지원자보다 합격률이 높다.
ㄷ. 인턴 경험과 해외연수 경험이 모두 있는 지원자 합격률은 인턴 경험만 있는 지원자 합격률의 2배 이상이다.
ㄹ. 인턴 경험과 해외연수 경험이 모두 없는 지원자와 인턴 경험만 있는 지원자 간의 합격률 차이는 30%p보다 크다.

① ㄱ, ㄴ
② ㄱ, ㄷ
③ ㄴ, ㄷ
④ ㄱ, ㄴ, ㄹ
⑤ ㄴ, ㄷ, ㄹ

20 다음 글의 내용이 참일 때, 항상 옳은 것을 〈보기〉에서 모두 고르면?

> 공군이 차기 전투기 도입에서 고려해야 하는 사항은 비행시간이 길어야 한다는 것, 정비시간이 짧아야 한다는 것, 폭탄 적재량이 많아야 한다는 것, 그리고 공대공 전투 능력이 높아야 한다는 것, 이상 네 가지이다. 그리고 이 네 가지는 각각 그런 경우와 그런 경우의 반대 둘 중의 하나이며 그 중간은 없다.
> 전투기의 폭탄 적재량이 많거나 공대공 전투 능력이 높다면 정비시간은 길다. 반면에 비행시간이 길면 공대공 전투 능력은 낮다. 공군은 네 가지 고려 사항 중에서 최소한 두 가지 이상을 통과한 기종을 선정해야 한다. 그런데 공군은 위 고려 사항 중에서 정비시간이 짧아야 한다는 조건만큼은 결코 포기할 수 없다는 입장이다. 따라서 정비시간이 짧아야 한다는 것은 차기 전투기로 선정되기 위한 필수적인 조건이다.
> 한편, 이번 전투기 도입 사업에 입찰한 업체 중 하나인 A사는 비행시간이 길고 폭탄 적재량이 많은 기종을 제안했다. 언론에서는 A사의 기종이 선정될 것이라고 예측하였다. 이후 공군에서는 선정 조건에 맞게 네 고려 사항 중 둘 이상을 통과한 기종의 전투기를 도입하였는데 그것이 A사의 기종이었는지는 아직 알려지지 않았다.

〈보기〉

ㄱ. 언론의 예측은 옳았다.
ㄴ. 공군이 도입한 기종은 비행시간이 길다.
ㄷ. 입찰한 업체의 기종이 공대공 전투 능력이 높다면, 그 기종은 비행시간이 짧다.

① ㄱ
② ㄴ
③ ㄱ, ㄷ
④ ㄴ, ㄷ
⑤ ㄱ, ㄴ, ㄷ

21 다음은 분기별 K기업의 매출액, 영업이익, 순이익에 대한 자료이다. 매출이익 대비 순이익의 비가 가장 낮은 분기의 전분기 대비 영업이익 증감률은?

〈분기별 K기업 매출이익, 영업이익, 순이익〉

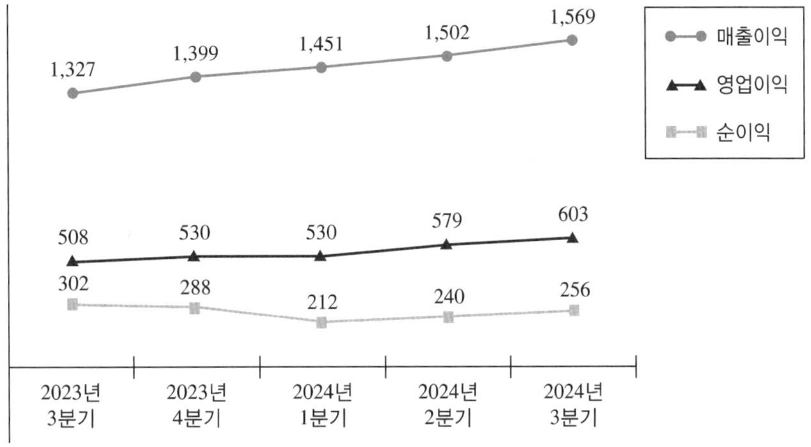

① 변화 없음
② 약 4.1%
③ 약 4.3%
④ 약 9.2%
⑤ 약 12.1%

22 다음 글의 빈칸 (가) ~ (마)에 들어갈 내용으로 적절하지 않은 것은?

'방언(方言)'이라는 용어는 표준어와 대립되는 개념으로 사용할 수 있다. 이때 방언이란 '교양 있는 사람들이 두루 쓰는 현대 서울말'로써의 표준어가 아닌 말, 즉 비표준어라는 뜻을 갖는다. 가령 ___(가)___ 는 생각에는 방언을 비표준어로서 낮잡아 보는 인식이 담겨 있다. 이러한 개념의 방언은 '사투리'라는 용어로 바뀌어 쓰이는 수가 많다. '충청도 사투리', '평안도 사투리'라고 할 때의 사투리는 대개 이러한 개념으로 쓰이는 경우이다. 이때의 방언이나 사투리는, 말하자면 표준어인 서울말이 아닌 어느 지역의 말을 가리키거나, 더 나아가 ___(나)___ 을/를 일컫는다. 이러한 용법에는 방언이 표준어보다 열등하다는 오해와 편견이 포함되어 있다. 표준어보다 못하다거나 세련되지 못하고 규칙에 엄격하지 않다는 것과 같은 부정적 평가가 담겨 있는 것이다. 그런가 하면 사투리는 한 지역의 언어 체계 전반을 뜻하기보다 그 지역의 말 가운데 표준어에는 없는, 그 지역 특유의 언어 요소만을 일컫기도 한다. ___(다)___ 고 할 때의 사투리가 그러한 경우에 해당한다.

언어학에서의 방언은 한 언어를 형성하고 있는 하위 단위로써의 언어 체계 전부를 일컫는 말로 사용된다. 가령 한국어를 예로 들면 한국어를 이루고 있는 각 지역의 말 하나하나, 즉 그 지역의 언어 체계 전부를 방언이라고 한다. 서울말은 이 경우 표준어이면서 한국어의 한 방언이다. 그리고 나머지 지역의 방언들은 ___(라)___. 이러한 의미에서의 '충청도 방언'은, 충청도에서만 쓰이는, 표준어에도 없고 다른 도의 말에도 없는 충청도 특유의 언어 요소만을 가리키는 것이 아니다. '충청도 방언'은 충청도 토박이들이 전래적으로 써 온 한국어 전부를 가리킨다. 이 점에서 한국어는 ___(마)___.

① (가) : 바른말을 써야 하는 아나운서가 방언을 써서는 안 된다
② (나) : 표준어가 아닌, 세련되지 못하고 격을 갖추지 못한 말
③ (다) : 사투리를 많이 쓰는 사람과는 의사소통이 어렵다
④ (라) : 한국어라는 한 언어의 하위 단위이기 때문에 방언이다
⑤ (마) : 표준어와 지역 방언의 공통부분을 지칭하는 개념이다

23 오전 5시 40분에 당고개에서 출발하는 4호선 오이도행 열차가 있다. 다음은 오이도역에서 출발하는 4호선 당고개행 열차의 출발 시각에 대한 자료이다. 오이도에서 당고개까지 총 47개의 역일 때, 당고개에서 출발하는 열차가 오이도에서 출발하는 열차와 몇 번째 역에서 마주치는가?(단, 다음 정차역까지 걸리는 시간은 모두 2분 간격이며, 오이도역을 1번으로 하여 순번을 매긴다)

〈당고개행 열차 오이도 출발 시각〉

열차	출발 시각
A열차	06:00
B열차	06:24
C열차	06:48

	A열차	B열차	C열차
①	14번째 역	9번째 역	3번째 역
②	14번째 역	10번째 역	4번째 역
③	17번째 역	11번째 역	5번째 역
④	19번째 역	13번째 역	7번째 역
⑤	21번째 역	15번째 역	9번째 역

24 다음 명제가 모두 참일 때, 항상 참인 명제는?

- A가 외근을 나가면 B도 외근을 나간다.
- A가 외근을 나가면 D도 외근을 나간다.
- D가 외근을 나가면 E도 외근을 나간다.
- C가 외근을 나가지 않으면 B도 외근을 나가지 않는다.
- D가 외근을 나가지 않으면 C도 외근을 나가지 않는다.

① B가 외근을 나가면 A도 외근을 나간다.
② D가 외근을 나가면 C도 외근을 나간다.
③ A가 외근을 나가면 E도 외근을 나간다.
④ C가 외근을 나가지 않으면 D도 외근을 나가지 않는다.
⑤ B가 외근을 나가지 않으면 D도 외근을 나가지 않는다.

25 다음은 S공단에서 시행하는 직무 분야별 기능사 자격통계 현황에 대한 자료이다. 이에 대한 설명으로 옳지 않은 것은?

〈직무 분야별 시험 응시 및 합격 현황〉

(단위 : 명, %)

구분		필기시험				실기시험			
		신청자	응시자	합격자	합격률	신청자	응시자	합격자	합격률
디자인 분야	전체	29,661	25,780	16,601	64.4	24,453	19,274	11,900	61.7
	여성	20,585	18,031	12,283	68.1	17,138	13,367	8,333	62.3
	남성	9,076	7,749	4,318	55.7	7,315	5,907	3,567	60.4
영사 분야	전체	471	471	181	38.4	281	281	103	36.7
	여성	123	123	49	39.8	65	65	34	52.3
	남성	348	348	132	37.9	216	216	69	31.9
운전·운송 분야	전체	391	332	188	56.6	189	175	149	85.1
	여성	7	6	1	16.7	1	1	0	0
	남성	384	326	187	57.4	188	174	149	85.6
토목 분야	전체	10,225	8,974	4,475	49.9	8,406	7,733	5,755	74.4
	여성	950	794	459	57.8	881	771	493	63.9
	남성	9,275	8,180	4,016	49.1	7,525	6,962	5,262	75.6
건축 분야	전체	13,105	11,072	5,085	45.9	24,040	20,508	14,082	68.7
	여성	5,093	4,292	2,218	51.7	5,666	4,620	3,259	70.5
	남성	8,012	6,780	2,867	42.3	18,374	15,888	10,823	68.1

※ 합격률은 응시자 대비 합격자이며, 소수점 둘째 자리에서 반올림한 값임

① 필기시험 전체 합격률이 실기시험 전체 합격률보다 높은 직무 분야는 두 분야이다.

② 남성 실기시험 응시자가 가장 많은 분야는 남성 필기시험 응시자도 가장 많다.

③ 여성 필기시험 응시자가 남성보다 많은 분야는 실기시험 응시자도 여성이 더 많다.

④ 건축 분야의 여성 실기시험 합격률은 토목 분야의 남성 실기시험 합격률보다 5.1%p 낮다.

⑤ 필기·실기시험 전체 응시율이 100%인 직무 분야는 영사 분야이다.

26 다음은 국민연금 가입자의 연금보험료 계산 방법에 대한 자료이다. 가입자 정보에 따른 연금보험료 가격으로 옳은 것은?(단, 2024년 4월을 기준으로 한다)

〈국민연금 연금보험료 계산 방법〉

- 가입자 자격취득시의 신고 또는 정기결정에 의하여 결정되는 기준소득월액에 보험료율을 곱하여 산정합니다.
  (연금보험료)=(가입자의 기준소득월액)×(연금보험료율)
- 기준소득월액이란?
  국민연금의 보험료 및 급여 산정을 위하여 가입자가 신고한 소득월액에서 1,000원 미만을 절사한 금액을 말하며, 최저 30만 원에서 최고 468만 원까지의 범위로 결정하게 됩니다. 따라서 신고한 소득월액이 30만 원보다 적으면 30만 원을 기준소득월액으로 하고, 468만 원보다 많으면 468만 원을 기준소득월액으로 합니다.
- 기준소득월액 상한액과 하한액
  기준소득월액 상한액과 하한액은 국민연금 사업장가입자와 지역가입자 전원(납부예외자 제외)의 평균소득월액의 3년 동안 평균액이 변동하는 비율을 반영하여 매년 3월 말까지 보건복지부 장관이 고시하며 해당 연도 7월부터 1년 동안 적용합니다.
  - 2022년 7월 1일부터 2023년 6월 30일까지 적용할 최저·최고 기준소득월액은 각각 29만 원과 449만 원임
  - 2023년 7월 1일부터 2024년 6월 30일까지 적용할 최저·최고 기준소득월액은 각각 30만 원과 468만 원임
- 사업장가입자의 보험료율
  사업장가입자의 경우 보험료율인 소득의 9%에 해당하는 금액을 본인과 사업장의 사용자가 각각 절반, 즉 4.5%씩 부담해 매월 사용자가 납부해야 합니다. 사업장가입자의 연금보험료는 가입자가 개별적으로 납부할 수 없고, 사용자에 의해 일괄적으로 납부합니다.
  예 기준소득월액이 1,060,000원인 봉급자의 경우 매월 95,400원을 연금보험료로 납부해야 하는데 그 중 47,700원은 본인이, 47,700원은 사용자가 부담하게 됩니다.
- 지역가입자의 보험료율
  지역가입자 / 임의 / 임의계속가입자는 보험료를 본인이 전액 부담합니다. 다만, 제도 시행 초기 보험료 납부에 대한 부담을 줄여주기 위하여 3%에서 시작하여, 2000년 7월부터 매년 1%씩 상향 조정되어 2005년 7월 이후 9%까지 상향 조정되었습니다.

	가입자 정보	연금보험료
①	기준소득월액이 28만 원인 임의가입자	25,200원
②	기준소득월액이 340만 원인 사업장가입자	306,000원
③	기준소득월액이 470만 원인 지역가입자	421,200원
④	기준소득월액이 130만 원인 임의계속가입자	58,500원
⑤	기준소득월액이 250만 원인 사업장가입자	225,000원

27 R공단은 2025년 하반기 인사 이동을 통해 A본부의 승진 대상자 V ~ Z 5명 중 승진할 직원 2명을 선정하고자 한다. 승진자 결정 방식 및 승진 대상자 정보가 다음과 같을 때, 승진하는 직원들을 모두 고르면?

〈승진자 결정 방식〉

- A본부의 승진 대상자인 V, W, X, Y, Z직원 중 승진 점수가 가장 높은 직원 2명이 승진하게 된다.
- 승진 점수는 업무실적 점수(20점), 사고 점수(10점), 근무태도 점수(10점), 가점 및 벌점(최대 5점)을 합산하여 산정한다.

- 업무실적 점수 산정 기준(20점 만점)

등급	A	B	C	D
점수	20	17	13	10

- 사고 점수 산정 기준(10점 만점) : 10점 만점에서 사고 유형 및 건수에 따라 차감한다.

구분	1건당 벌점
경미 / 과실	1점
중대 / 고의	3점

- 근무태도 점수 산정 기준(10점 만점)

등급	우수	보통	미흡
점수	10	7	4

- 가점 및 벌점 부여 기준(최대 5점)
  - 무사고(모든 유형의 사고 건수 0건) : 가점 2점
  - 수상 실적 : 1회당 가점 2점
  - 사고유형 중 중대 / 고의 사고 건수 2건 이상 : 벌점 4점

〈승진 대상자 정보〉

구분	업무실적 등급	사고 건수		근무태도 등급	수상 실적
		경미 / 과실	중대 / 고의		
V직원	A	–	1	보통	1회
W직원	B	1	–	우수	2회
X직원	C	2	–	보통	–
Y직원	A	1	1	미흡	–
Z직원	D	–	–	우수	1회

① V, W직원
② V, Y직원
③ X, Y직원
④ W, Z직원
⑤ X, Z직원

28 M기업은 가전전시회에서 자사 제품을 출품하기로 하였다. 자사 제품을 더욱 효과적으로 홍보하기 위해 다음과 같이 행사장의 A ~ G 중 3곳에서 홍보판촉물을 배부하기로 하였다. 가장 많은 사람들에게 홍보판촉물을 나눠 줄 수 있는 위치는 어디인가?

- 전시관은 제1전시관 → 제2전시관 → 제3전시관 → 제4전시관 순서로 배정되어 있다.
- 행사장 출입구는 한 곳이며, 다른 곳으로는 출입이 불가능하다.
- 방문객은 행사장 출입구로 들어와서 시계 반대 방향으로 돌며, 4개의 전시관 중 2개의 전시관만을 골라 순서대로 관람한다.
- 방문객은 자신이 원하는 2개의 전시관을 모두 관람하면 행사장 출입구를 통해 나가기 때문에 한 바퀴를 초과해서 도는 방문객은 없다.
- 방문객은 전시관 입구로 들어가면 출구로 나오기 때문에 전시관의 입구와 출구 사이에 있는 외부 통로를 동시에 지나치지 않는다.
- 행사장에는 시간당 평균 400명이 방문하며, 각 전시관의 시간당 평균 방문객 수는 다음과 같다.

제1전시관	제2전시관	제3전시관	제4전시관
100명	250명	150명	300명

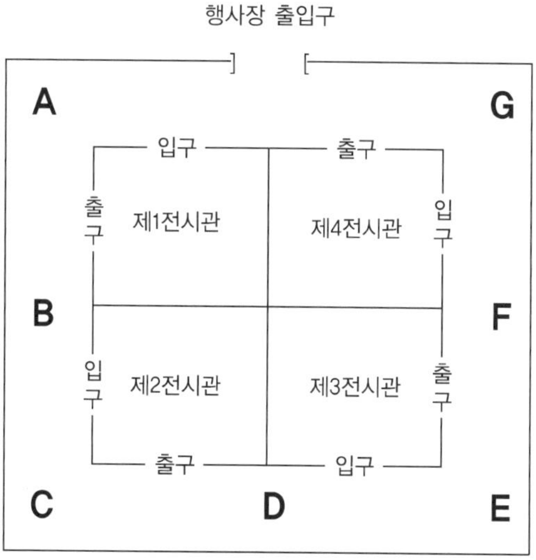

① A, B, C
② A, D, G
③ B, C, E
④ B, D, F
⑤ C, D, G

29 다음 문단을 논리적 순서대로 바르게 나열한 것은?

(가) 매년 수백만 톤의 황산이 애팔래치아 산맥에서 오하이오 강으로 흘러들어 간다. 이 황산은 강을 붉게 물들이고 산성으로 변화시킨다. 이렇듯 강이 붉게 물드는 것은 티오바실러스라는 세균으로 인해 생성된 침전물 때문이다. 철2가이온(Fe^{2+})과 철3가이온(Fe^{3+})의 용해도가 이러한 침전물의 생성에 중요한 역할을 한다.

(나) 애팔래치아 산맥의 석탄 광산에 있는 황철광에는 이황화철(FeS_2)이 함유되어 있다. 티오바실러스는 이 황철광에 포함된 이황화철(FeS_2)을 산화시켜 철2가이온(Fe^{2+})과 강한 산인 황산을 만든다. 이 과정에서 티오바실러스는 일차적으로 에너지를 얻는다. 일단 만들어진 철2가이온(Fe^{2+})은 티오바실러스에 의해 다시 철3가이온(Fe^{3+})으로 산화되는데, 이 과정에서 또 다시 티오바실러스는 에너지를 이차적으로 얻는다.

(다) 이황화철(FeS_2)의 산화는 다음과 같이 가속된다. 티오바실러스에 의해 생성된 황산은 황철광을 녹이게 된다. 황철광이 녹으면 황철광 안에 들어 있던 이황화철(FeS_2)은 티오바실러스와 공기 중의 산소에 더 노출되어 화학반응이 폭발적으로 증가하게 된다. 티오바실러스의 생장과 번식에는 이와 같이 에너지의 원료가 되는 이황화철(FeS_2)과 산소 그리고 세포 구성에 필요한 무기질이 꼭 필요하다. 이러한 환경조건이 자연적으로 완비된 광산 지역에서는 일반적인 방법으로 티오바실러스의 생장을 억제하기가 힘들다. 이황화철(FeS_2)과 무기질이 다량으로 광산에 있으므로 이 경우 오하이오 강의 오염을 막기 위한 방법은 광산을 밀폐시켜 산소의 공급을 차단하는 것뿐이다.

(라) 철2가이온(Fe^{2+})은 강한 산(pH 3.0 이하)에서 물에 녹은 상태를 유지한다. 그러한 철2가이온(Fe^{2+})은 자연 상태에서 pH 4.0 ~ 5.0 사이가 되어야 철3가이온(Fe^{3+})으로 산화된다. 놀랍게도 티오바실러스는 강한 산에서 잘 자라고 강한 산에 있는 철2가이온(Fe^{2+})을 적극적으로 산화시켜 철3가이온(Fe^{3+})을 만든다. 그리고 물에 녹지 않는 철3가이온(Fe^{3+})은 다른 무기 이온과 결합하여 붉은 침전물을 만든다. 환경에 영향을 미칠 정도로 다량의 붉은 침전물을 만들기 위해서는 엄청난 양의 철2가이온(Fe^{2+})과 강한 산이 있어야 한다. 이것들은 어떻게 만들어지는 것일까?

① (가) – (나) – (라) – (다)
② (가) – (라) – (나) – (다)
③ (라) – (가) – (다) – (나)
④ (라) – (나) – (가) – (다)
⑤ (라) – (나) – (다) – (가)

30 다음 글의 주된 전개 방식으로 가장 적절한 것은?

녹차와 홍차는 모두 카멜리아 시넨시스(Camellia Sinensis)라는 식물에서 나오는 찻잎으로 만든다. 공정 과정에 따라 녹차와 홍차로 나뉘며, 재배지 품종에 따라서도 종류가 달라진다. 이처럼 같은 잎에서 만든 차일지라도 녹차와 홍차가 가지고 있는 특성에는 차이가 있다.
녹차와 홍차는 발효 방법에 따라 구분된다. 녹차는 발효 과정을 거치지 않은 것이며, 반쯤 발효시킨 것은 우롱차, 완전히 발효시킨 것은 홍차가 된다. 녹차는 찻잎을 따서 바로 솥에 넣거나 증기로 쪄서 만드는 반면, 홍차는 찻잎을 먼저 햇볕이나 그늘에서 시들게 한 후 천천히 발효시켜 만든다. 녹차가 녹색을 유지하는 반면에 홍차가 붉은색을 띠는 것은 녹차와 달리 발효 과정을 거치기 때문이다.
이러한 녹차와 홍차에는 긴장감을 풀어주고 마음을 진정시키는 L-테아닌(L-theanine)이라는 아미노산이 들어있는데, 이는 커피에 들어 있지 않은 성분으로 진정효과와 더불어 가슴 두근거림 등의 카페인(Caffeine) 각성 증상을 완화하는 역할을 한다. 또한 항산화 효과가 강력한 폴리페놀(Polyphenol)이 들어 있어 심장 질환 위험을 줄일 수 있다는 장점도 있다. 한 연구에 따르면, 녹차는 콜레스테롤 수치를 낮춰 심장병과 뇌졸중으로 사망할 위험을 줄이는 것으로 나타났다. 또한 홍차 역시 하루 두 잔 이상 마실 경우 심장 발작 위험을 44% 정도 낮추는 효과를 보였다.
한편, 홍차와 녹차 모두에 폴리페놀 성분이 들어 있지만 그 종류는 다르다. 녹차는 카테킨(Catechin)이 많이 들어 있는 것으로 유명하지만, 홍차는 발효 과정에서 카테킨의 함량이 어느 정도 감소한다. 이 카테킨에는 EGCG(Epigallo-catechin-3-gallate)가 많이 들어 있어 혈중 콜레스테롤 수치를 낮추기 때문에 동맥경화 예방을 돕고, 신진대사의 활성화와 지방 배출에 효과적이다. 홍차의 발효 과정에서 생성된 테아플라빈(Theaflavin) 역시 혈관 기능을 개선하며, 혈당 수치를 감소시키는 것으로 알려져 있다. 연구에 따르면 홍차의 테아플라빈 성분이 인슐린과 유사한 작용을 보여 당뇨병을 예방하는 효과를 보이는 것으로 나타났다.
만약 카페인에 민감한 경우라면 홍차보다 녹차를 선택하는 것이 좋다. 카페인의 각성 효과를 완화하는 L-테아닌이 녹차에 더 많기 때문이다. 녹차에도 카페인이 들어 있지만, 커피와 달리 심신의 안정 효과와 스트레스 해소에 도움을 줄 수 있는 것은 이 때문이다. 또한 녹차의 떫은맛을 내는 카테킨 성분은 카페인을 해독하고 흡수량을 억제하기 때문에 실제 카페인의 섭취량보다 흡수되는 양이 적다.

① 대상의 장단점을 분석하고 있다.
② 대상을 하위 항목으로 구분하여 항목별로 설명하고 있다.
③ 대상에 대한 여러 가지 견해를 소개하고 이를 비교·평가하고 있다.
④ 두 대상을 비교하여 공통점과 차이점을 부각하고 있다.
⑤ 연구 결과에 따른 구체적인 수치를 제시하며 내용을 전개하고 있다.

31 다음은 조선시대 A지역의 인구 및 사노비 비율에 대한 자료이다. 이에 대한 설명으로 옳은 것을 〈보기〉에서 모두 고르면?

〈A지역 인구 및 사노비 비율〉

조사연도＼구분	인구(명)	인구 중 사노비 비율(%)			
		솔거노비	외거노비	도망노비	전체
1720년	2,228	18.5	10.0	11.5	40.0
1735년	3,143	13.8	6.8	12.8	33.4
1762년	3,380	11.5	8.5	11.7	31.7
1774년	3,189	14.0	8.8	12.0	34.8
1783년	3,056	14.9	6.7	9.3	30.9
1795년	2,359	18.2	4.3	6.5	29.0

※ 사노비는 솔거노비, 외거노비, 도망노비로만 구분됨
※ 비율은 소수점 둘째 자리에서 반올림한 값임

〈보기〉

ㄱ. A지역 인구 중 도망노비를 제외한 사노비가 차지하는 비율은 조사연도 중 1720년이 가장 높다.
ㄴ. A지역 사노비 수는 1774년이 1720년보다 많다.
ㄷ. A지역 사노비 중 외거노비가 차지하는 비율은 1720년이 1762년보다 높다.
ㄹ. A지역 인구 중 솔거노비가 차지하는 비율은 조사연도마다 낮아진다.

① ㄱ, ㄴ　　② ㄱ, ㄷ
③ ㄷ, ㄹ　　④ ㄱ, ㄴ, ㄹ
⑤ ㄴ, ㄷ, ㄹ

32 다음은 A ~ E 5개 리조트의 1박 기준 일반요금 및 회원할인율에 대한 자료이다. 이에 대한 설명으로 옳은 것을 〈보기〉에서 모두 고르면?

〈비수기 및 성수기 일반요금(1박 기준)〉

(단위 : 천 원)

구분	A리조트	B리조트	C리조트	D리조트	E리조트
비수기	300	250	200	150	100
성수기	500	350	300	250	200

〈비수기 및 성수기 회원할인율(1박 기준)〉

(단위 : %)

구분		A리조트	B리조트	C리조트	D리조트	E리조트
비수기 회원할인율	기명	50	45	40	30	20
	무기명	35	40	25	20	15
성수기 회원할인율	기명	35	30	30	25	15
	무기명	30	25	20	15	10

※ $[\text{회원할인율}(\%)]=\frac{(\text{일반요금})-(\text{회원요금})}{(\text{일반요금})}\times 100$

〈보기〉

ㄱ. 리조트 1박 기준, 성수기 일반요금이 저렴한 리조트일수록 성수기 무기명 회원요금이 낮다.
ㄴ. 리조트 1박 기준, B리조트의 회원요금 중 가장 비싼 값과 가장 저렴한 값의 차이는 125,000원이다.
ㄷ. 리조트 1박 기준, 각 리조트의 기명 회원요금은 성수기가 비수기의 2배를 넘지 않는다.
ㄹ. 리조트 1박 기준, 비수기 기명 회원요금과 비수기 무기명 회원요금 차이가 가장 작은 리조트는 성수기 기명 회원요금과 성수기 무기명 회원요금 차이도 가장 작다.

① ㄱ, ㄴ
② ㄱ, ㄷ
③ ㄷ, ㄹ
④ ㄱ, ㄴ, ㄹ
⑤ ㄴ, ㄷ, ㄹ

33 다음은 상가 및 오피스텔 보증 상품에 대한 자료이다. A~E 총 5개의 회사 중 보증료를 가장 많이 내는 회사와 가장 적게 내는 회사를 바르게 짝지은 것은?

〈상가 보증 상품〉

• 개요 : 건축주가 부도·파산 등의 사유로 분양계약을 이행할 수 없게 되는 경우 당해 오피스텔(동일 건축물로 건축하는 오피스텔 외의 시설 포함)의 분양 이행(사용승인 및 소유권보존등기 포함) 또는 납부한 계약금 및 중도금의 환급을 책임지는 보증 상품

• 보증료 계산식

– (보증료)=(보증금액)×(보증료율)×[(보증 계약기간 일수)÷365]

– 신용평가 등급별 보증료율 : 최저 연 0.357% 최고 연 0.469%

신용등급별	1등급	2등급	3등급	4등급	5등급
보증료율	0.357%	0.377%	0.408%	0.437%	0.469%

〈회사별 신청 현황〉

구분	보증금액	신용등급	보증기간
A회사	2억 4,000만 원	3등급	3년
B회사	3억 6,000만 원	4등급	2년
C회사	2억 4,000만 원	4등급	2년
D회사	1억 2,000만 원	5등급	4년
E회사	6억 원	1등급	1년

	가장 많이 내는 회사	가장 적게 내는 회사
①	A회사	C회사
②	A회사	D회사
③	B회사	C회사
④	B회사	D회사
⑤	C회사	D회사

34 다음 〈조건〉과 어느 해의 8월 날씨를 근거로 판단할 때, 8월 8일과 16일의 날씨로 가능한 것은?

〈조건〉

• 날씨 예측 점수는 매일 다음과 같이 부여한다.

실제 \ 예측	맑음	흐림	눈·비
맑음	10점	6점	0점
흐림	4점	10점	6점
눈·비	0점	2점	10점

• 한 주의 주중(월 ~ 금요일) 날씨 예측 점수의 평균은 매주 5점 이상이다.

• 8월 1일부터 19일까지 요일별 날씨 예측 점수의 평균은 다음과 같다.

구분	월요일	화요일	수요일	목요일	금요일
날씨 예측 점수 평균	7점 이하	5점 이상	7점 이하	5점 이상	7점 이하

〈어느 해의 8월 날씨〉

구분	월요일	화요일	수요일	목요일	금요일	토요일	일요일
날짜			1	2	3	4	5
예측			맑음	흐림	맑음	눈·비	흐림
실제			맑음	맑음	흐림	흐림	맑음
날짜	6	7	8	9	10	11	12
예측	맑음	흐림	맑음	맑음	맑음	흐림	흐림
실제	흐림	흐림	?	맑음	흐림	눈·비	흐림
날짜	13	14	15	16	17	18	19
예측	눈·비	눈·비	맑음	눈·비	눈·비	흐림	흐림
실제	맑음	맑음	맑음	?	눈·비	흐림	눈·비

※ 위 달력의 같은 줄을 한 주로 함

	8월 8일	8월 16일
①	맑음	흐림
②	맑음	눈·비
③	눈·비	흐림
④	눈·비	맑음
⑤	흐림	흐림

※ 다음은 대학 평판도에 대한 자료이다. 이어지는 질문에 답하시오. **[35~36]**

〈대학 평판도 지표별 가중치〉

지표	지표 설명	가중치
가	향후 발전가능성이 높은 대학	10
나	학생 교육이 우수한 대학	5
다	입학을 추천하고 싶은 대학	10
라	기부하고 싶은 대학	5
마	기업의 채용선호도가 높은 대학	10
바	국가·사회 전반에 기여가 큰 대학	5
사	지역 사회에 기여가 큰 대학	5
가중치 합		50

〈A ~ H대학의 평판도 지표 점수 및 대학 평판도 총점〉

(단위 : 점)

구분 지표	A대학	B대학	C대학	D대학	E대학	F대학	G대학	H대학
가	9	8	7	3	6	4	5	8
나	6	8	5	8	7	7	8	8
다	10	9	10	9	( )	9	10	9
라	4	6	6	6	( )	( )	( )	6
마	4	6	6	6	( )	( )	8	6
바	10	9	10	3	6	4	5	9
사	8	6	4	( )	7	8	9	5
대학 평판도 총점	( )	( )	( )	( )	410	365	375	( )

※ 지표 점수는 여론조사 결과를 바탕으로 지표별로 0 ~ 10 사이의 점수를 1점 단위로 부여함

※ [지표 환산점수(점)]=(지표별 가중치)×(지표 점수)

※ 대학 평판도 총점은 해당 대학 지표 환산점수의 총합임

| 문제해결능력

35 다음 중 E ~ H대학 4개의 평판도와 관련하여 옳은 것을 〈보기〉에서 모두 고르면?

〈보기〉

ㄱ. E대학은 지표 '다', '라', '마'의 지표 점수가 동일하다.

ㄴ. 지표 '라'의 지표 점수는 F대학이 G대학보다 높다.

ㄷ. H대학은 지표 '나'의 지표 환산점수가 지표 '마'의 지표 환산점수보다 대학 평판도 총점에서 더 큰 비중을 차지한다.

① ㄴ　② ㄱ, ㄴ

③ ㄱ, ㄷ　④ ㄴ, ㄷ

⑤ ㄱ, ㄴ, ㄷ

36 다음 중 A～D대학 4개를 대학 평판도 총점이 높은 대학부터 순서대로 바르게 나열한 것은?

① A－B－C－D
② A－B－D－C
③ B－A－C－D
④ B－A－D－C
⑤ C－A－B－D

37 다음 글을 근거로 판단할 때, A가 구매해야 할 재료와 그 양으로 옳은 것은?

A는 아내, 아들과 함께 짬뽕을 만들어 먹기로 했다. 짬뽕요리에 필요한 재료를 사기 위해 근처 전통시장에 들른 A는 다음 조건을 만족하도록 재료를 모두 구매한다. 다만 짬뽕요리에 필요한 각 재료의 절반 이상이 냉장고에 있으면 그 재료는 구매하지 않는다.

〈조건〉

- A와 아내는 각각 성인 1인분, 아들은 성인의 0.5인분을 먹는다.
- 매운 음식을 잘 먹지 못하는 아내를 고려하여 '고추'라는 단어가 들어간 재료는 모두 절반만 넣는다.
- 아들은 성인 1인분의 새우를 먹는다.

〈냉장고에 있는 재료〉

면 200g, 오징어 240g, 돼지고기 100g, 양파 100g, 청양고추 15g, 고추기름 100mL, 대파 10cm, 간장 80mL, 마늘 5g

〈짬뽕요리 재료(성인 1인분 기준)〉

면 200g, 해삼 40g, 소라 30g, 오징어 60g, 돼지고기 90g, 새우 40g, 양파 60g, 양송이버섯 50g, 죽순 40g, 고추기름 20mL, 건고추 8g, 청양고추 10g, 대파 10cm, 마늘 10g, 청주 15mL

① 면 200g
② 양파 50g
③ 새우 100g
④ 건고추 7g
⑤ 돼지고기 125g

38 **Q공단은 9월 29일 월요일에 전 사원을 대상으로 워크숍을 진행할 계획이다. 워크숍 첫날에는 장기자랑이 계획되어 있는데, 올해 입사한 신입사원뿐만 아니라 자원한 사원도 참여할 수 있도록 하였다. 다음은 신입사원 A ~ C 3명이 장기자랑 준비와 관련하여 나눈 대화 내용이다. B사원이 다목적실 예약 현황 게시글에 남길 댓글로 가장 적절한 것은?**

〈대화 내용〉

A사원 : 곧 워크숍이 있잖아. 어서 장기자랑을 준비해야 할 것 같아.

B사원 : 일단 연습할 수 있는 공간을 먼저 알아보는 게 좋겠어.

C사원 : 5층 다목적실은 어때?B사원 : 좋은 의견이야. 혹시 워크숍 전까지 참여하기 어려운 시간대를 알려줘. 고려해서 예약해둘게.

A사원 : 나는 매주 금요일마다 오후 4시에 주간 업무를 보고해야 해. 그래서 점심 이후에는 시간이 나질 않을 것 같아. 그리고 매주 목요일 오전에는 거래처를 방문하는데, 그날은 오후 이후로는 가능할 것 같아.

C사원 : 나는 매주 화요일 및 목요일 오후에 직영점을 들러야 해. 아마 늦게 돌아올 것 같아서 그때는 오전 시간대 말고는 참석하기 어려울 것 같아.

B사원 : 단기간에 준비하려면 연속해서 매일 연습하는 것이 좋겠어. 다목적실 예약 현황을 살펴보니까, 3일 동안 하루 3시간씩 연습할 수 있을 것 같아. 내가 예약 신청을 해둘게.

제목 : 2025년 9월 5층 다목적실 예약 현황		
글쓴이 : K대리	날짜 : 2025년 8월 27일 09:12	조회 : 102

- 다목적실 운영 방침
  - 다목적실 이용 예약은 사용일로부터 최소 1주일 전에 신청해야 접수가 완료된다.
  - 예약 신청 시에는 사용목적, 인원, 사용기간 및 시간 등을 간략하게 기재하여 예약 현황 게시글에 댓글로 남긴다.
  - 다목적실은 평일 09:00 ~ 19:00까지 운영한다(단, 공휴일과 토・일요일은 운영하지 않음).
  - 시설 이용시간은 점심시간을 제외한 오전(09:00 ~ 12:00), 오후(13:00 ~ 16:00), 저녁(16:00 ~ 19:00)이다.
- 2025년 9월 5층 다목적실 예약 현황

2025년 8월 28일 08:21:00 update

일	월	화	수	목	금	토
31	1 [가능] 09, 13, 16	2 [가능] 09, 13, 16	3 [가능] 09, 13, 16	4 [가능] 09, 13, 16	5 [완료] 09, 13, 16	6
7	8 [가능] 09, 13, 16	9 [가능] 09, 13, 16	10 [가능] 09, 13, 16	11 [가능] 09, 13, 16	12 [가능] 09, 13, 16	13
14	15 [가능] 09, 13, 16	16 [가능] 09, 13, 16	17 [가능] 09, 13, 16	18 [완료] 09, 13, 16	19 [가능] 09, 13, 16	20

- 예약 가능한 시간대가 있을 경우에는 [가능] 표시
- 예약 가능한 시간대가 없을 경우에는 [완료] 표시
- 예약이 완료된 시간대는 취소선으로 표시함
- 담당자(K대리)는 예약 신청을 반영할 때마다 update 일자를 기록함

	목적	인원	날짜
①	장기자랑 준비	3명	9월 1 ~ 3일 오전(09:00 ~ 12:00)
②	장기자랑 준비	3명	9월 8 ~ 10일 오전(09:00 ~ 12:00)
③	장기자랑 준비	3명	9월 9 ~ 11일 오후(13:00 ~ 16:00)
④	장기자랑 준비	3명	9월 12 ~ 16일 오전(09:00 ~ 12:00)
⑤	장기자랑 준비	3명	9월 18 ~ 20일 오후(13:00 ~ 16:00)

39 다음 글의 빈칸에 들어갈 내용으로 가장 적절한 것은?

조선 후기에는 이앙법이 전국적으로 확산되었다. 이앙법을 수용하면 잡초 제거에 드는 시간과 노동력이 줄어든다. 상당수 역사학자들은 조선 후기 이앙법의 확대 수용 결과 광작(廣作)이 확산되고 상업적 농업 경영이 가능하게 되었다고 생각한다. 즉, 한 사람이 경작할 수 있는 면적이 늘어남은 물론 많은 양의 다양한 농작물 수확이 가능하게 되어 판매까지 활성화되었다는 것이다. 그 결과 양반과 농민 가운데 다수의 부농이 나타나게 되었다고 주장한다.

그런데 A는 조선 후기에 다수의 양반이 광작을 통해 부농이 되었다는 주장을 근거가 없다고 비판한다. 그에 의하면 조선 전기에는 자녀 균분 상속이 일반적이었다. 그런데 균분 상속을 하게 되면 자식들이 소유하게 될 땅의 면적이 선대에 비해 줄어들게 된다. 이에 조선 후기 양반들은 가문의 경제력을 보전해야 한다고 생각해 대를 이을 장자에게만 전답을 상속해주기 시작했고, 그 결과 장자를 제외한 사람들은 영세한 소작인으로 전락했다는 것이 그의 주장이다.

또한, A는 조선 후기의 대다수 농민은 소작인이었으며, 그나마 이들이 소작할 수 있는 땅도 적었다고 주장한다. 그는 반복된 자연재해로 전답의 상당수가 황폐해져 전체적으로 경작지가 줄어들었기 때문에 이앙법 확산의 효과를 기대하기 어려운 여건이었다고 하였다. 이런 여건에서 정부의 재정 지출 증가로 농민의 부세 부담 또한 늘어났고, 늘어난 부세를 부담하기 위해 한정된 경작지에 되도록 많은 작물을 경작하려 한 결과 집약적 농업이 성행하게 되었다고 보았다. 그런데 집약적으로 농사를 짓게 되면 농업 생산력이 높아질 리 없다는 것이 그의 주장이다. 가령 면화를 재배하면서도 동시에 다른 작물을 면화 사이에 심어 기르는 경우가 많았는데, 이렇듯 제한된 면적에 한꺼번에 많은 양의 작물을 재배하면 지력이 떨어지고 수확량은 줄어들어 자연히 시장에 농산물을 내다 팔 여력이 거의 없게 된다는 것이다.

요컨대 A의 주장은 ______________________________ 는 내용이다.

① 이앙법의 확산 효과는 시기별, 신분별로 다르게 나타났다
② 자녀 균분 상속제가 사라져 농작물 수확량이 급속히 감소하였다
③ 집약적 농업이 성행하였기 때문에 이앙법의 확산을 기대하기 어려웠다
④ 조선 후기에는 양반이든 농민이든 부농으로 성장할 수 있는 가능성이 크지 않았다
⑤ 대다수 농민이 광작과 상업적 농업에 주력했음에도 불구하고 자연재해로 인해 생산력은 오히려 낮아졌다

40 다음은 K회사의 마케팅팀에서 제작한 자료이다. 마케팅팀 A과장이 선택할 6월의 광고수단은?

- 주어진 예산은 월 3천만 원이며, A과장은 월별 광고효과가 가장 큰 광고수단 하나만을 선택한다.
- 광고비용이 예산을 초과하면 해당 광고수단은 선택하지 않는다.
- 광고효과는 아래와 같이 계산한다.

$$(\text{광고효과})=\frac{(\text{총광고 횟수})\times(\text{회당 광고 노출자 수})}{(\text{광고비용})}$$

- 광고수단은 한 달 단위로 선택된다.

광고수단	광고 횟수	회당 광고 노출자 수	월 광고비용(천 원)
TV	월 3회	100만 명	30,000
버스	일 1회	10만 명	20,000
KTX	일 70회	1만 명	35,000
지하철	일 60회	2천 명	25,000
포털사이트	일 50회	5천 명	30,000

① TV　② 버스
③ KTX　④ 지하철
⑤ 포털사이트

41 다음 글의 빈칸 ㉠, ㉡에 들어갈 말을 순서대로 바르게 나열한 것은?

음향학에 관련된 다음의 두 가지 명제는 3개의 원형 판을 가지고 실험함으로써 입증될 수 있다. 하나의 명제는 "지름과 모양이 같은 동일 재질의 원형 판이 진동할 때 발생하는 진동수는 두께에 비례한다."이고, 다른 명제는 "모양과 두께가 같은 동일 재질의 원형 판이 진동할 때 발생하는 진동수는 판 지름의 제곱에 반비례한다."이다. 이를 입증하기 위해 모양이 같은 동일 재질의 원형 판 A, B 그리고 C를 준비하되 A와 B는 두께가 같고 C는 두께가 A의 두께의 2배이며, A와 C는 지름이 같고 B의 지름은 A의 지름의 절반이 되도록 한다. 판을 때려서 발생하는 음을 듣고 B는 A보다 ____㉠____ 음을 내고, C는 A보다 ____㉡____ 음을 내는 것을 확인한다. 진동수가 2배가 될 때 한 옥타브 높은 음이 나므로 두 명제는 입증된다.

	㉠	㉡
①	한 옥타브 낮은	두 옥타브 낮은
②	한 옥타브 높은	두 옥타브 높은
③	두 옥타브 낮은	한 옥타브 높은
④	두 옥타브 높은	한 옥타브 낮은
⑤	두 옥타브 높은	한 옥타브 높은

42 다음은 A ~ D국의 성별 평균소득과 대학진학률의 격차지수만으로 계산한 '간이 성평등지수'에 대한 자료이다. 이에 대한 설명으로 옳은 것을 〈보기〉에서 모두 고르면?

〈A ~ D국의 성별 평균소득, 대학진학률 및 간이 성평등지수〉

(단위 : 달러, %)

구분 \ 항목	평균소득			대학진학률			간이 성평등지수
	여성	남성	격차지수	여성	남성	격차지수	
A국	8,000	16,000	0.50	68	48	1.00	0.75
B국	36,000	60,000	0.60	( )	80	( )	( )
C국	20,000	25,000	0.80	70	84	0.83	0.82
D국	3,500	5,000	0.70	11	15	0.73	0.72

※ 격차지수는 남성 항목값 대비 여성 항목값의 비율로 계산하며, 그 값이 1을 넘으면 1로 함

※ 간이 성평등지수는 평균소득 격차지수와 대학진학률 격차지수의 산술 평균임

※ 격차지수와 간이 성평등지수는 소수점 셋째 자리에서 반올림한 값임

〈보기〉

ㄱ. A국의 여성 평균소득과 남성 평균소득이 각각 1,000달러씩 증가하면 A국의 간이 성평등지수는 0.80 이상이 된다.

ㄴ. B국의 여성 대학진학률이 85%면 간이 성평등지수는 B국이 C국보다 높다.

ㄷ. D국의 여성 대학진학률이 4%p 상승하면 D국의 간이 성평등지수는 0.80 이상이 된다.

① ㄱ
② ㄴ
③ ㄷ
④ ㄱ, ㄴ
⑤ ㄱ, ㄷ

※ 다음 글을 읽고 이어지는 질문에 답하시오. [43~44]

갑 : 사람이 운전하지 않고 자동차 스스로 운전을 하는 세상이 됐어. 운전 실수로 수많은 사람이 목숨을 잃는 비극은 이제 종말을 맞게 될까?

을 : 기술이 가능하다는 것과 그 기술이 완전히 상용화되는 것은 별개의 문제지. 현재까지 자동차 운전이란 인간이 하는 자발적인 행위라고 할 수 있고, 바로 그 때문에 교통사고에서 실수로 사고를 낸 사람에게 그 사고에 대한 책임을 물을 수 있는 것 아니겠어? 자율주행 자동차가 사고를 낸다고 할 때 그 책임을 누구에게 물을 수 있지?

갑 : 모든 기계가 그렇듯 오작동이 있을 수 있지. 만약 오작동으로 인해서 사고가 났는데 그 사고가 제조사의 잘못된 설계 때문이라면 제조사가 그 사고에 대한 책임을 지는 것이 당연하잖아. 자율주행 자동차에 대해서도 똑같이 생각하면 되지 않을까?

을 : 그런데 문제는 자율주행 자동차를 설계하는 과정에서 어떤 것을 잘못이라고 볼 것인지 하는 거야. ㉠ <u>이런 상황</u>을 생각해 봐. 달리고 있는 자율주행 자동차 앞에 갑자기 아이 두 명이 뛰어들었는데 거리가 너무 가까워서 자동차가 아이들 앞에 멈출 수는 없어. 자동차가 직진을 하면 교통 법규는 준수하겠지만 아이들은 목숨을 잃게 되지. 아이들 목숨을 구하기 위해서 교통 법규를 무시하고 왼쪽으로 가면, 자동차는 마주 오는 오토바이와 충돌하여 오토바이에 탄 사람 한 명을 죽게 만들어. 오른쪽으로 가면 교통 법규는 준수하겠지만 정차 중인 트럭과 충돌하여 자율주행 자동차 안에 타고 있는 탑승자 모두 죽게 된다고 해. 자동차가 취할 수 있는 다른 선택은 없고 각 경우에서 언급된 인명 피해 말고 다른 인명 피해는 없다고 할 때, 어떤 결정을 하도록 설계하는 것이 옳다고 할 수 있을까?

갑 : 그건 어느 쪽이 옳다고 단정할 수 없는 문제이기 때문에 오히려 쉬운 문제라고 할 수 있지. 그런 상황에서 최선의 선택은 없으므로 어느 쪽으로 설계하더라도 괜찮다는 거야. 예를 들어, ㉡ <u>다음 규칙을 어떤 우선순위로 적용할 것인지</u>를 합의하기만 하면 되는 거지. 규칙 1, 자율주행 자동차에 탄 탑승자를 보호하라. 규칙 2, 인명 피해를 최소화하라. 규칙 3, 교통 법규를 준수하라. '규칙 1–2–3'의 우선순위를 따르게 한다면, 규칙 1을 가장 먼저 지키고, 그 다음 규칙 2, 그 다음 규칙 3을 지키는 것이지. 어떤 순위가 더 윤리적으로 옳은지에 대해 사회적으로 합의만 된다면 그에 맞춰 설계한 자율주행 자동차를 받아들일 수 있을 거야.

병 : 지금 당장 도로를 다니는 자동차가 모두 자율주행을 한다면, 훨씬 사고가 줄어들겠지. 자동차끼리 서로 정보를 주고받을 테니 자동차 사고가 일어나더라도 인명 피해를 크게 줄일 수 있을 거야. 하지만 문제는 교통 환경이 완전 자율주행 상태로 가기 전에 사람들이 직접 운전하는 자동차와 자율주행 자동차가 도로에 뒤섞여 있는 상태를 먼저 맞게 된다는 거야. 이런 상황에서 발생할 수 있는 문제를 해결하도록 자율주행 자동차를 설계하는 일은 자율주행 자동차만 도로를 누비는 환경에 적합한 자율주행 자동차를 설계하는 일보다 훨씬 어렵지. 쉬운 문제를 만나기 전에 어려운 문제를 만나게 되는, 이른바 '문지방' 문제가 있는 거야. 그런데 ㉢ <u>자율주행 자동차를 대하는 사람들의 이율배반적 태도는 이 문지방 문제를 해결하는 데 더 많은 시간이 걸리게 만들어</u>. 이 때문에 완전 자율주행 상태를 실현하기는 매우 어렵다고 봐야지.

| 의사소통능력

43 **㉠에서 ㉡을 고려하여 만들어진 자율주행 자동차가 오른쪽으로 방향을 바꿔 트럭과 충돌하는 사건이 일어났다면, 이 사건이 일어날 수 있는 전제에 해당하는 것은?**

① 자율주행 자동차에는 1명이 탑승하고 있었고, 우선순위는 규칙 3–1–2이다.

② 자율주행 자동차에는 2명이 탑승하고 있었고, 우선순위는 규칙 3–2–1이다.

③ 자율주행 자동차에는 1명이 탑승하고 있었고, 우선순위는 규칙 2–3–1이다.

④ 자율주행 자동차에는 2명이 탑승하고 있었고, 우선순위는 규칙 2–3–1이다.

⑤ 자율주행 자동차에는 2명 이상이 탑승하고 있었고, 우선순위는 규칙 3–1–2이다.

44 다음 사실이 ⓒ을 강화할 때, 빈칸에 들어갈 내용으로 가장 적절한 것은?

> 광범위한 설문 조사 결과 대다수 사람들은 가급적 가까운 미래에 인명 피해를 최소화하도록 설계된 자율주행 자동차가 도로에 많아지는 것을 선호하는 것으로 나타났다. 하지만 '________________________ __________'라는 질문을 받으면, 대다수의 사람들은 '아니다'라고 대답했다.

① 자동차 대부분이 자율주행을 한다고 해도 여전히 직접 운전하길 선호하는가?
② 자율주행 자동차가 낸 교통사고에 대한 책임은 그 자동차에 탑승한 사람에게 있는가?
③ 자동차 탑승자의 인명을 희생하더라도 보다 많은 사람의 목숨을 구하도록 설계된 자동차를 살 의향이 있는가?
④ 인명 피해를 최소화하도록 설계된 자율주행 자동차보다 탑승자의 인명을 최우선으로 지키도록 설계된 자율주행 자동차를 선호하는가?
⑤ 탑승자의 인명을 최우선으로 지키도록 설계된 자율주행 자동차보다 교통법규를 최우선으로 준수하도록 설계된 자율주행 자동차를 선호하는가?

45 다음은 2020 ~ 2024년 K국의 사회간접자본(SOC) 투자 규모에 대한 자료이다. 이에 대한 설명으로 옳지 않은 것은?(단, 소수점 둘째 자리에서 반올림한다)

〈K국의 사회간접자본(SOC) 투자 규모〉

(단위 : 조 원, %)

구분 \ 연도	2020년	2021년	2022년	2023년	2024년
SOC 투자 규모	20.5	25.4	25.1	24.4	23.1
총지출 대비 SOC 투자 규모 비중	7.8	8.4	8.6	7.9	6.9

① 2024년 총지출은 300조 원 이상이다.
② 2021년 SOC 투자 규모의 전년 대비 증가율은 30% 이하이다.
③ 2021 ~ 2024년 동안 SOC 투자 규모가 전년에 비해 가장 큰 비율로 감소한 해는 2024년이다.
④ 2021 ~ 2024년 동안 SOC 투자 규모와 총지출 대비 SOC 투자 규모 비중의 전년 대비 증감 방향은 동일하다.
⑤ 2025년 SOC 투자 규모의 전년 대비 감소율이 2024년과 동일하다면, 2025년 SOC 투자 규모는 20조 원 이상이다.

46 다음 글을 읽고 이해한 내용으로 적절하지 않은 것은?

A효과란 기업이 시장에 최초로 진입하여 무형 및 유형의 이익을 얻는 것을 의미한다. 반면 뒤늦게 뛰어든 기업이 앞서 진출한 기업의 투자를 징검다리로 이용하여 성공적으로 시장에 안착하는 것을 B효과라고 한다. 물론 B효과는 후발진입기업이 최초진입기업과 동등한 수준의 기술 및 제품을 보다 낮은 비용으로 개발할 수 있을 때만 가능하다.
생산량이 증가할수록 평균생산비용이 감소하는 규모의 경제 효과 측면에서 후발진입기업에 비해 최초진입기업이 유리하다. 즉, 대량 생산, 인프라 구축 등에서 우위를 미리 확보하여 효율성 증대와 생산성 향상을 꾀할 수 있다. 반면, 후발진입기업 역시 연구 개발 투자 측면에서 최초진입기업에 비해 상대적으로 유리한 면이 있다. 후발진입기업의 모방 비용은 최초진입기업이 신제품 개발에 투자한 비용 대비 65% 수준이기 때문이다. 최초진입기업의 경우, 규모의 경제 효과를 얼마나 단기간에 이룰 수 있는가가 성공의 필수 요건이 된다. 후발진입기업의 경우, 절감된 비용을 마케팅 등에 효과적으로 투자하여 최초진입기업의 시장 점유율을 단기간에 빼앗아 오는 것이 성공의 핵심 조건이다.
규모의 경제 달성으로 인한 비용상의 이점 이외에도 최초진입기업이 누릴 수 있는 강점은 강력한 진입 장벽을 구축할 수 있다는 것이다. 시장에 최초로 진입했기에 소비자에게 우선으로 인식된다. 그로 인해 후발진입기업에 비해 적어도 인지도 측면에서는 월등한 우위를 확보한다. 또한 기술적 우위를 확보하여 라이센스, 특허 전략 등을 통해 후발진입기업의 시장 진입을 방해하기도 한다. 뿐만 아니라 소비자들이 후발진입기업의 브랜드로 전환하려고 할 때 발생하는 노력, 비용, 심리적 위험 등을 마케팅에 활용하여 후발진입기업이 시장에 진입하기 어렵게 할 수도 있다. 결국 A효과를 극대화할 수 있는지는 규모의 경제 달성 이외에도 얼마나 오랫동안 후발주자를 진입하지 못하도록 할 수 있는가에 달려 있다.

① 최초진입기업은 후발진입기업에 비해 매년 더 많은 마케팅 비용을 사용한다.
② 후발진입기업의 모방 비용은 최초진입기업이 신제품 개발에 투자한 비용보다 적다.
③ 최초진입기업이 후발진입기업에 비해 인지도 측면에서 우위에 있다는 것은 A효과에 해당한다.
④ 후발진입기업이 성공하려면 절감된 비용을 효과적으로 투자하여 최초진입기업의 시장 점유율을 단기간에 빼앗아 와야 한다.
⑤ 후발진입기업이 최초진입기업과 동등한 수준의 기술 및 제품을 보다 낮은 비용으로 개발할 수 없다면 B효과를 얻을 수 없다.

47 다음은 갑～무 도시에 위치한 2개 브랜드의 커피전문점 분포에 대한 자료이다. 이에 대한 설명으로 옳은 것을 〈보기〉에서 모두 고르면?

〈갑～무 도시별 커피전문점 분포〉

(단위 : 개)

구분		갑 도시	을 도시	병 도시	정 도시	무 도시	평균
A브랜드	점포 수	7	4	2	( )	4	4
	편차	3	0	2	1	0	( )
B브랜드	점포 수	( )	5	( )	5	2	4
	편차	2	1	2	1	2	1.6

※ 편차는 해당 브랜드 점포 수 평균에서 각 도시의 해당 브랜드 점포 수를 뺀 값의 절댓값임

〈보기〉

ㄱ. A브랜드 편차의 평균은 B브랜드 편차의 평균보다 크다.
ㄴ. 갑 도시의 B브랜드 점포 수와 병 도시의 B브랜드 점포 수는 다르다.
ㄷ. 정 도시는 A브랜드 점포 수가 B브랜드 점포 수보다 적다.
ㄹ. 무 도시에 있는 A브랜드 중 1개 점포가 병 도시로 브랜드의 변경 없이 이전할 경우, A브랜드 편차의 평균은 변하지 않는다.

① ㄱ, ㄷ
② ㄴ, ㄷ
③ ㄷ, ㄹ
④ ㄱ, ㄴ, ㄹ
⑤ ㄴ, ㄷ, ㄹ

48 다음 글을 근거로 판단할 때, 〈보기〉에서 옳은 것을 모두 고르면?

사슴은 맹수에게 계속 괴롭힘을 당하자 자신을 맹수로 바꾸어 달라고 산신령에게 빌었다. 사슴을 불쌍하게 여긴 산신령은 사슴에게 남은 수명 중 n년(n은 자연수)을 포기하면 여생을 아래 5가지의 맹수 중 하나로 살 수 있게 해주겠다고 했다.

사슴으로 살 경우의 1년당 효용은 40이며, 다른 맹수로 살 경우의 1년당 효용과 그 맹수로 살기 위해 사슴이 포기해야 하는 수명은 다음 표와 같다. 예를 들어 사슴의 남은 수명이 12년일 경우 사슴으로 계속 산다면 $12 \times 40 = 480$의 총효용을 얻지만, 독수리로 사는 것을 선택한다면 $(12-5) \times 50 = 350$의 총효용을 얻는다.

사슴은 여생의 총효용이 줄어드는 선택은 하지 않으며, 포기해야 하는 수명이 사슴의 남은 수명 이상인 맹수는 선택할 수 없다. 1년당 효용이 큰 맹수일수록, 사슴은 그 맹수가 되기 위해 더 많은 수명을 포기해야 한다. 사슴은 자신의 남은 수명과 표의 '?'로 표시된 수를 알고 있다.

〈표〉

맹수	1년당 효용	포기해야 하는 수명(년)
사자	250	14
호랑이	200	?
곰	170	11
악어	70	?
독수리	50	5

〈보기〉

ㄱ. 사슴의 남은 수명이 13년이라면, 사슴은 곰을 선택할 것이다.
ㄴ. 사슴의 남은 수명이 20년이라면, 사슴은 독수리를 선택하지는 않을 것이다.
ㄷ. 호랑이로 살기 위해 포기해야 하는 수명이 13년이라면, 사슴의 남은 수명에 따라 사자를 선택했을 때와 호랑이를 선택했을 때 여생의 총효용이 같은 경우가 있다.

① ㄴ
② ㄷ
③ ㄱ, ㄴ
④ ㄴ, ㄷ
⑤ ㄱ, ㄴ, ㄷ

49 D공사 직원 10명이 부산에서 열리는 1박 2일 세미나에 참석하려고 한다. 부산에는 목요일 점심 전에 도착하고, 다음날 점심을 먹고 3시에 서울로 돌아오기로 계획했다. 다음은 호텔별 비용 현황과 호텔 선호도에 대한 자료이다. 〈조건〉을 바탕으로 남직원과 여직원에게 소요되는 출장비는 각각 얼마인가?

〈호텔별 비용 현황〉

구분	K호텔		M호텔		H호텔		W호텔	
숙박비	평일	주말	평일	주말	평일	주말	평일	주말
	17만 원	30만 원	12만 원	23만 원	15만 원	29만 원	15만 원	22만 원
식비	1만 원 (중·석식, 조식은 숙박비에 포함)		7,000원(조·중식) 9,000원(석식)		8,000원 (조·중·석식)		7,500원 (조·중·석식)	
거리	20분		12분		30분		10분	
비고	1인실 또는 2인실 가능		1인실만 가능		2인실 이상 가능		2인실 이상 가능	

※ 거리는 역에서 호텔까지의 버스로 이동할 때 걸리는 시간임

〈호텔 선호도〉

구분	K호텔	M호텔	H호텔	W호텔
남직원	B	B	C	A
여직원	A	B	B	C

※ A ~ C등급에서 A등급이 제일 높음

〈조건〉

- 방은 2인 1실로 사용한다.
- 남직원은 6명, 여직원은 4명이다.
- 남녀 모두 가능한 식사를 전부 한다.
- 남직원은 선호도가 B등급 이상이고, 숙박비와 식비가 저렴한 호텔로 정한다.
- 여직원은 선호도가 B등급 이상이고, 역에서 거리가 가장 가까운 호텔로 정한다.

	남직원	여직원
①	540,000원	428,000원
②	630,000원	428,000원
③	630,000원	460,000원
④	690,000원	460,000원
⑤	690,000원	510,000원

50 다음은 S국의 최종에너지 소비량에 대한 자료이다. 이에 대한 설명으로 옳은 것을 〈보기〉에서 모두 고르면?

〈2022 ~ 2024년 유형별 최종에너지 소비량 비중〉

(단위 : %)

구분	석탄		석유제품	도시가스	전력	기타
	무연탄	유연탄				
2022년	2.7	11.6	53.3	10.8	18.2	3.4
2023년	2.8	10.3	54.0	10.7	18.6	3.6
2024년	2.9	11.5	51.9	10.9	19.1	3.7

〈2024년 부문별 · 유형별 최종에너지 소비량〉

(단위 : 천 TOE)

구분	석탄		석유제품	도시가스	전력	기타	합계
	무연탄	유연탄					
산업	4,750	15,317	57,451	9,129	23,093	5,415	115,155
가정 · 상업	901	4,636	6,450	11,105	12,489	1,675	37,256
수송	0	0	35,438	188	1,312	0	36,938
기타	0	2,321	1,299	669	152	42	4,483
합계	5,651	22,274	100,638	21,091	37,046	7,132	193,832

〈보기〉

ㄱ. 2022 ~ 2024년 동안 전력 소비량은 매년 증가한다.
ㄴ. 2024년 산업부문의 최종에너지 소비량은 전체 최종에너지 소비량의 50% 이상을 차지한다.
ㄷ. 2022 ~ 2024년 동안 석유제품 소비량 대비 전력 소비량의 비율은 매년 증가한다.
ㄹ. 2024년에는 산업부문과 가정 · 상업부문에서 유연탄 소비량 대비 무연탄 소비량의 비율이 각각 25% 미만이다.

① ㄱ, ㄴ
② ㄱ, ㄹ
③ ㄴ, ㄷ
④ ㄴ, ㄹ
⑤ ㄷ, ㄹ

3권

제2회 PSAT형

NCS 모의고사

www.sdedu.co.kr

〈문항 및 시험시간〉

평가영역	문항 수	시험시간	모바일 OMR 답안채점 / 성적분석 서비스
의사소통능력 / 수리능력 / 문제해결능력 / 자원관리능력	50문항	60분	

PSAT형 NCS 집중학습 봉투모의고사

제2회 모의고사

문항 수 : 50문항
시험시간 : 60분

| 의사소통능력

01 다음 글에서 〈보기〉의 내용이 들어갈 위치로 가장 적절한 곳은?

정보란 무엇인가? 이 점은 정보화 사회를 맞이하면서 우리가 가장 깊이 생각해 보아야 할 문제이다. 정보는 객관적으로 주어진 대상인가? 그래서 그것은 관련된 당사자들에게 항상 가치중립적이고 공정한 지식이 되는가? 결코 그렇지 않다. 똑같은 현상에 대해 정보를 만들어 내는 방식은 매우 다양할 수 있다. 정보라는 것은 인간에 의해 가공되는 것이고 그 배경에는 언제나 나름대로의 입장과 가치관이 깔려 있기 마련이다. (가) 정보화 사회가 되어 정보가 넘쳐나는 듯하지만 사실 우리 대부분은 그 소비자로 머물러 있을 뿐 적극적인 생산의 주체로 나서지 못하고 있다. 이런 상황에서는 우리의 생활을 질적으로 풍요롭게 해 주는 정보를 확보하기가 어렵다. 우리가 일상적으로 구매하고 소비하는 정보란 대부분이 일회적인 심심풀이용이 많다. (나) 또한 정보가 많을수록 좋은 것만은 아니다. 오히려 정보의 과잉은 무기력과 무관심을 낳는다. 네트워크와 각종 미디어와 통신 기기의 회로들 속에서 정보가 기하급수적인 속도의 규모로 증식하고 있는 데 비해, 그것을 수용하고 처리할 수 있는 우리 두뇌의 용량은 진화하지 못하고 있다. 이 불균형은 일상의 스트레스 또는 사회적인 교란으로 표출된다. 정보 그 자체에 집착하는 태도에서 벗어나 무엇이 필요한지를 분별할 수 있는 능력이 배양되어야 한다. (다)
정보는 얼마든지 새롭게 창조될 수 있다. 컴퓨터의 기계적인 언어로 입력되기 전까지의 과정은 인간의 몫이다. 기계가 그것을 대신하기는 불가능하다. 따라서 정보화 시대의 중요한 관건은 컴퓨터에 대한 지식이나 컴퓨터를 다루는 방법이 아니라, 무엇을 담을 것인가에 대한 인간의 창조적 상상력이다. 그것은 마치 전자레인지가 아무리 좋아도 그 자체로 훌륭한 요리를 보장하지는 못하는 것과 마찬가지이다. (라)
정보와 지식 그 자체로는 딱딱하게 굳어 있는 물건처럼 보인다. 그러나 그것은 커뮤니케이션 속에서 살아 움직이며 진화한다. 끊임없이 새로운 의미가 발생하고 또한 고급으로 갱신되어 간다. 따라서 한 사회의 정보화 수준은 그러한 소통의 능력과 직결된다. 정보의 순환 속에서 끊임없이 새로운 정보로 거듭나는 역동성 없이는 아무리 방대한 데이터베이스라고 해도 그 기능에 한계가 있기 때문이다. (마)

〈보기〉

한 가지 예를 들어 보자. 어떤 나라에서 발행하는 관광 안내 책자는 정보가 섬세하고 정확하다. 그러나 그 책을 구입해 관광을 간 소비자들은 종종 그 내용의 오류를 발견한다. 그리고 많은 이들이 그것을 그냥 넘기지 않고 수정 사항을 엽서에 적어서 출판사에 보내준다. 출판사는 일일이 현지에 직원을 파견하지 않고도 책자를 개정할 수 있다.

① (가)
② (나)
③ (다)
④ (라)
⑤ (마)

02 다음 빈칸에 들어갈 내용으로 적절하지 않은 것은?

> 어머니의 사랑은 본질적으로 무조건적이다. 어머니가 갓난애를 사랑하는 것은 이 애가 어떤 특수한 조건을 만족시켜 주었거나 특별한 기대를 충족시켜 주었기 때문이 아니라, 이 애가 그녀의 애이기 때문이다. 반면에 아버지의 사랑은 조건이 있는 사랑이다.
> 아버지의 사랑의 원칙은 "______________ 나는 너를 사랑한다."는 것이다. 어린애에 대한 어머니와 아버지의 태도는 어린애 자신의 욕구와 일치한다. 갓난애는 정신적으로나 육체적으로나 어머니의 무조건적 사랑과 보호를 요구한다. 6세 이후의 어린애는 아버지의 사랑, 아버지의 권위와 지도를 요구하기 시작한다. 어머니의 사랑은 어린애의 생명을 안전하게 하는 기능을 하고, 아버지의 사랑은 이 어린애가 태어난 특수 사회가 직면하게 하는 문제들을 처리하도록 어린애를 가르치고 지도하는 기능을 하고 있다.

① 너는 장래성이 있기 때문에
② 너는 내 아이로 태어났기 때문에
③ 너는 네 의무를 다하고 있기 때문에
④ 너는 나의 기대를 충족시켜 주기 때문에
⑤ 너는 누구보다 똑똑하고 사랑스럽기 때문에

03 다음은 B은행에서 근무하는 A사원의 4월 근태기록이다. 제시된 규정을 참고할 때, A사원이 받을 시간외근무수당은 얼마인가?(단, 정규근로시간은 09:00 ~ 18:00이다)

〈시간외근무 규정〉

- 시간외근무(조기출근 포함)는 1일 4시간, 월 57시간을 초과할 수 없다.
- 시간외근무수당은 1일 1시간 이상 시간외근무를 한 경우에 발생하며, 1시간을 공제한 후 매분 단위까지 합산하여 계산한다(단, 월 단위 계산 시 1시간 미만은 절사함).
- 시간외근무수당 지급단가 : 사원(7,000원), 대리(8,000원), 과장(10,000원)

〈A사원의 4월 근태기록(출근시각 / 퇴근시각)〉

- 4월 1일부터 4월 15일까지의 시간외근무시간은 12시간 50분(1일 1시간 공제 적용)이다.

18일(월)	19일(화)	20일(수)	21일(목)	22일(금)
09:00 / 19:10	09:00 / 18:00	08:00 / 18:20	08:30 / 19:10	09:00 / 18:00
25일(월)	**26일(화)**	**27일(수)**	**28일(목)**	**29일(금)**
08:00 / 19:30	08:30 / 20:40	08:30 / 19:40	09:00 / 18:00	09:00 / 18:00

※ 주말 특근은 고려하지 않음

① 112,000원
② 119,000원
③ 126,000원
④ 133,000원
⑤ 140,000원

04 K사는 창립 10주년을 맞이하여 전 직원 단합대회를 준비하고 있다. 이를 위해 사장은 직원 투표 결과를 통해 여행 상품 중 한 가지를 결정하려고 한다. 직원 투표 결과와 여행 상품별 1인당 비용이 다음과 같으며, 추가로 행사를 위한 부서별 고려사항을 참고하여 선택할 때, 〈보기〉에서 옳은 것을 모두 고르면?

〈직원 투표 결과〉

구분		투표 결과					
여행 상품	1인당 비용(원)	총무팀	영업팀	개발팀	홍보팀	공장1	공장2
A상품	500,000	2	1	2	0	15	6
B상품	750,000	1	2	1	1	20	5
C상품	600,000	3	1	0	1	10	4
D상품	1,000,000	3	4	2	1	30	10
E상품	850,000	1	2	0	2	5	5

〈여행 상품별 혜택 정리〉

구분	날짜	장소	식사제공	차량지원	편의시설	체험시설
A상품	5/10 ~ 5/11	해변	○	○	×	×
B상품	5/10 ~ 5/11	해변	○	○	○	×
C상품	6/7 ~ 6/8	호수	○	○	○	×
D상품	6/15 ~ 6/17	도심	○	×	○	○
E상품	7/10 ~ 7/13	해변	○	○	○	×

〈부서별 고려사항〉

- 총무팀 : 행사 시 차량 지원 가능함
- 영업팀 : 6월 초순에 해외 바이어와 가격 협상 회의 일정
- 공장1 : 3일 연속 공장 비가동 시 품질 저하 예상됨
- 공장2 : 7월 중순 공장 이전 계획 있음

〈보기〉

ㄱ. 필요한 여행 상품 비용은 총 1억 500만 원이다.
ㄴ. 투표 결과 가장 인기가 좋은 여행 상품은 B상품이다.
ㄷ. 공장1의 A, B상품의 투표 결과가 바뀐다면 선택되는 여행 상품은 변경된다.

① ㄱ
② ㄱ, ㄴ
③ ㄱ, ㄷ
④ ㄴ, ㄷ
⑤ ㄱ, ㄴ, ㄷ

05 다음 글의 중심 내용으로 가장 적절한 것은?

> 미국의 역사학자이자 문학평론가인 헤이든 화이트(H. White)는 19세기의 역사 관련 저작들에서 역사가 어떤 방식으로 서술되어 있는지를 연구했다. 그는 특히 '이야기식 서술'에 주목했는데, 이것은 역사적 사건의 진행 과정이 의미를 지닐 수 있도록 서술하는 양식이다. 그는 역사적 서술의 타당성이 문학적 장르 내지는 예술적인 문체에 의해 결정된다고 보았다. 이러한 주장에 따르면 역사적 서술의 타당성은 결코 논증에 의해 결정되지 않는다. 왜냐하면 논증은 지나간 사태에 대한 모사로써 역사적 진술의 '옳고 그름'을 사태 자체에 놓여 있는 기준에 의거하여 따지기 때문이다.
> 이야기식 서술을 통해 사건들은 서로 연관되면서 무정형적 역사의 흐름으로부터 벗어난다. 이를 통해 역사의 흐름은 발단 – 중간 – 결말로 인위적으로 구분되어 인식 가능한 전개과정의 형태로 제시된다. 문학 이론적으로 이야기하자면, 사건 경과에 부여되는 질서는 '구성(Plot)'이며 이야기식 서술을 만드는 방식은 '구성화(Emplotment)'이다. 이러한 방식을 통해 사건은 원래 가지고 있지 않던 발단 – 중간 – 결말이라는 성격을 부여받는다. 또 사건들은 일종의 전형에 따라 정돈되는데, 이러한 전형은 역사가의 문화적인 환경에 의해 미리 규정되어 있거나 경우에 따라서는 로맨스 · 희극 · 비극 · 풍자극과 같은 문학적 양식에 기초하고 있다.
> 따라서 이야기식 서술은 역사적 사건의 경과 과정에 특정한 문학적 형식을 부여할 뿐만 아니라 의미도 함께 부여한다. 우리는 이야기식 서술을 통해서야 비로소 이러한 역사적 사건의 진행 과정을 인식할 수 있게 된다는 말이다. 사건들 사이에서 만들어지는 관계는 사건들 자체에 내재하는 것이 아니다. 그것은 사건에 대해 사고하는 역사가의 머릿속에만 존재한다.

① 역사의 의미는 절대적인 것이 아니라 현재 시점에서 새롭게 규정되는 것이다.
② 역사가가 속한 문화적인 환경은 역사와 문학의 기술 내용과 방식을 규정한다.
③ 이야기식 역사 서술이란 사건들 사이에 내재하는 인과적 연관을 찾아내는 작업이다.
④ 역사적 사건에서 객관적으로 드러나는 발단에서 결말까지의 일정한 과정을 서술하는 일이 역사가의 임무이다.
⑤ 이야기식 역사 서술은 문학적 서술 방식을 원용하여 역사적 사건의 진행 과정에 의미를 부여한다.

06 전남 나주 K공사의 본사에서 근무하는 A대리는 대구 본부와 광주 본부에서 열리는 회의에 참석하기 위해 출장을 다녀올 예정이다. 출장 기간 동안의 경비에 대한 정보가 다음과 같다. A대리가 기차와 택시를 이용하여 이동한다고 할 때, 본사에서 출발하여 모든 회의에 참석한 후 다시 본사로 돌아오기까지 소요되는 총 경비는?

A대리는 8월 10일에 나주 본사에서 출발하여 대구에 도착하고, S호텔에서 잠을 잔 후, 11일에 대구 본부에서 열리는 회의에 참석할 계획이다. 회의 후에는 광주로 이동하여 광주의 T호텔에서 잠을 잔 후, 12일에 광주 본부에서 열리는 회의에 참석하고 본사로 돌아올 계획이다. 단, 이동 시에는 기차와 택시만 이용한다.

〈소요 경비 정보〉

• 숙박비

호텔	요금(1박)
S호텔	75,500원
T호텔	59,400원

• 철도 요금

출발지	도착지	편도 요금
나주역	대구역	42,000원
나주역	광주역	39,500원
대구역	광주역	37,100원
대구역	나주역	45,000원
광주역	대구역	36,500원
광주역	나주역	43,000원

• 택시비

출발 정류장	도착 정류장	편도 요금
K공사 본사 앞	나주역	7,900원
대구역	S호텔	4,300원
광주역	T호텔	6,500원
S호텔	K공사 대구 본부 앞	4,900원
T호텔	K공사 광주 본부 앞	5,700원
K공사 대구 본부 앞	대구역	4,300원
K공사 광주 본부 앞	광주역	5,400원

※ 도착 정류장과 출발 정류장이 바뀌어도 비용은 같음

① 169,000원
② 226,000원
③ 274,500원
④ 303,900원
⑤ 342,600원

07 김과장은 4월 3일 월요일부터 2주 동안 미얀마, 베트남, 캄보디아의 해외지사를 방문한다. 원래는 모든 일정이 끝난 4월 14일 입국 예정이었으나, 현지 사정에 따라 일정이 변경되어 4월 15일 23시에 모든 일정이 마무리된다는 것을 출국 3주 전인 오늘 알게 되었다. 이를 바탕으로 가장 효율적인 왕복 항공편을 다시 예약하려고 한다. 어떤 항공편을 이용해야 하며, 취소 수수료를 포함한 총비용은 얼마인가?(단, 늦어도 4월 17일 자정까지는 입국해야 하며, 비용에 상관없이 비행시간이 적게 걸릴수록 효율적이다)

• 해외지점 방문 일정

대한민국 인천 → 미얀마 양곤(Y지사) → 베트남 하노이(H지사) → 베트남 하노이(V지사) → 캄보디아 프놈펜(P지사) → 대한민국 인천

※ 마지막 날에는 프놈펜 ◇◇호텔에서 지사장과의 만찬이 있음

• 항공권 취소 수수료

구분	출발 전 50일 ~ 31일	출발 전 30일 ~ 21일	출발 전 20일 ~ 당일 출발	당일 출발 이후 (No – Show)
일반운임	13,000원	18,000원	23,000원	123,000원

※ 왕복 항공권의 편도 취소는 불가능함

• 항공편 일정

– 서울과 프놈펜의 시차는 2시간이며, 서울이 더 빠르다.

– 숙박하고 있는 프놈펜 ◇◇호텔은 공항에서 30분 거리에 위치하고 있다.

항공편	출발	도착	비용	경유 여부
	PNH, 프놈펜 (현지 시각 기준)	ICN, 서울 (현지 시각 기준)		
103	4/16 11:10	4/17 07:10	262,500원	1회 쿠알라룸푸르
150	4/16 18:35	4/17 07:10	262,500원	1회 쿠알라룸푸르
300	4/16 06:55	4/16 16:25	582,900원	1회 호치민
503	4/16 23:55	4/17 07:05	504,400원	직항
402	4/16 14:30	4/17 13:55	518,100원	1회 광주(중국)
701	4/16 08:00	4/16 22:10	570,700원	2회 북경 경유, 광주(중국) 체류

① 503 항공편, 522,400원
② 300 항공편, 600,900원
③ 503 항공편, 527,400원
④ 300 항공편, 605,900원
⑤ 503 항공편, 600,900원

※ 다음은 물류창고 재고 코드에 대한 설명이다. 이어지는 질문에 답하시오. **[8~10]**

〈물류창고 재고 코드〉

• 물류창고 재고 코드 부여방식
[상품유형] – [보관유형] – [생산국가] – [유통기한] 순으로 기호 부여

• 상품유형

식품	공산품	원자재	화학품	약품	그 외
1	2	3	4	5	6

• 보관유형

완충필요	냉장필요	냉동필요	각도조정 필요	특이사항 없음
f	r	c	t	n

• 생산국가

대한민국	중국	러시아	미국	일본	그 외
KOR	CHN	RUS	USA	JAP	ETC

• 유통기한

2주 미만	1개월 미만	3개월 미만	6개월 미만	1년 미만	3년 미만
0	1	2	3	4	5
5년 미만	10년 미만	유통기한 없음	–	–	–
6	7	8	–	–	–

| 문제해결능력

08 다음 중 재고 코드가 '5rUSA2'인 재고에 대한 설명으로 옳은 것은?

① 화학품이다.
② 러시아에서 생산되었다.
③ 특정 각도에서의 보관이 필요하다.
④ 냉장보관이 필요하다.
⑤ 유통기한은 6개월 미만이다.

| 문제해결능력

09 A창고의 재고들 중 러시아에서 생산된 재고의 일부가 중국에서 생산된 재고로 잘못 표기되었다고 한다. 다음 중 실제로 러시아에서 생산된 재고의 개수로 옳은 것은?

〈A창고 재고〉

1rCHN3	4cKOR1	6fCHN6	6nETC2	1tJAP8
2cUSA4	5tKOR0	1nJAP2	4fRUS4	3cUSA5

① 0개
② 1개
③ 2개
④ 3개
⑤ 4개

10 다음 설명에 해당하는 재고 코드로 옳은 것은?

- 유통기한은 19개월이다.
- 냉장보관이 필요하다.
- 우크라이나에서 생산되었다.
- 채소류에 해당한다.

① 1fCHN4
② 1rETC5
③ 1rETC6
④ 1fETC5
⑤ 6fETC5

11 다음은 A공단에서 발표한 최근 2개년 1/4분기 산업단지별 수출현황에 대한 자료이다. (가) ~ (다)에 들어갈 수치가 바르게 짝지어진 것은?(단, 전년 대비 수치는 소수점 둘째 자리에서 반올림한다)

〈최근 2개년 1/4분기 산업단지별 수출현황〉

(단위 : 백만 달러)

구분	2025년 1/4분기	2024년 1/4분기	전년 대비
국가	66,652	58,809	13.3% 상승
일반	34,273	29,094	(가)% 상승
농공	2,729	3,172	14.0% 하락
합계	(나)	91,075	(다)% 상승

	(가)	(나)	(다)
①	15.8	103,654	13.8
②	15.8	104,654	11.8
③	17.8	102,554	13.8
④	17.8	103,654	11.8
⑤	17.8	103,654	13.8

※ 다음은 L공사의 청년전세임대에 대한 자료이다. 이어지는 질문에 답하시오. **[12~13]**

〈L공사 청년전세임대 안내문〉

① 개요

청년층(대학생·취업준비생·만 19 ~ 39세)의 주거비 부담 완화를 위하여 기존 주택을 전세계약 체결하여 저렴하게 재임대하는 공공임대주택

② 입주 자격

- 무주택요건 및 소득·자산기준을 충족하는 대학생[1], 취업준비생[2], 만 19 ~ 39세[3]

1) 본인이 무주택자이고 신청 해당 연도 대학에 재학 중이거나 입학·복학 예정인 만 19세 미만 또는 만 39세 초과 대학생

2) 본인이 무주택자이고 대학 또는 고등·고등기술학교를 졸업하거나 중퇴한 후 2년 이내이며 직장에 재직 중이지 않은 만 19세 미만 또는 만 39세 초과 취업준비생

3) 본인이 무주택자이면서 만 19세 이상 39세 이하인 사람

- 1순위 : 생계·주거 의료급여 수급자 가구, 보호대상 한부모가족 가구, 차상위계층 가구의 청년, 보호종료아동[1], 청소년 쉼터 퇴소청소년[2]

1) 보호종료아동 : 아동복지법에 따른 가정위탁이 종료되거나 아동복지시설에서 퇴소(퇴소예정자 포함)한 지 5년 이내인 사람

2) 청소년 쉼터 퇴소청소년 : 청소년 복지 지원법 제31조에 따른 청소년 쉼터를 2년 이상 이용한 자로서 퇴소(퇴소 예정자 포함)한 지 5년 이내인 사람 중 여성가족부장관이 주거지원이 필요하다고 인정한 사람

- 2순위 : 본인과 부모의 월평균 소득이 전년 도시근로자 가구원수별 가구당 월평균 소득의 100% 이하이고, 본인과 부모의 자산이 국민임대주택의 자산기준[1]을 충족하는 청년

1) 2024년 기준 자산 28,800만 원, 자동차 2,468만 원

- 3순위 : 본인의 월평균 소득이 전년 도시근로자 가구원수별 가구당 월평균 소득의 100% 이하이고, 본인의 자산이 행복주택 청년의 자산기준[1]을 충족하는 청년

1) 2024년 기준 자산 2억 3,700만 원, 자동차 2,468만 원

(2024년 6월 기준, 단위 : 원)

구분	1인 가구	2인 가구	3인 가구
100%	2,645,147	4,379,809	5,626,897

※ 청년의 '가구'는 본인과 부모를 의미함

③ 임대 조건

- 임대보증금 : 1순위 100만 원, 2·3순위 200만 원
- 월임대료 : 전세지원금 중 임대보증금을 제외한 금액에 대한 연 1 ~ 2% 이자 해당액

④ 전세금 지원한도액

구분		수도권	광역시	기타
단독거주	1인 거주	1.2억 원	9,500만 원	8,500만 원
공동거주(셰어형)	2인 거주	1.5억 원	1.2억 원	1.0억 원
	3인 거주	2.0억 원	1.5억 원	1.2억 원

- 지원한도액을 초과하는 전세주택은 초과하는 전세금액을 입주자가 부담할 경우 지원 가능(단, 전세금 총액은 호당 지원한도액의 150% 이내로 제한)

⑤ 거주 기간 및 신청 절차

- 거주 기간 : 최초 임대기간은 2년으로 하되, 자격요건 충족 시 2회 재계약(2년 단위) 가능
- 신청 절차 : 입주 신청(L공사 청약센터) → 입주자 자격 조회(L공사) → 대상자 발표(개별 통보) → 입주 대상자에게 주택 물색·안내(L공사 – 입주 대상자) → 입주 희망 주택 물색·결정 → 전세 가능 여부 검토(권리분석, L공사) → 전세계약 및 임대차계약 체결(L공사 – 임대인 – 입주자) → 입주

12 **다음 중 L공사의 청년전세임대주택에 대한 설명으로 옳지 않은 것은?**

① 입주희망주택에 대한 권리분석은 L공사가 진행한다.
② 지원한도액의 초과와 상관없이 지원할 수 있다.
③ 만 40세의 대학생도 청년전세임대주택에 입주할 수 있다.
④ 청년전세임대주택이 위치한 지역에 따라 전세금 지원한도액이 상이하다.
⑤ 1순위 입주 대상자와 3순위 입주 대상자에게 적용되는 임대 조건상의 임대보증금에는 차등이 존재한다.

13 **다음은 청년전세임대주택에 입주를 희망하는 K에 대한 내용이다. 〈보기〉에서 옳지 않은 것을 모두 고르면?**

- K는 아동복지시설에서 퇴소할 예정이며, 만 25세이다.
- 2024년 기준 K의 월평균 소득은 220만 원이다.
- K는 대구광역시에 있는 단독거주주택에 입주하고자 한다.
- K는 1인 가구에 해당한다.

〈보기〉

ㄱ. K는 최대 4년 동안 거주 가능하다.
ㄴ. K가 입주 가능한 주택의 전세금 총액 한도는 1억 3,000만 원 이상이다.
ㄷ. K가 지원받는 전세지원금이 8,000만 원인 경우, 최대 158만 원을 월임대료로 납부한다.

① ㄱ
② ㄴ
③ ㄱ, ㄴ
④ ㄱ, ㄷ
⑤ ㄴ, ㄷ

14 다음은 이번 달 H사원의 초과 근무 기록이다. H사원의 연봉은 3,600만 원이고, 시급 산정 시 월평균 근무시간은 200시간이다. H사원이 받는 야근·특근 근무 수당은 얼마인가?(단, 소득세는 고려하지 않는다)

〈이번 달 초과 근무 기록〉

일요일	월요일	화요일	수요일	목요일	금요일	토요일
			1	2 18:00 ~ 19:00	3	4
5 09:00 ~ 11:00	6	7 19:00 ~ 21:00	8	9	10	11
12	13	14	15 18:00 ~ 22:00	16	17	18 13:00 ~ 16:00
19	20 19:00 ~ 20:00	21	22	23	24	25
26	27	28	29 19:00 ~ 23:00	30 18:00 ~ 21:00	31	

〈초과 근무 수당 규정〉

- 평일 야근 수당은 시급에 1.2배를 한다.
- 주말 특근 수당은 시급에 1.5배를 한다.
- 식대는 10,000원을 지급하며(야근·특근 수당에 포함되지 않는다), 평일 야근 시 20시 이상 근무할 경우에 지급한다(주말 특근에는 지급하지 않는다).
- 야근시간은 오후 7 ~ 10시이다(초과시간 수당 미지급).

① 265,500원
② 285,500원
③ 300,000원
④ 310,500원
⑤ 330,500원

15 L아파트에 거주 중인 A씨와 B씨는 행복카를 이용하여 각각의 일정을 소화하였다. 행복카의 이용요금표와 일정이 다음과 같을 때, A씨와 B씨가 내야 하는 요금은 각각 얼마인가?

〈행복카 이용요금표〉

구분	기준요금 (10분)	누진 할인요금				주행요금
		대여요금(주중)		대여요금(주말)		
		1시간	1일	1시간	1일	
모닝	880원	3,540원	35,420원	4,920원	49,240원	160원/km
레이		3,900원	39,020원	5,100원	50,970원	170원/km
아반떼	1,310원	5,520원	55,150원	6,660원	65,950원	
K3						

※ 주중 / 주말 기준
- 주중 : 일 20:00 ~ 금 12:00
- 주말 : 금 12:00 ~ 일 20:00
  (공휴일 및 당사 지정 성수기 포함)

※ 최소 예약은 30분이며 10분 단위로 연장할 수 있음(1시간 이하는 10분 단위로 환산하여 과금함)
※ 예약시간이 4시간을 초과하는 경우에는 누진 할인요금이 적용됨(24시간 한도)
※ 연장요금은 기준요금으로 부과함
※ 이용시간 미연장에 따른 반납지연 페널티 금액은 초과한 시간에 대한 기준요금의 2배임

〈일정〉

- A씨
  - 차종 : 아반떼
  - 예약시간 : 3시간(토, 11:00 ~ 14:00)
  - 주행거리 : 92km
  - A씨는 지난 주 토요일, 친구 결혼식에 참석하기 위해 인천에 다녀왔다. 인천으로 가는 길은 순탄하였으나 돌아오는 길에는 고속도로에서 큰 사고가 있었던 모양인지 예상했던 시간보다 1시간 30분이 더 걸렸다. A씨는 이용시간을 연장해야 한다는 사실을 몰라 하지 못했다.
- B씨
  - 차종 : 레이
  - 예약시간 : 1일 8시간(목, 익일 ~ 08:00)
  - 주행거리 : 243km
  - B씨는 납품 지연에 따른 상황을 파악하기 위해 강원도 원주에 있는 거래처에 들러 이틀에 걸쳐 일을 마무리한 후 예정된 일정에 맞추어 다시 서울로 돌아왔다.

	A씨	B씨
①	61,920원	120,140원
②	62,800원	122,570원
③	62,800원	130,070원
④	63,750원	130,070원
⑤	63,750원	130,200원

16 다음은 연도별 회사채 발행액과 용어에 대한 설명이다. 이에 대한 해석으로 옳지 않은 것은?(단, 소수점 둘째 자리에서 반올림한다)

〈연도별 회사채 발행액 현황〉

구분	2022년		2023년		2024년	전년 동기 대비 증감률
	상반기	하반기	상반기	하반기	상반기	
보증사채	1,010억 원	1,080억 원	1,220억 원	1,407억 원	1,562억 원	28.0%
무보증사채	680억 원	700억 원	740억 원	896억 원	977억 원	32.0%
담보부사채	810억 원	880억 원	980억 원	1,047억 원	1,235억 원	26.0%
차환사채	180억 원	202억 원	220억 원	226억 원	231억 원	5.0%
전환사채	440억 원	488억 원	510억 원	563억 원	602억 원	18.0%

※ 전년 동기 대비 증감률은 2023년 상반기 대비 2024년 상반기 증감률임

〈용어의 해설〉

- 보증사채 : 사채의 원금 상환 및 이자 지급을 금융기관이 보증하는 사채로, 사채원리금 지급보증기관은 은행·신용보증기금·기술신용보증기금·종합금융회사·보증보험회사 등이 있다.
- 무보증사채 : 기업이 원리금 상환 및 이자 지급을 제3자의 보증이나 물적 담보 없이 신용에 의해 발행하는 회사채로, 무보증사채 또는 일반사채라고도 한다. 원리금 회수에 대한 위험 부담이 크기 때문에 제3자가 보증하는 보증사채나 담보 여력 내에서 발행하는 담보부사채에 비해 이자율이 높고 기간이 단기이다.
- 담보부사채 : 기업체가 회사채의 원금 상환 및 이자 지급을 물적으로 보증하기 위하여 물적 담보가 붙여진 사채로, 부동산 등의 담보물을 신탁회사에 맡기고 이를 근거로 해서 발행하는 회사채를 말한다.
- 차환사채 : 기업이 이미 발행한 회사채의 원금과 이자를 갚기 위해 또 다시 발행하는 회사채로, 채권의 발행인은 채권의 만기가 도래하면 채권 소유자들에게 원금을 상환해야 하지만, 자금 수요가 지속될 경우 상환 시점에 맞추어 또 다시 채권을 발행, 상환자금을 조달하게 된다. 따라서 차환사채의 발행 규모를 보면 그 기업의 자금난의 정도를 알 수 있다.
- 전환사채 : 일정한 조건에 따라 채권을 발행한 회사의 주식으로 전환할 수 있는 권리가 부여된 채권이다. 전환 전에는 사채로서의 확정이자를 받을 수 있고 전환 후에는 주식으로서의 이익을 얻을 수 있는, 사채와 주식의 중간 형태의 채권이다.

① 전년 하반기 대비 2024년 상반기 증감률은 보증사채가 무보증사채의 1.2배 이상이다.

② 2022년 상반기부터 2024년 상반기까지 매 분기 회사채 발행액은 증가하고 있다.

③ 기업의 자금난을 파악할 수 있는 사채의 2022년 하반기 발행액은 2023년 하반기 발행액의 90% 이상이다.

④ 물적인 보증을 통해 발행하는 사채의 2023년 상반기 발행액과 2022년 하반기 발행액의 차이는 2023년 상반기 발행액과 2023년 하반기 발행액의 차이보다 크다.

⑤ 회사채 중 전년 동기 대비 2024년 상반기 증감률보다 전년 동기 대비 2023년 상반기 증감률이 더 높은 사채 종류는 1가지이다.

17 다음 글의 논지로 가장 적절한 것은?

> 최근 다도해 지역을 해양사의 관점에서 새롭게 주목하는 논의가 많아졌다. 그들은 주로 다도해 지역의 해로를 통한 국제 교역과 사신의 왕래 등을 거론하면서 해로와 포구의 기능과 해양 문화의 개방성을 강조하고 있다. 사실 다도해는 오래전부터 유배지로 이용되었다는 사실이 자주 언급됨으로써 그동안 우리에게 고립과 단절의 이미지로 강하게 남아 있다. 이처럼 다도해는 개방성과 고립성의 측면 모두 해당하는 특수성을 가지고 있다. 이는 섬이 바다에 의해 격리되는 한편 그 바다를 통해 외부 세계와 연결되기 때문이다.
> 다도해의 문화적 특징을 말할 때 흔히 육지에 비해 옛 모습의 문화가 많이 남아 있다는 점이 거론된다. 섬이 단절된 곳이므로 육지에서는 이미 사라진 문화가 섬에는 아직 많이 남아 있다고 여기는 것이다. 또한, 섬이라는 특수성 때문에 무속이 성하고 마을굿도 풍성하다고 생각하는 이들도 있다. 이런 견해는 다도해를 고립되고 정체된 곳이라고 생각하는 관점과 통한다. 실제로는 육지에도 무당과 굿당이 많은데, 관념적으로 섬을 특별하게 여기는 것이다.
> 이런 관점에서 '진도 다시래기'와 같은 축제식 장례 풍속을 다도해 토속 문화의 대표적인 사례로 드는 경우도 있다. 지금도 진도나 신안 등지에 가면 상가(喪家)에서 노래하고 춤을 추며 굿을 하는 것을 볼 수 있는데, 이런 모습은 고대 역사서의 기록과 흡사하므로 그 풍속이 고풍스러운 것은 분명하다. 하지만 기존 연구에서 밝혀졌듯이 진도 다시래기가 지금의 모습을 갖추게 된 데에는 육지의 남사당패와 같은 유희 유랑 집단에서 유입된 요소들의 영향도 적지 않다. 이런 연구 결과도 다도해의 문화적 특징을 일방적인 관점에서 접근해서는 안 된다는 점을 시사해 준다.

① 유배지로써의 다도해 역사를 제대로 이해해야 한다.
② 옛 모습이 많이 남아 있는 다도해의 문화를 잘 보존해야 한다.
③ 다도해의 문화적 특징을 논의할 때 개방성의 측면을 간과해서는 안 된다.
④ 다도해의 관념적 측면을 소홀히 해서는 그 풍속을 제대로 이해하기 어렵다.
⑤ 다도해의 토속 문화를 제대로 이해하기 위해서는 고전의 기록을 잘 살펴봐야 한다.

18 다음은 지난해 주요 판매처에서 판매된 품목별 매출에 대한 자료이다. 이에 대한 설명으로 옳지 않은 것을 〈보기〉에서 모두 고르면?

〈주요 판매처 품목별 매출〉

구분	국산품			외국산품	합계
	중소 / 중견	대기업	소계		
화장품	9,003억 원	26,283억 원	35,286억 원	27,447억 원	62,733억 원
가방류	2,331억 원	1,801억 원	4,132억 원	13,224억 원	17,356억 원
인삼 · 홍삼류	725억 원	2,148억 원	2,873억 원	26억 원	2,899억 원
담배	651억 원	861억 원	1,512억 원	4,423억 원	5,935억 원
식품류	1,203억 원	177억 원	1,380억 원	533억 원	1,913억 원
귀금속류	894억 원	49억 원	943억 원	4,871억 원	5,814억 원
전자제품류	609억 원	103억 원	712억 원	1,149억 원	1,861억 원
안경류	412억 원	89억 원	501억 원	2,244억 원	2,745억 원
기타	469억 원	29억 원	4198억 원	579억 원	1,077억 원
의류	195억 원	105억 원	300억 원	2,608억 원	2,908억 원
민예품류	231억 원	1억 원	232억 원	32억 원	264억 원
향수	133억 원	3억 원	136억 원	3,239억 원	3,375억 원
시계	101억 원	0억 원	101억 원	9,258억 원	9,359억 원
주류	82억 원	4억 원	86억 원	3,210억 원	3,296억 원
신발류	24억 원	1억 원	25억 원	1,197억 원	1,222억 원
합계	17,063억 원	31,654억 원	48,717억 원	74,040억 원	122,757억 원

〈보기〉

ㄱ. 각 품목 중 외국산품의 비중이 가장 높은 제품은 시계이다.
ㄴ. 대기업 비중이 가장 높은 제품은 인삼 · 홍삼류이다.
ㄷ. 전체 합계 대비 화장품 품목의 비율은 국산품 전체 합계 대비 국산 화장품의 비율보다 높다.
ㄹ. 전체 합계 대비 가방류 품목의 비율은 외국산품 전체 합계 대비 외국산 가방류의 비율보다 높다.

① ㄱ, ㄴ
② ㄱ, ㄷ
③ ㄴ, ㄷ
④ ㄴ, ㄹ
⑤ ㄷ, ㄹ

19 A사의 인력 등급별 임금이 다음과 같을 때, 〈조건〉에 따라 A사가 2주 동안 근무한 근로자에게 지급해야 할 임금의 총액은?

〈인력 등급별 임금〉

구분	초급	중급	특급
시간당 기본임금	45,000원	70,000원	95,000원
주중 초과근무수당	시간당 기본임금의 1.5배		시간당 기본임금의 1.7배

※ 기본 1일 근무시간은 8시간이며, 주말 및 공휴일에는 근무하지 않음

※ 각 근로자가 주중 근무일 동안 결근 없이 근무한 경우, 주당 1일(8시간)의 임금에 해당하는 금액을 주휴수당으로 각 근로자에게 추가로 지급함

※ 주중에 근로자가 기본 근무시간을 초과로 근무하는 경우, 초과한 근무시간에 대하여 시간당 주중 초과근무수당을 지급함

〈조건〉

- A사는 초급 인력 5명, 중급 인력 3명, 특급 인력 2명을 고용하였다.
- 모든 인력은 결근 없이 근무하였다.
- A사는 1개월 전 월요일부터 그다음 주 일요일까지 2주 동안 모든 인력을 투입하였으며, 근무기간 동안 공휴일은 없다.
- 초급 인력 1명, 중급 인력 2명, 특급 인력 1명은 근무기간 동안 2일은 2시간씩 초과로 근무하였다.

① 47,800,000만 원

② 55,010,500만 원

③ 61,756,000만 원

④ 71,080,000만 원

⑤ 78,200,500만 원

20 다음은 용접 공장의 자동화 장비의 대수별 생산량에 대한 자료이다. 빈칸 ㉠에 들어갈 숫자로 옳은 것은?

장비 대수	2	3	4	5
생산량	7	20	67	㉠

※ (생산량)$=a^{\text{장비 대수}}-$(장비 대수)$^b+2$(단, $b>0$)

① 140
② 220
③ 350
④ 430
⑤ 550

21 다음은 자동차 외판원인 A～F 6명의 판매실적을 비교한 내용이다. 이를 바탕으로 바르게 추론한 것은?

- A는 B보다 실적이 높다.
- C는 D보다 실적이 낮다.
- E는 F보다 실적이 낮지만, A보다는 높다.
- B는 D보다 실적이 높지만, E보다는 낮다.

① 실적이 가장 높은 외판원은 F이다.
② 외판원 C의 실적은 꼴찌가 아니다.
③ B의 실적보다 낮은 외판원은 3명이다.
④ 실적이 두 번째로 높은 외판원은 D이다.
⑤ A의 실적은 C의 실적보다 낮다.

22 다음 글의 주장을 뒷받침하는 내용을 〈보기〉에서 모두 고르면?

> 우리는 물체까지의 거리 자체를 직접 볼 수는 없다. 거리는 눈과 그 물체를 이은 직선의 길이인데, 우리의 망막에는 직선의 한쪽 끝 점이 투영될 뿐이기 때문이다. 그러므로 물체까지의 거리 판단은 경험을 통한 추론에 의해서 이루어진다고 보아야 한다. 예컨대 우리는 건물, 나무 같은 친숙한 대상들의 크기가 얼마나 되는지, 이들이 주변 배경에서 얼마나 공간을 차지하는지 등을 경험을 통해 이미 알고 있다. 우리는 물체와 우리 사이에 혹은 물체 주위에 이런 친숙한 대상들이 어느 정도 거리에 위치해 있는지를 우선 지각한다. 이로부터 우리는 그 물체가 얼마나 멀리 떨어져 있는지를 추론하게 된다. 또한 그 정도 떨어진 다른 사물들이 보이는 방식에 대한 경험을 토대로, 그보다 작고 희미하게 보이는 대상들은 더 멀리 떨어져 있다고 판단한다. 거리에 대한 이런 추론은 과거의 경험에 기초하는 것이다.
>
> 반면에 물체가 손이 닿을 정도로 아주 가까이에 있는 경우, 물체까지의 거리를 지각하는 방식은 이와 다르다. 우리의 두 눈은 약간의 간격을 두고 서로 떨어져 있다. 이에 우리는 두 눈과 대상이 위치한 한 점을 연결하는 두 직선이 이루는 각의 크기를 감지함으로써 물체까지의 거리를 알게 된다. 물체를 바라보는 두 눈의 시선에 해당하는 두 직선이 이루는 각은 물체까지의 거리가 멀어질수록 필연적으로 더 작아진다. 대상까지의 거리가 몇 미터만 넘어도 그 각의 차이는 너무 미세해서 우리가 감지할 수 없다. 하지만 팔 뻗는 거리 안의 가까운 물체에 대해서는 그 각도를 감지하는 것이 가능하다.

〈보기〉

ㄱ. 100미터 떨어진 지점에 민수가 한 번도 본 적 없는 대상만 보이도록 두고 다른 사물들은 보이지 않도록 민수의 시야 나머지 부분을 가리는 경우, A는 그 대상을 보고도 얼마나 떨어져 있는지 판단하지 못한다.

ㄴ. 아무것도 보이지 않는 캄캄한 밤에 안개 속의 숲길을 걷다가 앞쪽 멀리서 반짝이는 불빛을 발견한 B가 불빛이 있는 곳까지의 거리를 어렵지 않게 짐작한다.

ㄷ. 태어날 때부터 한쪽 눈이 실명 상태인 C가 30센티미터 거리에 있는 낯선 물체 외엔 어떤 것도 보이지 않는 상황에서 그 물체까지의 거리를 옳게 판단한다.

① ㄱ
② ㄷ
③ ㄱ, ㄴ
④ ㄴ, ㄷ
⑤ ㄱ, ㄴ, ㄷ

23 다음은 KTX 마일리지와 K공사 회원등급에 대한 자료이다. 이에 대한 설명으로 옳은 것은?

• KTX 마일리지 적립
- KTX 이용 시 결제금액의 5%를 기본 마일리지로 적립됩니다.
- 더블적립(×2) 열차로 지정한 열차는 추가로 5% 적립(결제금액의 총 10%)됩니다.
  ※ 더블적립 열차는 홈페이지 및 K공사톡 애플리케이션에서만 구매 가능
- 선불형 교통카드 Rail+(레일플러스)로 승차권을 결제하는 경우 1% 보너스 적립도 제공되어 최대 11% 적립이 가능합니다.
- 마일리지를 적립받고자 하는 회원은 승차권을 발급받기 전에 K공사 멤버십 카드 제시 또는 회원번호 및 비밀번호 등을 입력해야 합니다.
- 해당 열차 출발 후에는 마일리지를 적립받을 수 없습니다.

• 회원등급 구분

구분	등급 조건	제공 혜택
VVIP	반기별 승차권 구입 시 적립하는 마일리지가 8만 점 이상인 고객 또는 기준일부터 1년 동안 16만 점 이상 고객 중 매년 반기 익월 선정	• 비즈니스 회원 혜택 기본 제공 • KTX 특실 무료 업그레이드 쿠폰 6매 제공 • 승차권 나중에 결제하기 서비스(열차 출발 3시간 전까지)
VIP	반기별 승차권 구입 시 적립하는 마일리지가 4만 점 이상인 고객 또는 기준일부터 1년 동안 8만 점 이상 고객 중 매년 반기 익월 선정	• 비즈니스 회원 혜택 기본 제공 • KTX 특실 무료 업그레이드 쿠폰 2매 제공
비즈니스	철도 회원으로 가입한 고객 중 최근 1년간 온라인에서 로그인한 기록이 있거나, 회원으로 구매 실적이 있는 고객	• 마일리지 적립 및 사용 가능 • 회원 전용 프로모션 참가 가능 • 열차 할인 상품 이용 등 기본 서비스와 멤버십 제휴서비스 등 부가 서비스 이용
패밀리	철도 회원으로 가입한 고객 중 최근 1년간 온라인에서 로그인한 기록이 없거나, 회원으로 구매 실적이 없는 고객	• 멤버십 제휴 서비스 및 K공사 멤버십 라운지 이용 등의 부가 서비스 이용 제한 • 휴면 회원으로 계정 분류 시 별도 관리하며, 본인 인증 절차를 거쳐 비즈니스 회원으로 전환 가능

- 마일리지는 열차 승차 다음날 적립되며, 지연료를 마일리지로 적립하신 실적은 등급 산정에 포함하지 않습니다.
- KTX 특실 무료 업그레이드 쿠폰 유효기간은 6개월이며, 반기별 익월 10일 이내에 지급됩니다.
- 실적의 연간 적립 기준일은 7월 지급의 경우 전년 7월 1일부터 당해 연도 6월 30일까지 실적이며, 1월 지급은 전년 1월 1일부터 전년 12월 31일까지의 실적입니다.
- K공사에서 지정한 추석 및 설 명절 특별수송기간의 승차권은 실적 적립 대상에서 제외됩니다.
- 회원 등급 기준 및 혜택은 사전 공지 없이 변경될 수 있습니다.
- 승차권 나중에 결제하기 서비스는 총 편도 2건 이내에서 제공되며, 3회 자동 취소 발생(열차 출발 전 3시간 내 미결재) 시 서비스가 중지됩니다. 리무진+승차권 결합 발권은 2건으로 간주되며, 정기권, 특가상품 등은 나중에 결제하기 서비스 대상에서 제외됩니다.

① K공사에서 운행하는 모든 열차는 이용할 때마다 결제금액의 최소 5%가 KTX 마일리지로 적립된다.
② 회원등급이 높아져도 열차 탑승 시 적립되는 마일리지는 동일하다.
③ 비즈니스 등급은 기업 회원을 구분하는 명칭이다.
④ 6개월 동안 마일리지 4만 점을 적립하더라도 VIP 등급을 부여받지 못할 수 있다.
⑤ 고객 등급이 높아도 승차권을 정가보다 저렴하게 구매할 수 있는 방법은 없다.

❙ 수리능력

24 수온이 일정하게 유지되며 물이 나오는 수도꼭지 A, B가 있다. A에서는 뜨거운 물, B에서는 차가운 물이 나오며, 두 수도꼭지를 동시에 틀었을 때 수조에 물이 가득 차는 시간은 6시간이었다. 수도꼭지 A만 먼저 일정 시간 튼 후 잠그고, 수도꼭지 B는 원래 양의 절반만 나오게 틀어놓았다. 이때 전체 수조의 반을 채웠으며 온도는 두 수도꼭지를 동시에 틀어 수조를 가득 채웠을 때와 같았다. 두 수도꼭지를 틀어놓은 시간이 자연수라고 할 때, 수조 반을 채우는 데 걸린 시간은?(단, 수도꼭지 A, B에서 시간당 나오는 물의 양은 일정하고, 물의 온도는 물의 양 비율에 따라 달라지며, 외부 요인에 의한 온도 변화는 없다)

① 9시간
② 10시간
③ 11시간
④ 12시간
⑤ 13시간

❙ 문제해결능력

25 다음 대화 내용이 모두 참일 때, 밑줄 친 ㉠의 내용을 바르게 추론한 것은?

> 서희 : 우리 회사 전 직원을 대상으로 A, B, C 업무 중에서 자신이 선호하는 것을 모두 고르라는 설문 조사를 실시했는데, A와 B를 둘 다 선호한 사람은 없었어.
> 영민 : 나도 그건 알고 있어. 그뿐만 아니라 C를 선호한 사람은 A를 선호하거나 B를 선호한다는 것도 이미 알고 있지.
> 서희 : A는 선호하지 않지만 B는 선호하는 사람이 있다는 것도 이미 확인된 사실이야.
> 영민 : 그럼 ㉠ <u>종범이 말한 것</u>이 참이라면, B만 선호한 사람이 적어도 1명 있겠군.

① A를 선호하는 사람은 모두 C를 선호한다.
② A를 선호하는 사람은 누구도 C를 선호하지 않는다.
③ B를 선호하는 사람은 모두 C를 선호한다.
④ B를 선호하는 사람은 누구도 C를 선호하지 않는다.
⑤ C를 선호하는 사람은 모두 B를 선호한다.

26 다음 글을 바탕으로 〈보기〉의 내용을 바르게 이해한 것은?

통화 정책은 정부가 화폐 공급량이나 기준금리 등을 조절하여 경제의 안정성을 유지하려는 정책이다. 예를 들어 경기가 불황에 빠져 있을 때, 정부가 화폐 공급량을 늘리면 이자율이 낮아져 시중에 풍부한 자금이 공급되고, 소비자들의 소비 지출과 기업들의 투자 지출이 늘어나면서 총수요*에 영향을 주어 경제가 활성화된다. 재정 정책은 정부가 지출이나 조세 징수액을 변화시킴으로써 총수요에 영향을 주려는 정책이다. 재정 정책에는 경기의 변동에 따라 자동으로 작동하는 자동안정화 장치와 정부의 의사결정, 국회의 동의 절차에 따라 이루어지는 재량적 재정 정책이 있다.

이러한 안정화 정책의 효과는 다소간의 시차를 두고 나타나는데, 이를 '정책 시차'라고 한다. 정책 시차는 내부 시차와 외부 시차로 구분된다. 내부 시차는 정부가 경제에 발생한 문제를 인식하고 실제로 정책을 수립・집행하는 시점까지의 시간을, 외부 시차는 시행된 정책이 경제에 영향을 끼쳐 그에 따른 효과가 나타나는 데까지 걸리는 시간을 의미한다.

재량적 재정 정책의 경우 추경예산**을 편성하거나 조세 제도를 변경해야 할 때 입법 과정과 국회의 동의 절차를 거쳐야 하기 때문에 내부 시차가 길다. 이에 비해 통화 정책은 별도의 입법 절차를 거칠 필요 없이 정부의 의지만으로 수립・집행될 수 있기 때문에 내부 시차가 짧고, 재량적 재정 정책은 외부 시차가 짧다. 예를 들어 경기 불황에 의해 실업률이 급격하게 증가할 때 정부는 공공근로 사업 등에 대한 지출을 늘려 일자리를 창출하는데, 이는 비교적 짧은 시간 안에 소비 지출의 변화에 의해 총수요를 변화시킬 수 있다. 반면 통화 정책은 정부가 이자율을 변화시켰다 하더라도 소비 지출 및 투자 지출의 변화가 즉각적으로 나타나지 않기 때문에 외부 시차가 길다. 한편 자동안정화 장치는 경기의 상황에 따라 재정 지출이나 조세 징수액이 자동적으로 조절될 수 있도록 미리 재정 제도 안에 마련된 재정 정책이다. 따라서 재량적 재정 정책과 마찬가지로 외부 시차가 짧을 뿐만 아니라, 재량적 재정 정책과는 달리 내부 시차가 없어 경제 상황의 변화에 신속하게 대응할 수 있다는 장점이 있다. 이러한 자동안정화 장치의 대표적인 예로는 누진적 소득세와 실업보험 제도가 있다.

*총수요 : 한 나라의 경제 주체들이 일정 기간 동안 소비와 투자를 위해 사려고 하는 재화와 서비스의 총합
**추경예산 : 예산을 집행하다 수입(세입)이 줄거나 예기치 못한 지출 요인이 생길 때 고치는 예산

〈보기〉

누진적 소득세는 납세자의 소득 금액에 따른 과세의 비율을 미리 정하여 소득이 커질수록 높은 세율을 적용하도록 정한 제도이다. 경기가 활성화되어 국민소득이 늘어날 경우 경기가 지나치게 과열될 우려가 있는데, 이때 소득 수준이 높을수록 더 높은 세율을 적용받게 되므로 전반적 소득 증가와 더불어 세금이 자동으로 늘어나게 된다. 이는 소비 지출의 억제로 이어져 경기가 심하게 과열되지 않도록 진정하는 효과를 얻게 된다.

① 누진적 소득세를 통해 화폐 공급량을 조절할 수 있다.
② 누진적 소득세 시행을 위해서는 국회의 동의 절차가 필요하다.
③ 누진적 소득세는 변화하는 경제 상황에 신속하게 대응할 수 있다.
④ 누진적 소득세는 입법 절차로 인해 내부 시차가 길다.
⑤ 누진적 소득세가 실시되어도 즉각적인 소비 지출의 변화가 나타나지 않기 때문에 외부 시차가 길다.

27 다음 글의 주제로 가장 적절한 것은?

> 맹자는 다음과 같은 이야기를 전한다. 송나라의 한 농부가 밭에 나갔다 돌아오면서 처자에게 말한다. "오늘 일을 너무 많이 했다. 밭의 싹들이 빨리 자라도록 하나하나 잡아당겨줬더니 피곤하구나." 아내와 아이가 밭에 나가보았더니 싹들이 모두 말라 죽어 있었다. 이렇게 자라는 것을 억지로 돕는 일, 즉 조장(助長)을 하지 말라고 맹자는 말한다. 싹이 빨리 자라기를 바란다고 싹을 억지로 잡아 올려서는 안 된다. 목적을 이루기 위해 가장 빠른 효과를 얻고 싶겠지만 이는 도리어 효과를 놓치는 길이다. 억지로 효과를 내려고 했기 때문이다. 싹이 자라기를 바라 싹을 잡아당기는 것은 이미 시작된 과정을 거스르는 일이다. 효과가 자연스럽게 나타날 가능성을 방해하고 막는 일이기 때문이다. 당연히 싹의 성장 가능성은 땅 속의 씨앗에 들어 있는 것이다. 개입하고 힘을 쏟고자 하는 대신에 이 잠재력을 발휘할 수 있도록 하는 것이 중요하다.
> 피해야 할 두 개의 암초가 있다. 첫째는 싹을 잡아당겨서 직접적으로 성장을 이루려는 것이다. 이는 목적성이 있는 적극적 행동주의로, 성장의 자연스러운 과정을 존중하지 않는 것이다. 달리 말하면 효과가 숙성되도록 놔두지 않는 것이다. 둘째는 밭의 가장자리에 서서 자라는 것을 지켜보는 것이다. 싹을 잡아당겨서도 안 되고 그렇다고 단지 싹이 자라는 것을 지켜만 봐서도 안 된다. 그렇다면 무엇을 해야 하는가? 싹 밑의 잡초를 뽑고 김을 매주는 일을 해야 하는 것이다. 경작이 용이한 땅을 조성하고 공기를 통하게 함으로써 성장을 보조해야 한다. 기다리지 못함도 삼가고 아무것도 안 함도 삼가야 한다. 작동 중에 있는 자연스런 성향이 발휘되도록 기다리면서도 전력을 다할 수 있도록 돕는 노력을 멈추지 말아야 한다.

① 자연의 한계를 극복하려는 인류사회의 인위적 노력과 그를 통한 발전
② 싹이 스스로 성장하도록 그대로 두어 수확량을 극대화하는 방법
③ 명확한 목적성을 설정하는 것이 중요한 이유
④ 자연의 순조로운 운행을 방해하는 인간의 개입과 그 결과
⑤ 의도적 개입과 방관적 태도 모두를 경계하는 태도의 중요성

28 다음은 어린이 및 청소년의 연령별 표준 키와 체중에 대한 자료이다. 이를 변환한 그래프로 옳은 것은?

〈어린이 및 청소년 표준 키와 체중〉

(단위 : cm, kg)

나이	남		여		나이	남		여	
	키	체중	키	체중		키	체중	키	체중
1세	76.5	9.77	75.6	9.28	10세	137.8	34.47	137.7	33.59
2세	87.7	12.94	87.0	12.50	11세	143.5	38.62	144.2	37.79
3세	95.7	15.08	94.0	14.16	12세	149.3	42.84	150.9	43.14
4세	103.5	16.99	102.1	16.43	13세	155.3	44.20	155.0	47.00
5세	109.5	18.98	108.6	18.43	14세	162.7	53.87	157.8	50.66
6세	115.8	21.41	114.7	20.68	15세	167.8	58.49	159.0	52.53
7세	122.4	24.72	121.1	23.55	16세	171.1	61.19	160.0	54.53
8세	127.5	27.63	126.0	26.16	17세	172.2	63.20	160.4	54.64
9세	132.9	30.98	132.2	29.97	18세	172.5	63.77	160.5	54.65

① 10세 이전 남녀의 키

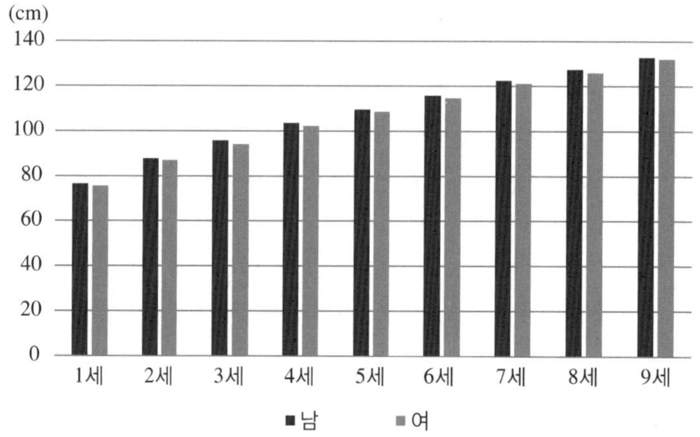

② 10대 남녀의 표준 체중

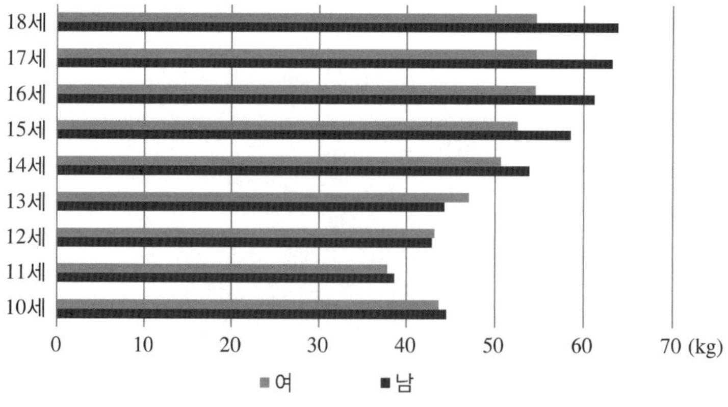

③ 10세 이전 남자의 표준 키 및 체중

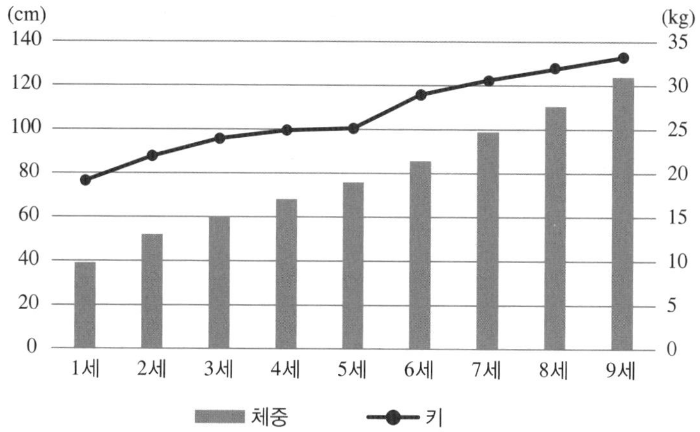

④ 10대 여자의 표준 키 및 체중

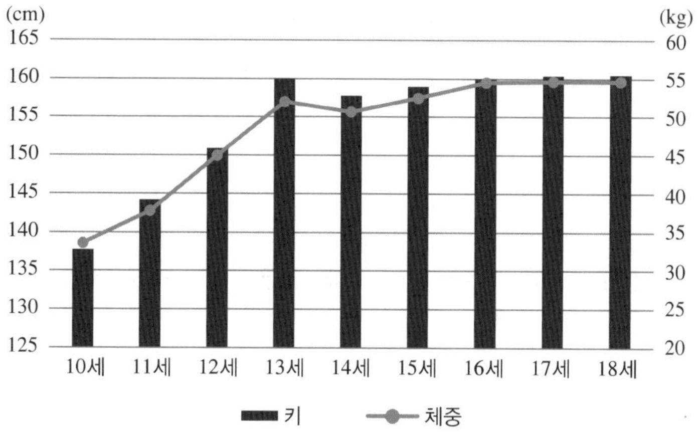

⑤ 바로 전 연령 대비 남녀 표준 키 차이

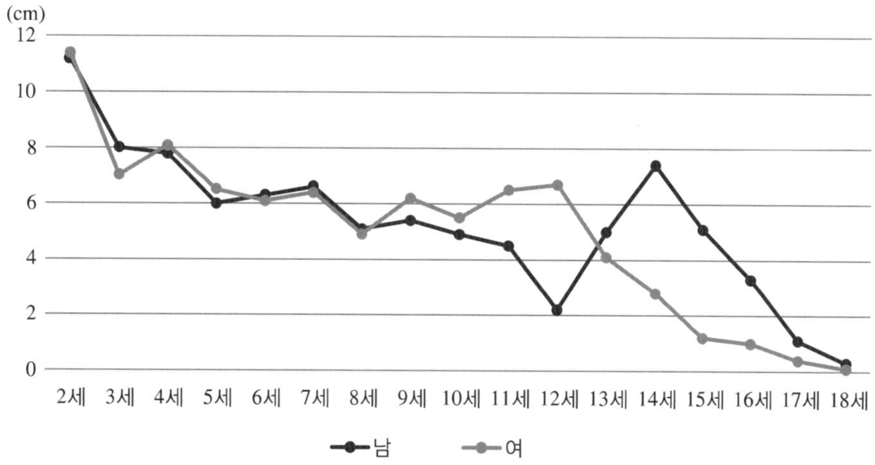

29 자동차 회사에서 기계설비를 담당하는 귀하는 12월 주말 근무표 초안을 작성하였는데, 이를 바탕으로 대체 근무자를 미리 반영하려고 한다. 귀하가 배정한 인원으로 옳지 않은 것은?

• 주말 근무 규정
① 1 ~ 3팀은 순차적으로 주말 근무를 실시한다.
② 주말 근무 후에는 차주 월요일(토요일 근무자) 및 화요일(일요일 근무자)을 휴무일로 한다.
③ 주말 이틀 연속 근무는 금한다.
④ 주말 근무 예정자가 개인사정으로 인하여 근무가 어렵다면, 해당 주 휴무이거나 혹은 근무가 없는 팀의 일원 1명과 대체한다.

• 12월 주말 근무표

구분	1주 차		2주 차		3주 차		4주 차	
	5일(토)	6일(일)	12일(토)	13일(일)	19일(토)	20일(일)	26일(토)	27일(일)
근무자	1팀	2팀	3팀	1팀	2팀	3팀	1팀	2팀

• 기계설비팀 명단
1팀 : A(팀장), B, C, D, E, F
2팀 : G(팀장), H, I, J, K, L
3팀 : M(팀장), N, O, P, Q, R

	휴무예정일자	휴무예정자	사유	대체근무자	대체근무일
①	12/5(토)	C	가족여행	O	12/12(토)
②	12/12(토)	N	지인 결혼식	H	12/27(일)
③	12/19(토)	I	건강검진	D	12/13(일)
④	12/20(일)	P	가족여행	F	12/26(토)
⑤	12/27(일)	L	개인사정	R	12/12(토)

30 다음은 A패스트푸드점의 메인 · 스낵 · 음료 메뉴의 영양성분에 대한 자료이다. 이에 대한 설명으로 옳은 것은?

〈표 1〉 메인 메뉴 단위당 영양성분표

구분 메뉴	중량(g)	열량(kcal)	성분함량			
			당(g)	단백질(g)	포화지방(g)	나트륨(mg)
치즈버거	114	297	7	15	7	758
햄버거	100	248	6	13	5	548
새우버거	197	395	9	15	5	882
치킨버거	163	374	6	15	5	719
불고기버거	155	399	13	16	2	760
칠리버거	228	443	7	22	5	972
베이컨버거	242	513	15	26	13	1,197
스페셜버거	213	505	8	26	12	1,059

〈표 2〉 스낵 메뉴 단위당 영양성분표

구분 메뉴	중량(g)	열량(kcal)	성분함량			
			당(g)	단백질(g)	포화지방(g)	나트륨(mg)
감자튀김	114	352	0	4	4	181
조각치킨	68	165	0	10	3	313
치즈스틱	47	172	0	6	6	267

〈표 3〉 음료 메뉴 단위당 영양성분표

구분 메뉴	중량(g)	열량(kcal)	성분함량			
			당(g)	단백질(g)	포화지방(g)	나트륨(mg)
콜라	425	143	34	0	0	19
커피	400	10	0	0	0	0
우유	200	130	9	6	5	100
오렌지주스	175	84	18	0	0	5

① 중량 대비 열량의 비율이 가장 낮은 메인 메뉴는 새우버거이다.

② 모든 메인 메뉴는 나트륨 함량이 당 함량의 50배 이상이다.

③ 서로 다른 두 메인 메뉴를 한 단위씩 주문한다면, 단백질 총함량은 항상 포화지방 총함량의 2배 이상이다.

④ 메인 메뉴 각각의 단위당 중량은 모든 스낵 메뉴의 단위당 중량의 합보다 작다.

⑤ 메인 메뉴, 스낵 메뉴 및 음료 메뉴에서 각각 한 단위씩 주문하여 총열량이 500kcal 이하가 되도록 할 때 주문할 수 있는 음료 메뉴는 커피뿐이다.

31 Z공사는 강당 신축 건설을 위해 입찰 공고를 하였다. 다음은 입찰에 참여한 업체들의 항목별 점수 현황에 대한 자료이다. 〈조건〉에 따라 업체를 선정할 때, 선정될 업체는?

〈업체별 점수 현황〉

구분	만점 기준	A업체	B업체	C업체	D업체	E업체
디자인	15점	6점	8점	7점	7점	9점
건축안정성	30점	23점	25점	21점	17점	24점
경영건전성	20점	16점	17점	17점	19점	16점
시공실적	20점	11점	16점	15점	17점	14점
입찰가격	15점	11점	9점	12점	12점	10점

〈업체별 내진설계 포함 여부〉

구분	A업체	B업체	C업체	D업체	E업체
내진설계	○	○	×	○	○

〈조건〉

- 평가 점수가 가장 높은 업체를 선정한다.
- 평가 점수는 항목별 점수를 동일한 가중치로 합산하여 산출한다.
- 건축안정성 점수가 17점 미만인 업체는 선정에서 제외한다.
- 반드시 입찰가격 점수가 10점 이상인 업체 중에서 선정한다.
- 내진설계를 포함하는 업체를 선정한다.

① A업체
② B업체
③ C업체
④ D업체
⑤ E업체

32 다음 글의 내용이 참일 때, 반드시 채택되는 업체의 수는?

> K기업에서는 신제품에 들어갈 부품을 조달할 업체를 채택하려고 한다. 예비 후보로 A ~ E 총 5개 업체가 선정되었으며, 그 외에 다른 업체가 채택될 가능성은 없다. 각각의 업체에 대해 K기업은 채택하거나 채택하지 않거나 어느 하나의 결정만을 내린다.
> 기업 내부방침에 따라 일정 규모 이상의 중견기업인 A가 채택되면 소기업인 B도 채택된다. A가 채택되지 않으면 D와 E 역시 채택되지 않는다. 그리고 K기업의 생산공장과 동일한 단지에 속한 업체인 B가 채택된다면, 같은 단지의 업체인 C가 채택되거나 혹은 타지역 업체인 A는 채택되지 않는다. 마지막으로 부품 공급위험을 분산하기 위해 D가 채택되지 않는다면, A는 채택되지만 C는 채택되지 않는다.

① 1곳　　② 2곳
③ 3곳　　④ 4곳
⑤ 5곳

33 다음 글의 제목으로 가장 적절한 것은?

'5060세대'. 몇 년 전까지만 해도 그들은 사회로부터 '지는 해' 취급을 받았다. '오륙도'라는 꼬리표를 달아 일터에서 밀어내고, 기업은 젊은 고객만 왕처럼 대우했다. 젊은 층의 지갑을 노려야 돈을 벌 수 있다는 것이 기업의 마케팅 전략이었기 때문이다.
그러나 최근 들어 상황이 달라졌다. 5060세대가 새로운 소비 군단으로 주목받기 시작한 가장 큰 이유는 고령화 사회로 접어들면서 시니어(Senior) 마켓 시장이 급속도로 커지고 있는 데다가, 이들이 돈과 시간을 가장 넉넉하게 가진 세대이기 때문이다. L경제연구원에 따르면 50대 이상 인구 비중이 30%에 이르면서 50대 이상을 겨냥한 시장 규모가 100조 원대까지 성장할 예정이다.
통계청이 집계한 가구주 나이별 가계수지 자료를 보면, 한국 사회에서는 50대 가구주의 소득이 가장 높다. 월평균 361만 500원으로 40대의 소득보다도 높은 것으로 집계됐다. 가구주 나이가 40대인 가구의 가계수지를 보면, 소득은 50대보다 적으면서도 교육 관련 지출(45만 6,400원)이 압도적으로 높아 소비 여력이 낮은 편이다. 그러나 50대 가구주의 경우 소득이 높으면서 소비 여력 또한 충분하다. 50대 가구주의 처분가능소득은 288만 7,500원으로 전 연령층에서 가장 높다.
이들이 신흥 소비군단으로 떠오르면서 '애플(APPLE)족'이라는 마케팅 용어까지 등장했다. 활동적이고(Active) 자부심이 강하며(Pride) 안정적으로(Peace) 고급문화(Luxury)를 즐기는 경제력(Economy) 있는 50대 이후 세대를 뜻하는 말이다. 통계청은 여행과 레저를 즐기는 5060세대를 '주목해야 할 블루슈머* 7' 가운데 하나로 선정했다. 과거 5060세대는 자식을 보험으로 여기며 자식에게 의존하면서 살아가는 전통적인 노인이었다. 그러나 애플족은 자녀로부터 독립해 자기만의 새로운 인생을 추구한다. '통크족(TONK; Two Only, No Kids)'이라는 별칭이 붙는 이유이다. 통크족이나 애플족은 젊은 층의 전유물로 여겨졌던 자기중심적이고 감각 지향적인 소비도 주저하지 않는다. 후반전 인생만은 자기가 원하는 일을 하며 멋지게 살아야 한다고 생각하기 때문이다.
애플족은 한국 국민 가운데 해외여행을 가장 많이 하는 세대이기도 하다. 통계청의 사회통계조사에 따르면 50대의 17.5%가 해외여행을 다녀왔다. 20·30대보다 높은 수치이다. 그리고 그들은 어떤 지출보다 교양·오락비를 아낌없이 쓰는 것이 특징이다. 전문가들은 애플족의 교양·오락 및 문화에 대한 지출비용은 앞으로도 증가할 것으로 내다보고 있다. 한 사회학과 교수는 "고령사회로 접어들면서 성공적 노화 개념이 중요해짐에 따라 텔레비전 시청, 수면, 휴식 등 소극적 유형의 여가에서 게임 등 재미와 젊음을 찾을 수 있는 진정한 여가로 전환되고 있다."라고 말했다. 이 교수는 젊은층 못지않은 의식과 행동반경을 보이는 5060세대를 겨냥한 다양한 상품과 서비스에 대한 수요가 앞으로도 크게 늘 것이라고 내다보았다.

* 블루슈머(Blue Ocean Consumer) : 블루오션(Blue Ocean)과 소비자(Consumer)의 합성어로, 아직 활성화되지 않은 제품 또는 서비스를 거래하는 시장이 활성화되었을 때 해당 제품 또는 서비스를 이용할 것으로 예측되는 소비자를 의미함

① 애플족의 소비 성향은 어떠한가?
② 5060세대의 사회·경제적 위상 변화
③ 다양한 여가 활동을 즐기는 5060세대
④ 애플족을 '주목해야 할 블루슈머 7'로 선정
⑤ 점점 커지는 시니어 마켓 시장의 선점 방법

34 L공사에서는 약 2개월 동안 근무할 인턴사원을 선발하고자 다음과 같은 공고를 게시하였다. 이에 지원한 A ~ E지원자 5명 중에서 L공사의 인턴사원으로 선발된 사람은?

〈인턴 모집 공고〉

- 근무기간 : 약 2개월(6 ~ 8월)
- 자격 요건
  - 1개월 이상 경력자
  - 포토샵 가능자
  - 근무 시간(9 ~ 18시) 이후에도 근무가 가능한 자
- 기타사항
  - 경우에 따라서 인턴 기간이 연장될 수 있음

〈L공사 인턴사원 지원자 정보〉

A지원자	• 경력 사항 : 출판사 3개월 근무 • 컴퓨터 활용 능력 中(포토샵, 워드 프로세서) • 대학 휴학 중(9월 복학 예정)
B지원자	• 경력 사항 : 없음 • 포토샵 능력 우수 • 전문대학 졸업
C지원자	• 경력 사항 : 마케팅 회사 1개월 근무 • 컴퓨터 활용 능력 上(포토샵, 워드 프로세서, 파워포인트) • 4년제 대학 졸업
D지원자	• 경력 사항 : 제약 회사 3개월 근무 • 포토샵 가능 • 저녁 근무 불가
E지원자	• 경력 사항 : 마케팅 회사 1개월 근무 • 컴퓨터 활용 능력 中(워드 프로세서, 파워포인트) • 대학 졸업

① A지원자
② B지원자
③ C지원자
④ D지원자
⑤ E지원자

35 다음 글의 수정방안으로 가장 적절한 것은?

> 최근 사물 인터넷에 대한 사람들의 관심이 부쩍 늘고 있다. 사물 인터넷은 '인터넷을 기반으로 모든 사물을 연결하여 사람과 사물, 사물과 사물 간에 정보를 상호 소통하는 지능형 기술 및 서비스'를 말한다.
>
> ㉠ [통계에 따르면 사물 인터넷은 전 세계적으로 민간 부문 14조 4,000억 달러, 공공 부문 4조 6,000억 달러에 달하는 경제적 가치를 창출할 것으로 ㉡ <u>예상되며</u> 그 가치는 더욱 커질 것으로 기대된다. 그래서 사물 인터넷 사업은 국가 경쟁력을 확보할 수 있는 미래 산업으로써 그 중요성이 강조되고 있으며, 이에 선진국들은 에너지, 교통, 의료, 안전 등 다양한 분야에 걸쳐 투자하고 있다. 그러나 우리나라는 정부 차원의 경제적 지원이 부족하여 사물 인터넷 산업이 활성화되는 데 어려움이 있다. 또한 국내의 기업들은 사물 인터넷 시장의 불확실성 때문에 적극적으로 투자에 나서지 못하고 있으며, 사물 인터넷 관련 기술을 확보하지 못하고 있는 실정이다.] ㉢ <u>그 결과 우리나라의 사물 인터넷 시장은 선진국에 비해 확대되지 못하고 있다.</u>
>
> 그렇다면 국내 사물 인터넷 산업을 활성화하기 위한 방안은 무엇일까? 우선 정부에서는 사물 인터넷 산업의 기반을 구축하는 데 필요한 정책과 제도를 정비하고, 관련 기업에 경제적 지원책을 마련해야 한다. 또한 수익성이 불투명하다고 느끼는 기업이 투자하도록 유도하여 사물 인터넷 산업의 발전을 이끌어야 한다. 그리고 기업들은 이동 통신 기술 및 차세대 빅데이터 기술 개발에 집중하여 사물 인터넷으로 인해 발생하는 대용량의 데이터를 원활하게 수집하고 분석할 수 있는 기술력을 ㉣ <u>확증</u>해야 할 것이다.
>
> ㉤ <u>사물 인터넷은 세상을 연결하여 소통하도록 잇는 끈이다. 이런 사물 인터넷은 우리에게 편리한 삶을 약속할 뿐만 아니라 경제적 가치를 창출할 미래 산업으로 자리매김할 것이다.</u>

① ㉠ : 서로 다른 내용을 다루고 있는 부분이 있으므로 문단을 두 개로 나눈다.

② ㉡ : 불필요한 피동 표현에 해당하므로 '예상하며'로 수정한다.

③ ㉢ : 앞 문장의 결과라기보다는 원인이므로 '그 이유는 우리나라의 사물 인터넷 시장은 선진국에 비해 확대되지 못하고 있기 때문이다.'로 수정한다.

④ ㉣ : 문맥상 어울리지 않는 단어이므로 '확인'으로 바꾼다.

⑤ ㉤ : 글과 상관없는 내용이므로 삭제한다.

36 다음은 2022년과 2023년 추석교통대책기간 중 고속도로 교통현황에 대한 자료이다. 이에 대한 보고서의 내용으로 옳은 것을 모두 고르면?

〈일자별 고속도로 이동인원 및 교통량〉

(단위 : 만 명, 만 대)

일자 \ 연도, 구분	2022년		2023년	
	이동인원	교통량	이동인원	교통량
D−5	−	−	525	470
D−4	−	−	520	439
D−3	−	−	465	367
D−2	590	459	531	425
D−1	618	422	608	447
추석 당일	775	535	809	588
D+1	629	433	742	548
D+2	483	346	560	433
D+3	445	311	557	440
D+4	−	−	442	388
D+5	−	−	401	369
계	3,540	2,506	6,160	4,914

※ 2022년, 2023년 추석교통대책기간은 각각 6일(D−2 ~ D+3), 11일(D−5 ~ D+5)임

〈고속도로 구간별 최대 소요시간 현황〉

연도	서울 − 대전		서울 − 부산		서울 − 광주		서서울 − 목포		서울 − 강릉	
	귀성	귀경	귀성	귀경	귀성	귀경	귀성	귀경	귀성	귀경
2022년	4:15	3:30	7:15	7:20	7:30	5:30	8:50	6:10	5:00	3:40
2023년	4:00	4:20	7:50	9:40	7:00	7:50	7:00	9:50	4:50	5:10

※ ‘A:B’에서 A는 시간, B는 분을 의미함. 예를 들어, 4:15는 4시간 15분을 의미함

〈보고서〉

㉠ 2023년 추석교통대책기간 중 총 고속도로 이동인원은 6,160만 명으로 전년 대비 70% 이상 증가하였으나, ㉡ 1일 평균 이동인원은 560만 명으로 전년 대비 10% 이상 감소하였다. 2023년 추석 당일 고속도로 이동인원은 사상 최대인 809만 명으로 전년 대비 약 4.4% 증가하였다. 2023년 추석연휴기간의 증가로 나들이 차량 등이 늘어 추석교통대책기간 중 1일 평균 고속도로 교통량은 약 447만 대로 전년 대비 4% 이상 증가하였다. 특히 ㉢ 추석 당일 고속도로 교통량은 588만 대로 전년 대비 9% 이상 증가하였다. ㉣ 2023년 고속도로 최대 소요시간은 귀성의 경우, 제시된 구간에서 전년보다 모두 감소하였으며, 특히 ‘서서울 − 목포’ 7시간, ‘서울 − 광주’ 7시간이 걸려 전년 대비 각각 1시간 50분, 30분 감소하였다. 반면 귀경의 경우, ‘서서울 − 목포’ 9시간 50분, ‘서울 − 부산’ 9시간 40분으로 전년 대비 각각 3시간 40분, 2시간 20분 증가하였다.

① ㉠, ㉡　　② ㉠, ㉢
③ ㉡, ㉢　　④ ㉡, ㉣
⑤ ㉢, ㉣

37 경기도의 한 지사에서 근무하는 A대리는 중요한 서류를 전달하기 위해 서울에 있는 본사에 방문하려고 한다. A대리는 오전 9시에 출발해서 오전 11시에 행사가 시작하기 전까지 서울 본사에 도착해야 한다. 다음 중 시간 안에 가장 빨리 도착할 수 있는 방법은 무엇인가?(단, 특정 장소에서 정류장이나 역, 승강장으로 향하는 소요시간과 그 반대의 소요시간, 환승시간은 무시한다)

〈이용 가능 교통편 현황〉

경기도 → 고속터미널		
교통편	운행시간	소요시간
버스	매시 5분 출발 후 10분 간격	1시간
지하철	매시 10분 출발 후 20분 간격	45분
자가용	제한 없음	1시간 20분

고속터미널 → 서울 본사		
교통편	운행시간	소요시간
지하철	매시 10분, 50분	15분
택시	제한 없음	30분
버스	매시 20분, 40분	25분

① 버스 – 버스
② 버스 – 택시
③ 지하철 – 택시
④ 지하철 – 버스
⑤ 자가용 – 지하철

38 다음은 창의경진대회에 참가한 A ~ C 세 팀에 대한 자료이다. 빈칸 (가), (나)에 들어갈 수를 순서대로 바르게 나열한 것은?

〈팀 인원수 및 팀 평균점수〉

(단위 : 명, 점)

구분	A팀	B팀	C팀
인원수	(　)	(　)	(　)
평균점수	40.0	60.0	90.0

※ 각 참가자는 A, B, C팀 중 하나의 팀에만 속하고, 개인별로 점수를 획득함

※ $(\text{팀 평균점수})=\frac{(\text{해당 팀 참가자 개인별 점수의 합})}{(\text{해당 팀 참가자 인원수})}$

〈팀 연합 인원수 및 팀 연합 평균점수〉

(단위 : 명, 점)

구분	A팀+B팀	B팀+C팀	C팀+A팀
인원수	80	120	(가)
평균점수	52.5	77.5	(나)

※ $(\text{팀 연합 평균점수})=\frac{(\text{해당 팀 연합 참가자 개인별 점수의 합})}{(\text{해당 팀 연합 참가자 인원수})}$

	(가)	(나)
①	90	72.5
②	90	75.0
③	100	72.5
④	100	75.0
⑤	110	72.5

※ 다음 글을 읽고 이어지는 질문에 답하시오. [39~40]

인간은 지구상의 생명이 대량 멸종하는 사태를 맞이하고 있지만, 다른 한편으로는 실험실에서 인공적으로 새로운 생명체를 창조하고 있다. 이런 상황에서, 자연적으로 존재하는 종을 멸종으로부터 보존해야 한다는 생물 다양성의 보존 문제를 어떤 시각으로 바라보아야 할까? A는 생물 다양성을 보존해야 한다고 주장한다. 이를 위해 A는 다음과 같은 도구적 정당화를 제시한다. 우리는 의학적, 농업적, 경제적, 과학적 측면에서 이익을 얻기를 원한다. '생물 다양성 보존'은 이를 위한 하나의 수단으로 간주될 수 있다. 바로 그 수단이 우리가 원하는 이익을 얻는 최선의 수단이라는 것이 A의 첫 번째 전제이다. 그리고 ＿＿＿＿＿＿(가)＿＿＿＿＿＿는 것이 A의 두 번째 전제이다. 이 전제들로부터 우리에게는 생물 다양성을 보존할 의무와 필요성이 있다는 결론이 나온다.

이에 대해 B는 생물 다양성 보존이 우리가 원하는 이익을 얻는 최선의 수단이 아님을 지적한다. 특히 합성 생물학은 자연에 존재하는 DNA, 유전자, 세포 등을 인공적으로 합성하고 재구성해 새로운 생명체를 창조하는 것을 목표로 한다. B는 우리가 원하는 이익을 얻고자 한다면, 자연적으로 존재하는 생명체들을 대상으로 보존에 애쓰는 것보다는 합성 생물학을 통해 원하는 목표를 더 합리적이고 체계적으로 성취할 수 있을 것이라고 주장한다. 인공적인 생명체의 창조가 우리가 원하는 이익을 얻는 더 좋은 수단이므로, 생물 다양성 보존을 지지하는 도구적 정당화는 설득력을 잃는다는 것이다. 그래서 B는 A가 제시하는 도구적 정당화에 근거하여 생물 다양성을 보존하자고 주장하는 것은 옹호될 수 없다고 말한다.

한편 C는 모든 종은 보존되어야 한다고 주장하면서 생물 다양성 보존을 옹호한다. C는 대상의 가치를 평가할 때 그 대상이 갖는 도구적 가치와 내재적 가치를 구별한다. 대상의 도구적 가치란 그것이 특정 목적을 달성하는 데 얼마나 쓸모가 있느냐에 따라 인정되는 가치이며, 대상의 내재적 가치란 그 대상이 본래부터 갖고 있다고 인정되는 고유한 가치를 말한다. C에 따르면 생명체는 단지 도구적 가치만을 갖는 것이 아니다. 생명체를 오로지 도구적 가치로만 평가하는 것은 생명체를 그저 인간의 목적을 위해 이용되는 수단으로 보는 인간 중심적 태도이지만, C는 그런 태도를 받아들일 수 없다고 주장한다. 생명체의 내재적 가치 또한 인정해야 한다는 것이다. 그 생명체들이 속한 종 또한 쓸모에 따라서만 가치 있는 것이 아니고, 내재적 가치를 지니는 것은 모두 보존되어야 한다는 입장이다. 이로부터 C의 주장은 모든 종이 보존되어야 한다는 결론에 다다른다. 왜냐하면 ＿＿＿＿＿＿(나)＿＿＿＿＿＿ 때문이다.

39 **다음 중 윗글의 (가), (나)에 들어갈 내용을 순서대로 바르게 나열한 것은?**

① (가) : 어떤 것이 우리가 원하는 이익을 얻는 최선의 수단이라면 우리에게는 그것을 실행할 의무와 필요성이 있다
(나) : 생명체의 내재적 가치는 종의 다양성으로부터 비롯되기

② (가) : 어떤 것이 우리가 원하는 이익을 얻는 최선의 수단이 아니라면 우리에게는 그것을 실행할 의무와 필요성이 없다
(나) : 생명체의 내재적 가치는 종의 다양성으로부터 비롯되기

③ (가) : 어떤 것이 우리가 원하는 이익을 얻는 최선의 수단이라면 우리에게는 그것을 실행할 의무와 필요성이 있다
(나) : 모든 종은 그 자체가 본래부터 고유한 가치를 지니기

④ (가) : 어떤 것이 우리가 원하는 이익을 얻는 최선의 수단이 아니라면 우리에게는 그것을 실행할 의무와 필요성이 없다
(나) : 모든 종은 그 자체가 본래부터 고유한 가치를 지니기

⑤ (가) : 우리에게 이익을 제공하는 수단 가운데 생물 다양성의 보존보다 더 나은 수단은 없다
(나) : 모든 종은 그 자체가 본래부터 고유한 가치를 지니기

40 **다음 중 윗글에 대한 분석으로 적절한 것을 〈보기〉에서 모두 고르면?**

〈보기〉

ㄱ. A는 생물 다양성을 보존해야 한다고 주장하지만, B는 보존하지 않아도 된다고 주장한다.
ㄴ. B는 A의 두 전제가 참이더라도 A의 결론이 반드시 참이 되지는 않는다고 비판한다.
ㄷ. 자연적으로 존재하는 생명체가 도구적 가치를 가지느냐에 대한 A와 C의 평가는 양립할 수 있다.

① ㄱ
② ㄷ
③ ㄱ, ㄴ
④ ㄴ, ㄷ
⑤ ㄱ, ㄴ, ㄷ

41 다음 글의 빈칸에 들어갈 내용으로 가장 적절한 것은?

> 알레르기는 도시화와 산업화가 진행되는 지역에서 매우 빠르게 증가하고 있는데, 알레르기의 발병 원인에 대한 20세기의 지배적 이론에 따르면 알레르기는 병원균의 침입에 의해 발생하는 감염성 질병이라는 것이다. 하지만 1989년 영국 의사 S는 이 전통적인 이론에 맞서 다음 가설을 제시했다. ________________________________는 것이다.
> S는 1958년 3월 둘째 주에 태어난 17,000명 이상의 영국 어린이를 대상으로 그들이 23세가 될 때까지 수집한 개인 정보 데이터베이스를 분석하여, 이 가설을 뒷받침하는 증거를 찾았다. 이들의 가족 관계, 사회적 지위, 경제력, 거주 지역, 건강 등의 정보를 비교 분석한 결과, 두 개 항목이 꽃가루 알레르기와 상관관계를 가졌다. 첫째, 함께 자란 형제자매의 수이다. 외동으로 자란 아이의 경우 형제가 서넛인 아이에 비해 꽃가루 알레르기에 취약했다. 둘째, 가족 관계에서 차지하는 서열이다. 동생이 많은 아이보다 손위 형제가 많은 아이가 알레르기에 걸릴 확률이 낮았다. S의 주장에 따르면 가족 구성원이 많은 집에 사는 아이들은 가족 구성원, 특히 손위 형제들이 집안으로 끌고 들어오는 온갖 병균에 의한 잦은 감염 덕분에 장기적으로는 알레르기 예방에 오히려 유리하다. S는 유년기에 겪은 감염이 꽃가루 알레르기를 비롯한 알레르기성 질환으로부터 아이들을 보호해 왔다고 생각했다.

① 알레르기는 형제가 많을수록 발생 확률이 낮아진다
② 알레르기는 가족 관계에서 서열이 높은 가족 구성원에게 더 많이 발생한다
③ 알레르기는 성인보다 유년기의 아이들에게 더 많이 발생한다
④ 알레르기는 도시화에 따른 전염병의 증가로 인해 유발된다
⑤ 알레르기는 유년기에 병원균 노출의 기회가 적을수록 발생 확률이 높아진다

42 다음은 Q공사의 신규서비스 이벤트 기획안이다. 이를 검토한 내용으로 적절하지 않은 것은?

〈개인정보 강화를 위한 신규서비스 이벤트 기획안〉

최근 증가하고 있는 고객의 요구에 대응하고 신규서비스를 알리기 위한 방안으로 다음과 같이 기획서를 제출합니다.

부서	고객서비스처		날짜	2025년 9월 15일
참여자	A대리, B주임, C사원, D사원, E사원			
기획목적	개인정보 도용 최소화를 통해 외부적 위협요소를 제거			
환경분석	• 공공기관에서 개인정보 강화 및 보안 시스템 도입이 증가 • 개인정보 보호에 대한 사회적 니즈가 증가하는 추세			
현황 인식	• 신규서비스에 대한 인지도가 23% 이하로 조사 • 공사 내 정보 보안 인식이 계속적으로 증가(전년 대비 3.2% 증가)			
문제점 도출	• 개인정보의 범위가 모호 • 서비스가 도입되었으나 이용방법을 모르는 고객 및 직원이 다수			
목표설정	• 개인정보의 범위 구체화 • 신규서비스에 대한 사용자 인지도를 50% 이상으로 증가 • 이벤트를 통한 홍보로 공사 내 정보 보안 인식 재고			
해결방안	• 개인정보 노출도가 높은 직원들에게 어필할 수 있는 이벤트 경품 제공 • 개인정보 강화 사용방법을 숙지할 수 있는 Q&A식 퀴즈 이벤트 기획			
일정	9월 15 ~ 18일	이벤트 페이지 제작 요청		
	9월 19 ~ 20일	이벤트 스토리보드 공유		
	9월 21 ~ 23일	이벤트 세팅 및 웹페이지 완료		
	9월 24일 ~ 10월 7일	이벤트 진행		
인원	총 6명(고객서비스처 3명, 기획혁신처 2명, 홍보실 1명)			
비용	이벤트 경품 100만 원			
첨부파일	작년 이벤트 진행성과 자료 및 기획서 첨부			

① G대리 : 기획목적에서 개인정보 도용 최소화를 통해 외부적 위협요소를 제거한다고 하셨는데 이를 구체적으로 제시하면 좋을 것 같습니다.

② H대리 : 기획안은 기획 단계에 작성하는 것이므로 관련 내용을 깊이 있게 다루지 않는 것이 필요할 것 같습니다.

③ I주임 : 효과적인 내용 전달을 위해 개인정보 보호에 대한 사회적 니즈나 신규서비스 인식에 관한 표 또는 그래프를 활용하는 것은 어떨까요?

④ J주임 : 기획에 따른 기대효과가 빠져있네요. 이 부분을 추가하면 좋겠습니다.

⑤ K사원 : 이벤트는 약 14일간 진행되네요. 구체적인 홍보 전략이 들어간다면 더욱 좋을 것 같습니다.

43 다음은 국가별 크루즈 외래객 점유율에 대한 자료이다. 이에 대한 설명으로 옳은 것을 〈보기〉에서 모두 고르면?

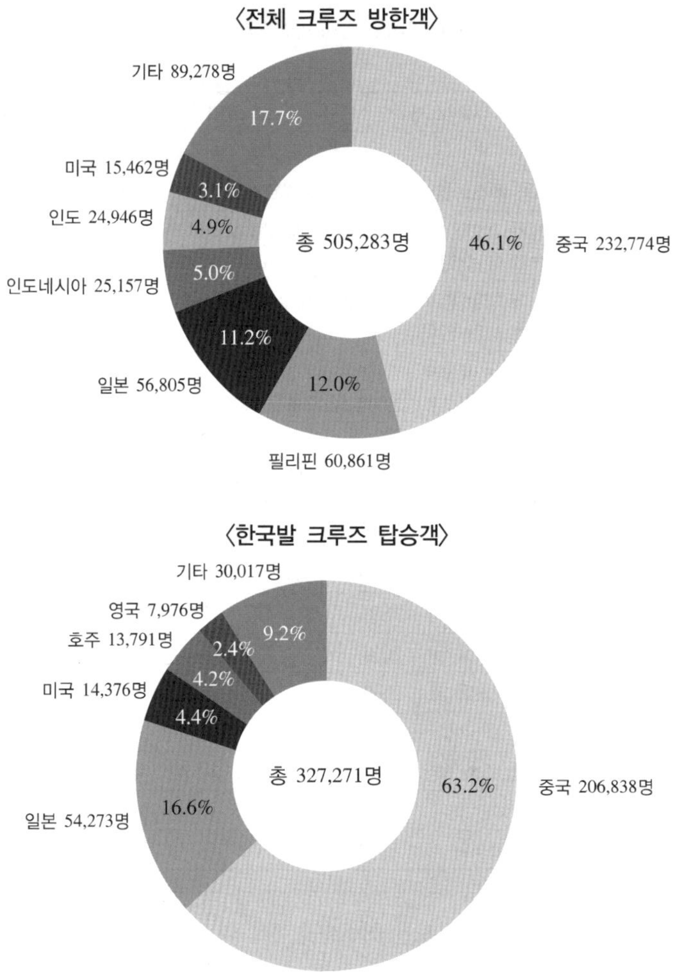

〈보기〉

ㄱ. 전체 크루즈 방한객 수와 한국발 크루즈 탑승객 수의 국가별 순위는 동일하다.
ㄴ. 미국 크루즈 방한객 수 대비 미국의 한국발 크루즈 탑승객 수의 비율은 85% 이상이다.
ㄷ. 필리핀의 크루즈 방한객 수는 필리핀의 한국발 크루즈 탑승객 수의 최소 8배 이상이다.
ㄹ. 영국의 한국발 크루즈 탑승객 수는 일본의 한국발 크루즈 탑승객 수의 20% 미만이다.

① ㄱ, ㄴ
② ㄱ, ㄷ
③ ㄴ, ㄷ
④ ㄴ, ㄹ
⑤ ㄱ, ㄴ, ㄷ

44 S시 남부본부는 체육대회를 맞이하여 본부 대표를 뽑기 위해 투표를 진행하였다. 다음은 후보로 선정된 A～E 총 5명에 대한 부서별 선호를 투표 결과로 나타낸 자료이다. 대표 선출 방식에 따라 대표를 선정한다고 할 때, 남부본부 대표로 선정될 사람은?

〈대표 선출 방식〉

- 1차 투표로 다득표자 3명을 선출하고, 2차 투표로 다득표자 2명을 선출한다. 이 2명의 후보를 대상으로 최종 투표를 진행하여 다득표자를 본부 대표로 선출한다.
- 각 부서에서 상의해 후보 순위를 정한 다음, 1순위 후보자에게 부서 인원만큼 표를 준다.
- 1・2・3차 투표를 진행할 때까지 부서별 선호 순위를 사용한다.
- 만일 1순위로 선호하는 사람이 후보에 없는 경우, 차순위로 선호하는 사람 중 후보에 해당되는 사람에게 투표한다.
- 후보자 중에 1～4순위의 선호자가 1명도 포함되지 않은 경우에 그 부서는 기권한다.

〈부서별 인원 현황〉

기획개발과	경영지원과	아동청소년과	보육지원과	대외협력과
7명	9명	4명	5명	6명

〈부서별 선호〉

구분	1순위	2순위	3순위	4순위
기획개발과	A후보	C후보	E후보	D후보
경영지원과	B후보	E후보	C후보	A후보
아동청소년과	C후보	B후보	D후보	A후보
보육지원과	E후보	B후보	D후보	A후보
대외협력과	C후보	D후보	B후보	E후보

① A후보
② B후보
③ C후보
④ D후보
⑤ E후보

45 다음은 주거급여 제도에 대한 자료이다. 〈보기〉에 제시된 K씨와 N씨가 받을 수 있는 지원금의 합으로 옳은 것은?

〈주거급여 기준임대료〉

구분(원/월)	1급지(서울시)	2급지(경기도)	3급지(광역시)	4급지(그 외)
1인	266,000원	225,000원	179,000원	158,000원
2인	302,000원	252,000원	198,000원	174,000원
3인	359,000원	302,000원	236,000원	209,000원
4인	415,000원	351,000원	274,000원	239,000원
5인	429,000원	365,000원	285,000원	249,000원

〈생계급여 선정 기준〉

구분	1인 가구	2인 가구	3인 가구	4인 가구	5인 가구
생계급여수급자 (기준중위소득 30%)	527,158원	897,594원	1,161,173원	1,424,752원	1,688,331원

※ 타인의 주택 등에 거주하는 임차가구에게는 지역별·가구원수별 기준임대료를 상한으로 수급자의 실제임차료를 지원함

- 선정 기준
  - ‘소득인정액≤생계급여 선정 기준’일 경우 기준임대료(실제임차료) 전액을 지원
  - ‘소득인정액>생계급여 선정 기준’일 경우 기준임대료(실제임차료)에서 자기부담분을 제외한 나머지 금액을 지원
  - (자기부담분)=[(소득인정액)−(생계급여 선정 기준)]×30%
- 수급자의 실제임차료는 임대차계약서의 보증금과 월차임을 합산하여 산정하며, 보증금은 연 4%를 적용하여 월차임으로 환산합니다.
  - (실제임차료)=(보증금)×4%÷12개월+(월차임)

※ 자기부담분과 실제임차료 계산 시 1원 미만은 버림함

〈보기〉

구분	K씨	N씨
거주지	서울시	경기도
가구원 수	2인 가구	3인 가구
보증금	2,000만 원	2,500만 원
월차임	20만 원	15만 원
소득인정액	85만 원	120만 원

① 515,930원
② 500,450원
③ 499,565원
④ 488,351원
⑤ 483,165원

46 K공사 직원 A～E 총 5명이 다음 〈조건〉에 따라 상여금을 받았다고 할 때, 옳지 않은 것은?

〈조건〉

- 지급된 상여금은 25만 원, 50만 원, 75만 원, 100만 원, 125만 원이다.
- A, B, C, D, E는 서로 다른 상여금을 받았다.
- A의 상여금은 5명의 상여금의 평균이다.
- B의 상여금은 C, D보다 적다.
- C의 상여금은 어떤 직원의 상여금의 2배이다.
- D의 상여금은 E보다 적다.

① A의 상여금은 A를 제외한 나머지 4명의 평균과 같다.
② A의 상여금은 반드시 B보다 많다.
③ C의 상여금은 두 번째로 많거나 두 번째로 적다.
④ C의 상여금이 A보다 많다면, B의 상여금은 C의 50%일 것이다.
⑤ C의 상여금이 D보다 적다면, D의 상여금은 E의 80%일 것이다.

47 C사는 신약개발을 위해 Z바이러스에 대한 항체 유무에 따른 질병 감염 여부를 조사하였다. 조사 결과 질병에 양성 반응을 보인 확률은 95%이고, 이 중 항체가 있는 사람의 비율은 15.2%였다. 질병에 음성 반응을 보였지만 항체가 없는 사람의 비율은 4.2%라고 한다면, 조사 참여자 중 항체를 보유한 사람의 비율은?(단, 양성은 질병에 감염된 것을 의미하고, 음성은 질병에 감염되지 않은 것을 의미한다)

① 14%
② 16%
③ 18%
④ 20%
⑤ 22%

48 다음은 A시의 자격시험 접수・응시 및 합격자 현황에 대한 자료이다. 이에 대한 설명으로 옳은 것은?

〈A시의 자격시험 접수・응시 및 합격자 현황〉

(단위 : 명)

구분	종목	접수	응시	합격
산업기사	치공구설계	28	22	14
	컴퓨터응용가공	48	42	14
	기계설계	86	76	31
	용접	24	11	2
	전체	186	151	61
기능사	기계가공조립	17	17	17
	컴퓨터응용선반	41	34	29
	웹디자인	9	8	6
	귀금속가공	22	22	16
	컴퓨터응용밀링	17	15	12
	전산응용기계제도	188	156	66
	전체	294	252	146

※ $[\text{응시율}(\%)]=\frac{(\text{응시자 수})}{(\text{접수자 수})}\times 100$

※ $[\text{합격률}(\%)]=\frac{(\text{합격자 수})}{(\text{응시자 수})}\times 100$

① 산업기사 전체 응시율은 기능사 전체 응시율보다 낮다.

② 산업기사 전체 합격률은 기능사 전체 합격률보다 높다.

③ 기능사 종목 중 응시율이 높은 종목일수록 합격률도 높다.

④ 산업기사 종목 중 응시율이 가장 낮은 것은 컴퓨터응용가공이다.

⑤ 산업기사 종목을 합격률이 높은 것부터 순서대로 나열하면 치공구설계, 컴퓨터응용가공, 기계설계, 용접 순서이다.

49 목관 5중주 공연을 위해 다음 〈조건〉에 따라 악기를 배치하고자 할 때, 옳지 않은 것은?

〈목관 5중주 자리 배치도〉

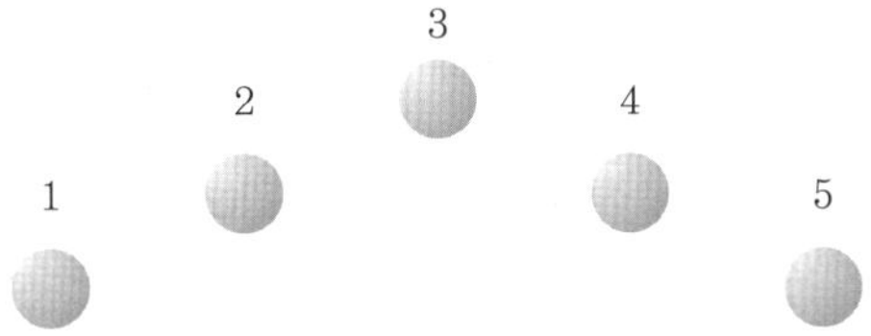

〈조건〉

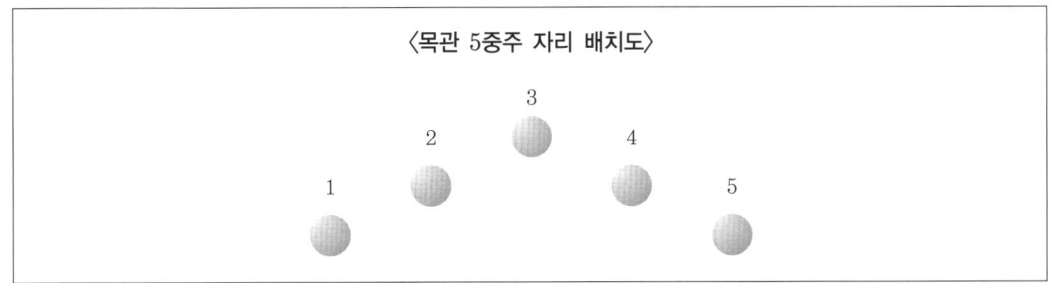

- 목관 5중주는 플루트, 클라리넷, 오보에, 바순, 호른 각 1대씩으로 이루어진다.
- 최상의 음향 효과를 내기 위해서는 음색이 서로 잘 어울리는 악기는 바로 옆자리에 놓아야 하고, 서로 잘 어울리지 않는 악기는 바로 옆자리에 놓아서는 안 된다.
- 모든 자리는 옆자리에 놓인 악기와 음색이 서로 잘 어울리는 악기로만 배치된다.
- 오보에와 클라리넷의 음색은 서로 잘 어울리지 않는다.
- 플루트와 클라리넷의 음색은 서로 잘 어울린다.
- 플루트와 오보에의 음색은 서로 잘 어울린다.
- 호른과 오보에의 음색은 서로 잘 어울리지 않는다.
- 바순의 음색과 서로 잘 어울리지 않는 악기는 없다.
- 바순은 그 음이 낮아 제일 왼쪽(1번) 자리에는 놓일 수 없다.

① 호른은 양 끝 자리에만 놓일 수 있다.
② 바순이 놓일 수 있는 자리는 총 3곳이다.
③ 오보에는 홀수 번째 자리에만 놓일 수 있다.
④ 플루트는 짝수 번째 자리에만 놓일 수 있다.
⑤ 클라리넷은 1번 또는 5번 자리에 놓일 수 있다.

50 다음 글을 읽고 이해한 내용으로 적절하지 않은 것은?

> 동물의 행동을 선하다거나 악하다고 평가할 수 없는 이유는 동물이 단지 본능적 욕구에 따라 행동할 뿐이기 때문이다. 오직 인간만이 욕구와 감정에 맞서서 행동할 수 있다. 인간만이 이성을 가지고 있다. 그러나 인간이 전적으로 이성적인 존재는 아니다. 다른 동물과 마찬가지로 인간 또한 감정과 욕구를 지닌 존재이다. 그래서 인간은 이성과 감정의 갈등을 겪게 된다.
>
> 그러한 갈등에도 불구하고 인간이 도덕적 행위를 할 수 있는 까닭은 이성이 우리에게 도덕적인 명령을 내리기 때문이다. 도덕적 명령에 따를 때에야 비로소 우리는 의무에서 비롯된 행위를 한 것이다. 만약 어떤 행위가 이성의 명령에 따른 것이 아닐 경우 그것이 결과적으로 의무와 부합할지라도 의무에서 나온 행위는 아니다. 의무에서 나온 행위가 아니라면 심리적 성향에서 비롯된 행위가 되는데, 심리적 성향에서 비롯된 행위는 도덕성과 무관하다. 불쌍한 사람을 보고 마음이 아파서 도움을 주었다면 이는 결국 심리적 성향에 따라 행동한 것이다. 그것은 감정과 욕구에 따른 것이기 때문에 도덕적 행위일 수 없다.
>
> 감정이나 욕구와 같은 심리적 성향에 따른 행위가 도덕적일 수 없는 또 다른 이유는, 그것이 상대적이기 때문이다. 감정이나 욕구는 주관적이어서 사람마다 다르며, 같은 사람이라도 상황에 따라 변하기 마련이다. 때문에 이는 시공간을 넘어 모든 인간에게 적용될 수 있는 보편적인 도덕의 원리가 될 수 없다. 감정이나 욕구가 어떠하든지 간에 이성의 명령에 따르는 것이 도덕이다. 이러한 입장이 사랑이나 연민과 같은 감정에서 나온 행위를 인정하지 않는다거나 가치가 없다고 평가하는 것은 아니다. 단지 사랑이나 연민은 도덕적 차원의 문제가 아닐 뿐이다.

① 동물의 행위는 도덕적 평가의 대상이 아니다.
② 감정이나 욕구는 보편적인 도덕의 원리가 될 수 없다.
③ 심리적 성향에서 비롯된 행위는 도덕적 행위일 수 없다.
④ 이성의 명령에 따른 행위가 심리적 성향에 따른 행위와 일치하는 경우는 없다.
⑤ 인간의 행위 중에는 심리적 성향에서 비롯된 것도 있고 의무에서 비롯된 것도 있다.

합격의공식
시대
에듀

www.sdedu.co.kr

4권

제3회 PSAT형

NCS 모의고사

〈문항 및 시험시간〉

평가영역	문항 수	시험시간	모바일 OMR 답안채점 / 성적분석 서비스
의사소통능력 / 수리능력 / 문제해결능력 / 자원관리능력 / 정보능력 / 조직이해능력 / 기술능력	50문항	60분	

PSAT형 NCS 집중학습 봉투모의고사	
# 제3회 모의고사	문항 수 : 50문항 시험시간 : 60분

01 다음 글이 비판의 대상으로 삼는 주장으로 가장 적절한 것은?

> 경제 문제는 대개 해결이 가능하다. 대부분의 경제 문제에는 몇 가지의 해결책이 있다. 그러나 모든 해결책은 누군가가 상당한 손실을 감수해야 한다는 특징을 갖고 있으며, 누구도 이 손실을 자발적으로 감수하고자 하지 않는다. 우리의 정치제도는 누구에게도 이 짐을 짊어지라고 강요할 수 없다. 우리의 정치적·경제적 구조로는 실질적으로 제로섬(Zero-sum)적인 요소를 지니는 경제 문제에 전혀 대처할 수 없기 때문이다.
> 대개의 경제적 해결책은 대규모의 제로섬적인 요소를 갖기 때문에 큰 손실을 수반한다. 모든 제로섬 게임에는 승자가 있다면 반드시 패자가 있으며, 패자가 존재해야만 승자가 존재할 수 있다. 경제적 이득이 경제적 손실을 초과할 수도 있지만, 손실의 주체에게 손실의 의미란 상당한 크기의 경제적 이득을 부정할 수 있을 만큼 매우 중요하다. 어떤 해결책으로 인해 평균적으로 사회는 더 잘살게 될 수도 있지만, 이 평균이 훨씬 더 잘살게 된 수많은 사람과 훨씬 더 못살게 된 수많은 사람을 감춘다. 만약 당신이 더 못살게 된 사람 중 하나라면 내 수입이 줄어든 것보다 다른 누군가의 수입이 더 많이 늘었다고 해서 위안을 얻지는 않을 것이다. 결국 우리는 우리 자신의 수입을 보호하기 위해 경제적 변화가 일어나는 것을 막거나 혹은 사회가 우리에게 손해를 입히는 공공정책이 강제로 시행되는 것을 막기 위해 싸울 것이다.

① 빈부격차를 해소하는 것만큼 중요한 정책은 없다.
② 사회의 총생산량이 많아지게 하는 정책이 좋은 정책이다.
③ 경제 문제에서 모두가 만족하는 해결책은 존재하지 않는다.
④ 경제적 변화에 대응하는 정치제도의 기능에는 한계가 존재한다.
⑤ 경제 정책의 효율성을 높이는 방법은 일관성을 유지하는 것이다.

02 불량률은 '1−(실제 생산량/예정 생산량)'이다. 함수를 〈조건〉과 같이 정의할 때, 다음 〈보기〉에 대한 설명으로 옳지 않은 것은?

〈보기〉

	A	B	C	D
1	제품코드	예정 생산량	실제 생산량	불량률
2	ER−241	350	340	0.028571
3	ER−439	320	312	0.025
4	WT−102	333	330	0.009009
5	RT−201	280	273	0.025
6	RT−294	220	201	0.086364

〈조건〉

- ♡(셀1, 셀2, …) : 셀의 합을 구하는 함수
- ■(셀1, 셀2, …) : 셀의 평균을 구하는 함수
- ♤(범위1, 조건, 범위2) : 범위1에서 조건을 충족하는 셀과 같은 행에 있는, 범위2 셀의 합을 구하는 함수
- △(범위1, 조건, 범위2) : 범위1에서 조건을 충족하는 셀과 같은 행에 있는, 범위2 셀의 평균을 구하는 함수

① 실제 생산량의 합을 구하는 수식은 ♡(C2:C6)이다.
② 예정 생산량의 평균을 구하는 수식은 ■(B2:B6)이다.
③ 원래 생산하기로 예정되어 있던 제품의 총생산량을 구하는 수식은 ♡(B2:B6)이다.
④ 제품코드가 1로 끝나는 제품의 예정 생산량 평균을 구하는 수식은 △(B2:B6, "*1", A2:A6)이다.
⑤ 제품코드가 ER로 시작하는 제품의 실제 생산량의 합을 구하는 수식은 ♤(A2:A6, "ER*", C2:C6)이다.

03 X기업의 사원 월급과 사원 수는 다음의 〈조건〉을 충족한다. X기업의 사원 수와 사원 월급 총액을 순서대로 바르게 나열한 것은?(단, 월급 총액은 X기업이 사원 모두에게 주는 한 달 월급의 합을 말한다)

〈조건〉

- 사원은 모두 동일한 월급을 받는다.
- 사원이 10명 더 늘어나면 기존 월급보다 100만 원 작아지고, 월급 총액은 기존의 80%가 된다.
- 사원이 20명 줄어들면 월급은 기존과 동일하고, 월급 총액은 기존의 60%가 된다.

	사원 수	월급 총액
①	45명	1억 원
②	45명	1억 2,000만 원
③	50명	1억 2,000만 원
④	50명	1억 5,000만 원
⑤	55명	1억 5,000만 원

※ 다음은 5개 도시의 출산율과 사망률에 대한 자료이다. 이어지는 질문에 답하시오. **[4~5]**

〈2023년 5개 도시의 출산율 및 사망률〉

(단위 : %)

구분	2022년 인구수	출산율	사망률
A도시	1,800만 명	12	8
B도시	1,450만 명	21	12
C도시	1,680만 명	16	9
D도시	1,250만 명	9	2
E도시	880만 명	26	11

〈2024년 5개 도시의 출산율과 사망률〉

(단위 : %)

구분	출산율	사망률
A도시	8	3
B도시	16	8
C도시	18	9
D도시	14	5
E도시	11	7

〈2025년 5개 도시의 출산율과 사망률〉

(단위 : %)

구분	출산율	사망률
A도시	15	4
B도시	18	8
C도시	12	2
D도시	18	6
E도시	21	11

※ 출산은 단태아를 기준으로 함. 예를 들어 인구가 100명일 때, 출산율이 20%라면 총인구수는 120명임

※ (당해 인구수)=(작년 인구수)×[1+(출산율)−(사망률)]

04 다음 〈보기〉에서 자료에 대한 설명으로 옳은 것을 모두 고르면?(단, 인구수는 천의 자리에서 버림한다)

〈보기〉

ㄱ. 2025년 5개 도시의 총인구수는 8,900만 명 이상이다.
ㄴ. 2025년 인구수가 2,000만 명을 넘은 도시는 두 곳뿐이다.
ㄷ. 2022년 인구수 대비 2025년 인구수가 가장 많이 증가한 도시는 A도시이다.
ㄹ. 2022년 인구수 대비 2025년 인구수의 증가율이 가장 높은 도시는 C도시이다.

① ㄱ, ㄴ
② ㄱ, ㄷ
③ ㄴ, ㄷ
④ ㄴ, ㄹ
⑤ ㄷ, ㄹ

05 다음 〈조건〉에 따라 2026년 예상 인구수가 많은 순서대로 1 ~ 5위인 도시를 바르게 나열한 것은?

〈조건〉

- 2026년 A도시의 인구수는 2025년보다 (2025년 인구수) − (2023년 인구수)의 3배만큼 증가할 것이다.
- 2026년 B도시의 출산율과 사망률은 2025년과 같을 것이다.
- 2026년 C도시의 출산율은 2025년과 같고, 사망자 수는 출산자 수의 2배일 것이다.
- 2026년 D도시의 출생자 수와 사망자 수는 각각 2025년 인구수의 30%, 10%일 것이다.
- 2026년 E도시의 출산율은 2023년과 같고, 사망률은 1%일 것이다.

① A도시 − B도시 − C도시 − D도시 − E도시
② A도시 − B도시 − C도시 − E도시 − D도시
③ A도시 − B도시 − D도시 − C도시 − E도시
④ A도시 − C도시 − B도시 − D도시 − E도시
⑤ A도시 − C도시 − B도시 − E도시 − D도시

06 다음 글의 주제로 가장 적절한 것은?

> BMO 금속 및 광업 관련 리서치 보고서에 따르면 최근 가격 강세를 지속해 온 알루미늄, 구리, 니켈 등 산업금속들이 4분기 중 공급부족 심화와 가격 상승세가 전망된다. 산업금속이란 산업에 필수로 사용되는 금속들을 말하는데, 앞서 제시한 알루미늄, 구리, 니켈뿐만 아니라 비교적 단단한 금속에 속하는 은이나 금 등도 모두 산업에 많이 사용될 수 있는 금속이므로 산업금속의 카테고리에 속한다고 할 수 있다. 이러한 산업금속은 물품을 생산하는 기계의 부품으로써 필요하기도 하고, 전자제품 등의 소재로 쓰이기도 하기 때문에 특정 분야의 산업이 활성화되면 특정 금속의 가격이 뛰거나 심각한 공급난을 겪기도 한다.
> 금융투자업계에 따르면 최근 전 세계적인 경제 회복 조짐과 함께 탈 탄소 트렌드, 즉 '그린 열풍'에 따른 수요 증가로 산업금속 가격이 초강세이다. 런던금속거래소에서 발표한 자료에 따르면 올해 들어 지난달까지 알루미늄은 20.7%, 구리는 47.8%, 니켈은 15.9% 각각 가격이 상승했다. 자료에서도 알 수 있듯이 구리 수요를 필두로 알루미늄, 니켈 등 전반적인 산업금속 섹터의 수요량이 증가하였다. 이는 전기자동차 산업의 확충과 관련이 있다. 전기자동차의 핵심 부품인 배터리를 만드는 데에 구리와 니켈이 사용되기 때문이다. 이때, 배터리 소재 중 니켈의 비중을 높이면 배터리의 용량을 키울 수 있으나 배터리의 안정성이 저하된다. 기존의 전기자동차 배터리는 니켈의 사용량이 높았기 때문에 꾸준히 안정성 문제가 제기되어 왔다. 그래서 연구 끝에 적정량의 구리를 배합하는 것이 배터리 성능과 안정성을 모두 향상시키기 위해서 중요하다는 것을 밝혀내었다. 구리가 전기자동차 산업의 핵심 금속인 셈이다.
> 이처럼 전기자동차와 배터리 등 친환경 산업에 필요한 금속들의 수요는 증가하는 반면, 세계 각국의 환경규제 강화로 인해 금속의 생산은 오히려 감소하고 있다. 따라서 산업금속에 대한 공급난과 가격 인상이 우려된다.

① 필수적인 산업금속 공급난으로 인한 문제
② 세계적인 '그린 열풍' 현상 발생의 원인
③ 전기자동차의 배터리 성능을 향상하는 기술
④ 전기자동차 확충에 따른 구리 수요 증가 상황
⑤ 탈 탄소 산업의 대표 주자인 전기자동차 산업

07 **다음은 K공사의 해외시장 진출 및 지원 확대를 위한 전략 과제의 필요성을 제시한 자료이다. 이를 통해 도출된 과제의 추진 방향으로 적절하지 않은 것은?**

〈전략 과제 필요성〉
• 해외시장에서 기관이 수주할 수 있는 산업 발굴 • 국제사업 수행을 통한 경험 축적 및 컨소시엄을 통한 기술·노하우 습득 • 해당 산업 관련 민간기업의 해외 진출 활성화를 위한 실질적 지원

① 국제기관의 다양한 자금을 활용하여 사업을 발굴하고, 해당 사업의 해외 진출을 위한 기술 역량을 강화한다.

② 해외 봉사 활동 등과 연계하여 기관 이미지 제고 및 사업에 대한 사전조사, 시장조사를 통한 선제적 마케팅 활동을 추진한다.

③ 국제 경쟁입찰의 과열 경쟁 심화와 컨소시엄 구성 시 민간기업과 업무 배분, 이윤 추구 성향 조율에 어려움이 예상된다.

④ 해당 산업 민간(중소)기업을 대상으로 입찰 정보 제공, 사업 전략 상담, 동반 진출 등을 통한 실질적 지원을 확대한다.

⑤ 국제사업에 참여하여 경험을 축적하고, 컨소시엄을 통해 습득한 기술 등을 재활용할 수 있는 사업을 구상하고 연구진을 지원한다.

08 다음은 LPG 차량의 동절기 관리 요령에 대한 자료이다. 이를 읽고 이해한 내용으로 적절하지 않은 것은?

〈LPG 차량의 동절기 관리 요령〉

LPG 차량은 가솔린이나 경유에 비해 비등점이 낮기 때문에 대기온도가 낮은 겨울철에 시동성이 용이하지 못한 결점이 있습니다. 동절기 시동성 향상을 위해 다음 사항을 준수하시기 바랍니다.

▶ LPG 충전
- 동절기에 상시 운행지역을 벗어나 추운지방으로 이동할 경우에는 도착지 LPG 충전소에서 연료를 완전 충전하시면 다음 날 시동이 보다 용이합니다. 이는 지역별로 외기온도에 따라 시동성 향상을 위해 LPG 내에 포함된 프로판 비율이 다르며, 추운 지역의 LPG는 프로판 비율이 높습니다(동절기에는 반드시 프로판 비율이 15 ~ 35%를 유지하도록 관련 법규에 명문화되어 있습니다).

▶ 주차 시 요령
- 가급적 건물 내 또는 주차장에 주차하는 것이 좋습니다. 부득이 옥외에 주차할 경우에는 엔진 위치가 건물 벽쪽을 향하도록 주차하거나, 차량 앞쪽을 해가 뜨는 방향으로 주차하여 태양열의 도움을 받을 수 있도록 하는 것이 좋습니다.

▶ 시동 요령
- 엔진 시동 전에 반드시 안전벨트를 착용하여 주십시오.
- 주차 브레이크 레버를 당겨주십시오.
- 모든 전기장치는 'OFF'하여 주십시오.
- 점화스위치를 'ON' 위치로 하여 주십시오.
- 저온(혹한기) 조건에서는 계기판에 PTC 작동 지시등이 점등됩니다.
  - PTC 작동 지시등의 점등은 차량 시동성 향상을 위한 것으로 부품의 성능에는 이상이 없습니다.
  - 주행 후 단시간 시동 시에는 점등되지 않을 수 있습니다.
- PTC 작동 지시등이 소등되었는지 확인 후, 엔진 시동을 걸어 주십시오.

▶ 시동 시 주의 사항
- 시동이 잘 안 걸리면 엔진 시동을 1회에 10초 이내로만 실시하십시오. 계속해서 엔진 시동을 걸면 배터리가 방전될 수 있습니다.

▶ 시동 직후 주의 사항
- 저온일 시 엔진 시동 후 계기판에 가속방지 지시등이 점등됩니다.
- 가속방지 지시등의 점등은 주행성 향상을 위한 것으로 부품의 성능에는 영향이 없습니다.
- 가속방지 지시등 점등 시 고속 주행을 삼가십시오.
- 가속방지 지시등 점등 시 급가속, 고속주행은 연비 및 엔진꺼짐 등의 문제로 이어질 수 있습니다.
- 가급적 가속방지 지시등 소등 후에 주행하여 주시길 바랍니다.

① 옥외에 주차할 경우 차량 앞쪽을 해가 뜨는 방향에 주차하는 것이 좋다.
② 동절기에 LPG 충전소에서 연료를 완전 충전하면 다음 날 시동이 용이하다.
③ 추운 지역의 LPG는 따뜻한 지역보다 프로판 비율이 낮다.
④ 가속방지 지시등 점등 시 고속 주행을 삼가도록 한다.
⑤ 시동이 잘 안 걸릴 경우에는 엔진 시동을 1회에 10초 이내로 하는 것이 좋다.

| 문제해결능력

09 **S사는 제품 하나를 생산하기 위해서 원료 분류, 제품 성형, 제품 색칠, 포장의 단계를 거친다. 어느 날 제품에 문제가 발생해 직원들을 불러 책임을 물었다. 직원 A ~ D 4명 중 1명은 거짓을 말하고 3명은 진실을 말할 때, 거짓을 말한 직원과 실수가 발생한 단계를 바르게 짝지은 것은?(단, A는 원료 분류, B는 제품 성형, C는 제품 색칠, D는 포장 단계에서 일하며, 실수는 한 곳에서만 발생했다)**

- A : 나는 실수하지 않았다.
- B : 포장 단계에서 실수가 일어났다.
- C : 제품 색칠에서는 절대로 실수가 일어날 수 없다.
- D : 원료 분류 과정에서 실수가 있었다.

① A – 원료 분류
② A – 포장
③ B – 포장
④ C – 제품 색칠
⑤ D – 포장

10 다음은 S은행의 직장인 월 복리 적금에 대한 자료이다. 행원인 귀하가 이 상품을 고객에게 설명한 내용으로 옳지 않은 것은?

〈가입현황〉

성별		연령대		신규금액		계약기간	
여성	63%	20대	20%	5만 원 이하	21%	1년 이하	60%
		30대	31%	10 ~ 50만 원	36%	1 ~ 2년	17%
남성	37%	40대	28%	50 ~ 100만 원	22%	2 ~ 3년	21%
		기타	21%	기타	21%	기타	2%

※ 현재 이 상품을 가입 중인 고객의 계좌 수 : 138,736개

〈상품설명〉

상품특징	급여이체 및 교차거래 실적에 따라 우대금리를 제공하는 직장인재테크 월 복리 적금상품
가입대상	만 18세 이상 개인(단, 개인사업자 제외)
가입기간	3년 이내(월 단위)
가입금액	• 초입금 및 매회 입금 1만 원 이상(원 단위) • 1인당 분기별 3백만 원 이내 • 계약기간 3/4 경과 후 적립할 수 있는 금액은 이전 적립누계액의 1/2 이내
적립방법	자유적립식
금리안내	기본금리+최대 0.8%p ※ 기본금리 : 신규가입일 당시의 직장인 월 복리 적금 고시금리
우대금리	가입기간 동안 1회 이상 당행에 건별 50만 원 이상 급여를 이체한 고객 中 ① 가입기간 중 3개월 이상 급여이체 0.3%p ② 당행의 주택청약종합저축(청약저축 포함) 또는 적립식펀드 중 1개 이상 가입 0.2%p ③ 당행 신용 · 체크카드의 결제실적이 100만 원 이상 0.2%p ④ 인터넷 또는 스마트뱅킹으로 본 적금에 가입 시 0.1%p
이자지급방법	월 복리식(단, 중도해지이율 및 만기 후 이율은 단리 계산)
가입 / 해지 안내	비과세종합저축으로 가입 가능
예금자보호	있음

① 기본금리는 가입한 시점에 따라 다를 수 있습니다.
② 아쉽게도 중도해지를 하시면 복리가 아닌 단리로 이율이 계산됩니다.
③ 이 상품은 남성분들보다 고객님처럼 여성분이 더 많이 가입하는 상품으로, 주로 1년 이하 단기로 가입합니다.
④ 1년 만기 상품인데 지금이 8개월째이기 때문에 이전 적립누계액의 반이 넘는 금액은 적립할 수 없습니다.
⑤ 인터넷뱅킹이나 스마트뱅킹으로 이 적금에 가입하신 후 급여를 3개월 이상 이체하시면 0.4%p의 금리를 더 받으실 수 있어요.

11 K회사에서는 자사의 제품을 효과적으로 홍보하기 위하여 미디어 이용률을 조사하였으며, 다음과 같은 결과를 얻었다. 이를 바탕으로 직원들이 대화를 나눌 때, 옳지 않은 내용은?

〈평일(월 ~ 금) 미디어 이용 점유율〉

일어나서 (출근 / 등교 전) → **이동 (출근 / 등교)** → **오전 (직장 / 학교 / 가정)** → **점심** → **오후 (직장 / 학교 / 가정)** → **이동 (퇴근 / 하교)** → **저녁 (귀가 후 취침 전)**

일어나서 (출근 / 등교 전)	이동 (출근 / 등교)	오전 (직장 / 학교 / 가정)	점심
TV 62.2%	스마트 기기 54.5%	인터넷 30.8%	스마트 기기 47.7%
종이신문 22.3%	라디오 24.0%	TV 24.1%	인터넷 23.6%
스마트 기기 10.9%	종이신문 9.8%	스마트 기기 23.5%	TV 13.4%
⋮	⋮	⋮	⋮

저녁 (귀가 후 취침 전)	이동 (퇴근 / 하교)	오후 (직장 / 학교 / 가정)
TV 70.9%	스마트 기기 64.4%	인터넷 36.5%
인터넷 15.6%	라디오 18.7%	스마트 기기 25.2%
스마트 기기 10.2%	종이신문 9.0%	TV 23.7%
⋮	⋮	⋮

※ 종이신문, TV, 인터넷, 스마트기기, 라디오, 잡지 등 6개 미디어에 대한 시간대별 조사

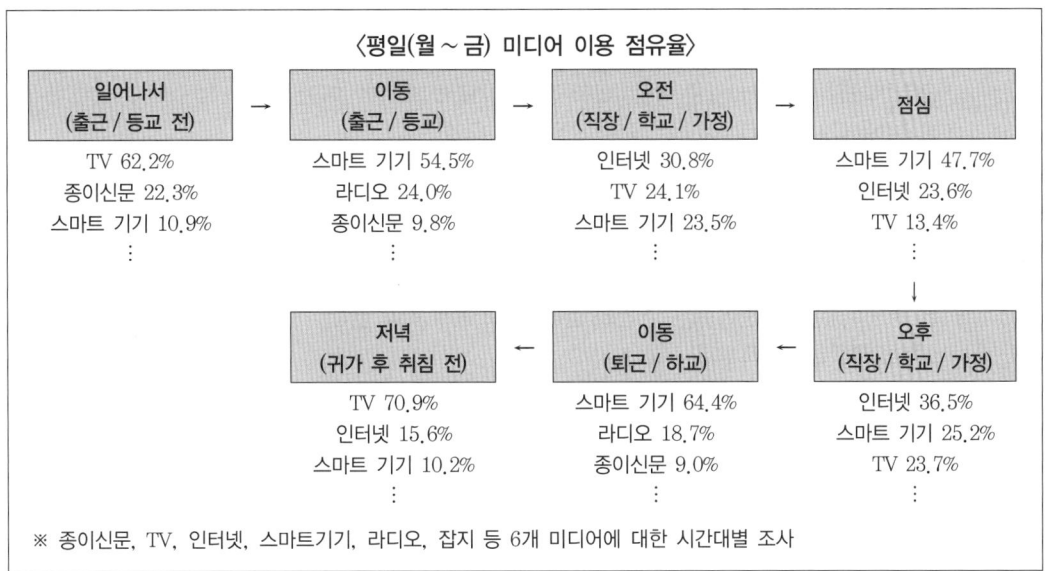

① A : 평일에는 일어나서 잠들기까지 'TV(출근 / 등교 전) → 스마트기기(출근/등교 중) → 인터넷(직장 / 학교 / 가정) → 스마트기기(퇴근 / 하교 중) → TV(귀가 후 취침 전)'를 주로 이용합니다.

② B : 지난 달에 자사 제품을 잡지에 실어 홍보했었는데, 시간대별 이용률이 10% 미만인 것을 보니 다른 홍보채널을 재검토하는 것이 좋을 것 같습니다.

③ C : 만약 자사 제품을 TV 광고로 노출시킨다면 저녁 시간대를 가장 먼저 고려하여야 할 것 같습니다.

④ D : 출퇴근 및 등하교 시에는 절반 이상이 스마트기기를 이용하고 있습니다. 스마트기기에 노출할 수 있는 홍보 전략을 수립해야겠습니다.

⑤ E : 오전과 오후 시간대에는 1 ~ 3순위 미디어 간 이용률의 격차가 다른 시간대보다 상대적으로 낮습니다. 다양한 미디어를 복합적으로 활용하는 방안을 검토하는 것이 좋겠습니다.

12 다음은 직원 A의 퇴직금에 대한 자료이다. 직원 A가 받을 퇴직금은 얼마인가?(단, 직원 A는 퇴직금 조건을 모두 만족하고, 주어진 조건 외에는 고려하지 않으며, 1,000원 미만은 절사한다)

〈퇴직금 사항〉

- 근무한 개월 수에 따라 1년 미만이라도 정해진 기준에 의하여 지급한다.
- 평균임금에는 기본급과 상여금, 기타 수당 등이 포함된다.
- 실비에는 교통비, 식비, 출장비 등이 포함된다.
- 1일 평균임금은 퇴직일 이전 3개월간에 지급받은 임금총액을 퇴직일 이전 3개월간의 근무일수의 합으로 나눠서 구한다.
- 1일 평균임금 산정기간과 총근무일수 중 육아휴직 기간이 있는 경우, 그 기간과 그 기간 중에 지급된 임금은 평균임금 산정기준이 되는 기간과 임금의 총액에서 각각 뺀다.
- 실비는 평균임금에 포함되지 않는다.
- $(\text{퇴직금})=(1\text{일 평균임금})\times 30\text{일}\times \frac{(\text{총근무일수})}{360\text{일}}$

〈직원 A의 월급 명세서〉

(단위 : 만 원)

구분	월 기본급	상여금	교통비	식비	기타수당	근무일수	기타
1월	160	-	20	20	25	31일	-
2월	160	-	20	20	25	28일	-
3월	160	-	20	20	25	31일	-
4월	160	-	20	20	25	22일	-
5월	160	-	20	20	-	16일	육아휴직 (10일)
6월	160	160	20	20	25	22일	7월 1일 퇴직

① 1,145,000원
② 1,289,000원
③ 1,376,000원
④ 1,596,000원
⑤ 1,675,000원

※ H은행에서는 적금상품 홍보를 위해 각각 다른 적금상품에 가입한 고객을 대상으로 혜택을 제공하려고 한다. 이어지는 질문에 답하시오. **[13~14]**

〈혜택 세부사항〉

- 2024년 1월 적금 가입자 추가 우대금리 : 1.2%p
- 2024년 2월 적금 가입자 추가 우대금리 : 0.5%p
- 2024년도 적금 가입자 추가 우대금리 : 0.3%p(1월, 2월 가입자 중복적용)
- 월 납입금 5만 원 이상 10만 원 미만 : 상품권 2만 원권
- 월 납입금 10만 원 이상 : 상품권 5만 원권
- 기존금리 및 추가 우대금리는 만기 시 적용되는 연 이자율임

〈단리적금상품 가입자 현황〉

구분	갑 고객	을 고객	병 고객	정 고객	무 고객
가입일시	2024. 6. 8	2024. 1. 10	2024. 2. 3.	2024. 1. 5.	2024. 1. 8.
기존금리	2.8%	2%	2.9%	1.8%	1.5%
월 납입금	5만 원	8만 원	10만 원	6만 원	12만 원
가입기간(년)	5	3	2	4	2

❙ 문제해결능력

13 갑 ~ 무 고객 모두 H은행 적금상품을 만기까지 보유하였다고 할 때, 다음 중 적금 만기 시 가장 많은 이자를 받는 고객은?

① 갑 고객
② 을 고객
③ 병 고객
④ 정 고객
⑤ 무 고객

❙ 문제해결능력

14 갑 ~ 무 고객이 적금만기 전에 상품을 해지할 계획이라고 한다. 고객별 중도해지 시점이 다음과 같고, 적용되는 연 이자율은 기존금리의 50%이며 추가 우대금리는 적용되지 않을 때, 고객 중 두 번째로 많은 이자를 받는 고객은?

〈고객별 중도해지 시점〉

구분	갑 고객	을 고객	병 고객	정 고객	무 고객
적금기간	3년 4개월	2년 1개월	1년 8개월	3년 4개월	1년 8개월

① 갑
② 을
③ 병
④ 정
⑤ 무

15 다음 글의 논지를 〈보기〉의 입장에서 비판하는 진술로 가장 적절한 것은?

거센 바람이 불고 화재가 잇따르자 정(鄭)나라의 재상 자산(子産)에게 측근 인사가 하늘에 제사를 지내라고 요청했지만, 자산은 "천도(天道)는 멀고, 인도(人道)는 가깝다."라며 거절했다. 그가 보기에 인간에게 일어나는 일은 더 이상 하늘의 뜻이 아니었고, 자연 변화 또한 인간의 화복(禍福)과는 거리가 멀었다. 인간이 자연 변화를 파악하면 얼마든지 재난을 대비할 수 있고, 인간사는 인간 스스로 해결할 문제라고 생각한 것이다. 이러한 생각에 기초해 그는 인간의 문제 해결 범위를 확대했고, 정나라의 현실 문제를 극복하려 했다.
그가 살았던 정나라는 요충지에 위치한 작은 나라였기 때문에 춘추 초기부터 제후국의 쟁탈 대상이었고, 실제로 다른 나라의 침략을 받기도 하였다. 춘추 중기에는 귀족 간의 정치 투쟁이 벌어져 자산이 집정(執政)하기 직전까지도 정변이 이어졌다. 따라서 귀족 정치의 위기를 수습하고 부국강병(富國强兵)을 통해 강대한 제후국의 지배를 받지 않는 것이 정나라와 자산에게 부여된 과제였다. 그래서 그는 집권과 동시에 귀족에게 집중됐던 정치적·경제적 특권을 약화시키는 데 초점을 맞춰 개혁을 추진하였다.
그는 귀족이 독점하던 토지를 백성들도 소유할 수 있게 하였고, 이것을 문서화하여 세금을 부과하였다. 이에 따라 백성들은 개간(開墾)을 통해 경작지를 늘려 생산을 증대하였고, 국가는 경작지를 계량하고 등록함으로써 민부(民富)를 국부(國富)로 연결시켰다. 아울러 그는 중간 계급도 정치 득실을 논할 수 있도록 하여 귀족들의 정치 기반을 약화시키는 한편, 중국 역사상 처음으로 형법을 성문화하여 정(鼎, 발이 셋이고 귀가 둘 달린 솥)에 새김으로써 모든 백성이 법을 알고 법에 따라 처신하게 하는 법치의 체계를 세웠다. 성문법 도입은 귀족의 임의적인 법 제정과 집행을 막아 그들의 지배력을 약화시키는 조치였으므로 당시 귀족들은 이 개혁 조치에 반발하였다.
귀족의 반대를 무릅쓰고 단행한 자산의 개혁 조치에 따라 정나라는 부국강병을 이루었다. 그리고 법을 알려면 글을 알아야 하기 때문에, 성문법 도입은 백성들도 교육을 받을 수 있는 계기가 되는 등 그의 개혁 조치는 이전보다 상대적으로 백성의 위상(位相)을 높였다. 하지만 그의 개혁은 힘에만 의존하여 다스리는 역치(力治)의 가능성이 농후(濃厚)하였고, 결국 국가의 엄한 형벌과 과중한 세금 수취로 이어지는 폐단을 낳기도 했다.

〈보기〉

노자(老子)는 만물의 생성과 변화는 자연스럽고 무의지적이지만, 스스로 작용에 의해 극대화된다고 보았다. 인간도 이러한 자연의 원리에 따라 삶을 영위해야 한다고 보아 통치자의 무위(無爲)를 강조했다. 또한 사회의 도덕, 법률, 제도 등은 모두 인간의 삶을 인위적으로 규정하는 허위라 파악하고, 그것의 해체를 주장했다.

① 사회 규범의 법제화는 자발적인 도덕의 실현으로 이어질 것이다.
② 사회 제도에 의거하는 정치 개혁은 사회 발전을 극대화할 것이다.
③ 현실주의적 개혁은 궁극적으로 백성들에게 안정과 혜택을 줄 것이다.
④ 자연이 인간의 화복을 주관하지 않는다는 생각은 자연의 의지에 반하는 것이다.
⑤ 인간의 문제를 스스로 해결하려는 시도는 결국 현실 사회를 허위로 가득 차게 할 것이다.

16 다음은 포괄수가제에 해당하는 질병군 중 '제왕절개분만'에 대한 진료비 정보이다. 〈보기〉에 해당하는 경우에 진료비 중 본인이 부담해야 하는 비용을 바르게 짝지은 것은?(단, 본인부담금의 100원 미만은 절사하고, 연도와 상관없이 진료비는 동일하게 계산한다)

<table>
<tr><th>구분</th><th colspan="3">내용</th></tr>
<tr><td>본인부담금
(자격기준)</td><td colspan="3">• 본인부담금 20% : 일반환자, 2016년 7월 1일 이전 제왕절개분만
• 본인부담금 14% : 차상위만성질환자 18세 미만
• 본인부담금 10% : 희귀난치성질환자
• 본인부담금 5% : 중증질환자, 2016년 7월 1일 이후 제왕절개분만, 15세 이하
• 본임부담금 3% : 차상위 18세 미만 본인부담경감대상자 중 6세 이상 ~ 15세 이하</td></tr>
<tr><td>상세수술명</td><td colspan="3">• 제왕절개분만(단태아)
• 제왕절개분만(다태아)
※ '다태아'는 쌍둥이 이상의 임신을 말함
※ 진료비는 '단태아'를 기준으로 한 것이며, '다태아'일 경우 총진료비의 5%가 추가됨</td></tr>
<tr><td rowspan="5">진료비(원)</td><th>구분</th><th>수술비</th><th>입원비(1일)</th></tr>
<tr><td>상급종합병원</td><td>1,558,200</td><td>355,900</td></tr>
<tr><td>종합병원</td><td>1,247,500</td><td>284,900</td></tr>
<tr><td>병원</td><td>1,101,300</td><td>251,600</td></tr>
<tr><td>의원</td><td>1,080,900</td><td>246,900</td></tr>
</table>

※ 진료비는 수술비와 입원비의 합임

〈보기〉

ㄱ. 2018년 12월에 종합병원에서 제왕절개분만(단태아) 수술을 받고, 일주일간 입원하였다.
ㄴ. 2015년 1월에 상급종합병원에서 제왕절개분만(다태아) 수술을 받고, 3일간 입원하였다.

	ㄱ	ㄴ
①	648,300원	137,800원
②	648,300원	551,400원
③	162,000원	551,400원
④	262,700원	137,800원
⑤	162,000원	662,400원

17 다음은 아이돌봄 서비스 종류 중 하나인 '시간제 돌봄(일반형) 서비스'에 대한 자료이다. 〈보기〉의 시간제 돌봄 서비스 신청자 중 본인부담으로 가장 많은 비용을 부담하는 신청자는 누구인가?(단, 서비스 이용요금은 하루를 기준으로 하며, 갑～무의 가정은 모두 정부지원 대상이다)

〈시간제 돌봄(일반형) 서비스〉

• 이용대상 : 만 3개월 이상 만 12세 이하 아동
• 이용시간 : 1회 2시간 이상 사용
  – 양육공백이 발생하는 가정(취업한부모, 장애부모, 맞벌이 가정, 다자녀 가정, 기타 양육부담 가정)은 연 600시간 내에서 정부지원
  – 양육공백이 발생하지 않은 정부미지원 가정(전업주부 등) 및 정부지원 시간을 다 사용한 가정은 전액 본인부담으로 서비스 이용 가능
• 서비스 내용(가사활동은 제외)
  – 부모가 올 때까지 임시 보육, 놀이활동, 준비된 식사 및 간식 챙겨주기, 보육시설 및 학교 등·하원, 준비물 보조 등(영아를 대상으로 시간제 돌봄을 제공할 경우 영아종일제 업무 병행)
• 서비스 이용요금 : 시간당 7,800원
  – 야간(오후 10시～오전 6시)·휴일은 시간당 3,900원 추가
  – 한 가정에 돌봄 아동이 2명일 시 총금액의 15% 할인, 돌봄 아동이 3명일 시 총금액의 33.3% 할인

구분	소득 기준(4인가족 기준 중위소득)	시간제(시간당 7,800원)			
		A형(2011년 1월 1일 이후 출생 아동)		B형(2010년 12월 31일 이전 출생 아동)	
		정부지원	본인부담	정부지원	본인부담
가형	60% 이하	6,240원(80%)	1,560원(20%)	5,460원(70%)	2,340원(30%)
나형	85% 이하	3,900원(50%)	3,900원(50%)		7,800원
다형	120% 이하	2,340원(30%)	5,460원(70%)		7,800원
라형	120% 초과		7,800원		7,800원

〈보기〉

신청자	소득기준	신청시간	돌봄대상
갑	130%	오전 10시～오후 4시	2013년생 남아 1명
을	90%	오후 4～9시	2014년생 여아 1명, 2016년생 남아 1명
병	100%	오후 4～11시	2015년생 여아 1명
정	50%	오후 3시～오전 12시	2008년생 남아 1명, 2013년생 여아 1명
무	70%	오전 8시～오후 6시	2016년생 여아 1명

① 갑
② 을
③ 병
④ 정
⑤ 무

18 **다음 글의 논증을 약화시키는 내용을 〈보기〉에서 모두 고르면?**

> 인간 본성은 기나긴 진화 과정의 결과로 생긴 복잡한 전체이다. 여기서 '복잡한 전체'란 그 전체가 단순한 부분들의 합보다 더 크다는 의미이다. 인간을 인간답게 만드는 것, 즉 인간에게 존엄성을 부여하는 것은 인간이 갖고 있는 개별적인 요소들이 아니라 이것들이 모여 만들어내는 복잡한 전체이다. 또한 인간 본성이라는 복잡한 전체를 구성하고 있는 하부 체계들은 상호 간에 극단적으로 밀접하게 연관되어 있다. 따라서 그중 일부라도 인위적으로 변경하면, 이는 불가피하게 전체의 통일성을 무너지게 한다. 이 때문에 과학기술을 이용해 인간 본성을 인위적으로 변경하여 지금의 인간을 보다 향상된 인간으로 만들려는 시도는 금지되어야 한다. 이런 시도를 하는 사람들은 인간이 가져야 할 훌륭함이 무엇인지 스스로 잘 안다고 생각하며, 거기에 부합하지 않는 특성들을 선택해 이를 개선하고자 한다. 그러나 인간 본성의 '좋은' 특성은 '나쁜' 특성과 밀접하게 연결되어 있기 때문에, 후자를 개선하려는 시도는 전자에도 영향을 미칠 수밖에 없다. 예를 들어, 우리가 질투심을 느끼지 못한다면 사랑 또한 느끼지 못하게 된다는 것이다. 사랑을 느끼지 못하는 인간들이 살아가는 사회에서 어떤 불행이 펼쳐질지 우리는 가늠조차 할 수 없다. 즉, 인간 본성을 선별적으로 개선하려 들면, 복잡한 전체를 무너뜨리는 위험이 불가피하게 발생하게 된다. 따라서 우리는 인간 본성을 구성하는 어떠한 특성에 대해서도 그것을 인위적으로 개선하려는 시도에 반대해야 한다.

〈보기〉

ㄱ. 인간 본성은 인간이 갖는 도덕적 지위와 존엄성의 궁극적 근거이다.
ㄴ. 모든 인간은 자신을 포함하여 인간 본성을 지닌 모든 존재가 지금의 상태보다 더 훌륭하게 되길 희망한다.
ㄷ. 인간 본성의 하부 체계는 상호 분리된 모듈로 구성되어 있기 때문에 인간 본성의 특정 부분을 인위적으로 변경하더라도 그 변화는 모듈 내로 제한된다.

① ㄱ　　② ㄷ
③ ㄱ, ㄴ　　④ ㄴ, ㄷ
⑤ ㄱ, ㄴ, ㄷ

19 다음 글의 ㉠을 약화하는 진술로 가장 적절한 것은?

> 침팬지, 오랑우탄, 피그미 침팬지 등의 유인원도 자신이 다른 개체의 입장이 됐을 때 어떤 생각을 할지 미루어 짐작해 보는 능력이 있다는 연구 결과가 나왔다. 그동안 다른 개체의 입장에서 생각을 미루어 짐작해 보는 능력은 사람에게만 있는 것으로 여겨져 왔다. 연구팀은 오랑우탄 40마리에게 심리테스트를 위해 제작한 영상을 보여 주었다. 그들은 '시선 추적기'라는 특수 장치를 이용하여 오랑우탄들의 시선이 어디를 주목하는지 조사하였다. 영상에는 유인원의 의상을 입은 두 사람 A와 B가 싸우는 장면이 보인다. A와 싸우던 B가 건초더미 뒤로 도망친다. 화가 난 A가 문으로 나가자 B는 이 틈을 이용해 옆에 있는 상자 뒤에 숨는다. 연구팀은 몽둥이를 든 A가 다시 등장하는 장면에서 피험자 오랑우탄들의 시선이 어디로 향하는지를 분석하였다. 이 장면에서 오랑우탄 40마리 중 20마리는 건초더미 쪽을 주목했다. B가 숨은 상자를 주목한 오랑우탄은 10마리였다. 이 결과를 토대로 연구팀은 피험자 오랑우탄 20마리는 B가 상자 뒤에 숨었다는 사실을 모르는 A의 입장이 되어 건초더미를 주목했다는 ㉠ 해석을 제시하였다. 이 실험으로 오랑우탄에게도 다른 개체의 생각을 미루어 짐작하는 능력이 있는 것으로 볼 수 있으며, 이러한 점은 사람과 유인원의 심리 진화 과정을 밝히는 실마리가 될 것으로 보인다.

① 상자를 주목한 오랑우탄들은 A보다 B와 외모가 유사한 개체들임이 밝혀졌다.

② 사람 40명을 피험자로 삼아 같은 실험을 하였더니 A의 등장 장면에서 30명이 건초더미를 주목하였다.

③ 새로운 오랑우탄 40마리를 피험자로 삼고 같은 실험을 하였더니 A의 등장 장면에서 21마리가 건초더미를 주목하였다.

④ 오랑우탄 20마리는 단지 건초더미가 상자보다 자신들에게 가까운 곳에 있었기 때문에 건초더미를 주목한 것임이 밝혀졌다.

⑤ 건초더미와 상자 중 어느 쪽도 주목하지 않은 나머지 오랑우탄 10마리는 영상 속의 유인원이 가짜라는 것을 알고 있었다.

20 다음은 뇌물수수 혐의자 A ~ D 4명에 대한 진술이다. 이 중 하나만 참일 때, 뇌물을 받은 사람의 수는?

- A가 뇌물을 받았다면, B는 뇌물을 받지 않았다.
- A와 C와 D 중 적어도 1명은 뇌물을 받았다.
- B와 C 중 적어도 1명은 뇌물을 받지 않았다.
- B와 C 중 1명이라도 뇌물을 받았다면, D도 뇌물을 받았다.

① 없음
② 1명
③ 2명
④ 3명
⑤ 4명

21 다음 문단을 논리적 순서대로 바르게 나열한 것은?

(가) 회전문의 축은 중심에 있다. 축을 중심으로 통상 네 짝의 문이 계속 돌게 되어 있다. 마치 계속 열려 있는 듯한 착각을 일으키지만, 사실은 네 짝의 문이 계속 안 또는 밖을 차단하도록 만든 것이다. 실질적으로는 열려 있는 순간 없이 계속 닫혀 있는 셈이다.

(나) 문은 열림과 닫힘을 위해 존재한다. 이 본연의 기능을 하지 못한다는 점에서 계속 닫혀 있는 문이 무의미하듯이, 계속 열려 있는 문 또한 그 존재 가치와 의미가 없다. 그런데 현대 사회의 문은 대부분의 경우 닫힌 구조로 사람들을 맞이하고 있다. 따라서 사람들을 환대하는 것이 아니라 박대하고 있다고 할 수 있다. 그 대표적인 예가 회전문이다. 가만히 회전문의 구조와 그 기능을 머릿속에 그려보라. 그것이 어떤 식으로 열리고 닫히는지 알면 놀랄 것이다.

(다) 회전문은 인간이 만들고 실용화한 문 가운데 가장 문명적이고 발전된 형태로 보일지 모르지만, 사실 열림을 가장한 닫힘의 연속이기 때문에 오히려 야만적이며 미개한 형태의 문이다.

(라) 또한 회전문을 이용하는 사람들은 회전문의 구조와 운동 메커니즘에 맞추어야 실수 없이 문을 통과해 안으로 들어가거나 밖으로 나올 수 있다. 어린아이, 허약한 사람, 민첩하지 못한 노인은 쉽게 그것에 맞출 수 없다. 더구나 휠체어를 탄 사람이라면 더 말할 것도 없다. 이들에게 회전문은 문이 아니다. 실질적으로 닫혀 있는 기능만 하는 문은 문이 아니기 때문이다.

① (가) – (나) – (라) – (다)
② (가) – (라) – (나) – (다)
③ (나) – (가) – (라) – (다)
④ (나) – (다) – (라) – (가)
⑤ (다) – (가) – (라) – (나)

22 K공사 본부에서 근무하는 P대리는 발전소별로 안전관리 실무자를 만나기 위해 국내 발전소 4곳을 방문하고자 한다. P대리의 국내 발전소 출장 계획과 본부 및 각 발전소 간 이동 소요시간이 다음과 같다고 할 때, 이동 소요시간이 가장 짧은 경로를 순서대로 바르게 나열한 것은?

〈P대리의 국내 발전소 출장 계획〉

- P대리는 본부에서 출발하여 국내 발전소 4곳을 방문한 후 본부로 복귀한다.
- P대리가 방문할 국내 발전소는 청평발전소, 무주발전소, 산청발전소, 예천발전소이다.
- 2025년 11월 3일(월)에 본부에서 출발하여 11월 7일(금)에 본부로 복귀한다.
- P대리는 각 발전소를 한 번씩만 방문하며, 본부 및 각 발전소 간 이동은 하루에 한 번만 한다.
- 안전관리 실무자의 사정으로 인해 산청발전소는 반드시 11월 6일(목)에 방문한다.

〈본부 및 각 발전소 간 이동 소요시간〉

구분	본부	청평발전소	무주발전소	산청발전소	예천발전소
본부		55분	2시간 5분	1시간 40분	40분
청평발전소	55분		45분	1시간 5분	50분
무주발전소	2시간 5분	45분		1시간 20분	1시간 50분
산청발전소	1시간 40분	1시간 5분	1시간 20분		35분
예천발전소	40분	50분	1시간 50분	35분	

① 본부 – 청평발전소 – 무주발전소 – 예천발전소 – 산청발전소 – 본부
② 본부 – 청평발전소 – 예천발전소 – 무주발전소 – 산청발전소 – 본부
③ 본부 – 무주발전소 – 예천발전소 – 청평발전소 – 산청발전소 – 본부
④ 본부 – 무주발전소 – 청평발전소 – 예천발전소 – 산청발전소 – 본부
⑤ 본부 – 예천발전소 – 청평발전소 – 무주발전소 – 산청발전소 – 본부

23 S사 기획팀은 신입사원 입사로 인해 자리 배치를 바꾸려고 한다. 다음 자리 배치표와 〈조건〉을 참고하여 자리를 배치하였을 때, 자리와 배치된 직원의 연결로 옳은 것은?

〈자리 배치표〉

출입문				
1 – 신입사원	2	3	4	5
6	7	8 – A사원	9	10

• 기획팀 팀원 : A사원, B부장, C대리, D과장, E차장, F대리, G과장

〈조건〉

• B부장은 출입문과 가장 먼 자리에 앉는다.
• C대리와 D과장은 마주보고 앉는다.
• E차장은 B부장과 마주보거나 B부장의 옆자리에 앉는다.
• C대리는 A사원 옆자리에 앉는다.
• E차장 옆자리에는 아무도 앉지 않는다.
• F대리와 마주보는 자리에는 아무도 앉지 않는다.
• D과장과 G과장은 옆자리 또는 마주보고 앉지 않는다.
• 빈자리는 두 자리이며 옆자리 또는 마주보는 자리이다.

① 2 – G과장
② 3 – B부장
③ 5 – E차장
④ 6 – F대리
⑤ 9 – C대리

24 다음 글의 ㉠～㉣에 대한 분석으로 가장 적절한 것은?

> 문화재라고 하면 도자기와 같은 인간의 창작물만을 떠올리기 쉽지만, 어떤 나라는 천연기념물이나 화석과 같은 자연물도 문화재로 분류한다. 하지만 A국의 문화재보호법은 그와 같은 자연물을 문화재가 아닌 '보호대상'으로 지정한다. 이에 대해 "A국에서 보호대상으로 분류된 자연물은 단순한 자연물이 아니다. 그 사물들은 학술상의 가치뿐 아니라 인류가 보존하고 공유해야 할 무형의 가치도 지녔기 때문에 보호대상으로 지정된 것이다. 그러므로 A국에서 보호대상으로 지정된 자연물을 문화재로 분류해야 마땅하다."라는 ㉠ 견해가 있다.
> 반면에 "인간의 창작물이 아닌 어떤 사물을 우리가 가치가 크다고 여기기 때문에 문화재로 보는 것은 우리가 문화재로 여기기 때문에 문화재로 본다는 동어반복과 다르지 않으므로, 자연물을 문화재로 보아야 하는 근거를 설득력 있게 제시했다고 볼 수 없다."라는 ㉡ 견해도 있다. 이러한 견해들에 대해 A국 정부 관계자는 "문화재란 인간의 창작물만을 지칭한다. 그리고 오로지 보호대상만이 문화재가 될 수 있다. 인간이 문화적인 생활을 영위하기 위해서는 자연도 그 중요한 요소로써 소중히 보존해야 하기 때문에 A국은 특정한 자연물을 보호대상으로 지정하고 있다."라고 ㉢ 설명한다.
> 한편 B국의 문화재보호법은 자연물을 문화재에 포함하고 있다. 이에 대해 B국 정부 관계자는 "인간의 여러 활동은 인간이 처해 있는 역사적·사회적·문화적 환경이라는 다양한 환경의 영향을 받으며 행해진다. 인간의 활동 가운데 특히 예술의 발전 과정에서 자연이 미치는 영향은 크다. 또한 자연적 조건에 따라 풍속 관습의 양상도 변화한다. 따라서 예술과 풍속의 기반으로써의 자연물을 파악하고 보존해야 함은 당연하다. 그러한 사물들은 모두 보호대상이 되며, 모든 보호대상은 문화재에 포함된다."라고 ㉣ 설명한다.

① ㉠에 따르면 학술상의 가치를 지니지 않은 A국의 인공물은 모두 문화재에서 제외되어야 마땅하다.
② ㉡에 따르면 화석은 인류가 보존하고 공유해야 할 무형의 가치를 지니지 않는다.
③ ㉢에 따르면 보호대상이면서 문화재인 것은 모두 인간의 창작물이어야 한다.
④ ㉣에 따르면 B국에서 문화재로 분류된 사물은 모두 자연 환경의 영향을 받았다.
⑤ ㉠～㉣ 중에 자연물을 문화재에서 명시적으로 제외하는 것은 둘이다.

25 다음은 A ~ D음료 4종의 8개 항목에 대한 소비자평가 결과 자료이다. 이에 대한 설명으로 옳은 것은?

〈A ~ D음료의 항목별 소비자평가 결과〉

(단위 : 점)

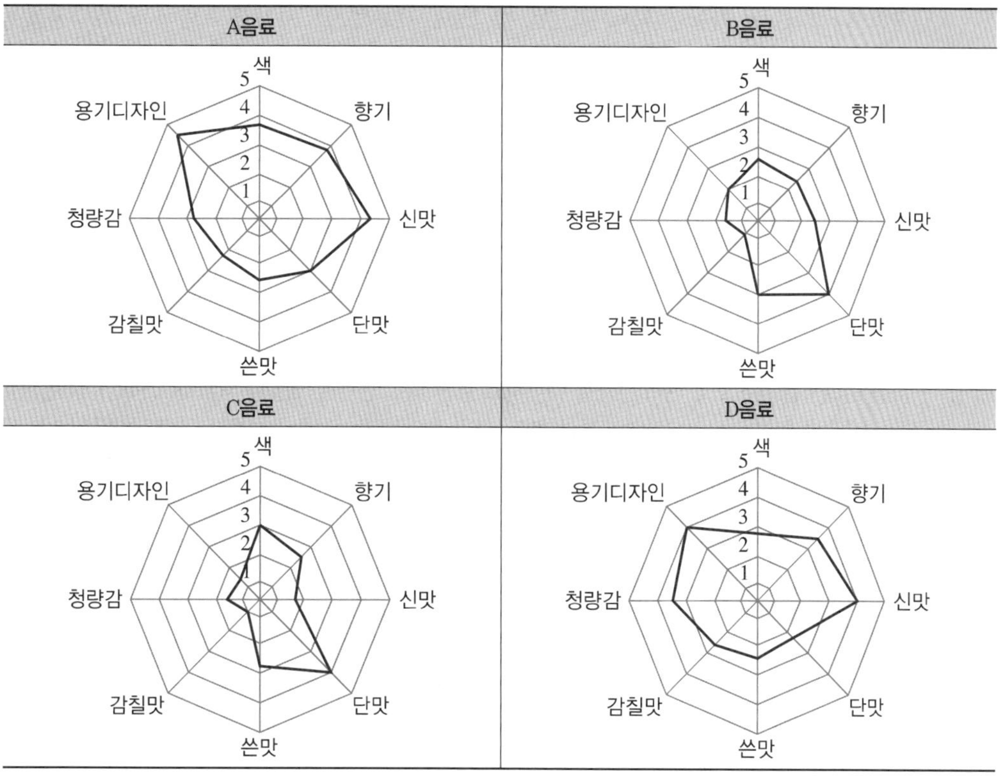

※ 1점이 가장 낮은 점수이고 5점이 가장 높은 점수임

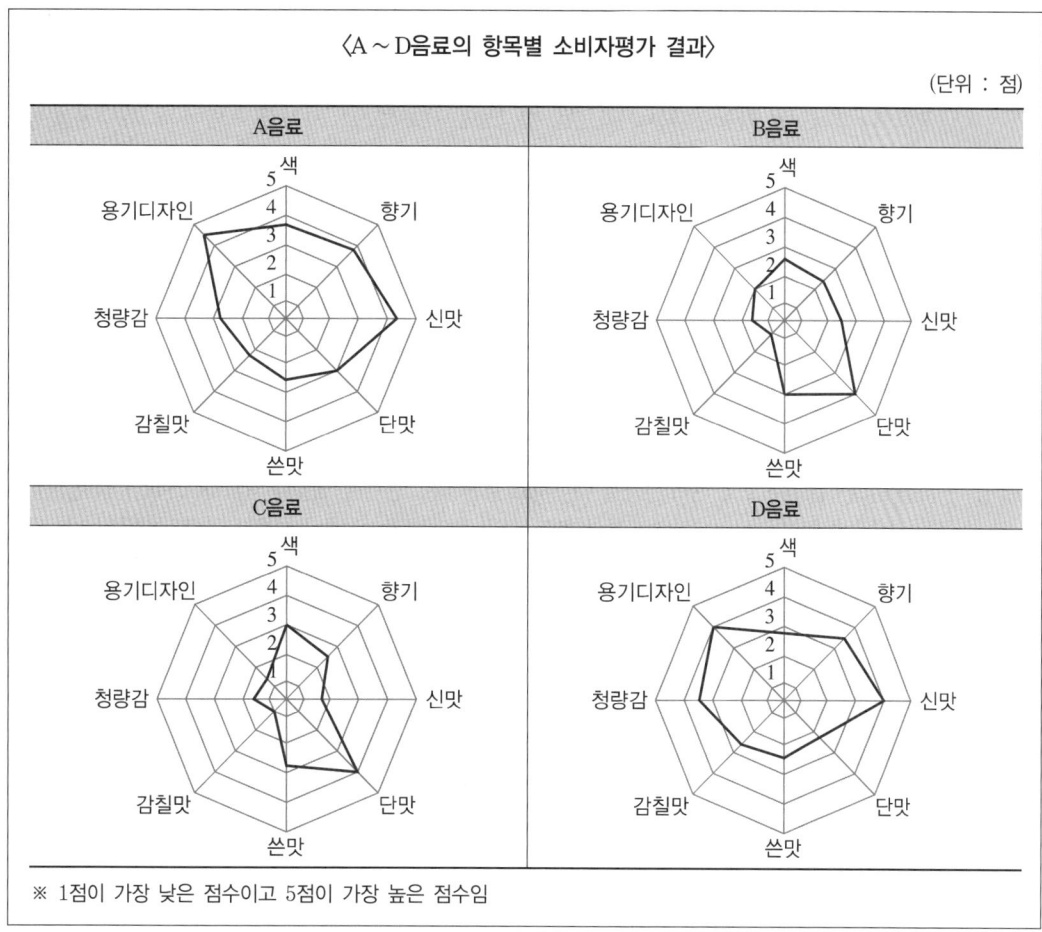

① C음료는 8개 항목 중 '쓴맛'의 점수가 가장 높다.

② '용기디자인'의 점수는 A음료가 가장 높고, C음료가 가장 낮다.

③ A음료는 B 음료보다 7개 항목에서 각각 높은 점수를 받았다.

④ 소비자평가 결과의 항목별 점수의 합은 B음료가 D음료보다 크다.

⑤ A ~ D음료 간 '색'의 점수를 비교할 때 점수가 가장 높은 음료는 '단맛'의 점수를 비교할 때에도 점수가 가장 높다.

26 다음 글을 읽고 이해한 내용으로 가장 적절한 것은?

무선으로 전력을 주고받으면, 전원을 직접 연결하는 유선보다 효율은 떨어지지만 전자 제품을 자유롭게 이동하며 사용할 수 있는 장점이 있다. 이처럼 무선으로 전력을 주고받을 수 있도록 전자기를 활용하여 전기를 공급하거나 이용하는 기술이 무선 전력 전송 방식인데, 대표적으로 '자기 유도 방식'과 '자기 공명 방식' 두 가지를 들 수 있다.

자기 유도 방식은 변압기의 원리와 유사하다. 변압기는 네모 모양의 철심 좌우에 코일을 감아 1차 코일에 '+, −' 극성이 바뀌는 교류 전류를 보내면, 마치 자석을 운동시켜서 자기장을 형성하는 것처럼 1차 코일에서도 자기장을 형성한다. 이 자기장에 의해 2차 코일에 전류가 만들어지는데, 이 전류를 유도전류라고 한다. 변압기는 자기장의 에너지를 잘 전달할 수 있는 철심이 있으나, 자기 유도 방식은 철심이 없이 무선 전력 전송을 하는 것이다.

이러한 자기 유도 방식은 전력 전송 효율이 90% 이상으로 매우 높다는 장점이 있다. 하지만 1차 코일에 해당하는 송신부와 2차 코일에 해당하는 수신부가 몇 센티미터 이상 떨어지거나 송신부와 수신부의 중심이 일치하지 않게 되면 전력 전송 효율이 급격히 저하된다는 문제점이 있다. 휴대전화 같은 경우, 충전 패드에 휴대전화를 올려놓는 방식으로 거리 문제를 해결하고 충전 패드 전체에 코일을 배치하여 송수신부 간 전송 효율을 높임으로써 무선 충전이 가능하도록 하였다. 다만 휴대전화는 직류 전류를 사용하기 때문에 1차 코일로부터 2차 코일에 유도된 교류 전류를 직류 전류로 변환해 주는 정류기가 충전 단계 전에 필요하다.

두 번째 전송 방식은 자기 공명 방식이다. 다양한 소리굽쇠 중에 하나를 두드리면 동일한 고유 진동수를 가지는 소리굽쇠가 같이 진동하는 물리적 현상이 공명이다. 자기장에 공명이 일어나도록 1차 코일과 공진기를 설계하여 공진 주파수를 만든다. 이후 2차 코일과 공진기를 설계하여 공진 주파수가 전달되도록 하는 것이 자기 공명 방식의 원리이다.

이러한 특성으로 인해 자기 공명 방식은 자기 유도 방식과 달리 수 미터가량 근거리 전력 전송이 가능하다는 장점이 있다. 이 방식이 상용화된다면, 송신부와 공명되는 여러 전자 제품을 전원을 연결하지 않아도 사용할 수 있거나 충전할 수 있다. 그러나 실험 단계의 코일 크기로는 일반 가전제품에 적용할 수 없으므로 코일을 소형화해야 할 필요가 있다. 따라서 이를 해결하기 위한 연구가 필요하다.

① 휴대전화와 자기 유도 방식의 2차 코일은 모두 직류 전류 방식이다.
② 자기 공명 방식에서 2차 코일은 공진 주파수를 생성하는 역할을 한다.
③ 자기 유도 방식은 변압기의 핵심인 유도 전류와 철심을 이용한 방식이다.
④ 자기 공명 방식에서 해결이 시급한 것은 전력을 생산하는 데 필요한 코일의 크기가 너무 크다는 것이다.
⑤ 자기 유도 방식을 사용하면 무선 전력 전송임에도 어떠한 환경에서든 유실되는 전력이 많이 없다는 장점이 있다.

27 애플리케이션을 개발 중인 K사는 올해 새로 개발하는 애플리케이션에 대한 영향도를 평가하고자 한다. 다음 〈보기〉에 제시된 애플리케이션에 대한 판단 (A), (B)의 영향도 값으로 옳은 것은?(단, 판단 기준에 따라 영향도의 값을 합하여 구한다)

〈애플리케이션 영향도 판단 기준〉

보정요소		판단기준	영향도
분산 처리	애플리케이션이 구성요소 간에 데이터를 전송하는 정도	분산처리에 대한 요구사항이 명시되지 않음	0
		클라이언트 / 서버 및 웹 기반 애플리케이션과 같이 분산처리와 자료 전송이 온라인으로 수행됨	1
		애플리케이션상의 처리기능이 복수개의 서버 또는 프로세서상에서 동적으로 상호 수행됨	2
성능	응답시간 또는 처리율에 대한 사용자 요구 수준	성능에 대한 특별한 요구사항이나 활동이 명시되지 않으며, 기본적인 성능이 제공됨	0
		응답시간 또는 처리율이 피크타임 또는 모든 업무시간에 중요하고, 연동 시스템의 처리 마감시간에 대한 제한이 있음	1
		성능 요구사항을 만족하기 위해 설계 단계에서부터 성능 분석이 요구되거나, 설계·개발·구현 단계에서 성능 분석도구가 사용됨	2
신뢰성	장애 시 미치는 영향의 정도	신뢰성에 대한 요구사항이 명시되지 않으며, 기본적인 신뢰성이 제공됨	0
		고장 시 쉽게 복구가능한 수준의 약간 불편한 손실이 발생함	1
		고장 시 복구가 어려우며, 재정적 손실이 많이 발생하거나, 인명피해 위험이 있음	2
다중 사이트	상이한 하드웨어와 소프트웨어 환경을 지원하도록 개발되는 정도	설계 단계에서 하나의 설치 사이트에 대한 요구사항만 고려되며, 애플리케이션이 동일한 하드웨어 또는 소프트웨어 환경 하에서만 운영되도록 설계됨	0
		설계 단계에서 하나 이상의 설치 사이트에 대한 요구사항만 고려되며, 애플리케이션이 유사한 하드웨어 또는 소프트웨어 환경 하에서만 운영되도록 설계됨	1
		설계 단계에서 하나 이상의 설치 사이트에 대한 요구사항만 고려되며, 애플리케이션이 상이한 하드웨어 또는 소프트웨어 환경 하에서만 운영되도록 설계됨	2

〈보기〉

(A) 애플리케이션의 응답시간에 대한 사용자 요구 수준을 볼 때, 기본적인 성능이 잘 제공되는 것으로 판단된다. 그러나 고장 시 불편한 손실이 발생되며, 다행히 쉽게 복구가 가능하다. 설계 단계에서 하나 이상의 설치 사이트에 대한 요구사항이 고려되며, 유사한 하드웨어나 소프트웨어 환경하에서만 운영되도록 설계되었다. 그리고 데이터를 전송하는 정도를 보면 분산처리에 대한 요구사항이 명시되지 않은 것으로 판단된다.

(B) 애플리케이션에서 발생할 수 있는 장애에 있어서는 기본적인 신뢰성이 제공된다. 응답시간 또는 처리율이 피크타임에 중요하며, 애플리케이션의 처리기능은 복수개의 서버 상에서 동적으로 상호수행된다. 그리고 이 애플리케이션은 동일한 소프트웨어 환경하에서만 운영되도록 설계되었다.

	(A)의 영향도	(B)의 영향도
①	2	1
②	3	2
③	2	3
④	3	4
⑤	2	5

28 다음은 S시에 있는 M초등학교의 교실 천장 교체 공사와 관련된 수의계약 공고문이다. 입찰에 참가하고자 하는 회사의 회의 내용으로 적절하지 않은 것을 〈보기〉에서 모두 고르면?

〈M초등학교 교실 천장 교체 공사 수의계약 안내 공고〉

다음과 같이 시설 공사 수의 견적서 제출 안내를 공고합니다.

1. 견적에 부치는 사항
   - 공사명 : M초등학교 교실 천장 교체 공사
   - 공사 기간 : 착공일로부터 28일 동안
   - 공사 내용 : 본관 교실 7실 및 복도(1, 2층)

2. 견적 제출 및 계약 방식
   - 국가종합전자조달시스템을 이용하여 2인 이상으로부터 견적서를 제출받는 소액수의계약 및 전자입찰 방식으로 제출하여야 합니다.
   - 안전 입찰서비스를 이용하여 입찰서를 제출하여야 합니다.

3. 견적서 제출 기간
   - 견적서 제출 기간 : 2025년 6월 3일(화) 09:00 ~ 2025년 6월 16일(월) 10:00
   - 견적서 제출확인은 국가종합전자조달 전자입찰시스템의 웹 송신함에서 확인하시기 바라며, 마감 시간이 임박하여 견적 제출 시 입력 도중 중단되는 경우가 있으니 10분 전까지 입력을 완료하시기 바랍니다.
   - 전자입찰은 반드시 안전 입찰서비스를 이용하여 입찰서를 제출하여야 합니다(자세한 사항은 안전 입찰서비스 유의사항 안내 참고).

4. 개찰 일시 및 장소
   - 개찰 일시 : 2025년 6월 16일(월) 11:00
   - 개찰 장소 : S시 교육청 입찰집행관 PC(전산 장애 발생 시 개찰 시간이 다소 늦어지거나 연기될 수 있습니다)

5. 견적 제출 참가 자격
   - 수의 견적 제출 안내 공고일 전일부터 계약체결일까지 해당 지역에 법인등기부상 본점 소재지를 둔 업체여야 하며, 그러하지 않을 경우 낙찰자 결정을 취소합니다(이외 지역 업체는 견적 제출에 참가할 수 없으며, 제출 시 무효 처리됩니다).
   - 본 입찰은 "지문인식 신원확인 입찰"이 적용되므로 개인인증서를 보유한 대표자 또는 입찰대리인은 미리 지문정보를 등록하여야 전자입찰서 제출이 가능합니다. 다만, 지문인식 신원확인 입찰이 곤란한 자는 예외적으로 개인인증서에 의한 전자입찰서 제출이 가능합니다.
   - 기타 자세한 사항은 S시 교육청 재정지원팀으로 문의하시기 바랍니다.

2025년 5월 23일

〈보기〉

ㄱ. K대리님, 법인등기부에 우리 회사 본점 소재지가 S시로 변경된 점 확인하셨나요? 이미 완료되어 있어야만 견적서를 제출할 수 있어요.

ㄴ. 네, 지난주에 이미 확인했습니다. L대리님은 국가종합전자조달시스템을 이용해본 적 있으신가요? 견적서 제출은 이 시스템을 통해서만 가능하다고 하네요.

ㄷ. 네, 경쟁사들이 이번 입찰에 어느 정도 참여하는지 확인해보고 마감 시간 5분 전에 작성하여 제출하려고 합니다.

ㄹ. 아, 그리고 이번 입찰에서 입찰대리인은 신원확인이 필요하다고 하네요. 지문이나 개인인증서로 신원을 확인할 수 있다고 하니 둘 중 하나를 선택하면 되겠어요.

① ㄱ, ㄴ
② ㄱ, ㄷ
③ ㄴ, ㄷ
④ ㄴ, ㄹ
⑤ ㄷ, ㄹ

| 수리능력

29 다음과 같은 〈조건〉을 통해 판단할 수 있는 내용으로 옳지 않은 것은?

〈조건〉

• 프로젝트는 A작업부터 E작업까지로 구성되며, 모든 작업은 동일한 작업장 내에서 이루어진다.
• 각 작업의 필요 인원과 기간은 다음과 같다.

구분	A작업	B작업	C작업	D작업	E작업
필요 인원	5명	3명	5명	2명	4명
기간	10일	18일	50일	18일	16일

– B작업은 A작업이 완료된 이후에 시작할 수 있다.
– E작업은 D작업이 완료된 이후에 시작할 수 있다.

• 각 인력은 A작업부터 E작업까지 모든 작업에 동원될 수 있으며, 각 작업에 투입된 인력의 생산성은 동일하다.
• 프로젝트에 소요되는 비용은 1인당 1일 10만 원의 인건비와 1일 50만 원의 작업장 사용료로 구성된다.
• 각 작업의 필요 인원은 증원 또는 감원될 수 없다.

① 프로젝트를 완료하기 위해 필요한 최소 인력은 5명이다.
② 프로젝트를 완료하기 위해 소요되는 최단기간은 50일이다.
③ 프로젝트를 완료하는 데 들어가는 비용은 최대 6,000만 원 이하이다.
④ 프로젝트를 최단기간에 완료하는 데 투입되는 최소 인력은 10명이다.
⑤ 프로젝트를 최소 인력으로 완료하는 데 소요되는 최단기간은 94일이다.

30 다음 〈조건〉을 근거로 할 때, A ~ C 3명이 가지고 있는 동전에 대한 설명으로 항상 옳은 것은?

〈조건〉

- 3명의 동전은 모두 20개이다.
- A는 가장 많은 개수의 동전을 가지고 있으며, 가장 많은 개수의 동전을 가진 사람은 2명 이상일 수 있다.
- C의 동전을 모두 모으면 600원이다.
- 2명은 같은 개수의 동전을 가지고 있다.
- 동전은 10원, 50원, 100원, 500원 중 하나이다.

① A는 최대 8,500원을 가지고 있다.
② B는 반드시 100원짜리를 가지고 있다.
③ A, B, C의 돈을 모두 모으면 최소 740원이다.
④ A에게 모든 종류의 동전이 있다면 A는 최소 690원을 가지고 있다.
⑤ B와 C가 같은 개수의 동전을 가진다면 각각 4개 이상의 동전을 가진다.

31 다음 글에서 ㉠ ~ ㉤의 수정 방안으로 적절하지 않은 것은?

동양의 산수화에는 자연의 다양한 모습을 대하는 화가의 개성 혹은 태도가 ㉠ <u>드러나</u> 있는데, 이를 표현하는 기법 중의 하나가 준법이다. 준법(皴法)이란 점과 선의 특성을 활용하여 산, 바위, 토파(土坡) 등의 입체감, 양감, 질감, 명암 등을 나타내는 기법으로, 산수화 중 특히 수묵화에서 발달하였다.
수묵화는 선의 예술이다. 수묵화에서는 먹(墨)만을 사용하기 때문에 대상의 다양한 모습이나 질감을 ㉡ <u>표현하는데</u> 한계가 있다. ㉢ <u>거친 선, 부드러운 선, 곧은 선, 꺾은 선 등 다양한 선을 활용하여 대상에 대한 느낌, 분위기를 표현한다</u>. 이 과정에서 선들이 지닌 특성과 효과 등이 점차 유형화되어 발전된 것이 준법이다.
준법 가운데 보편적으로 쓰이는 것에는 피마준, 수직준, 절대준, 미점준 등이 있다. 일정한 방향과 간격으로 선을 여러 개 그어 산의 등선을 표현하여 부드럽고 차분한 느낌을 주는 것이 피마준이다. 반면 수직준은 선을 위에서 아래로 죽죽 내려 그어 강하고 힘찬 느낌을 주어 뾰족한 바위산을 표현할 때 주로 사용한다. 절대준은 수평으로 선을 긋다가 수직으로 꺾어 내리는 것을 반복하여 마치 'ㄱ'자 모양이 겹쳐진 듯 표현한 것이다. 이는 주로 모나고 거친 느낌을 주는 지층이나 바위산을 표현할 때 쓰인다. 미점준은 쌀알 같은 타원형의 작은 점을 연속적으로 ㉣ <u>찍혀</u> 주로 비 온 뒤의 습한 느낌이나 수풀을 표현할 때 사용한다.
㉤ <u>준법은 화가가 자연에 대해 인식하고 표현하는 수단이다</u>. 화가는 준법을 통해 단순히 대상의 외양뿐만 아니라 대상에 대한 자신의 느낌, 인식의 깊이까지 화폭에 그려내는 것이다.

① ㉠ : 문맥의 흐름을 고려하여 '들어나'로 고친다.
② ㉡ : 띄어쓰기가 올바르지 않으므로 '표현하는 데'로 고친다.
③ ㉢ : 문장을 자연스럽게 연결하기 위해 문장 앞에 '그래서'를 추가한다.
④ ㉣ : 목적어와 서술어의 호응 관계를 고려하여 '찍어'로 고친다.
⑤ ㉤ : 필요한 문장 성분이 생략되었으므로 '표현하는' 앞에 '인식의 결과를'을 추가한다.

32 다음은 M공항공사 운항시설처의 업무분장표이다. 이를 참고하여 보도자료를 작성할 때 그 제목으로 옳지 않은 것은?

〈운항시설처 업무분장표〉

구분		업무분장
운항시설처	운항안전팀	• 이동지역 안전관리 및 지상안전사고 예방 안전 활동 • 항공기 이착륙시설 및 계류장 안전점검, 정치장 배정 및 관리 • 이동지역 차량 / 장비 등록, 말소 및 계류장 사용료 산정 • 야생동물 위험관리 업무(용역관리 포함) • 공항안전관리시스템(SMS)운영계획 수립 · 시행 및 자체검사 시행 · 관리
	항공등화팀	• 항공등화시설 운영계획 수립 및 시행 • 항공등화시스템(A-SMGCS) 운영 및 유지관리 • 시각주기안내시스템(VDGS) 운영 및 유지관리 • 계류장조명등 및 외곽보안등 시설 운영 및 유지관리 • 에어사이드지역 전력시설 운영 및 유지관리 • 항공등화시설 개량계획 수립 및 시행
	기반시설팀	• 활주로 등 운항기반시설 유지관리 • 지하구조물(지하차도, 공동구, 터널, 배수시설) 유지관리 • 운항기반시설 녹지 및 계측관리 • 운항기반시설 제설작업 및 장비관리 • 운항기반시설 공항운영증명 기준관리 • 전시목표(활주로 긴급 복구) 및 보안시설관리

① M공항공사, 관계기관 합동 종합제설훈련 실시

② M공항공사, 전시대비 활주로 긴급 복구훈련 실시

③ M공항공사, 항공등화 핵심장비 국산화 성공

④ M공항공사, 항공기 화재진압훈련 실시

⑤ M공항공사, 활주로 위 야생동물의 위험성과 관리 업무의 중요성 강조

33 최대 70대의 항공기를 세워 둘 수 있는 어느 공항이 있다. 현재 30대가 세워져 있고 항공기가 착륙하여 들어오는 숫자가 시간당 9대, 이륙하여 나가는 숫자가 시간당 3대이다. 몇 시간이 지나야 더 이상 항공기를 세워 둘 수 없는가?

① 5시간 30분　② 5시간 50분

③ 6시간 20분　④ 6시간 30분

⑤ 6시간 40분

34 Z공사 신재생사업처의 A대리는 다음 주 분기종합회의를 위해 회의실을 예약하고자 한다. 회의 조건과 세미나실별 다음 주 예약 현황, 세미나실별 시설 현황이 다음과 같을 때, A대리가 다음 주에 예약 가능한 세미나실과 요일이 바르게 짝지어진 것은?

〈회의 조건〉

- 회의는 오후 1시부터 오후 4시 사이에 진행되어야 한다.
- 회의는 1시간 30분 동안 연이어 진행되어야 한다.
- 회의 참석자는 24명이다.
- 회의에는 빔프로젝터가 필요하다.

〈세미나실별 다음 주 예약 현황〉

구분	월	화	수	목	금
본관 1세미나실	인재개발원(예약) (10:00 ~ 15:00)			조직개발팀(예약) (13:30–15:00)	기술전략처(예약) (14:00–15:00)
본관 2세미나실	환경조사과(예약) (10:00–11:30)	위기관리실(예약) (14:00–15:00)	남미사업단(예약) (13:00–16:00)	데이터관리과(예약) (16:00–17:00)	–
국제관 세미나실A	–	품질보증처(예약) (10:00–11:30)	건설기술처(예약) (09:00–10:00)	–	성과관리과(예약) (09:30–10:30)
국제관 세미나실B	회계세무부(예약) (14:00–16:00)	글로벌전략실(예약) (13:00–13:30)	내진기술실(예약) (14:00–15:30)	글로벌전략실(예약) (10:00 ~ 16:00)	
복지동 세미나실	경영관리실(예약) (09:30–11:00)	–	법무실(예약) (14:00–16:30)	–	법무실(예약) (10:00–11:00)

〈세미나실별 시설 현황〉

구분	빔프로젝터 유무	최대 수용 가능 인원
본관 1세미나실	○	28명
본관 2세미나실	○	16명
국제관 세미나실A	○	40명
국제관 세미나실B	○	32명
복지동 세미나실	×	38명

① 본관 1세미나실, 수요일
② 본관 2세미나실, 금요일
③ 국제관 세미나실B, 화요일
④ 국제관 세미나실B, 수요일
⑤ 복지동 세미나실, 목요일

35 다음 시트에서 [B1] 셀에 〈보기〉의 (가) ~ (마) 함수를 입력하였을 때, 표시되는 결괏값이 나머지와 다른 것은?

	A	B
1	333	
2	합격	
3	불합격	
4	12	
5	7	

〈보기〉

(가) 「=ISNUMBER(A1)」
(나) 「=ISNONTEXT(A2)」
(다) 「=ISTEXT(A3)」
(라) 「=ISEVEN(A4)」
(마) 「=ISODD(A5)」

① (가)
② (나)
③ (다)
④ (라)
⑤ (마)

36 인천공항에서 A ~ D비행기 4대가 이륙 준비를 하고 있다. 다음 〈조건〉을 만족할 때, 출발시각이 가장 빠른 비행기는?

〈비행 정보〉

구분	A비행기	B비행기	C비행기	D비행기
도착지	도하	나리타	로스앤젤레스	밴쿠버
GMT	+3	+9	−8	−8
비행시간	9시간	2시간 10분	13시간	11시간 15분

〈조건〉

- 각 비행기의 도착지는 도하, 나리타, 로스앤젤레스, 밴쿠버 중 하나이며 모두 직항이다.
- C비행기는 A비행기와 도착 시 현지 시간이 같다.
- B비행기는 C비행기보다 1시간 빨리 출발한다.
- D비행기는 C비행기보다 한국 시간으로 2시간 빨리 도착한다.
- 한국의 시차는 GMT+9이다.

① A비행기
② B비행기
③ C비행기
④ D비행기
⑤ A, D비행기

37 **이벤트에 당첨된 A ~ C 총 3명에게 다음과 같은 〈조건〉에 따라 경품을 지급하였다. 〈보기〉에서 옳은 것을 모두 고르면?**

〈조건〉

- 지급된 경품은 냉장고, 세탁기, 에어컨, 청소기가 각각 프리미엄형과 일반형 1대씩이었고, 전자레인지는 1대였다.
- 당첨자 중 1등은 A, 2등은 B, 3등은 C였으며, 이 순서대로 경품을 각각 3개씩 가져갔다.
- A는 프리미엄형 경품을 총 2대 골랐는데, 프리미엄형 청소기는 가져가지 않았다.
- B는 청소기를 고르지 않았다.
- C가 가져간 경품 중 A와 겹치는 종류가 1개 있다.
- B와 C가 가져간 경품 중 겹치는 종류가 1개 있다.
- 한 사람이 같은 종류의 경품을 2개 이상 가져가지 않았다.

〈보기〉

ㄱ. C는 반드시 전자레인지를 가져갔을 것이다.
ㄴ. A는 청소기를 가져갔을 수도, 그렇지 않을 수도 있다.
ㄷ. B가 가져간 프리미엄형 가전은 최대 1개이다.
ㄹ. C는 프리미엄형 가전을 가져가지 못했을 것이다.

① ㄱ, ㄴ
② ㄱ, ㄷ
③ ㄱ, ㄹ
④ ㄴ, ㄹ
⑤ ㄷ, ㄹ

38 다음은 지역별 마약류 단속에 대한 자료이다. 이에 대한 설명으로 옳은 것은?

〈지역별 마약류 단속 건수〉

(단위 : 건, %)

지역 \ 마약류	대마	마약	향정신성의약품	합계	비중
서울	49	18	323	390	22.1
인천·경기	55	24	552	631	35.8
부산	6	6	166	178	10.1
울산·경남	13	4	129	146	8.3
대구·경북	8	1	138	147	8.3
대전·충남	20	4	101	125	7.1
강원	13	0	35	48	2.7
전북	1	4	25	30	1.7
광주·전남	2	4	38	44	2.5
충북	0	0	21	21	1.2
제주	0	0	4	4	0.2
전체	167	65	1,532	1,764	100.0

※ 수도권은 서울과 인천·경기를 합한 지역임

※ 마약류는 대마, 마약, 향정신성의약품으로만 구성됨

① 마약 단속 건수가 없는 지역은 5곳이다.

② 대마 단속 전체 건수는 마약 단속 전체 건수의 3배 이상이다.

③ 수도권의 마약류 단속 건수는 마약류 단속 전체 건수의 50% 이상이다.

④ 강원 지역은 향정신성의약품 단속 건수가 대마 단속 건수의 3배 이상이다.

⑤ 향정신성의약품 단속 건수는 대구·경북 지역이 광주·전남 지역의 4배 이상이다.

39 다음 글의 ㉠의 입장에서 호메로스의 『일리아스』를 비판한 내용으로 적절하지 않은 것은?

> 기원전 5세기, 헤로도토스는 페르시아 전쟁에 대한 책을 쓰면서 『역사(Historiai)』라는 제목을 붙였다. 이 제목의 어원이 되는 'Histor'는 원래 '목격자', '증인'이라는 뜻의 법정 용어였다. 이처럼 어원상 '역사'는 본래 '목격자의 증언'을 뜻했지만, 헤로도토스의 『역사』가 나타난 이후 '진실의 탐구' 혹은 '탐구한 결과의 이야기'라는 의미로 바뀌었다.
> 헤로도토스 이전에는 사실과 허구가 뒤섞인 신화와 전설, 혹은 종교를 통해 과거에 대한 지식이 전수되었다. 특히 고대 그리스인들이 주로 과거에 대한 지식의 원천으로 삼은 것은 『일리아스』였다. 『일리아스』는 기원전 9세기의 시인 호메로스가 오래전부터 구전되어 온 트로이 전쟁에 대해 읊은 서사시이다. 이 서사시에서는 전쟁을 통해 신들, 특히 제우스 신의 뜻이 이루어진다고 보았다. 헤로도토스는 바로 이런 신화적 세계관에 입각한 서사시와 구별되는 새로운 이야기 양식을 만들어 내고자 했다. 즉, 헤로도토스는 가까운 과거에 일어난 사건의 중요성을 인식하고, 이를 직접 확인·탐구하여 인과적 형식으로 서술함으로써 역사라는 새로운 분야를 개척한 것이다.
> 『역사』가 등장한 이후, 사람들은 역사 서술의 효용성이 과거를 통해 미래를 예측하게 하여 후세인(後世人)에게 교훈을 주는 데 있다고 인식하게 되었다. 이러한 인식에는 한 번 일어났던 일이 계절처럼 되풀이하여 다시 나타난다는 순환 사관이 바탕에 깔려 있다. 그리하여 오랫동안 역사는 사람을 올바르고 지혜롭게 가르치는 '삶의 학교'로 인식되었다. 이렇게 교훈을 주기 위해서는 과거에 대한 서술이 정확하고 객관적이어야 했다. 물론 모든 역사가들이 정확성과 객관성을 역사 서술의 우선적 원칙으로 앞세운 것은 아니다. 오히려 헬레니즘과 로마 시대의 역사가들 중 상당수는 수사학적인 표현으로 독자의 마음을 움직이는 것을 목표로 하는 역사 서술에 몰두하였고, 이런 경향은 중세시대에도 어느 정도 지속되었다. 이들은 이야기를 감동적이고 설득력 있게 쓰는 것이 사실을 객관적으로 기록하는 것보다 더 중요하다고 보았다. 이런 점에서 그들은 역사를 수사학의 테두리 안에 집어넣은 셈이 된다.
> 하지만 이 시기에도 역사의 본령은 과거의 중요한 사건을 가감 없이 전달하는 데 있다고 보는 역사가들이 존재하여, 그들에 대해 날카로운 비판을 가하기도 했다. 더욱이 15세기 이후부터는 수사학적 역사 서술이 역사 서술의 장에서 퇴출되고, ㉠ <u>과거를 정확히 탐구하려는 의식과 과거 사실에 대한 객관적 서술 태도</u>가 역사의 척도로 다시금 중시되었다.

① 직접 확인하지 않고 구전에만 의거하여 서술했으므로 내용이 정확하지 않을 수 있다.
② 신화와 전설 등의 정보를 후대에 전달하면서 객관적 서술 태도를 배제하지 못했다.
③ 트로이 전쟁의 중요성은 인식하였으나 실제 사실을 확인하는 데까지는 이르지 못했다.
④ 신화적 세계관에 따른 서술로 인해 과거에 대해 정확한 정보를 추출해 내기 어렵다.
⑤ 과거의 지식을 습득하는 수단으로 사용되기도 했지만 과거를 정확히 탐구하려는 의식은 찾을 수 없다.

40 A공사 B지사의 직원들 중 일부는 3월 11일 회계감사 관련 서류 제출을 위해 본사로 출장을 가야 한다. 다음 〈조건〉과 상황을 근거로 판단할 때, 출장을 갈 수 있는 직원들을 모두 고르면?

〈조건〉

- 오전 8시 정각 출발이 확정되어 있으며, 출발 후 B지사에 복귀하기까지 총 8시간이 소요된다.
- 단, 비가 오는 경우 1시간이 추가로 소요된다.
- 출장인원 중 1명이 직접 운전하여야 하며, 1종 보통 운전면허 소지자만 운전할 수 있다.
- 출장시간에 사내 업무가 겹치는 경우에는 출장을 갈 수 없다.
- 출장인원 중 부상자가 포함되어 있는 경우, 서류 박스 운반 지연으로 인해 30분이 추가로 소요된다.
- 차장은 책임자로서 출장인원에 적어도 1명 포함되어야 한다.
- 주어진 조건 외에는 고려하지 않는다.

〈상황〉

- 3월 11일은 하루 종일 비가 온다.
- 3월 11일 당직 근무는 17시 10분에 시작한다.

구분	직급	운전면허	건강상태	출장 당일 사내 업무
갑 직원	차장	1종 보통	부상	없음
을 직원	차장	2종 보통	건강	17시 15분 협력업체 면담
병 직원	과장	없음	건강	17시 35분 협력업체 상담
정 직원	과장	1종 보통	건강	당직 근무
무 직원	대리	2종 보통	건강	없음

① 갑, 을, 병 직원
② 갑, 병, 정 직원
③ 을, 병, 무 직원
④ 을, 정, 무 직원
⑤ 병, 정, 무 직원

41 **다음 내용이 모두 참일 때 항상 옳은 것은?**

- 김대리, 박대리, 이과장, 최과장, 정부장은 A회사의 직원들이다.
- A회사의 모든 직원은 내근과 외근 중 한 가지만 한다.
- A회사의 직원 중 내근을 하면서 미혼인 사람에는 직책이 과장 이상인 사람은 없다.
- A회사의 직원 중 외근을 하면서 미혼이 아닌 사람은 모두 그 직책이 과장 이상이다.
- A회사의 직원 중 외근을 하면서 미혼인 사람은 모두 연금 저축에 가입되어 있다.
- A회사의 직원 중 미혼이 아닌 사람은 모두 남성이다.

① 김대리가 내근을 한다면, 그는 미혼이다.
② 이과장이 미혼이 아니라면, 그는 내근을 한다.
③ 최과장이 여성이라면, 그는 연금 저축에 가입되어 있다.
④ 정부장이 외근을 한다면, 그는 연금 저축에 가입되어 있지 않다.
⑤ 박대리가 미혼이면서 연금 저축되어 가입되어 있지 않다면, 그는 외근을 한다.

42 **다음은 C교육원에서 운영하는 전문 도서관 서비스 메뉴 버튼이다. 전문 도서관 서비스 메뉴 버튼을 통해 알 수 있는 내용으로 옳지 않은 것은?**

〈전문 도서관 서비스 메뉴 버튼〉

도서관 안내	통합 검색	알림마당	도서관 서비스	마이 페이지
도서관 소개	빠른 검색	공지 사항	추천 자료	대출 현황
도서관 현황	상세 검색	자유게시판	인기 자료	대출예약 현황
도서관 연혁	주제별 리스트	자료실	다독자	내 서재
자료 현황	가나다 리스트	Q&A	관련 사이트	자료구입 신청
이용 안내	신착 자료	FAQ		SDI 서비스
찾아오시는 길				

① 원하는 특정 자료를 검색할 때는 통합 검색에서 빠른 검색이나 상세 검색 기능을 활용하는 것이 가장 효율적이다.
② 정보 이용자의 특성을 프로파일로 등록해둔 후 새로운 정보가 발생하면 정보 이용자가 관심가질 만한 자료를 제공해주는 서비스는 도서관 서비스 메뉴에 있다.
③ 도서관 이용에 대한 기본적인 설명은 도서관 안내 메뉴를 통해 습득 가능하다.
④ 인기 자료는 특정 기간 내 많은 정보 이용자들의 관심이나 선택을 받은 자료들을 리스트화하여 정보를 제공할 것이다.
⑤ 정보 이용자가 대여한 책의 반납 날짜와 대여했던 책들의 정보를 확인하려면 마이 페이지에서 대출 현황 및 내 서재 등을 이용하면 된다.

43 다음은 국가별 이산화탄소 배출량에 대한 자료이다. 〈조건〉에 따라 빈칸 ㉠~㉣에 해당하는 국가명을 순서대로 바르게 나열한 것은?

〈국가별 이산화탄소 배출량〉

(단위 : 백만 CO_2톤)

구분	1995년	2005년	2015년	2020년	2025년
일본	1,041	1,141	1,112	1,230	1,189
미국	4,803	5,642	5,347	5,103	5,176
(㉠)	232	432	551	572	568
(㉡)	171	312	498	535	556
(㉢)	151	235	419	471	507
독일	940	812	759	764	723
인도	530	890	1,594	1,853	2,020
(㉣)	420	516	526	550	555
중국	2,076	3,086	7,707	8,980	9,087
러시아	2,163	1,474	1,529	1,535	1,468

〈조건〉

- 한국과 캐나다는 5개 연도의 이산화탄소 배출량 순위에서 8위를 두 번 했다.
- 사우디아라비아의 2020년 대비 2025년의 이산화탄소 배출량 증가율은 5% 이상이다.
- 이란과 한국의 이산화탄소 배출량의 합은 2015년부터 이란과 캐나다의 배출량의 합보다 많아진다.

① 한국, 이란, 사우디아라비아, 캐나다
② 한국, 사우디아라비아, 이란, 캐나다
③ 한국, 이란, 캐나다, 사우디아라비아
④ 이란, 한국, 사우디아라비아, 캐나다
⑤ 캐나다, 이란, 사우디아라비아, 한국

44 다음 글의 빈칸에 들어갈 내용으로 가장 적절한 것은?

포논(Phonon)이라는 용어는 소리(Pho-)라는 접두어에 입자(-non)라는 접미어를 붙여 만든 단어로, 실제로 포논이 고체 안에서 소리를 전달하기 때문에 이런 이름이 붙었다. 어떤 고체의 한쪽을 두드리면 포논이 전파해 반대쪽에서 소리를 들을 수 있다.

아인슈타인이 새롭게 만든 고체의 비열 공식(아인슈타인 모형)은 실험 결과와 상당히 잘 맞았다. 그런데 그의 성공은 고체 내부의 진동을 포논으로 해석한 데만 있지 않다. 그는 포논이 보손(Boson) 입자라는 사실을 간파하고, 고체 내부의 세상에 보손의 물리학(보스 - 아인슈타인 통계)을 적용하여 비로소 고체의 비열이 온도에 따라 달라진다는 결론을 얻을 수 있었다.

양자역학의 세계에서 입자는 스핀 상태에 따라 분류된다. 스핀이 1/2의 홀수배(1/2, 3/2, …)인 입자들은 원자로를 개발한 유명한 물리학자 엔리코 페르미의 이름을 따 '페르미온'이라고 부른다. 오스트리아의 이론물리학자 볼프강 파울리는 페르미온들은 같은 에너지 상태를 가질 수 없고 서로 배척한다는 사실을 알아냈다(즉, 같은 에너지 상태에서는 + / - 반대의 스핀을 갖는 페르미온끼리만 같이 존재할 수 있다). 이를 '파울리의 배타 원리'라고 한다. 페르미온은 대개 양성자, 중성자, 전자 같은 물질을 구성하며, 파울리의 배타 원리에 따라 페르미온 입자로 이뤄진 물질은 우리가 손으로 만질 수 있다.

스핀이 0, 1, 2, … 등 정수 값인 입자도 있다. 바로 보손이다. 인도의 무명 물리학자였던 사티엔드라 나트 보스의 이름을 본 땄다. 보스는 페르미가 개발한 페르미 통계를 공부하고 보손의 물리학을 만들었다. 당시 그는 박사학위도 없는 무명의 물리학자여서 논문을 작성한 뒤 아인슈타인에게 편지로 보냈다. 다행히 아인슈타인은 그 논문을 쓰레기통에 넣지 않고 꼼꼼히 읽어본 뒤 자신의 생각을 첨가하고 독일어로 번역해 학술지에 제출했다. 바로 보손 입자의 물리학(보스 - 아인슈타인 통계)이다. 이에 따르면, 보손 입자는 페르미온과 달리 파울리의 배타 원리를 따르지 않는다. 그래서 같은 에너지 상태를 지닌 입자라도 서로 겹쳐서 존재할 수 있다. 만져지지 않는 에너지 덩어리인 셈이다. 이들 보손 입자는 대개 힘을 매개한다.

빛 알갱이, 즉 ______________________ 빛은 실험해보면 입자의 특성을 보이지만, 질량이 없고 물질을 투과하며 만져지지 않는다. 포논은 어떨까? 원자 사이의 용수철 진동을 양자화한 것이므로 물질이 아니라 단순한 에너지의 진동으로써 파울리의 배타 원리를 따르지 않는다. 따라서 포논은 광자와 마찬가지로 스핀이 0인 보손 입자이다.

① 광자는 보손의 대표적인 예다.
② 광자는 페르미온의 대표적인 예다.
③ 광자는 파울리의 배타 원리를 따른다.
④ 광자는 스핀 상태에 따라 분류할 수 없다.
⑤ 광자는 스핀이 1/2의 홀수배인 입자의 대표적인 예다.

45 다음은 OECD 주요 국가별 삶의 만족도 및 관련 지표에 대한 자료이다. 이에 대한 설명으로 옳지 않은 것은?

〈OECD 주요 국가별 삶의 만족도 및 관련 지표〉

(단위 : 점, %, 시간)

국가 \ 구분	삶의 만족도	장시간근로자비율	여가·개인 돌봄시간
덴마크	7.6	2.1	16.1
아이슬란드	7.5	13.7	14.6
호주	7.4	14.2	14.4
멕시코	7.4	28.8	13.9
미국	7.0	11.4	14.3
영국	6.9	12.3	14.8
프랑스	6.7	8.7	15.3
이탈리아	6.0	5.4	15.0
일본	6.0	22.6	14.9
한국	6.0	28.1	14.6
에스토니아	5.4	3.6	15.1
포르투갈	5.2	9.3	15.0
헝가리	4.9	2.7	15.0

※ 장시간근로자비율은 전체 근로자 중 주 50시간 이상 근무한 근로자의 비율임

① 삶의 만족도가 가장 높은 국가는 장시간근로자비율이 가장 낮다.

② 한국의 장시간근로자비율은 삶의 만족도가 가장 낮은 국가의 장시간근로자비율의 10배 이상이다.

③ 삶의 만족도가 한국보다 낮은 국가들의 장시간근로자비율의 산술평균은 이탈리아의 장시간근로자비율보다 높다.

④ 여가·개인돌봄시간이 가장 긴 국가와 가장 짧은 국가의 삶의 만족도 차이는 0.3점 이하이다.

⑤ 장시간근로자비율이 미국보다 낮은 국가의 여가·개인돌봄시간은 모두 미국의 여가·개인돌봄시간보다 길다.

46 다음은 상업용 무인기 국내 시장 판매량 및 수출입량과 매출액에 대한 자료이다. 이에 대한 설명으로 옳은 것을 〈보기〉에서 모두 고르면?

〈상업용 무인기의 국내 시장 판매량〉

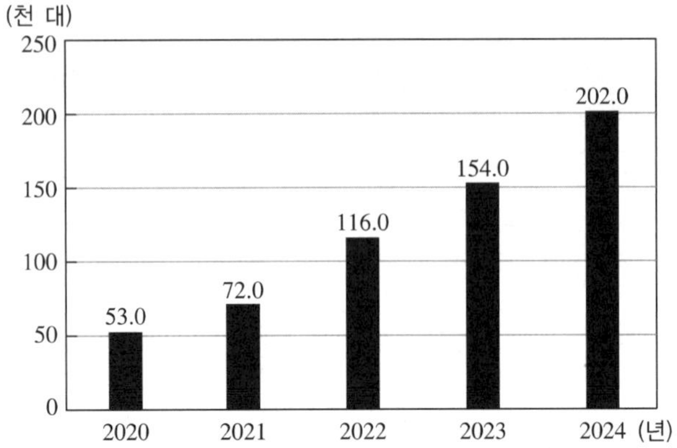

〈상업용 무인기 수출입량〉

(단위 : 천 대)

구분	2020년	2021년	2022년	2023년	2024년
수출량	1.2	2.5	18.0	67.0	240.0
수입량	1.1	2.0	3.5	4.2	5.0

※ 수출량은 국내 시장 판매량에 포함되지 않음

※ 수입량은 당해 연도 국내 시장에서 모두 판매됨

〈A사의 상업용 무인기 매출액〉

(단위 : 백만 달러)

구분	2020년	2021년	2022년	2023년	2024년
매출액	4.3	43.0	304.4	1,203.1	4,348.4

〈보기〉

ㄱ. 2024년 상업용 무인기의 국내 시장 판매량 대비 수입량의 비율은 3.0% 이하이다.

ㄴ. 2021 ~ 2024년 상업용 무인기 국내 시장 판매량의 전년 대비 증가율이 가장 큰 해는 2022년이다.

ㄷ. 2021 ~ 2024년 상업용 무인기 수입량의 전년 대비 증가율이 가장 작은 해에는 상업용 무인기 수출량의 전년 대비 증가율이 가장 크다.

ㄹ. 2022년 상업용 무인기 수출량의 전년 대비 증가율과 2022년 A사의 상업용 무인기 매출액의 전년 대비 증가율의 차이는 30%p 이하이다.

① ㄱ, ㄴ
② ㄷ, ㄹ
③ ㄱ, ㄴ, ㄷ
④ ㄱ, ㄴ, ㄹ
⑤ ㄴ, ㄷ, ㄹ

47 다음은 장래인구추계에 대한 자료이다. 이에 대한 설명으로 옳은 것은?

〈장래인구추계〉

(단위 : 천억 원, %)

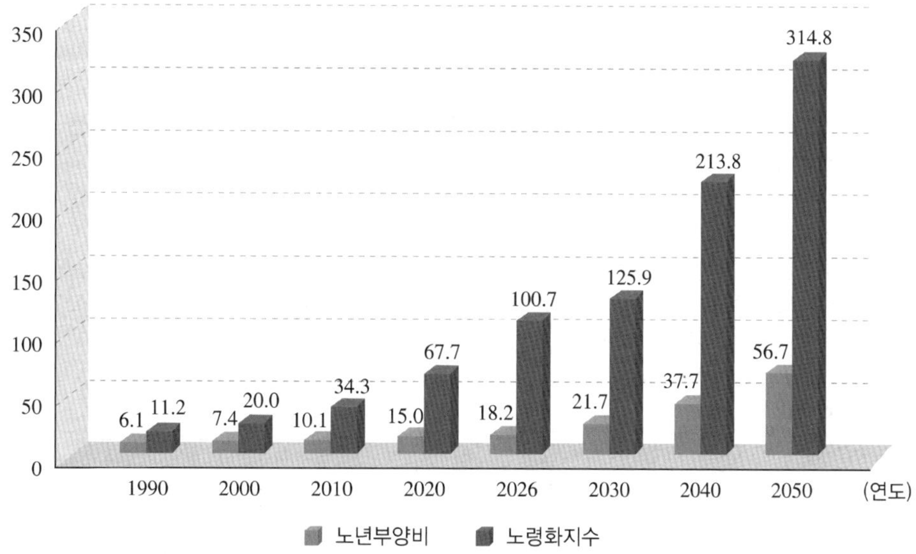

※ [노령화지수(%)]$=\frac{(65세\ 이상\ 인구)}{(0\sim14세\ 인구)}\times100$

① 2000년 대비 2026년 노령화지수는 7배 이상 증가했다.

② 노년부양비가 2030년 이후 급격히 증가하는 것은 그만큼의 GDP가 증가하기 때문이라고 할 수 있다.

③ 2030년 대비 2040년 노령화지수 증가율과 2020년 대비 2030년 노령화지수 증가율은 모두 100%를 넘는다.

④ 2020년 이후 인구증가율이 1% 미만이라면 2026년 이후의 노령화지수가 급격하게 상승하는 이유는 기대수명이 길어진 것 때문이라고 할 수 있다.

⑤ 노년부양비가 1조 원을 초과한 시점부터 10년당 증가액은 항상 두 배가 넘게 추정되었다.

※ 사내 급식소를 운영하는 P씨는 냉장고를 새로 구입하였다. 다음은 냉장고에 대한 설명서의 내용이다. 이어지는 질문에 답하시오. [48~49]

1. 설치 주의 사항
- 바닥이 튼튼하고 고른지 확인하십시오(진동과 소음의 원인이 되며, 문의 개폐 시 냉장고가 넘어져 다칠 수 있습니다).
- 주위와 적당한 간격을 유지해 주십시오(주위와 간격이 좁으면 냉각력이 떨어지고, 전기료가 많이 나오게 됩니다).
- 열기가 있는 곳은 피하십시오(주위 온도가 높으면 냉각력이 떨어지고 전기료가 많이 나오게 됩니다).
- 습기가 적고 통풍이 잘되는 곳에 설치해 주십시오(습한 곳이나 물이 묻기 쉬운 곳에 설치하는 것은 녹과 감전의 원인이 됩니다).
- 누전으로 인한 사고를 방지하기 위해 반드시 접지하십시오.

  ※ 접지단자가 있는 경우 : 별도의 접지가 필요 없음

  ※ 접지단자가 없는 경우 : 접지단자가 없는 AC220V 콘센트에 사용할 때는 구리판에 접지선을 연결한 후 땅속에 묻을 것

  ※ 접지할 수 없는 장소의 경우 : 식당이나 지하실 등 물기가 많거나 접지할 수 없는 곳에는 누전차단기(정격전류 15mA, 정격부동작 전류 7.5mA)를 구입하여 콘센트에 연결하여 사용할 것

2. 고장신고 전 확인 사항

증상	확인	해결
냉동·냉장이 전혀 되지 않을 때	정전이 되지 않았습니까?	다른 제품의 전원을 확인하세요.
	전원 플러그가 콘센트에서 빠져 있지 않습니까?	전원 코드를 콘센트에 바르게 연결해 주세요.
냉동·냉장이 잘 되지 않을 때	냉장실 온도 조절이 '약'으로 되어 있지 않습니까?	온도 조절을 '중' 이상으로 맞춰 주세요.
	직사광선을 받거나 가스레인지 등 열기구 근처에 있지 않습니까?	설치 장소를 확인해 주세요.
	뜨거운 식품을 식히지 않고 넣지 않았습니까?	뜨거운 음식은 곧바로 넣지 마시고 식혀서 넣어 주세요.
	식품을 너무 많이 넣지 않았습니까?	식품은 적당한 간격을 두고 넣어 주세요.
	문은 완전히 닫혀 있습니까?	보관 음식이 문에 끼이지 않게 한 후 문을 꼭 닫아 주세요.
	냉장고 주위에 적당한 간격이 유지되어 있습니까?	주위에 적당한 간격을 주세요.
냉장 식품이 얼 때	냉장실 온도 조절이 '강'에 있지 않습니까?	온도 조절을 '중' 이하로 낮춰 주세요.
	수분이 많고 얼기 쉬운 식품을 냉기가 나오는 입구에 넣지 않았습니까?	수분이 많고 얼기 쉬운 식품은 선반의 바깥쪽에 넣어 주세요.
소음이 심하고 이상한 소리가 날 때	냉장고 설치 장소의 바닥이 약하거나, 불안정하게 설치되어 있습니까?	바닥이 튼튼하고 고른 곳에 설치하세요.
	냉장고 뒷면이 벽에 닿지 않았습니까?	주위에 적당한 간격을 주세요.
	냉장고 뒷면에 물건이 떨어져 있지 않습니까?	물건을 치워 주세요.
	냉장고 위에 물건이 올려져 있지 않습니까?	무거운 물건을 올리지 마세요.

48 **P씨는 냉장고 사용 중에 심한 소음과 함께 이상한 소리를 들었다. 다음 중 소음과 이상한 소리의 원인으로 옳은 것은?**

① 냉장고 뒷면이 벽에 닿아 있었다.
② 뜨거운 식품을 식히지 않고 넣었다.
③ 냉장실 온도 조절이 '약'으로 되어 있었다.
④ 냉장실 온도 조절이 '강'으로 되어 있었다.
⑤ 보관 음식이 문에 끼여서 문이 완전히 닫혀 있지 않았다.

49 **P씨는 48번 문제에서 찾은 원인에 따라 조치를 취했지만, 여전히 소음이 심하고 이상한 소리가 났다. 다음 중 추가적인 해결 방법으로 옳은 것은?**

① 온도 조절을 '중' 이하로 낮추었다.
② 전원 코드를 콘센트에 바르게 연결하였다.
③ 뜨거운 음식은 곧바로 넣지 않고 식혀서 넣었다.
④ 냉장고를 안정적이고 튼튼한 바닥에 재설치하였다.
⑤ 냉장고를 가득 채운 식품을 정리하여 적당한 간격을 두고 넣었다.

50 다음은 2022 ~ 2024년 A국 농축수산물 생산액 상위 10개 품목에 대한 자료이다. 이에 대한 설명으로 옳은 것을 〈보기〉에서 모두 고르면?

〈A국 농축수산물 생산액 상위 10개 품목〉

(단위 : 억 원)

순위 \ 연도·구분	2022년		2023년		2024년	
	품목	생산액	품목	생산액	품목	생산액
1	쌀	105,046	쌀	85,368	쌀	86,800
2	돼지	23,720	돼지	37,586	돼지	54,734
3	소	18,788	소	31,479	소	38,054
4	우유	13,517	우유	15,513	닭	20,229
5	고추	10,439	닭	11,132	우유	17,384
6	닭	8,208	달걀	10,853	달걀	13,590
7	달걀	6,512	수박	8,920	오리	12,323
8	감귤	6,336	고추	8,606	고추	9,913
9	수박	5,598	감귤	8,108	인삼	9,412
10	마늘	5,324	오리	6,490	감귤	9,065
농축수산물 전체		319,678		350,889		413,643

〈보기〉

ㄱ. 2024년의 감귤 생산액 순위는 2023년에 비해 떨어졌으나 감귤 생산액이 농축수산물 전체 생산액에서 차지하는 비중은 증가하였다.
ㄴ. 쌀 생산액이 농축수산물 전체 생산액에서 차지하는 비중은 매년 감소하였다.
ㄷ. 상위 10위 이내에 매년 포함된 품목은 7개이다.
ㄹ. 오리 생산액은 매년 증가하였다.

① ㄱ, ㄴ
② ㄱ, ㄹ
③ ㄴ, ㄷ
④ ㄴ, ㄹ
⑤ ㄷ, ㄹ

제4회 PSAT형

NCS 모의고사

〈문항 및 시험시간〉

평가영역	문항 수	시험시간	모바일 OMR 답안채점 / 성적분석 서비스
의사소통능력 / 수리능력 / 문제해결능력 / 자원관리능력 / 정보능력 / 조직이해능력 / 기술능력	50문항	60분	

PSAT형 NCS 집중학습 봉투모의고사

제4회 모의고사

문항 수 : 50문항
시험시간 : 60분

ㅣ의사소통능력

01 다음 글을 읽고 추론한 내용으로 적절한 것을 〈보기〉에서 모두 고르면?

두 입자만으로 이루어지고 이들이 세 가지의 양자 상태 1, 2, 3 중 하나에만 있을 수 있는 계(System)가 있다고 하자. 여기서 양자 상태란 입자가 있을 수 있는 구별 가능한 어떤 상태를 지시하며, 입자는 세 가지 양자 상태 중 하나에 반드시 있어야 한다. 이때 그 계에서 입자들이 어떻게 분포할 수 있는지 경우의 수를 세는 문제는 각 양자 상태에 대응하는 세 개의 상자 [1|2|3]에 두 입자가 있는 경우의 수를 세는 것과 같다. 경우의 수는 입자들끼리 서로 구별 가능한지와 여러 개의 입자가 하나의 양자 상태에 동시에 있을 수 있는지에 따라 달라진다.

두 입자가 구별 가능하고, 하나의 양자 상태에 여러 개의 입자가 있을 수 있다고 가정하자. 이것을 'MB 방식'이라고 부르며, 두 입자는 각각 a, b로 표시할 수 있다. a가 1의 양자 상태에 있는 경우는 [ab| |], [a|b|], [a| |b]의 세 가지이고, a가 2의 양자 상태에 있는 경우와 a가 3의 양자 상태에 있는 경우도 각각 세 가지이다. 그러므로 MB 방식에서 경우의 수는 9이다.

두 입자가 구별되지 않고, 하나의 양자 상태에 여러 개의 입자가 있을 수 있다고 가정하자. 이것을 'BE 방식'이라고 부른다. 이때에는 두 입자 모두 a로 표시하게 되므로 [aa| |], [|aa|], [| |aa], [a|a|], [a| |a], [|a|a]가 가능하다. 그러므로 BE 방식에서 경우의 수는 6이다.

두 입자가 구별되지 않고, 하나의 양자 상태에 하나의 입자만 있을 수 있다고 가정하자. 이것을 'FD 방식'이라고 부른다. 여기에서는 BE 방식과 달리 하나의 양자 상태에 두 개의 입자가 동시에 있는 경우는 허용되지 않으므로 [a|a|], [a| |a], [|a|a]만 가능하다. 그러므로 FD 방식에서 경우의 수는 3이다.

양자 상태의 가짓수가 다를 때에도 MB, BE, FD 방식 모두 위에서 설명한 대로 입자들이 놓이게 되고, 이때 경우의 수는 달라질 수 있다.

〈보기〉

ㄱ. 두 개의 입자에 대해 양자 상태가 두 가지이면 BE 방식에서 경우의 수는 2이다.
ㄴ. 두 개의 입자에 대해 양자 상태의 가짓수가 많아지면 FD 방식에서 두 입자가 서로 다른 양자 상태에 각각 있는 경우의 수는 커진다.
ㄷ. 두 개의 입자에 대해 양자 상태가 두 가지 이상이면 경우의 수는 BE 방식에서보다 MB 방식에서 언제나 크다.

① ㄱ
② ㄷ
③ ㄱ, ㄴ
④ ㄴ, ㄷ
⑤ ㄱ, ㄴ, ㄷ

02 다음 글을 읽고 알 수 있는 내용으로 적절하지 않은 것은?

> 전 세계적인 과제로 탄소중립이 대두되자 친환경적 운송수단인 철도가 주목받고 있다. 특히 국제에너지기구는 철도를 에너지 효율이 가장 높은 운송수단으로 꼽으며, 철도 수송을 확대하면 세계 수송 부문에서 온실가스 배출량이 그렇지 않을 때보다 약 6억 톤이 줄어들 수 있다고 하였다.
> 특히 철도의 에너지 소비량은 도로의 22분의 1이고, 온실가스 배출량은 9분의 1에 불과해, 탄소 배출이 높은 도로 운행의 수요를 친환경 수단인 철도로 전환한다면 수송 부문 총배출량이 획기적으로 감소할 것으로 전망하고 있다.
> 이에 발맞춰 우리나라의 S철도공단도 '녹색교통'인 철도 중심 교통체계를 구축하기 위해 박차를 가하고 있으며, 정부 역시 '2050 탄소중립 실현' 목표를 따라 저탄소 철도 인프라 건설·관리로 탄소를 지속적으로 감축하고자 노력하고 있다.
> S철도공단은 철도 인프라 생애주기 관점에서 탄소를 감축하기 위해 먼저 철도 건설 단계에서부터 친환경·저탄소 자재를 적용해 탄소 배출을 줄이고 있다. 실제로 중앙선 안동 ~ 영천 간 궤도 설계 당시 철근 대신에 저탄소 자재인 유리섬유 보강근을 콘크리트 궤도에 적용했으며, 이를 통한 탄소 감축효과는 약 6,000톤으로 추정된다. 이 밖에도 저탄소 철도 건축물 구축을 위해 2025년부터 모든 철도 건축물을 에너지 자립률 60% 이상(3등급)으로 설계하기로 결정했으며, 도심의 철도 용지는 지자체와 협업을 통해 도심 속 철길 숲 등 탄소 흡수원이자 지역민의 휴식처로 철도부지 특성에 맞게 조성되고 있다.
> S철도공단은 이와 같은 철도로의 수송 전환으로 약 20%의 탄소 감축 목표를 내세웠으며, 이를 위해 정부의 노력도 필요하다고 강조하였다. 특히 수송 수단 간 공정한 가격 경쟁이 이루어질 수 있도록 도로 차량에 집중된 보조금 제도를 화물차의 탄소배출을 줄이기 위한 철도 전환교통 보조금으로 확대하는 등 실질적인 방안의 필요성을 제기하고 있다.

① 녹색교통으로 철도 수송이 대두된 배경
② 철도 수송 확대를 통해 기대할 수 있는 효과
③ 국내의 탄소 감축 방안이 적용된 설계 사례
④ 정부의 철도 중심 교통체계 구축을 위해 시행된 조치
⑤ S철도공단의 철도 중심 교통체계 구축을 위한 방안

03 A ~ E 5개의 약국은 공휴일마다 두 곳씩만 영업을 한다. 다음 〈조건〉이 모두 참일 때, 항상 참인 것은?(단, 한 달간 각 약국의 공휴일 영업일 수는 같다)

〈조건〉

- 이번 달 공휴일은 총 5일이다.
- 오늘은 세 번째 공휴일이며 A약국, C약국이 영업을 한다.
- D약국은 오늘을 포함하여 이번 달에는 더 이상 공휴일에 영업을 하지 않는다.
- E약국은 마지막 공휴일에 영업을 한다.
- A약국과 E약국은 이번 달에 1번씩 D약국과 영업을 했다.

① A약국은 이번 달에 두 번의 공휴일을 연달아 영업한다.
② 이번 달에 B약국, E약국이 함께 영업하는 공휴일은 없다.
③ B약국은 두 번째, 네 번째 공휴일에 영업을 한다.
④ 네 번째 공휴일에 영업하는 약국은 B와 C이다.
⑤ E약국은 첫 번째, 다섯 번째 공휴일에 영업을 한다.

04 다음은 C국가의 연도별 출생아 및 혼인건수에 대한 자료이다. 빈칸 (ㄱ) ~ (ㄷ)에 들어갈 수를 바르게 짝지은 것은?

〈C국가의 연도별 출생아 및 혼인 현황〉

(단위 : 명)

구분	2015년	2016년	2017년	2018년	2019년	2020년	2021년	2022년	2023년
출생아 수	471,265	484,550	436,455	435,435	438,420	406,243	357,771	326,822	(ㄷ)
합계출산율	(ㄱ)	1.297	1.187	1.205	1.239	1.172	1.052	0.977	0.918
출생성비	105.7	105.7	105.3	105.3	(ㄴ)	105.0	106.3	105.4	105.5
혼인 건수 (건)	329,087	327,073	322,807	305,507	302,828	281,635	264,455	257,622	239,159

※ 합계출산율은 한 여성이 15 ~ 49세에 낳을 것으로 기대되는 평균 출생아 수임

※ (출생성비)=[(남자 출생아)÷(여자 출생아)]×100, 즉 여자 출생아 100명당 남자 출생아의 수임

〈정보〉

- 출생아 수는 2020 ~ 2023년 동안 전년 대비 감소하는 추세이며, 그중 2023년에 전년 대비 감소한 출생아 수가 가장 적다.
- 2015 ~ 2023년까지 연도별 합계출산율에서 2015년 합계출산율은 두 번째로 높다.
- 2017년부터 3년 동안 출생성비는 동일하다.

	ㄱ	ㄴ	ㄷ
①	1,204	105.0	295,610
②	1,237	105.0	295,610
③	1,244	105.3	302,676
④	1,237	105.3	302,676
⑤	1,251	105.3	295,873

05 다음은 연도별 초·중·고등학생의 직업 선호도와 인원수에 대한 자료이다. 이에 대한 설명으로 옳은 것은?(단, 인원수는 소수점 첫째 자리에서 반올림한다)

〈연도별 초·중·고등학생의 직업 선호도〉

구분	2019년	2020년	2021년	2022년	2023년
1위	교사(28%)	교사(30%)	교사(28%)	공무원(28%)	공무원(31%)
2위	공무원(20%)	공무원(21%)	공무원(22%)	교사(27%)	교사(25%)
3위	회사원(14%)	법조인(12%)	법조인(15%)	의사(10%)	법조인(12%)
4위	법조인(10%)	연예인(11%)	의사(10%)	요리사(9%)	의사(7%)
5위	연예인(7%)	군인(5%)	군인(9%)	경찰(4%)	경찰(5%)

※ 직업 선호도 조사에서 매년 초·중·고등학생의 전체 인원이 1명당 1개의 직업을 선택하였음

〈연도별 초·중·고등학생 인원수〉

구분	2019년	2020년	2021년	2022년	2023년
남자	697천 명	622천 명	557천 명	542천 명	492천 명
여자	551천 명	568천 명	571천 명	516천 명	486천 명
전체	1,248천 명	1,190천 명	1,128천 명	1,058천 명	978천 명

① 2020～2023년 동안 직업 중 '교사'의 직업 선호도 비율은 매년 감소하였고, '공무원'의 경우 매년 증가하였다.

② 2019～2023년 매년 5위 안에 드는 직업은 3가지이다.

③ 2019～2023년 동안 매년 1위와 2위는 전체 인원수의 절반 이상을 차지했다.

④ 직업 선호도가 5위인 직업을 선택한 인원이 10만 명 이상인 해는 2021년뿐이다.

⑤ 2020～2023년까지 초·중·고등학생의 남녀 인원수는 각각 전년 대비 감소하는 추세이다.

06 K공사에 근무하는 S사원은 부서 워크숍을 진행하기 위해 다음과 같이 워크숍 장소를 선정하였다. 다음 〈조건〉을 참고할 때, 워크숍 장소로 가장 적절한 곳은?

〈K공사 워크숍 장소 후보〉

구분	거리(공사 기준)	수용 가능 인원	대관료	이동 시간(편도)
A호텔	40km	100명	40만 원/일	1시간 30분
B연수원	40km	80명	50만 원/일	2시간
C세미나	20km	40명	30만 원/일	1시간
D리조트	60km	80명	80만 원/일	2시간 30분
E호텔	100km	120명	100만 원/일	3시간 30분

〈조건〉

- 워크숍은 1박 2일로 진행한다.
- S사원이 속한 부서의 직원은 모두 80명이며 전원 참석한다.
- 거리는 공사 기준 60km 이하인 곳으로 선정한다.
- 대관료는 100만 원 이하인 곳으로 선정한다.
- 이동 시간은 왕복으로 3시간 이하인 곳으로 선정한다.

① A호텔
② B연수원
③ C세미나
④ D리조트
⑤ E호텔

07 면접시험에서 순서대로 면접을 진행한 응시자들이 다음 〈조건〉에 따라 평가 점수가 가장 높은 6명이 합격할 때, 합격자를 높은 점수 순서대로 나열한 것은?(단, 동점인 경우 먼저 면접을 진행한 응시자를 우선으로 한다)

〈지원자 면접 점수〉

(단위 : 점)

구분	면접관 1	면접관 2	면접관 3	면접관 4	면접관 5	보훈 가점
A	80	85	70	75	90	−
B	75	90	85	75	100	5
C	70	95	85	85	85	−
D	75	80	90	85	80	−
E	80	90	95	100	85	5
F	85	75	95	90	80	−
G	80	75	95	90	95	10
H	90	80	80	85	100	−
I	70	80	80	75	85	5
J	85	80	100	75	85	−
K	85	100	70	75	75	5
L	75	90	70	100	70	−

〈조건〉

- 면접관 5명이 부여한 점수 중 최고점과 최저점을 제외한 나머지 면접관 3명이 부여한 점수의 평균과 보훈 가점의 합으로 평가한다.
- 최고점과 최저점이 1개 이상일 때는 1명의 점수만 제외한다.
- 소수점 셋째 자리에서 반올림한다.

① G－A－C－F－E－L
② D－A－F－L－H－I
③ E－G－B－C－F－H
④ G－E－B－C－F－H
⑤ G－A－B－F－E－L

08 다음은 H공단의 직업능력개발 사업계획의 내용 중 일부이다. 〈보기〉를 참고하여 사업계획을 이해한 내용으로 적절하지 않은 것은?

〈직업능력개발 사업계획〉

전략 과제별 사업	2025년	
	목표	예산(백만 원)
사업주 직업능력개발훈련 참여 확대	2,102천 명	434,908
중소기업 훈련지원센터 관리	86,000명	
체계적 현장 훈련 지원	150기업	3,645
학습조직화 지원	150기업	
컨소시엄 훈련 지원	210,000명	108,256
청년취업아카데미 운영 관리	7,650명	3,262
내일이룸학교 운영 지원	240명	
직업방송 제작	2,160편	5,353

〈보기〉

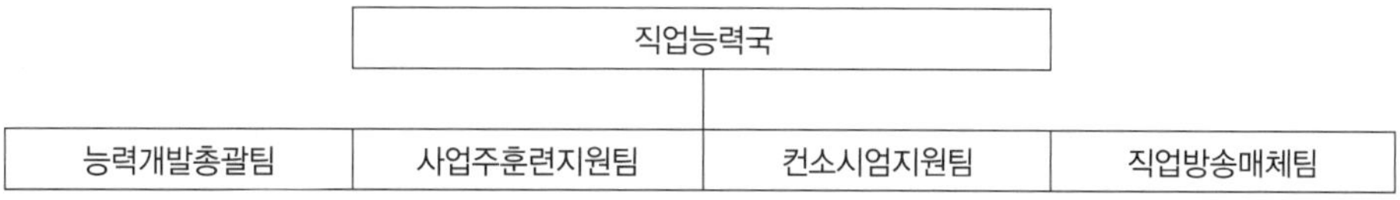

부서	분장업무
능력개발총괄팀	• 직업능력개발사업 장단기 발전계획 수립 • 직업능력개발사업 성과분석, 제도개선 및 신규사업 개발 • 직업능력의 달 기념식 및 HRD컨퍼런스 개최
사업주훈련지원팀	• 사업주 직업능력개발훈련 지원 • 청년취업아카데미 심사·선정·성과관리 등 운영 관리 • 내일이룸학교 운영 지원 • 중소기업 학습조직화 지원 • 기업맞춤형 현장훈련(S-OJT) 지원 • 중소기업 훈련지원센터 운영 관리
컨소시엄지원팀	• 국가 인적자원 개발컨소시엄 공동훈련센터(대중소상생형, 전략분야형) 지원 및 관리 • 국가 인적자원 개발컨소시엄 지원기관(허브사업단, 대중소상생인력양성협의회) 지원 및 관리 • 공동훈련센터(대중소상생형, 전략분야형), 지원기관 실적 및 성과평가
직업방송매체팀	• 한국직업방송 프로그램 기획, 편성 및 모니터링 • 한국직업방송 위탁방송사 선정 및 관리·운영 • 한국직업방송 멀티플랫폼 관리·운영

① 직업능력개발 사업계획 수립은 능력개발총괄팀이 담당한다.

② 계획된 사업 중 사업주훈련지원팀이 담당하는 사업의 수가 가장 많다.

③ 계획된 사업 중 컨소시엄지원팀과 직업방송매체팀이 담당하는 사업의 수는 같다.

④ 사업계획상 가장 적은 예산을 사용할 부서는 컨소시엄지원팀이다.

⑤ 사업계획상 가장 많은 예산을 사용할 부서는 사업주훈련지원팀이다.

09 C회사는 현재 22,000원에 판매하고 있는 A제품의 판매 이익을 높이기 위해 다양한 방식을 고민하고 있다. 다음 A제품에 대한 정보를 참고할 때, A제품의 판매 이익을 가장 크게 높일 수 있는 방법으로 옳은 것은?

〈A제품 정보〉

• 개당 소요 비용

재료비	생산비	광고비
2,500원	4,500원	1,000원

• A/S 관련 사항
 – 고객의 무료 A/S요청 시 회사는 1회당 3,000원을 부담해야 한다.
 – 무료 A/S는 구매 후 단 1회에 한해 제공된다.
 – 판매되는 제품 중 무료 A/S가 요구되는 제품의 비율은 15%이다.

• (판매 이익)=[(판매량)×(판매가격)]−[{(재료비)+(생산비)+(광고비)}+{(A/S 부담 비용)×(A/S 비율)}]

① 재료비를 25% 감소시킨다.
② 생산비를 10% 감소시킨다.
③ 광고비를 50% 감소시킨다.
④ A/S 부담 비용을 20% 감소시킨다.
⑤ A/S 비율을 5%p 감소시킨다.

10 다음 〈보기〉는 S은행 직원들의 근무수행 평가표이다. 함수를 〈조건〉과 같이 정의할 때, 출력값이 가장 작은 것은?

〈보기〉

	A	B	C	D	E	F
1	이름	책임감	협동심	근무태도	근면성	평균
2	최미림	67	89	91	82	82.25
3	이미하	75	84	95	97	87.75
4	이영림	86	97	87	85	88.75
5	평균	76	90	91	88	86.25

〈조건〉

- ○(셀1, 셀2, …) : 셀의 합을 구하는 함수
- ■(셀1, 셀2, …) : 셀의 평균을 구하는 함수
- ▲(범위A, 조건, 합_범위) : '합_범위'의 셀을 더하는 함수(단, 더해질 '합_범위'의 셀은 범위A에서 조건을 만족하는 셀과 같은 행에 있어야 함)
- ●(범위, k) : 범위에서 k번째로 큰 값을 구하는 함수
- △(범위, k) : 범위에서 k번째로 작은 값을 구하는 함수
- ◇(범위) : 범위에서 최솟값을 구하는 함수
- ☆(범위) : 범위에서 최댓값을 구하는 함수

① =○(●(F2:F4, 1), △(F2:F4, 1))

② =○(☆(F2:F4), ◇(F2:F4))

③ =○(■(B2:B4), ■(C2:C4))

④ =▲(A2:A4, "이*", F2:F4)

⑤ =▲(A2:A4, "*림", F2:F4)

※ 다음은 A공사의 시설별 견학 안내에 대한 자료이다. 이어지는 질문에 답하시오. **[11~12]**

〈A공사 시설별 견학 안내〉

1. 본사 견학
   - 견학 시간 : 평일(월 ~ 금) 오전 10시 ~ 오후 4시
   - 견학 내용
     - 집단에너지 사업 및 지역 난방에 관한 교육(20분 소요)
     - 홍보전시실 견학(20분 소요)
   - 대상 : 초・중・고교 학생 단체(인솔자 필수 참석)
   - 견학 가능 인원 : 15 ~ 30명
   - 접수 방법 : 견학 일정 7일 전 A공사 홈페이지 또는 공문을 통한 접수(연락 가능한 전화번호 필수 기재)
   - 담당부서 : 홍보실

2. 지사 견학
   - 견학 시간 : 평일(월 ~ 금) 오전 10시 ~ 오후 4시
   - 견학 내용 : 집단에너지 사업 및 지역 난방에 관한 교육(지사별 여건에 따라 진행, 50분 소요)
   - 견학 장소 : 강남지사, 고양지사, 수원지사 등 각 지사
   - 대상 : 만 5세 이상(인솔자 필수 참석)
   - 견학 가능 인원 : 15 ~ 30명
   - 접수 방법 : 견학 일정 7일 전 A공사 홈페이지 또는 공문을 통한 접수(연락 가능한 전화번호 필수 기재)
   - 담당부서 : 각 지사 홍보과

3. 통합운영센터 견학
   - 견학 시간 : 평일(월 ~ 금) 오전 10시 ~ 오후 5시
   - 견학 내용
     - A공사 및 통합운영센터 역할 소개(30분 소요)
     - 열병합발전 전시 모형 관람 및 브리핑(30분 소요)
   - 대상 : 초・중・고교 학생 단체(인솔자 필수 참석), 일반인 단체
   - 견학 가능 인원 : 5 ~ 40명
   - 접수 방법 : 견학 일정 7일 전 A공사 홈페이지 "견학 신청"을 통해 가능(연락 가능한 전화번호 필수 기재)
   - 담당부서 : 통합운영부

11 다음 중 A공사 견학 안내에 대한 내용으로 옳은 것은?

① 모든 시설의 견학 시간은 동일하다.
② 모든 시설은 시설별 홍보과에서 담당한다.
③ 모든 견학은 인솔자가 반드시 참석해야 한다.
④ 모든 시설의 견학 신청은 A공사 홈페이지를 통해 할 수 있다.
⑤ A공사를 견학하려면 최소 10명 이상의 단체를 구성해야 한다.

12 K고등학교는 다음과 같이 견학 계획을 세웠다. 이에 대한 설명으로 옳은 것을 〈보기〉에서 모두 고르면?

〈K고등학교 견학 계획〉

- 견학 인원 : 2학년 8개 학급, 학급당 20명
- 각 학급은 9월 22일(월요일) 1일 동안 동일한 시설에서 견학을 실시한다.
- 각 학급은 1개 학급이 1개 조를 이루어 순서대로 견학을 실시한다.
- 1일 동안 모든 학생이 견학을 완료하여야 한다.

〈보기〉

ㄱ. K고등학교에서 견학 계획을 완료할 수 있는 시설은 본사뿐이다.
ㄴ. K고등학교가 9월 16일까지 A공사 홈페이지를 통해 견학 신청을 하면 견학이 가능하다.
ㄷ. 만일 각 조의 규모를 24명으로 변경하고, 마지막 조를 나머지 학생들로 구성하여 견학한다면 모든 시설에서 견학 계획을 완료할 수 있다.

① ㄱ
② ㄷ
③ ㄱ, ㄷ
④ ㄴ, ㄷ
⑤ ㄱ, ㄴ, ㄷ

13 다음은 직업별 실제 근무시간 및 희망 근무시간에 대한 자료이다. 〈보기〉에서 주 52시간 근무제 도입으로 인한 변화를 추론한 내용으로 옳은 것을 모두 고르면?

• 직업별 실제 근무시간

직업 구분	사례 수(명)	주 40시간 이하(%)	주 41 ~ 52시간 이하(%)	주 53시간 이상(%)
관리자	291	63.6	30.1	6.3
전문가 및 관련종사자	10,017	64.5	26.6	9.0
사무종사자	9,486	70.8	25.1	4.2
서비스종사자	6,003	39.6	21.9	38.5
판매종사자	6,602	34.7	29.1	36.1
농림어업 숙련종사자	2,710	54.8	24.5	20.7
기능원 및 관련기능종사자	4,853	35.1	37.1	27.8
장치, 기계조작 및 조립종사자	5,369	41.8	32.2	26.0
단순노무종사자	4,642	57.4	21.9	20.7
군인	118	71.9	23.8	4.3
소계	50,091	52.3	27.2	20.5

• 직업별 희망 근무시간

직업 구분	사례 수(명)	주 40시간 이하(%)	주 41 ~ 52시간 이하(%)	주 53시간 이상(%)
관리자	291	73.8	23.8	2.4
전문가 및 관련종사자	10,006	76.5	19.7	3.8
사무종사자	9,469	80.2	17.6	2.2
서비스종사자	5,992	49.8	28.2	22.0
판매종사자	6,597	48.3	31.4	20.3
농림어업 숙련종사자	2,703	67.1	22.8	10.1
기능원 및 관련기능종사자	4,852	47.5	36.9	15.6
장치, 기계조작 및 조립종사자	5,368	56.0	30.1	13.9
단순노무종사자	4,641	66.6	22.5	10.9
군인	119	72.1	23.3	4.6
소계	50,037	63.8	25.1	11.1

〈주 52시간 근무제〉

주 52시간 근무제는 주당 법정 근로시간을 기존 68시간에서 52시간(법정근로 40시간+연장근로 12시간)으로 단축한 근로제도이다. 국회가 2018년 2월 28일 주당 법정 근로시간을 52시간(법정근로 40시간+연장근로 12시간)으로 단축하는 내용의 '근로기준법 개정안'을 통과시킴에 따라, 그해 7월 1일부터 우선 종업원 300인 이상의 사업장을 대상으로 시행됐다. 개정안은 '일주일은 7일'이라는 내용을 명시하면서 주 최대 근로시간이 68시간(평일 40시간+평일 연장 12시간+휴일근로 16시간)에서 52시간(주 40시간+연장근로 12시간)으로 16시간이 줄어들었다.

〈보기〉

ㄱ. 주 52시간 근무제를 도입한 후, 주 근무시간이 감소하는 근로자의 수가 가장 많은 직업은 판매종사자이다.
ㄴ. 주 52시간 근무제의 도입에 찬성하는 근로자의 비율이 가장 높은 직업은 서비스종사자이다.
ㄷ. 주 52시간 근무제 도입 시, 근로시간 단축효과는 관리자보다 단순노무종사자에서 더욱 클 것이다.
ㄹ. 주 52시간 근무제에 대한 부정적 응답은 농림어업 숙련종사자보다 기능원 및 관련기능종사자에서 더 낮게 나타날 것이다.

① ㄱ, ㄴ
② ㄱ, ㄷ
③ ㄴ, ㄷ
④ ㄴ, ㄹ
⑤ ㄷ, ㄹ

14 다음 중 (가), (나) 문단에 대한 평가로 적절한 것을 〈보기〉에서 모두 고르면?

(가) 어린 시절 과학 선생님에게 가을에 단풍이 드는 까닭을 물어본 적이 있다면, 단풍은 "나무가 겨울을 나려고 잎을 떨어뜨리다 보니 생기는 부수적인 현상"이라는 답을 들었을 것이다. 보통 때는 초록빛을 내는 색소인 엽록소가 카로틴, 크산토필 같은 색소를 가리므로 우리는 잎에서 다른 빛깔을 보지 못한다. 가을이 오면 잎을 떨어뜨리고자 잎자루 끝에 떨켜가 생기면서 가지와 잎 사이의 물질 이동이 중단된다. 이에 따라 엽록소가 파괴되면서 감춰졌던 다른 색소들이 자연스럽게 드러나서 잎이 노랗거나 주홍빛을 띠게 된다. 요컨대 단풍은 나무가 월동 준비 과정에서 우연히 생기는 부산물이다.

(나) 생물의 내부를 들여다보면 화려한 색은 거의 눈에 띄지 않는다. 물론 척추동물의 몸 속에 흐르는 피는 예외이다. 상처가 난 당사자에게 피의 강렬한 색이 사태의 시급성을 알려 준다면, 피의 붉은 색깔은 특정한 목적을 가지고 진화적으로 출현했다고 볼 수 있다. 마찬가지로 타는 듯한 가을 단풍은 나무가 해충에 보내는 경계 신호라고 볼 수 있다. 진딧물처럼 겨울을 나기 위해 가을에 적당한 나무를 골라서 알을 낳는 곤충들을 향해 나무가 자신의 경계 태세가 얼마나 철저한지 알려 주는 신호가 가을 단풍이라는 것이다. 단풍의 색소를 만드는 데는 적지 않은 비용이 따르므로, 오직 건강한 나무만이 진하고 뚜렷한 가을 빛깔을 낼 수 있다. 진딧물은 이러한 신호들에 반응해서 가장 형편없이 단풍이 든 나무에 내려앉는다. 휘황찬란한 단풍은 나무와 곤충이 진화하면서 만들어 낸 적응의 결과물이다.

〈보기〉

ㄱ. 단풍이 드는 나무 중에서 떨켜를 만들지 않는 종이 있다는 연구 결과는 (가)의 주장을 강화한다.
ㄴ. 식물의 잎에서 주홍빛을 내는 색소가 가을에 새롭게 만들어진다는 연구 결과는 (가)의 주장을 강화한다.
ㄷ. 가을에 인위적으로 어떤 나무의 단풍색을 더 진하게 만들었더니 그 나무에 알을 낳는 진딧물의 수가 줄었다는 연구 결과는 (나)의 주장을 강화한다.

① ㄱ
② ㄷ
③ ㄱ, ㄴ
④ ㄴ, ㄷ
⑤ ㄱ, ㄴ, ㄷ

15 다음은 K공단의 국내 출장비 지급 기준에 대한 자료이다. 이에 대한 설명으로 옳지 않은 것은?

〈국내 출장비 지급 기준〉

① 근무지로부터 편도 100km 미만의 출장은 공단 차량 이용을 원칙으로 하며, 다음 각 호에 따라 “별표 1”에 해당하는 여비를 지급한다.
  ㉠ 일비
    ⓐ 근무시간 4시간 이상 : 전액
    ⓑ 근무시간 4시간 미만 : 1일분의 2분의 1
  ㉡ 식비 : 명령권자가 근무시간이 모두 소요되는 1일 출장으로 인정한 경우에는 1일분의 3분의 1 범위 내에서 지급
  ㉢ 숙박비 : 편도 50km 이상의 출장 중 출장일수가 2일 이상으로 숙박이 필요할 경우, 증빙자료 제출 시 숙박비 지급
② 제1항에도 불구하고 공단 차량을 이용할 수 없어 개인 소유 차량으로 업무를 수행한 경우에는 일비를 지급하지 않고 이사장이 따로 정하는 바에 따라 교통비를 지급한다.
③ 근무지로부터 100km 이상의 출장은 “별표 1”에 따라 교통비 및 일비는 전액을, 식비는 1일분의 3분의 2 해당액을 지급한다. 다만, 업무 형편상 숙박이 필요하다고 인정할 경우에는 출장기간에 대하여 숙박비, 일비, 식비 전액을 지급할 수 있다.

〈별표 1〉

구분	교통비				일비 (1일)	숙박비 (1박)	식비 (1일)
	철도임	선임	항공임	자동차임			
임원 및 본부장	1등급	1등급	실비	실비	30,000원	실비	45,000원
1, 2급 부서장	1등급	2등급	실비	실비	25,000원	실비	35,000원
2, 3, 4급 부장	1등급	2등급	실비	실비	20,000원	실비	30,000원
4급 이하 팀원	2등급	2등급	실비	실비	20,000원	실비	30,000원

1. 교통비는 실비를 기준으로 하되, 실비 정산은 국토해양부장관 또는 특별시장・광역시장・도지사・특별자치도지사 등이 인허한 요금을 기준으로 한다.
2. 선임 구분표 중 1등급 해당자는 특등, 2등급 해당자는 1등을 적용한다.
3. 철도임 구분표 중 1등급은 고속철도 특실, 2등급은 고속철도 일반실을 적용한다.
4. 임원 및 본부장의 식비가 위 정액을 초과하였을 경우 실비를 지급할 수 있다.
5. 운임 및 숙박비의 할인이 가능한 경우에는 할인 요금으로 지급한다.
6. 자동차임 실비 지급은 연료비와 실제 통행료를 지급한다.
   (연료비)=[여행거리(km)]×(유가)÷(연비)
7. 임원 및 본부장을 제외한 직원의 숙박비는 1박당 70,000원을 한도로 실비를 정산할 수 있다.

① 근무지와 출장지 간의 거리에 따라 지급받을 수 있는 출장비가 달라진다.
② 임원 및 본부장의 경우 1일 식비가 45,000원을 초과할 경우 초과 금액에 대하여 실비로 지급받을 수 있다.
③ 근무지로부터 100km 이상인 1일 출장의 경우 숙박비를 제외한 교통비, 일비, 식비 전액을 지급받을 수 있다.
④ 근무지로부터 100km 미만의 출장에 K공단 차량을 이용하지 않는다면 별도의 규정에 따라 교통비를 지급받는다.
⑤ 근무지로부터 50km 이상 100km 미만의 출장 중 숙박을 했다면 증빙자료를 제출해야만 숙박비를 지급받을 수 있다.

16 **A시는 2024년에 폐업 신고한 전체 자영업자를 대상으로 창업교육 이수 여부와 창업부터 폐업까지의 기간을 조사하였다. 다음은 조사 결과를 이용하여 창업교육 이수 여부에 따른 기간별 생존비율을 비교한 자료이다. 이에 대한 설명으로 옳은 것은?**

〈창업교육 이수 여부에 따른 기간별 생존비율〉

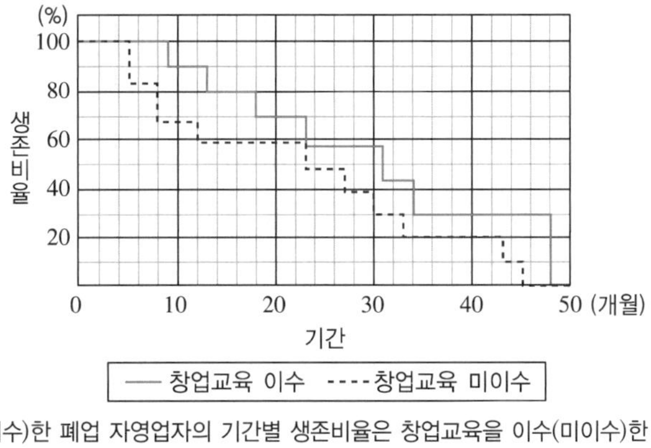

※ 창업교육을 이수(미이수)한 폐업 자영업자의 기간별 생존비율은 창업교육을 이수(미이수)한 폐업 자영업자 중 생존기간이 해당 기간 이상인 자영업자의 비율임
※ 생존기간은 창업부터 폐업까지의 기간을 의미함

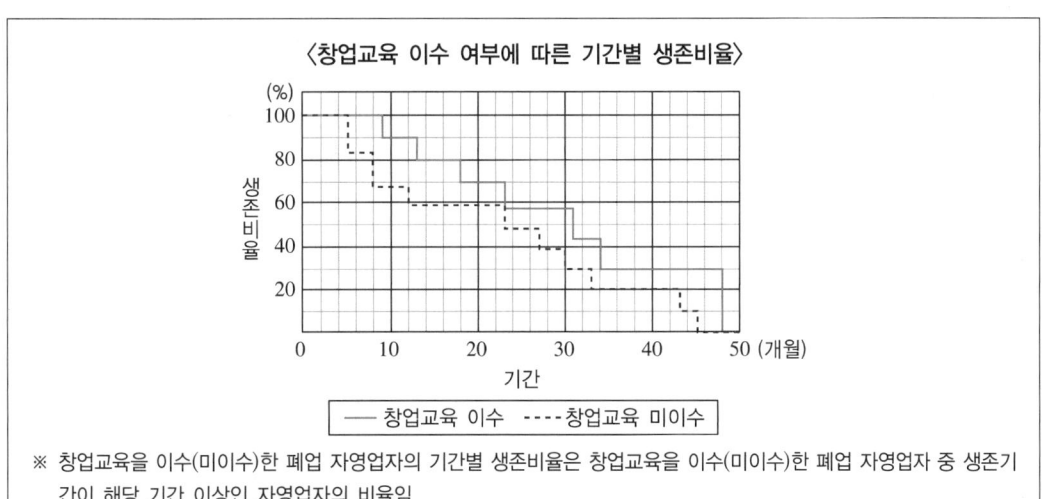

① 창업교육을 이수한 폐업 자영업자 수가 창업교육을 미이수한 폐업 자영업자 수보다 더 많다.
② 창업교육을 미이수한 폐업 자영업자 중 생존기간이 10개월 미만인 자영업자의 비율은 20% 이상이다.
③ 창업교육을 이수한 폐업 자영업자의 생존비율과 창업교육을 미이수한 폐업 자영업자의 생존비율의 차이는 창업 후 20개월에 가장 크다.
④ 창업교육을 이수한 폐업 자영업자 중 생존기간이 32개월 이상인 자영업자의 비율은 50% 이상이다.
⑤ 창업교육을 미이수한 폐업 자영업자의 평균 생존기간은 창업교육을 이수한 폐업 자영업자의 평균 생존기간보다 더 길다.

17 다음은 S학교의 성과급 기준표이다. S학교 교사들의 성과급 배점을 계산하고자 할 때, 〈보기〉에서 가장 높은 배점을 받을 교사는?

〈성과급 기준표〉

구분	평가사항	배점기준	
수업지도	주당 수업시간	24시간 이하	14점
		25시간	16점
		26시간	18점
		27시간 이상	20점
	수업 공개 유무	교사 수업 공개	10점
		학부모 수업 공개	5점
생활지도	담임 유무	담임교사	10점
		비담임교사	5점
담당업무	업무 곤란도	보직교사	30점
		비보직교사	20점
경력	호봉	10호봉 이하	5점
		11 ~ 15호봉	10점
		16 ~ 20호봉	15점
		21 ~ 25호봉	20점
		26 ~ 30호봉	25점
		31호봉 이상	30점

※ 수업지도 항목에서 교사 수업 공개, 학부모 수업 공개를 모두 진행했을 경우 10점으로 배점하며, 수업 공개를 하지 않았을 경우 배점은 없음

〈보기〉

구분	주당 수업시간	수업 공개 유무	담임 유무	업무 곤란도	호봉
A교사	20시간	-	담임교사	비보직교사	32호봉
B교사	29시간	-	비담임교사	비보직교사	35호봉
C교사	26시간	학부모 수업 공개	비담임교사	보직교사	22호봉
D교사	22시간	교사 수업 공개	담임교사	보직교사	17호봉
E교사	25시간	교사 수업 공개, 학부모 수업 공개	비담임교사	비보직교사	30호봉

① A교사
② B교사
③ C교사
④ D교사
⑤ E교사

18 다음은 2024년 G시 5개 구 주민의 돼지고기 소비량에 대한 자료이다. 〈조건〉을 참고할 때, 변동계수가 3번째로 큰 구는 어디인가?

〈5개 구 주민의 돼지고기 소비량 통계〉

(단위 : kg)

구분	평균(1인당 소비량)	표준편차
A구	(　　)	5.0
B구	(　　)	4.0
C구	30.0	6.0
D구	12.0	4.0
E구	(　　)	8.0

※ (변동계수) $= \frac{(\text{표준편차})}{(\text{평균})} \times 100$

〈조건〉

- A구의 1인당 소비량과 B구의 1인당 소비량을 합하면 C구의 1인당 소비량과 같다.
- A구의 1인당 소비량과 D구의 1인당 소비량을 합하면 E구 1인당 소비량의 2배와 같다.
- E구의 1인당 소비량은 B구의 1인당 소비량보다 6.0kg 더 많다.

① A구　② B구　③ C구　④ D구　⑤ E구

19 귀하는 점심식사 중 식당에 있는 TV에서 다음과 같은 뉴스를 보았다. 함께 점심을 먹는 동료들과 뉴스를 보고 나눈 대화의 내용으로 옳지 않은 것은?

〈뉴스〉

앵커 : 정부는 저소득층에게 법률서비스를 제공하는 정책을 구상 중입니다. 무료로 법률자문을 하겠다고 자원하는 변호사를 활용하는 자원봉사제도, 정부에서 법률 구조공단 등의 기관을 신설하고 변호사를 유급으로 고용하여 법률서비스를 제공하는 유급법률구조제도, 정부가 법률서비스의 비용을 대신 지불하는 법률보호제도 등의 세 가지 정책대안 중 하나를 선택할 계획입니다.

이 정책대안을 비교하는 데 고려해야 할 정책목표는 비용저렴성, 접근용이성, 정치적 실현가능성, 법률서비스의 전문성입니다. 정책대안과 정책목표의 관계는 화면으로 보여드립니다. 각 대안이 정책목표를 달성하는 데 유리한 경우는 (+)로, 불리한 경우는 (−)로 표시하였으며, 유・불리 정도는 같습니다. 정책목표에 대한 가중치의 경우, '0'은 해당 정책목표를 무시하는 것을, '1'은 해당 정책목표를 고려하는 것을 의미합니다.

〈정책대안과 정책목표의 상관관계〉

정책목표	가중치		정책대안		
	A안	B안	자원봉사제도	유급법률구조제도	법률보호제도
비용저렴성	0	0	+	−	−
접근용이성	1	0	−	+	−
정치적 실현가능성	0	0	+	−	+
전문성	1	1	−	+	−

① 아마도 전문성 면에서는 유급법률구조제도가 자원봉사제도보다 더 좋은 정책대안으로 평가받게 되겠군.
② A안에 가중치를 적용할 경우 유급법률구조제도가 가장 적절한 정책대안으로 평가받게 되지 않을까?
③ 반대로 B안에 가중치를 적용할 경우 자원봉사제도가 가장 적절한 정책대안으로 평가받게 될 것 같아.
④ A안과 B안 중 어떤 것을 적용하더라도 정책대안 비교의 결과는 달라지지 않을 것으로 보여.
⑤ 비용저렴성을 달성하기에 가장 유리한 정책대안은 자원봉사제도로군.

20 H팀은 정기행사를 진행하기 위해 공연장을 대여하려 한다. 다음 H팀의 상황을 고려하여 공연장을 대여한다고 할 때, 총비용은 얼마인가?

〈공연장 대여비용〉

구분	공연 준비료	공연장 대여료	소품 대여료	보조진행요원 고용료
단가	50만 원	20만 원(1시간)	5만 원(1세트)	5만 원(1인, 1시간)
할인	총비용 150만 원 이상 : 10%	2시간 이상 : 3% 5시간 이상 : 10% 12시간 이상 : 20%	3세트 : 4% 6세트 : 10% 10세트 : 25%	2시간 이상 : 5% 4시간 이상 : 12% 8시간 이상 : 25%

※ 할인은 품목마다 개별적으로 적용됨

〈H팀 상황〉

A : 저희 총예산은 수입보다 많으면 안 됩니다. 티켓은 4만 원이고, 50명 정도 관람할 것으로 예상됩니다.
B : 공연은 2시간이고, 리허설 시간으로 2시간이 필요하며, 공연 준비 및 정리를 하려면 공연 앞뒤로 1시간씩은 필요합니다.
C : 소품은 공연 때 2세트 필요한데, 예비로 1세트 더 준비하도록 하죠.
D : 진행은 저희끼리 다 못하니까 주차장을 관리할 인원 1명을 고용해서 공연 시간 동안과 공연 앞뒤 1시간씩 공연장 주변을 정리하도록 합시다. 총예산이 모자라면 예비 소품 1세트 취소, 보조진행요원 미고용, 리허설 시간 1시간 축소 순서로 줄이도록 하죠.

① 1,800,000원
② 1,850,000원
③ 1,900,000원
④ 2,050,000원
⑤ 2,100,000원

21 다음은 어떤 검색엔진에서 원하는 정보를 더 정확히 찾기 위해 사용할 수 있는 검색식에 대한 자료이다. '2024년 파리올림픽 메달 순위'에 대한 자료를 얻으려고 검색할 때, 입력할 검색식으로 옳은 것은?(단, '2024년 파리올림픽 메달 순위' 문구가 정확하게 일치해야 한다)

구분	검색식
입력한 검색어 텍스트의 순서까지 일치	"(검색어)"
특정 텍스트 제외	~ −(제외하려는 텍스트)
여러 단어 중 하나만	(텍스트 1) or (텍스트 2) or …
여러 단어가 포함	(텍스트 1) and (텍스트 2) and …

① 2024년 파리올림픽 메달 순위 − 하계

② 2024년 파리올림픽 메달 순위

③ 2024년 or 파리올림픽 메달 or 순위

④ "2024년 파리올림픽 메달 순위"

⑤ 2024년 and 파리올림픽 and 메달 순위

22 다음은 대부분 조직에서 활용하고 있는 부서명과 담당 업무의 내용에 대한 자료이다. 이에 따라 부서명과 담당 업무의 내용이 바르게 연결되지 않은 것은?

구분	업무 내용
총무부	주주총회 및 이사회 개최 관련 업무, 의전 및 비서 업무, 집기비품 및 소모품의 구매와 관리, 사무실 임차 및 관리, 차량 및 통신시설의 운영, 국내외 출장 업무 협조, 복리후생 업무, 법률자문과 소송관리, 사내외 홍보 광고 업무
인사부	조직기구의 개편 및 조정, 업무분담 및 조정, 인력수급 계획 및 관리, 직무 및 정원의 조정 종합, 노사관리, 평가관리, 상벌관리, 인사발령, 교육체계 수립 및 관리, 임금제도, 복리후생제도 및 지원 업무, 복무관리, 퇴직관리
기획부	경영계획 및 전략 수립, 전사기획업무 종합 및 조정, 중장기 사업계획의 종합 및 조정, 경영정보 조사 및 기획보고, 경영진단업무, 종합예산수립 및 실적관리, 단기사업계획 종합 및 조정, 사업계획, 손익추정, 실적관리 및 분석
회계부	회계제도의 유지 및 관리, 예산 산출 및 책정, 재무상태 및 경영실적 보고, 결산 관련 업무, 재무제표 분석 및 보고, 법인세, 부가가치세, 국세 지방세 업무자문 및 지원, 보험가입 및 보상업무, 고정자산 관련 업무
영업부	판매 계획, 판매예산의 편성, 시장조사, 광고 선전, 견적 및 계약, 제조지시서의 발행, 외상매출금의 청구 및 회수, 제품의 재고 조절, 거래처로부터의 불만처리, 제품의 사후관리, 판매원가 및 판매가격의 조사 검토

① 사옥 이전에 따르는 이전 비용 산출과 신사옥 입주를 대내외에 홍보해야 할 업무는 기획부 소관 업무이다.

② 작년 판매분 중 일부 제품에 하자가 발생하여 고객의 클레임을 접수하고 하자보수 등의 처리를 담당하는 것은 영업부의 주도적인 역할이다.

③ 회사의 지속가능경영보고서에 수록되어 주주들에게 배포될 경영실적 관련 자료를 준비하느라 회계부 직원들은 연일 야근 중이다.

④ 사무실 이전 계획에 따라 새로운 사무실의 층간 배치와 해당 위치별 공용 사무용기 분배 관련 작업은 총무부에서 실시한다.

⑤ 새로운 부서의 출범으로 조직구조가 개편되어 변경 사안을 정립하고 인사발령을 관장하는 것은 인사부의 업무이다.

23 다음은 K헬스장의 2024년 4분기 프로그램 회원 수와 2025년 1월 예상 회원 수에 대한 자료이다. 다음 〈조건〉에 따라 방정식 $2a+b=c+d$가 성립할 때, b에 들어갈 수로 옳은 것은?

〈K헬스장 운동 프로그램 회원 현황〉

(단위 : 명)

구분	2024년 10월	2024년 11월	2024년 12월	2025년 1월
요가	50	a	b	
G.X	90	98	c	
필라테스	106	110	126	d

〈조건〉

- 2024년 11월 요가 회원은 전월 대비 20% 증가했다.
- 4분기 필라테스 총회원 수는 G.X 총 회원 수보다 37명이 더 많다.
- 2025년 1월 필라테스의 예상 회원 수는 2024년 4분기 필라테스의 월 평균 회원 수일 것이다.

① 110
② 111
③ 112
④ 113
⑤ 114

24 다음은 대 · 중소기업 동반녹색성장에 대한 자료이다. 이에 대한 설명으로 옳지 않은 것은?

〈대 · 중소기업 동반녹색성장〉

• 대 · 중소기업 동반녹색성장 협력사업(Green Growth Partnership)
 – 기술과 인력이 부족한 중소기업에 대기업의 선진에너지관리 기법을 공유하여 중소기업의 에너지절약기술 향상 및 기업 경쟁력 강화

• 사업대상
 – (대기업) 동반성장의지가 있으며, 유틸리티 등 우수에너지 절약기술을 보유한 에너지 다소비 사업장
 – (중소기업) 평소 에너지절약 추진에 관심이 있거나 에너지관리기법 등에 대한 정보를 습득하고자 하는 중소 산업체

• 추진절차

구분	세부사항
참여기업 모집 공고	참여를 원하는 대기업, 중소기업
사업 설명회 및 간담회	참여를 원하는 기업 의견 수렴
참여 대 · 중소기업 확정	참여업체 및 연간 추진일정 확정
대 · 중소기업 에너지실무회의 운영	실무회의 연중 지속 운영
기술지도 실시	기업별 기술지원사업 실시
기술지도 공유를 위한 워크숍 개최	우수사례 및 에너지분야신기술 공유

① 중소기업의 에너지절약기술 향상 및 기업 경쟁력 강화를 위한 사업이다.
② 먼저 사업 공고를 통해 참여를 희망하는 대기업 또는 중소기업을 모집한다.
③ 참여기업이 확정되면 참여기업 간 의견을 공유하는 사업 설명회를 개최한다.
④ 참여기업의 에너지실무회의는 연중 지속적으로 운영된다.
⑤ 참여기업은 워크숍을 통해 우수사례와 에너지분야의 신기술을 서로 공유한다.

25 다음 문단을 논리적 순서대로 바르게 나열한 것은?

자유 무역과 시장 개방이 크게 확대되고 있지만, 여전히 많은 국가들은 국내 산업 보호를 위해 노력을 기울이고 있다. 특히 세계적으로 경쟁이 치열해지고 거대 다국적 기업의 위협이 커지면서 세계 각국에서는 국내 산업 보호를 위한 움직임이 강화되고 있다. 일반적으로 정부가 국내 산업 보호를 위해 사용할 수 있는 조치들은 크게 관세 조치와 비관세 조치로 나누어 볼 수 있다.

(가) 관세 조치는 같은 수입품이라도 수입품의 종류와 가격, 수량 등에 따라 관세 부과 방법을 선택적으로 사용함으로써, 관세 수입을 늘려 궁극적으로 국내 산업을 보호할 수 있다. 관세의 부과 방법에는 크게 종가세 방식과 종량세 방식이 있다. 먼저 종가세란 가격을 기준으로 세금을 부과하는 관세를 말한다. 즉 종가세는 수입 상품 하나하나에 세금을 부과하는 것이 아니라 수입품 가격이 설정된 기준 가격을 넘을 때마다 정해진 세금을 부과하는 것이다. 따라서 종가세 방식은 상품의 종류에 따라 기준 가격을 달리함으로써 관세 부담을 조절할 수 있고, 수입품의 가격 변동에 대한 대응이 용이하다는 장점이 있다. 그래서 종가세는 주로 고가의 상품이나 사치품들의 수입을 억제하고 관련 제품을 제조하는 국내 산업을 보호하는 효과가 있다.

(나) 먼저 관세 조치는 국경을 통과하는 재화에 대해 부과하는 조세인 관세를 조절하여 국내 산업을 보호하는 방식이다. 일반적으로 수입품에 관세를 부과하면 그 수입품은 수입 시 부과된 관세만큼 가격이 인상되기 때문에 국내에서 생산된 제품에 비해 가격 경쟁력이 낮아져 수입이 억제된다. 반면에 국내에서 생산된 제품은 가격 경쟁력이 상승하게 되어 판매량이 유지되거나 늘어나고 결과적으로 관련 국내 산업이 보호된다.

(다) 이에 비해 종량세는 수입품의 중량, 용적, 면적 또는 개수 등 재화의 수량을 기준으로 세율을 화폐액으로 명시해 부과하는 관세이다. 종량세 방식은 수입품 단위당 일정 금액의 관세를 부과하므로 세액 결정이 용이하고, 수입품 하나하나에 관세를 부과함으로써 수입품의 양을 직접적으로 규제할 수 있는 장점이 있다. 그래서 종량세는 주로 외국으로부터 저가에 대량 유입되는 공산품이나 농수산물의 수입을 억제하여 해당 분야의 국내 산업을 보호하는 효과가 있다.

(라) 국내 산업 보호를 위해 사용되는 또 다른 조치로 비관세 조치를 들 수 있다. 전 세계적으로 자유 무역 협정이 확대되면서 무역 상대국 간의 관세가 철폐되거나 매우 낮은 수준에 머물러 관세를 통한 국내 산업 보호 기능이 약화되고 있다. 그래서 최근에는 국내 산업 보호를 위한 비관세 조치가 정교화되거나 강화되고 있는 추세이다. 국내 산업 보호를 위해 활용되고 있는 비관세 조치로는 위생 및 식물 검역 조치와 기술 장벽, 통관 지연 등이 있다. 먼저 위생 및 식물 검역 조치는 식음료나 식물 수입 시 국민의 건강 보호라는 명분을 내세워 검역 기준이나 조건을 까다롭게 함으로써 수입을 제한하는 조치를 말한다. 또 기술 장벽은 제품의 기술 표준을 국내산 제품에 유리하게 설정하거나 기술 적합성 평가 절차 등을 까다롭게 하여 수입을 제한, 수입품의 제조비용을 상승시켜 가격 경쟁력을 낮추는 조치이다. 마지막으로 통관 지연은 수입품에 대한 통관 절차와 서류 등을 복잡하게 하고 선적 검사나 전수 조사 등의 까다로운 검사 방법 등을 통해 수입품의 통관을 지연하는 것으로 수입품의 판매시기를 늦춰 수입품의 경쟁력을 저하시키는 기능을 한다.

(마) 또 종가세와 종량세를 혼합 적용하여, 두 가지 세금 부과 방식의 장점을 동시에 추구하는 복합세 부과 방식도 있다. 일반적으로 관세 수입이 클수록 수입품의 가격 경쟁력이 낮아져 국내 산업을 보호하는 효과도 커진다. 그런데 종량세는 수입품의 가격이 낮은 경우에, 종가세는 수입품의 가격이 높은 경우에 관세 수입이 늘어나는 효과가 있으므로, 수입품의 가격이 일정 수준에 이르기까지는 종량세를 부과하고 가격이 일정 수준을 넘어서는 경우에는 종가세를 부과하여 관세 수입을 극대화하기도 한다. 또 가격이 비싼 제품의 경우 종가세를 먼저 적용한 후, 수입품의 가격이 하락할 경우 종량세를 적용하여 관세 수입을 극대화하기도 하는데 이러한 관세 부과의 방법을 복합세 부과 방식이라고 한다.

① (가) – (다) – (나) – (마) – (라)
② (가) – (라) – (나) – (마) – (다)
③ (나) – (가) – (다) – (마) – (라)
④ (나) – (마) – (가) – (라) – (다)
⑤ (나) – (마) – (라) – (가) – (다)

26 다음은 1 ~ 7월 동안 A사 주식의 이론가격과 시장가격의 관계에 대한 자료이다. 이에 대한 설명으로 옳은 것을 〈보기〉에서 모두 고르면?

〈A사 주식의 이론가격과 시장가격의 관계〉

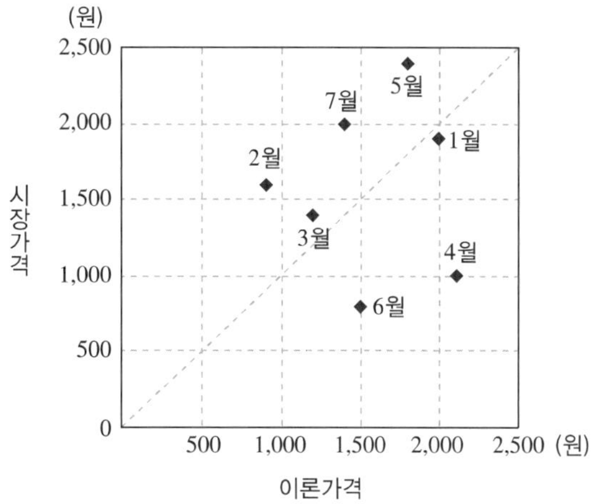

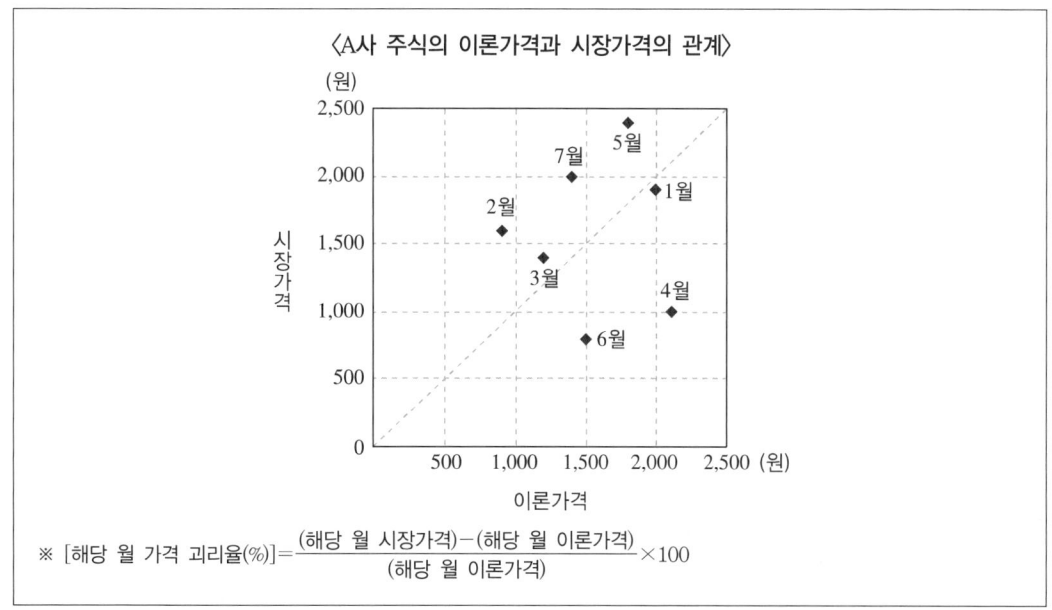

※ [해당 월 가격 괴리율(%)] $= \frac{\text{(해당 월 시장가격)} - \text{(해당 월 이론가격)}}{\text{(해당 월 이론가격)}} \times 100$

〈보기〉

ㄱ. 가격 괴리율이 0% 이상인 달은 4개이다.
ㄴ. 이론가격이 전월 대비 증가한 달은 3월, 4월, 7월이다.
ㄷ. 가격 괴리율이 전월 대비 증가한 달은 3개 이상이다.
ㄹ. 시장가격이 전월 대비 가장 큰 폭으로 증가한 달은 6월이다.

① ㄱ, ㄴ
② ㄱ, ㄷ
③ ㄷ, ㄹ
④ ㄱ, ㄴ, ㄹ
⑤ ㄴ, ㄷ, ㄹ

27 다음 글을 바탕으로 〈보기〉의 ㉠~㉢에 들어갈 단어를 순서대로 바르게 나열한 것은?

> 고령 사회로 접어들면서 65세 이상 고령 운전자에 의한 교통사고 및 사망 건수가 급속도로 증가하고 있다. 경찰청의 연령대별 교통사고 통계 자료에 따르면 전체 사고 중 65세 이상 고령 운전자의 교통사고 비중은 매년 증가하고 있다. 고령자는 왜 운전 사고에 취약할까?
> 고령 운전자의 사고 원인으로는 노화에 따른 시력 저하나 인지·지각 기능 및 운동 능력의 감퇴 등이 있다. 이 중 사고의 위험을 가장 높이는 원인은 시력 저하이다. 한국교통연구원의 연구 결과에 따르면 60세 이상부터 동체 시력이 30대의 80% 수준으로 떨어지는 것으로 나타났다. 동체 시력은 움직이는 물체를 정확하고 빠르게 인지하는 시각적 능력으로, 자동차의 이동속도가 빠를수록 저하되는 경향을 보인다. 정지 시력이 1.2인 사람이 50km/h의 속력으로 운전하면 동체 시력은 0.5 이하로 떨어진다. 노화로 동체 시력이 떨어진 상태에서 자동차의 속도감이 더해지면 도로표지를 읽는 게 힘들어지고 속력에 대한 인지감각이 떨어져 과속하게 되며, 다른 차나 보행자의 움직임을 제대로 구별하기 어려워 교통사고의 위험이 커지게 된다. 보통 60세 이상의 40%가량이 시력 문제로 야간 운전 능력이 저하되는 것으로 추정된다.
> 인지 및 반응속도 감소도 고령 운전자의 사고 위험을 높이는 요인이다. 한 연구 결과에 따르면 운전 중 제동능력 평가 실험에서 고령 운전자의 제동거리는 30~50대 운전자의 약 2배인 것으로 나타났다. 또 돌발 상황을 가정해 측정한 결과, 비고령 운전자의 반응 시간은 0.7초인 것에 비해 고령 운전자의 반응 시간은 1.4초가 넘었다. 경찰청은 고령 운전자 교통사고를 예방하기 위해 75세 이상 운전자의 면허 갱신 기간을 5년에서 3년으로 줄였으며, 고령 운전자 교통안전 교육을 이수해야 면허 취득·갱신이 가능하도록 했다. 특히 교통안전 교육에서 총 3단계의 '인지 능력 자가 진단' 과정을 모두 통과하지 못하면 운전면허를 반납해야 한다.
> 우리나라보다 먼저 고령화가 시작된 미국과 일본 등에서는 운전면허 반납 제도와 면허 갱신제도 등을 지속적으로 시행하고 있으며, 주변 차량이 쉽게 인식할 수 있는 고령자 차량 인증 마크 부착과 고령자 맞춤 교통표지판 설치와 같은 도로 환경 개선을 병행하고 있다. 우리나라도 고령자의 자동차 운전면허증 반납 확대 외에도 다양한 교통안전 대책을 생각하여 고령 운전자의 교통사고 감소 대책을 마련해야 한다.

〈보기〉

> 고령 운전자의 반응 시간은 비고령 운전자에 비해 ㉠ <u>빠른 / 느린</u> 1.4초로 나타났고, 제동거리는 비고령 운전자보다 ㉡ <u>길다 / 짧다</u>. 이에 따라 고령 운전자의 면허 갱신 기간이 ㉢ <u>줄어들었다 / 늘어났다</u>.

	㉠	㉡	㉢
①	빠른	길다	늘어났다
②	빠른	길다	줄어들었다
③	느린	짧다	늘어났다
④	느린	길다	줄어들었다
⑤	느린	짧다	줄어들었다

28 다음은 2020 ~ 2024년 우리나라의 분야별 재정지출 추이에 대한 자료이다. 이에 대한 설명으로 옳은 것은?

〈우리나라의 분야별 재정지출 추이〉

(단위 : 조 원, %)

구분	2020년	2021년	2022년	2023년	2024년	연평균 증가율
예산	137.3	147.5	153.7	165.5	182.8	7.4
기금	59.0	61.2	70.4	72.9	74.5	6.0
교육	24.5	27.6	28.8	31.4	35.7	9.9
사회복지 · 보건	32.4	49.6	56.0	61.4	67.5	20.1
R&D	7.1	7.8	8.9	9.8	10.9	11.3
SOC	27.1	18.3	18.4	18.4	18.9	−8.6
농림 · 해양 · 수산	12.3	14.1	15.5	15.9	16.5	7.6
산업 · 중소기업	11.4	11.9	12.4	12.6	12.6	2.5
환경	3.5	3.6	3.8	4.0	4.4	5.9
국방비	18.1	21.1	22.5	24.5	26.7	10.2
통일 · 외교	1.4	2.0	2.6	2.4	2.6	16.7
문화 · 관광	2.3	2.6	2.8	2.9	3.1	7.7
공공질서 · 안전	7.6	9.4	11.0	10.9	11.6	11.2
균형발전	5.0	5.5	6.3	7.2	8.1	12.8
기타	43.6	35.2	35.1	37.0	38.7	−2.9
총지출	196.3	208.7	224.1	238.4	257.3	7.0

※ (총지출)=(예산)+(기금)

① 교육 분야의 전년 대비 재정지출 증가율이 가장 높은 해는 2021년이다.

② 재정지출액이 전년 대비 증가하지 않은 해가 있는 분야는 5개이다.

③ 사회복지 · 보건 분야가 예산에서 차지하고 있는 비율은 언제나 가장 높다.

④ 기금의 연평균 증가율보다 낮은 연평균 증가율을 보이는 분야는 3개이다.

⑤ 통일 · 외교 분야와 기타 분야의 2020 ~ 2024년 재정지출 증감 추이는 동일하다.

※ P회사는 직원휴게실에 휴식용 안마의자를 설치할 계획이며, 안마의자 관리자는 귀하로 지정되었다. 다음은 안마의자의 사용설명서이다. 이어지는 질문에 답하시오. **[29~30]**

〈안마의자 사용설명서〉

■ 설치 시 알아두기

- 바닥이 단단하고 수평인 장소에 제품을 설치해주세요.
- 등받이와 다리부를 조절할 경우를 대비하여 제품의 전방 50cm, 후방 10cm 이상 여유 공간을 비워두세요.
- 바닥이 손상될 수 있으므로 제품 아래에 매트 등을 깔 것을 추천합니다.
- 직사광선에 장시간 노출되는 곳이나 난방기구 근처 등 고온의 장소는 피하여 설치해주세요. 커버 변색 또는 변질의 원인이 됩니다.

■ 안전을 위한 주의사항

⚠ 경고 : 지시 사항을 위반할 경우 심각한 상해나 사망에 이를 가능성이 있는 경우를 나타냅니다.
ⓘ 주의 : 지시 사항을 위반할 경우 경미한 상해나 제품 손상의 가능성이 있는 경우를 나타냅니다.

ⓘ 제품 사용 시간은 1일 40분 또는 1회 20분 이내로 하고, 동일한 부위에 연속 사용은 5분 이내로 하십시오.
⚠ 제품을 사용하기 전에 등 패드를 올려서 커버와 그 외 다른 부분에 손상된 곳이 없는지 확인하고, 찢어졌거나 손상이 있으면 사용을 중단하고 서비스 센터로 연락하십시오(감전 위험).
ⓘ 엉덩이와 허벅지를 마사지할 때는 바지 주머니에 딱딱한 것을 넣은 채로 사용하지 마십시오(안전사고, 상해 위험).
⚠ 팔을 마사지할 때는 시계, 장식품 등 딱딱한 것을 몸에 지닌 채 사용하지 마십시오(부상 위험).
⚠ 등받이나 다리부를 움직일 때는 제품 외부에 사람, 반려동물, 물건 등이 없는지 확인하십시오(안전사고, 부상, 제품손상 위험).
ⓘ 제품 안쪽에 휴대폰, TV리모컨 등 물건을 빠뜨리지 않도록 주의하세요(고장 위험).
⚠ 등받이나 다리부를 상하로 작동할 시에는 움직이는 부위에 손가락을 넣지 않도록 하십시오(안전사고, 상해, 부상 위험).
⚠ 혈전증, 중도의 동맥류, 급성 정맥류, 각종 피부염, 피부 감염증 등의 질환을 가지고 있는 사람은 사용하지 마십시오.
ⓘ 고령으로 근육이 쇠약해진 사람, 요통이 있는 사람, 멀미가 심한 사람 등은 반드시 의사와 상담한 후 사용하십시오.
ⓘ 제품을 사용하면서 다른 치료기를 동시에 사용하지 마십시오.
ⓘ 사용 중에 잠들지 마십시오(상해 위험).
⚠ 난로 등의 화기 가까이에서 사용하거나 흡연을 하면서 사용하지 마십시오(화재 위험).
ⓘ 제품을 사용하는 중에 음료나 음식을 섭취하지 마십시오(고장 위험).
ⓘ 음주 후 사용하지 마십시오(부상 위험).

■ 고장 신고 전 확인 사항

제품 사용 중 아래의 증상이 보이면 다시 한 번 확인해 주십시오. 고장이 아닐 수 있습니다.

증상	원인	해결책
안마 강도가 약합니다.	안마의자에 몸을 밀착하였습니까?	안마의자에 깊숙이 들여 앉아서 몸을 등받이에 밀착시키거나 등받이를 눕혀서 사용해 보십시오.
	등 패드 또는 베개 쿠션을 사용하고 있습니까?	등 패드 또는 베개 쿠션을 빼고 사용해 보십시오.
	안마 강도를 조절하였습니까?	안마 강도를 조절해서 사용해 보십시오.
다리부에 다리가 잘 맞지 않습니다.	다리부의 각도를 조절하였습니까?	사용자의 신체에 맞게 다리 부의 각도를 조절해 주십시오. 다리올림 버튼 또는 다리내림 버튼으로 다리부의 각도를 조절할 수 있습니다.
좌우 안마 강도 또는 안마 볼 위치가 다르게 느껴집니다.	더 기분 좋은 안마를 위해 안마 볼이 좌우 교대로 작동하는 기구를 사용하고 있습니다. 좌우 안마 강도 또는 안마 볼 위치가 다르게 작동하는 경우가 있을 수 있습니다. 고장이 아니므로 안심하고 사용해 주십시오.	
소리가 납니다.	제품의 구조로 인해 들리는 소리입니다. 고장이 아니므로 안심하고 사용해 주십시오(제품 수명 등의 영향은 없습니다). – 안마 볼 상·하 이동 시 '달그락' 거리는 소리 – 안마 작동 시 기어 모터의 소리 – 안마 볼과 커버가 스치는 소리(특히 주무르기 작동 시) – 두드리기, 물결 마사지 작동 시 '덜덜' 거리는 소리(특히 어깨에서 등으로 이동 시) – 속도 조절에 의한 소리의 차이	

ㅣ기술능력

29 **직원휴게실에 안마의자가 배송되었다. 귀하는 제품설명서를 참고하여 적절한 장소에 설치하고자 한다. 다음 중 장소 선정 시 고려해야 할 사항으로 옳지 않은 것은?**

① 직사광선에 오랫동안 노출되지 않는 장소인지 확인한다.

② 근처에 난방기구가 설치된 장소인지 확인한다.

③ 전방에는 50cm 이상의 공간을 확보할 수 있고 후방을 벽면에 밀착할 수 있는 장소인지 확인한다.

④ 새로운 장소가 안마의자의 무게를 지탱할 수 있는 단단한 바닥인지 확인한다.

⑤ 바닥이 긁히거나 흠집이 날 수 있는 재질로 되어 있다면 매트 등을 까는 것을 고려한다.

30 귀하는 직원들이 안전하게 안마의자를 사용할 수 있도록 '안마의자 사용안내서'를 작성하여 안마의자 근처에 비치하고자 한다. 안내서에 있는 그림 중 '경고' 수준의 주의가 필요한 것은 '별표' 표시를 추가하여 더욱 강조되어 보이도록 할 예정이다. 다음 중 '별표' 표시를 해야 할 그림은?

①
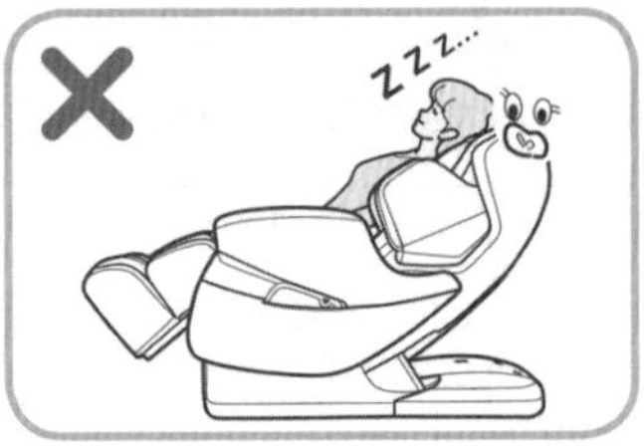

②
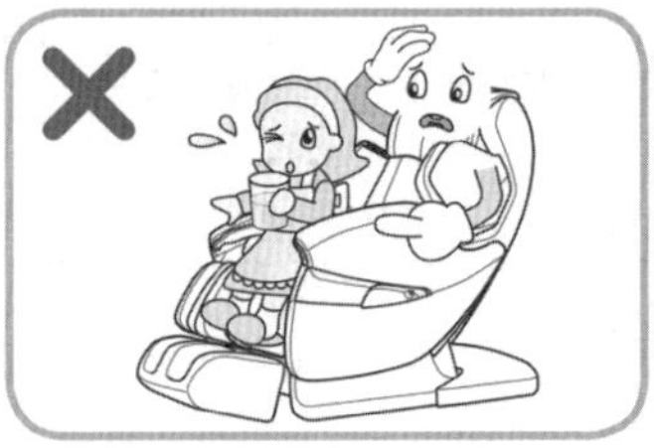

③

④

⑤

31 다음 글을 읽고 추론할 수 있는 내용으로 가장 적절한 것은?

> 어떤 시점에 당신만이 느끼는 어떤 감각을 지시하여 'W'라는 용어의 의미로 삼는다고 해보자. 그 이후에 가끔 그 감각을 느끼게 되면, "'W'라고 불리는 그 감각이 나타났다."라고 당신은 말할 것이다. 그렇지만 그 경우에 당신이 그 용어를 올바로 사용했는지 그렇지 않은지를 어떻게 결정할 수 있는가? 만에 하나 첫 번째 감각을 잘못 기억할 수도 있는 것이고, 혹은 실제로는 단지 희미하고 어렴풋한 유사성밖에 없는데도 첫 번째 감각과 두 번째 감각 사이에 밀접한 유사성이 있는 것으로 착각할 수도 있다. 더구나 그것이 착각인지 아닌지를 판단할 근거가 없다. 만약 'W'라는 용어의 의미가 당신만이 느끼는 그 감각에만 해당한다면, 'W'라는 용어의 올바른 사용과 잘못된 사용을 구분할 방법은 어디에도 없을 것이다. 올바른 적용에 관해 결정을 내릴 수 없는 용어는 아무런 의미도 갖지 않는다.

① 본인만이 느끼는 감각을 지시하는 용어는 아무 의미도 없다.
② 어떤 용어도 구체적 사례를 통해서 의미를 얻게 될 수 없다.
③ 감각을 지시하는 용어는 사용하는 사람에 따라 상대적인 의미를 갖는다.
④ 감각을 지시하는 용어의 의미는 그것이 무엇을 지시하는가와 아무 상관이 없다.
⑤ 감각을 지시하는 용어의 의미는 다른 사람들과 공유하는 의미로 확장될 수 있다.

32 **다음 글의 중심 내용으로 가장 적절한 것은?**

> 인종차별주의는 사람을 인종에 따라 구분하고 이에 근거해 한 인종 집단의 이익이 다른 인종 집단의 이익보다 더 중요하다고 본다. 그 결과로 한 인종 집단의 구성원은 다른 인종 집단의 구성원보다 더 나은 대우를 받게 된다. 특정 종교에 대한 편견이나 민족주의도 이와 다르지 않다. 그러나 여기에는 심각한 문제가 있다. 왜냐하면 특정 집단들 사이의 차별 대우가 정당화되기 위해서는 그 집단들 사이에 합당한 차이가 있어야 하는데 그렇지 않기 때문이다. 인종차별주의, 종교적 편견, 민족주의에서는 합당한 차이를 찾을 수 없다. 물론 차별 대우가 정당화되는 경우는 있다. 예를 들어 국가에서 객관적인 평가를 통해 대학마다 차별적인 지원을 하기로 결정했다고 가정해보자. 이 결정은 대학들 사이의 합당한 차이를 통해 정당화될 수 있다. 만약 어떤 대학이 국가에서 제시한 평가 기준에 부합하는 조건을 갖추고 있고 다른 대학은 그렇지 못하다면, 이에 근거해 국가의 차별적 지원은 정당화될 수 있다. 그렇지만 인종차별주의, 종교적 편견, 민족주의에 따른 차별 대우는 이렇게 정당화될 수 없다. 합당한 차이를 찾을 수 없기 때문이다.

① 특정 집단이 다른 집단보다 더 큰 이익을 획득해서는 안 된다.
② 특정 집단 내에서 구성원들 사이의 차별 대우는 정당화될 수 없다.
③ 특정 집단에 속한 구성원들은 다른 집단 구성원들의 이익을 고려해야 한다.
④ 특정 집단들 사이의 차별 대우가 정당화되기 위해서는 합당한 차이가 있어야 한다.
⑤ 특정 집단에 속한 구성원들 사이에 합당한 차이가 있더라도 차별 대우를 정당화해서는 안 된다.

33 **S기업이 해외공사에 사용될 설비를 구축할 업체 2곳을 선정하려고 한다. 구축해야 할 설비는 중동, 미국, 서부, 유럽에 2개씩 총 8개이며, 경쟁업체는 A～C업체 3곳이다. 다음 정보가 참 또는 거짓이라고 할 때, 〈보기〉에서 항상 참을 말하는 직원은?**

〈정보〉

- A업체는 최소한 3개의 설비를 구축할 예정이다.
- B업체는 중동, 미국, 서부, 유럽에 설비를 1개씩 구축할 예정이다.
- C업체는 중동지역에 2개, 유럽지역에 2개의 설비를 구축할 예정이다.

〈보기〉

이사원 : A업체가 참일 경우, B업체는 거짓이 된다.
김주임 : B업체가 거짓일 경우, A업체는 참이 된다.
장대리 : C업체가 참일 경우, A업체도 참이 된다.

① 이사원
② 김주임
③ 장대리
④ 이사원, 김주임
⑤ 김주임, 장대리

34 다음은 18세기 조선의 직업별 연봉 및 품목별 가격에 대한 자료이다. 이에 대한 설명으로 옳지 않은 것은?

〈18세기 조선의 직업별 연봉〉

구분		곡물(섬)		면포(필)	현재 원화가치(원)
		쌀	콩		
관료	정1품	25	3	–	5,854,400
	정5품	17	1	–	3,684,800
	종9품	7	1	–	1,684,800
궁녀	상궁	11	1	–	(　　　)
	나인	5	1	–	1,284,800
군인	기병	7	2	9	(　　　)
	보병	3	–	9	1,500,000

〈18세기 조선의 품목별 가격〉

구분	곡물(1섬)		면포(1필)	소고기(1근)	집(1칸)	
	쌀	콩			기와집	초가집
가격	5냥	7냥 1전 2푼	2냥 5전	7전	21냥 6전 5푼	9냥 5전 5푼

※ 1냥=10전=100푼

① 상궁 연봉은 보병 연봉의 2배 이상이다.

② 기병 연봉은 종9품 연봉보다 많고 정5품 연봉보다 적다.

③ 나인의 1년 치 연봉으로 살 수 있는 소고기는 40근 이상이다.

④ 정1품 관료의 12년 치 연봉은 100칸의 기와집 가격보다 적다.

⑤ 18세기 조선의 1푼의 가치는 현재 원화가치로 환산할 경우 400원과 같다.

35 S사 마케팅 팀장은 팀원 50명에게 연말 선물을 하기 위해 물품을 구매하려고 한다. 다음은 업체별 품목 금액과 팀원들의 품목 선호도에 대한 자료이다. 팀장이 구매할 물품과 업체를 순서대로 바르게 나열한 것은?

〈업체별 품목 금액〉

(단위 : 원)

구분		한 벌당 가격
A업체	티셔츠	6,000
	카라 티셔츠	8,000
B업체	티셔츠	7,000
	후드 집업	10,000
	맨투맨	9,000

〈구성원 품목 선호도〉

순위	품목
1	카라 티셔츠
2	티셔츠
3	후드 집업
4	맨투맨

〈조건〉

- 구성원의 선호도를 우선으로 품목을 선택한다.
- 총구매금액이 30만 원 이상이면 총금액에서 5% 할인을 해준다.
- 차순위 품목이 1순위 품목보다 총금액이 20% 이상 저렴하면 차순위를 선택한다.

① 티셔츠 – A업체
② 카라 티셔츠 – A업체
③ 맨투맨 – B업체
④ 후드 집업 – B업체
⑤ 티셔츠 – B업체

※ 다음은 경영연구팀 C대리가 구매할 청소기의 사용설명서 내용이다. 이어지는 질문에 답하시오. **[36~37]**

〈제품설명서〉

[제품 사양]

모델명		AC3F7LHAR	AC3F7LHBU	AC3F7LHDR	AC3F7LHCD
전원		단상 AC 220V 60Hz			
정격 입력		1,300W			
본체 무게		7.4kg			
본체 크기		폭 308mm×길이 481mm×높이 342mm			
모터 사양		디지털 인버터(Digital Inverter) 모터			
부속품	살균 브러시	×	×	×	○
	침구싹싹 브러시	×	○	×	×
	스텔스 브러시	○	○	○	○
	투스텝 브러시	○	×	○	○
	물걸레 브러시	×	×	○	×

- 살균 브러시 / 침구싹싹 브러시 : 침구류 청소용
- 스텔스 브러시 / 물걸레 브러시 : 일반 청소용
- 투스텝 브러시 : 타일 / 카펫 청소용

[문제 현상의 원인과 해결 조치]

현상	확인	조치
작동이 안 돼요.	전원플러그가 콘센트에서 빠져 있거나 불완전하게 꽂혀 있지 않은지 확인하세요.	전원플러그를 확실하게 꽂아 주세요.
	본체에 호스가 확실하게 꽂혀 있나 확인하세요.	본체에서 호스를 분리 후 다시 한 번 확실하게 꽂아 주세요.
	전압이 220V인지 확인하세요.	110V일 경우에는 승압용 변압기를 구입하여 사용하세요.
사용 중에 갑자기 멈췄어요.	먼지통이 가득 찼을 때 청소기를 동작시키는 경우	모터 과열 방지 장치가 있어 제품이 일시적으로 멈춥니다. 막힌 곳을 뚫어 주고 2시간 정도 기다렸다가 다시 사용하세요.
	흡입구가 막힌 상태로 청소기를 동작시키는 경우	
갑자기 흡입력이 약해지고 떨리는 소리가 나요.	흡입구, 호스, 먼지통이 큰 이물질로 막혔거나 먼지통이 꽉 차 있는지 확인하세요.	막혀 있으면 나무젓가락 등으로 큰 이물질을 빼 주세요.
	필터가 더러워졌는지 확인하세요.	필터를 손질해 주세요.
먼지통에서 '딸그락' 거리는 소리가 나요.	먼지통에 모래, 돌 등의 딱딱한 이물질이 있는지 확인하세요.	소음의 원인이 되므로 먼지통을 비워 주세요.
청소기 배기구에서 냄새가 나요.	먼지통에 이물질이 쌓였는지, 필터류에 먼지가 꼈는지 확인하세요.	먼지통을 자주 비워 주시고, 필터류를 자주 손질해 주세요.
청소기 소음이 이상해요.	청소기 초기 동작 시에 소음이 커지는지 확인하세요.	모터 보호를 위해 모터가 천천히 회전하며 발생하는 소리로 고장이 아닙니다.

36 제품설명서를 확인한 결과, C대리는 부속품 구성에 따라 가격 차이가 있음을 발견하였다. 경영연구팀 사무실에는 침구류가 없으며 물걸레 청소는 기존에 비치된 대걸레를 이용하려고 한다. 불필요한 지출 없이 청소기를 구매할 때, 다음 중 C대리가 구입할 청소기는?

① AC3F7LHAR
② AC3F7LHBU
③ AC3F7LHDR
④ AC3F7LHCD
⑤ 알 수 없음

37 청소기 구매 후, 사무실 청소시간에 C대리가 청소기를 사용하려 했지만 작동하지 않았다. 다음 중 청소기가 작동하지 않을 때 확인할 사항으로 적절하지 않은 것은?

① 전압이 220V인지 확인한다.
② 필터가 더러워졌는지 확인한다.
③ 전원플러그가 콘센트에서 빠져 있는지 확인한다.
④ 본체에 호스가 확실하게 꽂혀 있는지 확인한다.
⑤ 전원플러그가 불완전하게 꽂혀 있는지 확인한다.

38 다음 글의 제목으로 가장 적절한 것은?

> 기온이 높아지는 여름이 되면 운전자들은 자동차 에어컨을 켜기 시작한다. 그러나 겨우내 켜지 않았던 에어컨에서는 간혹 나오는 바람이 시원하지 않거나 퀴퀴한 냄새가 나는 경우가 있다. 이러한 증상이 나타난다면 에어컨 필터를 점검해 봐야 한다. 자동차에서 에어컨을 켜게 되면 외부의 공기가 냉각기를 거쳐 차량 내부로 들어오게 되는데, 이때 에어컨 필터는 외부의 미세먼지, 매연, 세균 등의 오염물질을 걸러주는 역할을 한다. 이 과정에서 필터 표면에 먼지가 쌓이는데 필터를 교체하지 않고 오랫동안 방치하면 먼지에 들러붙은 습기로 인해 곰팡이가 생겨 퀴퀴한 냄새의 원인이 된다. 이를 방치하여 에어컨 바람을 타고 곰팡이의 포자가 차량 내부에 유입되면 알레르기나 각종 호흡기 질환의 원인이 된다. 그러므로 자동차 에어컨 필터는 주기적으로 교체해 주어야 한다.
>
> 에어컨 필터의 일반적인 교체 주기는 봄·가을처럼 6개월마다 교체하거나, 주행거리 10,000km마다 하는 것이 적당하다. 최근에는 심한 미세먼지로 인해 3개월 주기로 교체하기도 하며, 운전자가 비포장 도로 등의 먼지가 많은 곳을 자주 주행한다면 5,000km에 한 번씩 교체해야 한다. 자동차 에어컨 필터 교체는 정비소에 가서 교체하거나, 운전자 스스로 교체할 수 있다. 운전자가 셀프로 교체하는 경우 다양한 필터를 자신의 드라이빙 환경에 맞춰 선택할 수 있고, 비용도 1만 원 안팎으로 저렴하게 교체할 수 있다. 제품 설명서나 교체 동영상 등을 참고하면 혼자서도 쉽게 에어컨 필터를 교체할 수 있다.
>
> 에어컨 필터는 필터의 종류에 따라 크게 순정 필터, 헤파(HEPA; High Efficiency Particulate Air) 필터, 활성탄 필터로 구분된다. 순정 필터는 자동차 출고 시 장착되는 오리지널 필터로 호환성이 좋고 일정한 품질이 보장되는 장점이 있다. 미세먼지 포집력이 뛰어난 헤파 필터는 일반적으로 공기 중의 0.3 이상의 먼지를 99.97% 걸러주는 고성능 필터로서 거를 수 있는 크기에 따라 울파, 헤파, 세미헤파 등급으로 구분된다. 마지막으로 활성탄 필터는 숯처럼 정화 능력이 좋은 탄소질이 포함된 필터로 오염물질 흡착력이 뛰어나고 공기 중의 불쾌한 냄새나 포름알데히드 등의 화학물질을 걸러주는 필터이다. 이와 같이 에어컨 필터는 다양한 종류가 있으며 평소 운전자의 주행 환경과 가격을 고려하여 교체하는 것이 가장 바람직하다.

① 자동차 에어컨 필터의 종류
② 자동차 에어컨 필터의 교체 시기
③ 자동차 에어컨 필터의 관리 방법
④ 여름철 자동차 에어컨의 취급 유의사항
⑤ 호흡기 질환을 유발하는 자동차 에어컨 필터

39 **다음 글의 ㉠을 지지하는 관찰 결과로 가장 적절한 것은?**

멜라토닌은 포유동물의 뇌의 일부분인 송과선이라는 내분비기관에서 분비되는 호르몬이다. 멜라토닌은 밤에 많이 생성되고 낮에는 덜 생성된다. 이러한 특성을 이용하여 포유동물은 멜라토닌에 의해 광주기의 변화를 인지한다. 포유동물은 두부(頭部)의 피부나 망막에 들어오는 빛의 양을 감지하여 멜라토닌의 생성을 조절하는 방식으로 생체 리듬을 조절한다. 일몰과 함께 멜라토닌의 생성이 증가하면서 졸음이 오게 된다. 동이 트면 멜라토닌의 생성이 감소하면서 잠이 깨고 정신을 차리게 된다. 청소년기에는 멜라토닌이 많이 생성되기 때문에 청소년은 성인보다 더 오래 자는 경향이 있다. 또한 ㉠ 멜라토닌은 생식 기관의 발달과 성장을 억제한다. 멜라토닌이 시상하부에 작용하여 황체형성호르몬방출호르몬(LHRH)의 분비를 억제하면, 난자와 정자의 생성이나 생식 기관의 성숙을 일으키는 테스토스테론과 에스트로겐의 분비가 억제되어 생식 기관의 성숙이 억제된다.

① 송과선을 제거한 포유동물은 비정상적으로 성적 성숙이 더뎌진다.
② 봄이 되면 포유동물의 혈액 속 멜라토닌의 평균 농도가 높아지고 번식과 짝짓기가 많아진다.
③ 성숙한 포유동물을 지속적으로 어둠 속에서 키웠더니 혈액 속 멜라토닌의 평균 농도가 낮아졌다.
④ 어린 포유동물을 밤마다 긴 시간 동안 빛에 노출하였더니 생식 기관이 비정상적으로 조기에 발달하였다.
⑤ 생식 기관의 발달이 비정상적으로 저조한 포유동물 개체들이 생식 기관의 발달이 정상적인 같은 종의 개체들보다 혈액 속 멜라토닌의 평균 농도가 낮았다.

40 **D기업에서는 투자 대안을 마련하기 위해 투자 대상을 검토할 때 기대수익률과 표준편차를 이용한다. 다음에 제시된 7가지의 투자 대안에 대한 설명으로 옳은 것은?**

〈투자 대상 검토 기준〉

투자 대안	A안	B안	C안	D안	E안	F안	G안
기대수익률	8%	10%	6%	5%	8%	6%	12%
표준편차	5%	5%	4%	2%	4%	3%	7%

※ 지배 원리란 동일한 기대수익률이면 최소의 위험을, 동일한 위험이면 최대의 수익률을 가지는 포트폴리오를 선택하는 원리를 말함

① 투자 대안 E안은 B안과 G안에 비해 우월하다.
② 위험 1단위당 기대수익률이 같은 투자 대안은 E안과 F안이다.
③ 투자 대안 G안이 기대수익률이 가장 높기 때문에 가장 바람직한 대안이다.
④ 투자 대안 A안, B안, C안, D안 중에서 어느 것이 낫다고 평가할 수는 없다.
⑤ 투자 대안 A안과 E안, C안과 F안은 동일한 기대수익률이 예상되기 때문에 서로 우열을 가릴 수 없다.

41 다음은 Y회사의 인사부에서 정리한 사원 목록이다. 〈보기〉에서 옳은 것을 모두 고르면?

	A	B	C	D
1	사원번호	성명	직위	부서
2	869872	조재영	부장	경영팀
3	890531	정대현	대리	경영팀
4	854678	윤나리	사원	경영팀
5	812365	이민지	차장	기획팀
6	877775	송윤희	대리	기획팀
7	800123	김가을	사원	기획팀
8	856123	박슬기	부장	영업팀
9	827695	오종민	차장	영업팀
10	835987	나진원	사원	영업팀
11	854623	최윤희	부장	인사팀
12	847825	이경서	사원	인사팀
13	813456	박소미	대리	총무팀
14	856123	최영수	사원	총무팀

〈보기〉

ㄱ. 부서를 기준으로 내림차순으로 정렬되었다.
ㄴ. 부서를 우선 기준으로, 직위를 다음 기준으로 정렬하였다.
ㄷ. 성명을 기준으로 내림차순으로 정렬되었다.

① ㄱ
② ㄴ
③ ㄱ, ㄴ
④ ㄱ, ㄷ
⑤ ㄴ, ㄷ

42 다음은 7월 1 ~ 10일 동안 A ~ E 5개의 시에 대한 인공지능 시스템의 예측 날씨와 실제 날씨에 대한 자료이다. 이에 대한 설명으로 옳은 것을 〈보기〉에서 모두 고르면?

〈A ~ E시에 대한 예측 날씨와 실제 날씨〉

도시	구분 \ 날짜	7.1.	7.2.	7.3.	7.4.	7.5.	7.6.	7.7.	7.8.	7.9.	7.10.
A시	예측	☂	☁	☼	☂	☼	☼	☂	☂	☼	☁
	실제	☂	☼	☂	☂	☼	☼	☂	☼	☼	☂
B시	예측	☼	☂	☼	☂	☁	☼	☂	☼	☼	☼
	실제	☂	☼	☼	☂	☁	☼	☂	☂	☼	☼
C시	예측	☂	☼	☂	☂	☼	☂	☼	☂	☂	☂
	실제	☂	☂	☼	☁	☂	☂	☁	☂	☂	☂
D시	예측	☂	☂	☼	☼	☼	☂	☂	☼	☼	☂
	실제	☂	☁	☂	☂	☂	☂	☂	☂	☼	☼
E시	예측	☂	☼	☼	☂	☂	☂	☼	☁	☼	☂
	실제	☂	☂	☁	☂	☂	☼	☂	☼	☂	☼

※ ☼ : 맑음, ☁ : 흐림, ☂ : 비

〈보기〉

ㄱ. A시에서는 예측 날씨가 '비'인 날에 실제 날씨도 모두 '비'였다.

ㄴ. A ~ E시 중 예측 날씨와 실제 날씨가 일치한 경우가 가장 많은 곳은 B시이다.

ㄷ. 7월 1 ~ 10일 중 예측 날씨와 실제 날씨가 일치한 도시 수가 가장 적은 날짜는 7월 2일이다.

① ㄱ
② ㄴ
③ ㄷ
④ ㄴ, ㄷ
⑤ ㄱ, ㄴ, ㄷ

43 다음 (가), (나) 문단을 비교한 내용으로 적절한 것을 〈보기〉에서 모두 고르면?

(가) 1960년대 중반까지 대부분의 미국 사학자들은 19세기 미국의 경제 성장에서 철도 건설이 필수불가결한 것이었다는 생각을 받아들였다. 포겔은 그러한 생각이 잘못된 추론에 기초한 것이라고 비판했다. 그는 만약 철도가 건설되지 않았다면 대안이 될 운송 체계에 상당한 투자가 추가적으로 이루어졌을 것이라는 점을 고려해야 한다고 지적했다. 예컨대 철도 건설을 위한 투자 대신에 새로운 운하나 도로 건설과 연소 엔진 기능 향상을 위한 투자가 이루어졌을 것이다. 철도 건설이 운송비 변화에 초래하는 효과를 평가할 때 두 개의 인과 경로에 따른 효과들을 모두 고려해야 한다. 첫째는 철도를 이용하여 물류를 운송하게 됨에 따라 운송비가 감소한 효과이다. 둘째는 대안적인 운송 체계의 발전에 따라 가능했을 운송비 감소가 철도 건설로 인해 실현되지 못한 효과이다. 따라서 철도가 건설되지 않았다면 19세기 미국의 놀라운 경제성장이 불가능했을 것이라는 생각은 두 개의 효과 중 하나만 고려한 추론에 따른 결론이라고 할 수 있다.

(나) 고혈압으로 고생하던 갑은 신약 A를 복용하여 혈압 저하 효과를 보았고, 그 이후 마라톤에도 출전할 수 있었다. 갑은 친구들에게 신약 A가 아니었다면 자신이 마라톤에 출전할 수 없었을 것이라고 말했다. 반면 을은 갑이 신약 A를 복용함으로써 혈압 저하에 기여하는 다른 방안을 취하지 못하게 되었다고 지적하며, 신약 A의 혈압 저하 효과를 평가할 때, 두 개의 인과 경로에 따른 효과를 모두 고려해야 한다고 말한다.

〈보기〉

ㄱ. 철도 건설의 운송비 감소 효과를 평가할 때 철도 건설이 대안적인 운송 수단의 발전을 억제하는 효과를 고려해야 한다는 것은, A 복용의 혈압 저하 효과를 평가할 때 A의 복용이 갑으로 하여금 혈압 저하를 위하여 다른 방안을 취하지 못 하게 하는 효과를 고려해야 한다는 것에 해당한다.

ㄴ. 철도가 건설되지 않았다면 대안적인 운송 수단의 발전에 따라 운송비가 감소했을 것이라고 말하는 것은, 갑이 A를 복용하지 않았다면 다른 방안을 취하여 혈압 저하가 이루어졌을 것이라고 말하는 것에 해당한다.

ㄷ. 대부분의 미국 사학자들이 19세기 미국의 경제 성장에서 철도 건설이 필수불가결한 것이었다고 생각한 것은, 갑이 자신의 마라톤 출전에 A의 복용이 필수불가결한 것이었다고 말하는 것과 마찬가지이다.

① ㄱ
② ㄷ
③ ㄱ, ㄴ
④ ㄴ, ㄷ
⑤ ㄱ, ㄴ, ㄷ

44 다음 글을 읽고 이해한 내용으로 적절하지 않은 것은?

휴대전화를 뜻하는 '셀룰러폰'은 이동 통신 서비스에서 하나의 기지국이 담당하는 지역을 셀이라고 말한 것에서 유래하였다. 이동 통신은 주어진 총주파수 대역폭을 다수의 사용자가 이용하므로 통화 채널당 할당된 주파수 대역을 재사용하는 기술이 무엇보다 중요하다. 이동 통신 회사들은 제한된 주파수 자원을 보다 효율적으로 사용하기 위하여 넓은 지역을 작은 셀로 나누고, 셀의 중심에 기지국을 만든다. 기지국마다 특정 주파수 대역을 사용해 서비스를 제공하는데, 일정 거리 이상 떨어진 기지국은 동일한 주파수 대역을 다시 사용함으로써 주파수 재사용률을 높인다. 예를 들면, 아래 그림은 특정 지역에 이동 통신 서비스를 제공하기 위하여 네 종류의 주파수 대역(F_1, F_2, F_3, F_4)을 사용하고 있다. 주파수 간섭 문제를 피하기 위해 인접한 셀들은 서로 다른 주파수 대역을 사용하지만, 인접하지 않은 셀에서는 이미 사용하고 있는 주파수 대역을 다시 사용하는 것을 볼 수 있다. 이렇게 셀을 구성하여 방대한 지역을 제한된 몇 개의 주파수 대역으로 서비스할 수 있다.

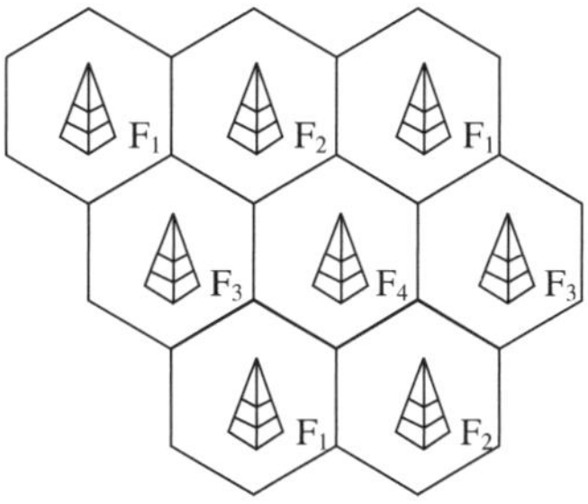

하나의 기지국이 감당할 수 있는 최대 통화량은 일정하다. 평지에서 기지국이 전파를 발사하면 전파의 장은 기지국을 중심으로 한 원 모양이지만, 서비스 지역에 셀을 배치하는 시스템 설계자는 해당 지역을 육각형의 셀로 디자인하여 중심에 기지국을 배치한다. 기지국의 전파 강도를 조절하여 셀의 반지름을 반으로 줄이면 면적은 약 1/4로 줄어들게 된다. 따라서 셀의 반지름을 반으로 줄일 경우 동일한 지역에는 셀의 수가 약 4배가 되고, 수용 가능한 통화량도 약 4배로 증가하게 된다. 이를 이용하여 시스템 설계자는 평소 통화량이 많은 곳은 셀의 반지름을 줄이고 통화량이 적은 곳은 셀의 반지름을 늘려 서비스 효율성을 높인다.

① 기지국 수를 늘리면 수용 가능한 통화량이 증가한다.
② 시스템 설계자는 서비스 지역의 통화량에 따라 셀의 반지름을 정한다.
③ 인접 셀에서 같은 주파수 대역을 사용하면 주파수 간섭 문제가 발생할 수 있다.
④ 제한된 수의 주파수 대역으로 넓은 지역에 이동 통신 서비스를 제공할 수 있다.
⑤ 주파수 재사용률을 높이기 위해 기지국의 전파 강도를 높여 이동 통신 서비스를 제공한다.

※ 다음은 포터의 산업구조분석기법(5 Force Model)에 대한 자료이다. 이어지는 질문에 답하시오. [45~46]

포터의 산업구조분석기법에 따르면 특정 산업의 수익성 및 매력도는 산업의 구조적 특성에 의해 영향을 받으며, 이는 5가지 힘에 의해 결정된다고 보았다.

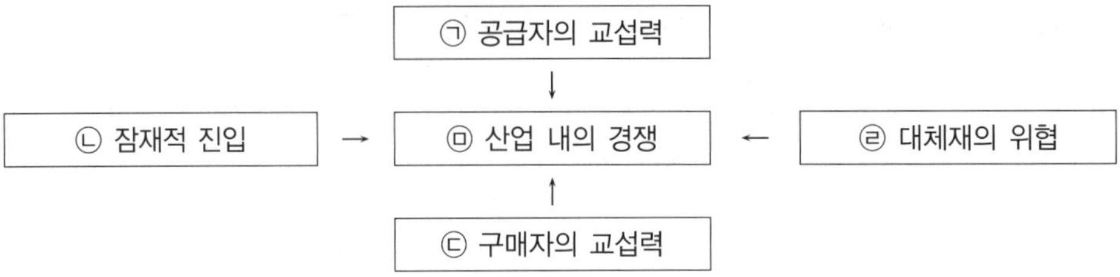

| 조직이해능력

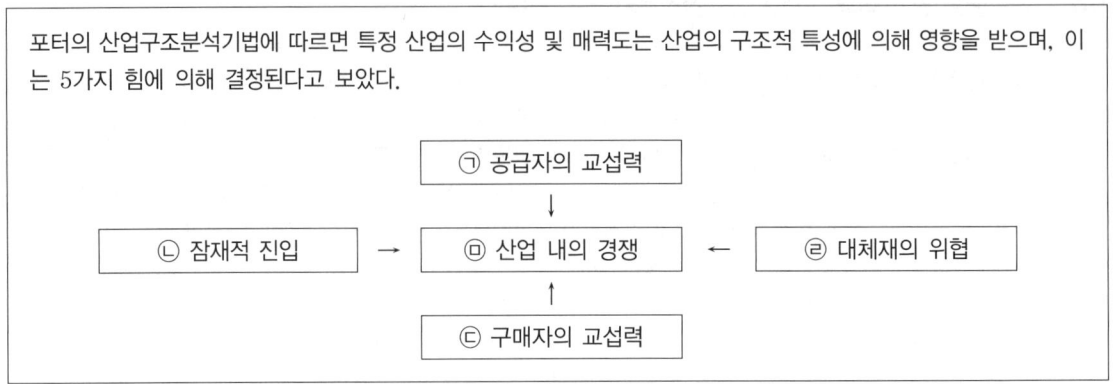

45 다음 중 구매자의 교섭력이 가장 높은 상황으로 옳은 것은?

① 공급자의 제품 차별성이 높을 때
② 시장에 소수 기업의 제품만 존재할 때
③ 구매자가 직접 상품을 생산할 수 있을 때
④ 구매자의 구매량이 판매자의 규모보다 작을 때
⑤ 구매자가 공급자를 바꾸는 데 전환 비용이 발생할 때

| 조직이해능력

46 포터의 산업구조분석기법에 따라 반도체 산업의 구조를 분석한다고 할 때, 다음 중 ㉠~㉤에 해당하는 사례로 옳지 않은 것은?

① ㉠ : IT 시장의 지속적인 성장에 따라 반도체의 수요가 증가하면서 산업의 수익률도 증가하고 있다.
② ㉡ : 생산설비 하나를 설치하는 데에도 막대한 비용이 발생하는 반도체 산업에 투자할 수 있는 기업은 많지 않다.
③ ㉢ : 반도체 산업에는 컴퓨터 제조업자와 같은 대형구매자가 존재한다.
④ ㉣ : 메모리형 반도체는 일상재로 품질과 디자인 면에서 어느 회사의 제품이든 별 차이가 없기 때문에 가격경쟁이 치열하다.
⑤ ㉤ : 비슷한 규모를 가진 세계적인 기업들의 치열한 경쟁이 반도체 산업의 수익률을 저하시킨다.

47 다음 글의 논지를 뒷받침하는 진술로 적절한 것을 〈보기〉에서 모두 고르면?

과학과 예술이 무관하다는 주장의 첫 번째 근거는 과학과 예술이 인간의 지적 능력의 상이한 측면을 반영한다는 것이다. 즉, 과학은 주로 분석 · 추론 · 합리적 판단과 같은 지적 능력에 기인하는 반면에, 예술은 종합 · 상상력 · 직관과 같은 지적 능력에 기인한다고 생각한다. 두 번째 근거는 과학과 예술이 상이한 대상을 다룬다는 것이다. 과학은 인간 외부에 실재하는 자연의 사실과 법칙을 다루기에 과학자는 사실과 법칙을 발견하지만, 예술은 인간의 내면에 존재하는 심성을 탐구하며, 미적 가치를 창작하고 구성하는 활동이라고 본다. 그러나 이렇게 과학과 예술을 대립시키는 태도는 과학과 예술의 특성을 지나치게 단순화하는 것이다. 과학이 단순한 발견의 과정이 아니듯이 예술도 순수한 창조와 구성의 과정이 아니기 때문이다. 과학에는 상상력을 이용하는 주체의 창의적 과정이 개입하며, 예술 활동은 전적으로 임의적인 창작이 아니라 논리적 요소를 포함하는 창작이다. 과학 이론이 만들어지기 위해 필요한 것은 냉철한 이성과 객관적 관찰만이 아니다. 새로운 과학 이론의 발견을 위해서는 상상력과 예술적 감수성이 필요하다. 반대로 최근의 예술적 성과 중에는 과학기술의 발달에 의해 뒷받침된 것이 많다.

〈보기〉

ㄱ. 과학자 왓슨과 크릭이 없었더라도 누군가 DNA 이중나선 구조를 발견하였겠지만, 셰익스피어가 없었다면 『오셀로』는 결코 창작되지 못하였을 것이다.

ㄴ. 물리학자 파인만이 주장했듯이 과학에서 이론을 정립하는 과정은 가장 아름다운 그림을 그려나가는 예술가의 창작 작업과 흡사하다.

ㄷ. 입체파 화가들은 수학자 푸앵카레의 기하학 연구를 자신들의 그림에 적용하고자 하였으며, 이런 의미에서 피카소는 "내 그림은 모두 연구와 실험의 산물이다."라고 말하였다.

① ㄱ
② ㄷ
③ ㄱ, ㄴ
④ ㄴ, ㄷ
⑤ ㄱ, ㄴ, ㄷ

48 Z사에서는 A ~ N직원 총 14명 중에서 면접위원을 선발하고자 한다. 구성 조건이 다음과 같을 때, 옳지 않은 것은?

〈면접위원 구성 조건〉

- 면접위원은 모두 6명으로 구성한다.
- 이사 이상의 직급으로 50% 이상 구성해야 한다.
- 인사팀을 제외한 모든 부서는 2명 이상 선출할 수 없고, 인사팀은 반드시 2명 이상을 포함한다.
- 모든 면접위원의 입사 후 경력은 3년 이상으로 한다.

직원	직급	부서	입사 후 경력
A	대리	인사팀	2년
B	과장	경영지원팀	5년
C	이사	인사팀	8년
D	과장	인사팀	3년
E	사원	홍보팀	6개월
F	과장	홍보팀	2년
G	이사	고객지원팀	13년
H	사원	경영지원	5개월
I	이사	고객지원팀	2년
J	과장	영업팀	4년
K	대리	홍보팀	4년
L	사원	홍보팀	2년
M	과장	개발팀	3년
N	이사	개발팀	8년

① 과장은 2명 이상 선출되었다.
② L사원은 면접위원으로 선출될 수 없다.
③ N이사는 반드시 면접위원으로 선출된다.
④ 모든 부서에서 면접위원이 선출될 수는 없다.
⑤ B과장이 면접위원으로 선출됐다면 K대리도 선출된다.

49 다음 글을 읽고 추론한 내용으로 적절하지 않은 것은?

> 제약 연구원이란 제약 회사에서 약을 만드는 과정에 참여하는 사람을 말한다. 제약 연구원은 이러한 모든 단계에 참여하지만, 특히 신약 개발 단계와 임상 시험 단계에서 가장 중점적인 역할을 한다. 일반적으로 약을 만드는 과정은 새로운 약품을 개발하는 신약 개발 단계, 임상 시험을 통해 개발된 신약의 약효를 확인하는 임상 시험 단계, 식약처에 신약이 판매될 수 있도록 허가를 요청하는 약품 허가 요청 단계, 마지막으로 의료진과 환자를 대상으로 신약에 대해 홍보하는 영업 및 마케팅의 단계로 나눈다.
> 제약 연구원이 되기 위해서는 일반적으로 약학을 전공해야 한다고 생각하기 쉽지만, 약학 전공자 이외에도 생명 공학, 화학 공학, 유전 공학 전공자들이 제약 연구원으로 활발하게 참여하고 있다. 만일 신약 개발의 전문가가 되고 싶다면 해당 분야에서 오랫동안 연구한 경험이 필요하기 때문에 대학원에서 석사나 박사 학위를 취득하는 것이 유리하다.
> 제약 연구원이 되기 위해서는 전문적인 지식도 중요하지만, 사람의 생명과 관련된 일인 만큼, 무엇보다도 꼼꼼함과 신중함, 책임 의식이 필요하다. 또한 제약 회사라는 공동체 안에서 일을 하는 것이므로 원만한 일의 진행을 위해서 의사소통 능력도 필수적으로 요구된다. 오늘날 제약 분야가 빠르게 성장하고 있다는 점을 고려할 때, 일에 대한 도전 의식, 호기심과 탐구심 등도 제약 연구원에게 필요한 능력으로 꼽을 수 있다.

① 제약 연구원은 약품 허가 요청 단계에 참여한다.
② 오늘날 제약 연구원에게 요구되는 능력이 많아졌다.
③ 생명이나 유전 공학 전공자도 제약 연구원으로 일할 수 있다.
④ 신약 개발 전문가가 되려면 반드시 석사나 박사를 취득해야 한다.
⑤ 제약 연구원과 관련된 정보가 부족하다면 약학을 전공해야만 제약 연구원이 될 수 있다고 생각할 수 있다.

50 다음은 A사와 B사가 조사한 주요 TV 프로그램의 2024년 8월 넷째 주 주간 시청률에 대한 자료이다. 이에 대한 설명으로 옳은 것을 〈보기〉에서 모두 고르면?

〈주요 TV 프로그램의 주간 시청률(2024년 8월 넷째 주)〉

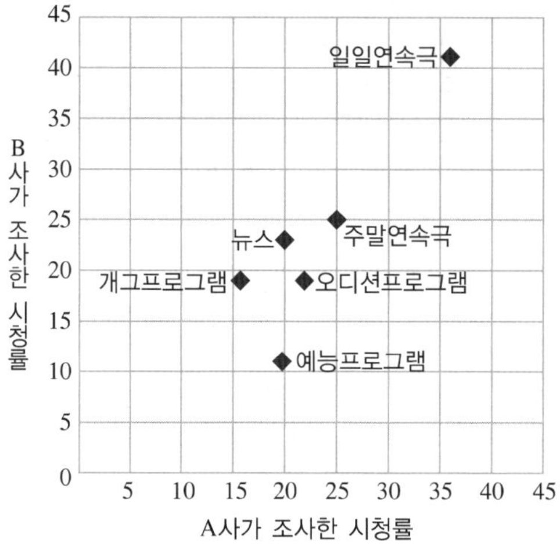

〈보기〉

ㄱ. B사가 조사한 일일연속극의 시청률은 40% 미만이다.
ㄴ. A사가 조사한 시청률과 B사가 조사한 시청률 간의 차이가 가장 큰 것은 예능프로그램이다.
ㄷ. 오디션프로그램의 시청률은 B사의 조사 결과가 A사의 조사 결과보다 높다.
ㄹ. 주말연속극의 시청률은 A사의 조사 결과가 B사의 조사 결과보다 높다.
ㅁ. A사의 조사에서는 오디션프로그램이 뉴스보다 시청률이 높으나 B사의 조사에서는 뉴스가 오디션프로그램보다 시청률이 높다.

① ㄱ, ㄷ
② ㄱ, ㅁ
③ ㄴ, ㄹ
④ ㄴ, ㅁ
⑤ ㄷ, ㄹ

6권

PSAT형 NCS 집중학습

정답 및 해설

PSAT형 NCS 집중학습 봉투모의고사

2025년 PSAT형 NCS 기출복원 모의고사 정답 및 해설

01	02	03	04	05	06	07	08	09	10
②	③	⑤	⑤	①	④	④	①	④	①
11	12	13	14	15	16	17	18	19	20
⑤	⑤	④	⑤	⑤	④	③	②	③	③
21	22	23	24	25	26	27	28	29	30
①	③	③	④	③	②	②	③	②	④
31	32	33	34	35	36	37	38	39	40
④	③	②	②	③	①	⑤	②	①	⑤
41	42	43	44	45	46	47	48	49	50
③	①	③	②	②	④	③	④	③	②

01

정답 ②

제시문의 마지막 문단에서 현재 AI 음성 합성 기술이 사람의 감정까지 담아 표현할 수 없다는 한계점이 존재한다고 했다. 따라서 현재는 AI 음성 합성 기술이 오디오북 제작에서 전문 성우의 역할을 대체할 수 있다고 보기 어렵다.

오답분석

① 세 번째 문단을 통해 AI 음성 합성 기술이 비용과 시간 측면에서 전문 성우의 녹음보다 효율적임을 알 수 있다.
③ 마지막 문단에서 문학 도서의 경우 AI 음성 합성 기술이 사람의 감정까지 담아 표현할 수 없는 반면, 비문학 도서들은 전문 성우가 반드시 필요하지는 않으므로 AI 음성 합성 기술로 제작이 가능하다고 하였다.
④·⑤ 두 번째 문단에서 전문 성우의 오디오북 녹음에는 많은 시간이 필요하며, 비용 또한 많이 들어 현실적인 한계에 부딪히고 있다고 하였다.

02

정답 ③

제시문에 따르면 2024년 설날 노쇼 비율은 46%이지만, 이 중 19만 매가량이 재판매가 되지 않아 공석으로 운행되었다.

오답분석

① 첫 번째 문단에서 명절에 예매 경쟁률이 수십 배에 달하는 경우도 흔하다고 하였다.
② 세 번째 문단에서 노쇼 문제는 사회적 비용 증가로 연결되며, 이에 따른 비용이나 정책 변경은 국민의 부담으로 돌아올 것이라고 하였다.
④ 네 번째 문단에서 노쇼 문제를 해결하기 위해 코레일은 2025년부터 명절 특별수송기간에 출발 후 20분까지의 위약금을 기존 15%에서 30%로 상향 조정한다고 하였다.
⑤ 마지막 문단에서 노쇼 문제는 단순히 코레일의 노력만으로 해결할 수 없고, 근본적인 제도 개선과 국민들의 인식 변화가 함께 이루어져야 함을 이야기하고 있다.

03

정답 ⑤

자발적 취업자의 수는 매년 증가하고 있고, 정부 지원형 취업자 수는 매년 감소하고 있으므로 독립적인 증가 추세를 보이고 있다.

오답분석

① 정부 지원형 취업자 수는 꾸준히 감소하고 있다.
② 전체 취업자 수는 매년 증가하고 있지만, 정부 지원형 취업자 수는 매년 감소하고 있으므로 옳지 않다.
③ 전체 취업자 수와 자발적 취업자 수 모두 증가하고 있다.
④ 자발적으로 취업하는 노인의 수는 매년 증가하고 있지만, 정부 지원 취업자 수는 매년 감소하고 있으므로 옳지 않다.

04

정답 ⑤

구로디지털단지역 하차 인원은 출근시간대 400명, 퇴근시간대 2,150명이므로 $2,150 \div 400 = 5.375$이다. 따라서 퇴근시간대 하차 인원은 출근시간대 하차 인원의 5배 이상이다.

오답분석

① 역삼역의 점심시간대는 탑승 480명, 하차 520명으로 하차 인원이 더 많다.
② 시청역의 탑승 인원은 점심시간대에 530명, 퇴근시간대에 420명으로 점심시간대에 탑승 인원이 더 많다.
③ 역삼역의 출근시간대는 탑승 1,150명, 하차 350명으로 탑승 인원이 더 많다.
④ 시청역의 출근시간대 대비 퇴근시간대 하차 인원의 증가 폭은 $1,480 - 870 = 610$명, 역삼역의 출근시간대 대비 퇴근시간대 하차 인원의 증가 폭은 $1,250 - 350 = 900$명이므로 시청역의 증가 폭이 더 작다.

05

정답 ①

먼저 1부터 6까지 숫자를 사용하여 만들 수 있는 4자리 수의 조합을 계산하면 $6^4=1,296$이다. 조건에 따라 중복된 숫자는 최대 2번 사용할 수 있으므로 같은 숫자가 3번 이상 사용된 경우의 수를 구하여 제외해야 한다.

- 같은 숫자가 4번 사용된 경우는 6가지이다(1111, 2222, …, 6666).
- 같은 숫자가 3번 사용된 경우는 aaab, aaba, abaa, baaa 4가지 경우가 있고, a로 가능한 수는 6가지, b로 가능한 수는 a를 제외한 5가지이므로 $4\times6\times5=120$가지이다.

따라서 조건을 만족하는 4자리 비밀번호는 총 $1,296-(6+120)=1,170$가지이다.

06

정답 ④

조사기간인 1 ~ 4월의 후기 수가 판매 건수이므로 월별 판매 건수와 반품 및 환불 건수를 계산하면 다음과 같다.

(단위 : 건)

구분	판매 건수	반품 건수	환불 건수
1월	1,000	1,000×0.03=30	1,000×0.02=20
2월	1,200	1,200×0.02=24	1,200×0.03=36
3월	1,500	1,500×0.04=60	1,500×0.01=15
4월	1,300	1,300×0.03=39	1,300×0.02=26
합계	5,000	153	97

따라서 반품 건수와 환불 건수의 합은 153+97=250건이다.

07

정답 ④

산사태 피해면적은 2023년이 210ha로 조사연도 중 최대이며, 복구비용도 2023년이 112억 원으로 최대이다. 따라서 산사태 피해면적과 복구비용이 모두 가장 높았던 해는 2023년이다.

오답분석

① 2023년의 피해면적 1ha당 복구비용은 약 0.533억 원이고, 2022년의 피해면적 1ha당 복구비용은 약 0.513억 원이다. 따라서 피해면적 대비 복구비용이 가장 높은 연도는 2023년이다.

② 연도별 복구비용은 2022년과 2024년에 감소하였으므로 매년 증가하지 않았다.

③ 연도별 피해면적 1ha당 복구비용을 구하면 다음과 같다.

- 2020년 : 65÷130=0.5억 원/ha
- 2021년 : 98÷190≒0.516억 원/ha
- 2022년 : 82÷160≒0.513억 원/ha
- 2023년 : 112÷210≒0.533억 원/ha
- 2024년 : 93÷175≒0.531억 원/ha

매년 소폭의 변화가 있으므로 피해면적 1ha당 복구비용은 일정하게 유지되지 않았다.

⑤ 2024년에는 피해면적과 복구비용 모두 전년보다 감소하였다.

08

정답 ①

제시문은 잠복결핵감염에 대해 설명하는 글로 잠복결핵감염의 특성과 치료방법 등을 서술하면서 잠복결핵감염이 어떻게 개인 건강뿐 아니라 사회 전체의 공중보건에 영향을 주는지 서술하고 있다. 따라서 글의 주제로는 '잠복결핵감염의 위험성'이 가장 적절하다.

09

정답 ④

제시문은 원자력 발전소에서 방사성 물질의 차단과 외부 오염물질의 유입 방지를 위해 강력한 공기조화시스템이 필요함을 이야기하며 이 시스템의 핵심 장치인 헤파필터에 대해 상세히 설명하고 있다. 또한 원자력 발전소에서 헤파필터의 역할과 중요성에 대해 중점적으로 서술하고 있다. 따라서 글의 주제로 가장 적절한 것은 '원자력 발전소에서의 헤파필터의 역할'이다.

10

정답 ①

메뉴별 손익분기점을 구하면 다음과 같으며 손익분기점을 넘기 위해서 필요한 판매량은 이보다 1단위 더 많아야 한다.

- 제육볶음 : 2,800,000÷(10,000−2,000)=350 → 351인분
- 오징어볶음 : 3,300,000÷(12,000−2,000)=330 → 331인분
- 돈가스 : 2,600,000÷(9,000−1,500)≒346.6 → 347인분
- 라면 : 1,800,000÷(6,000−800)≒346.2 → 347인분
- 고등어구이 : 3,100,000÷(11,000−2,000)≒344.4 → 345인분

따라서 손익분기점을 넘기 위해 가장 많이 판매해야 하는 메뉴는 제육볶음이다.

11

정답 ⑤

B지점에서 C지점까지의 거리를 $x$km라고 하고 식을 세우면 다음과 같다.

$(x+110)+x=190$

$\rightarrow 2x=80$

$\therefore x=40$

즉, A지점에서 B지점까지의 거리는 150km, B지점에서 C지점까지의 거리는 40km이다. K주임은 A지점에서 B지점까지 150km를 100km/h의 속력으로 이동하였으므로 소요된 시간은 1.5시간이고, B지점에서 C지점까지 40km를 80km/h의 속력으로 이동하였으므로 소요된 시간은 0.5시간이다.

따라서 A지점에서 C지점까지 이동하는 데 걸린 시간은 2시간이며, B지점에서 1시간 동안 업무를 수행하였으므로 C지점에 도착한 시각은 오후 3시이다. 또한 총 190km를 2시간 동안 이동하였으므로 평균 속력은 $\frac{190}{2}$=95km/h이다.

12 정답 ⑤

- 가영 : 기관에서만 제기하는 소송은 기관소송 및 권한쟁의이다. 따라서 80,000+191,000=271,000건이다.
- 나리 : 제시된 자료는 주요 소송 종류에 대한 것이므로 개인이 제기한 모든 민사소송 건수를 정확히 알 수 없다.
- 다솜 : 2021년에 기관이 제기한 헌법소원의 건수는 2,000−1,000=1,000건이며, 2022년에 기관이 제기한 헌법소원의 건수는 1,900−1,000=900건으로 전년 대비 감소했다.
- 라주 : 제시된 자료는 주요 소송 종류에 대한 것이므로 개인이 제기한 소송의 전체 건수는 알 수 없다.

따라서 모두가 제시된 자료에 대해 잘못 설명하였다.

13 정답 ④

2022년부터 2024년까지 전체 소송 중 기관에서 제기한 기관소송 및 권한쟁의 소송의 비율은 다음과 같다.

- 2022년 : $\frac{20,000+40,000}{481,900}\times100 ≒ 12.45\%$
- 2023년 : $\frac{17,000+50,000}{509,500}\times100 ≒ 13.15\%$
- 2024년 : $\frac{16,000+53,000}{531,500}\times100 ≒ 12.98\%$

2024년의 경우 전년 대비 감소하였으므로 옳지 않은 내용이다.

오답분석

① J국의 전체 소송 건수는 2019년부터 2021년까지 증가하다가 2022년 감소한 뒤, 2022년부터 2024년까지 다시 증가하였다.

② 민사소송에서 사기가 차지하는 비율은 $\frac{250,000+140,000}{1,480,000}\times100 ≒ 26.35\%$이고, 형사소송에서 사기가 차지하는 비율은 $\frac{125,000+50,000}{710,000}\times100 ≒ 24.65\%$이다. 따라서 민사소송에서 차지하는 비율이 더 크다.

③ 기관에서만 제기한 소송은 기관소송과 권한쟁의 소송이며 매년 이들의 합은 다음과 같다.
- 2019년 : 5,000+3,000=8,000건
- 2020년 : 7,000+5,000=12,000건
- 2021년 : 15,000+40,000=55,000건
- 2022년 : 20,000+40,000=60,000건
- 2023년 : 17,000+50,000=67,000건
- 2024년 : 16,000+53,000=69,000건

따라서 기관에서만 제기하는 소송의 총합 건수는 매년 증가하였다.

⑤ 개인이 제기한 형사 소송에서 상해 대비 살인의 비율은 매년 절반으로 동일하다.

14 정답 ⑤

본회의 시간이 1시간이고, 전후 30분간 회의 준비 및 회의록 작성을 진행해야 하므로 총 2시간이 필요하다. 제시된 조건에 따라 회의가 불가능한 시간을 표시하면 다음과 같다.

<table>
<tr><th colspan="2">9시</th><th colspan="2">10시</th><th colspan="2">11시</th><th colspan="2">12시</th><th colspan="2">13시</th></tr>
<tr><td></td><td></td><td>예약</td><td></td><td></td><td></td><td colspan="2">점심시간</td><td></td><td></td></tr>
<tr><th colspan="2">14시</th><th colspan="2">15시</th><th colspan="2">16시</th><th colspan="2">17시</th><td colspan="2" rowspan="2">–</td></tr>
<tr><td>예약</td><td></td><td colspan="2">외부일정</td><td></td><td></td><td></td><td></td></tr>
</table>

30분 간격으로 칸을 나누었으므로 회의를 진행하기 위해서는 총 4칸이 필요하다. 따라서 16시부터 회의 준비를 할 수 있으므로 본회의를 시작할 수 있는 가장 빠른 시각은 16시 30분이다.

15 정답 ⑤

A와 B는 1명이 참이면 1명이 거짓이다. 문제에서 1명이 거짓말을 한다고 하였으므로 A와 B 둘 중 1명이 거짓말을 하였다.

i) A가 거짓말을 했을 경우

1층	2층	3층	4층	5층
C	D	B	A	E

ii) B가 거짓말을 했을 경우

1층	2층	3층	4층	5층
B	D	C	A	E

따라서 A는 항상 D보다 높은 층에서 내린다.

16 정답 ④

지원자 4의 진술이 거짓이면 지원자 5의 진술도 거짓이고, 지원자 4의 진술이 참이면 지원자 5의 진술도 참이다. 즉, 1명의 진술만 거짓이므로 지원자 4, 5의 진술은 참이다. 그러면 지원자 1과 지원자 2의 진술이 모순이다.

- 지원자 1의 진술이 거짓인 경우
  지원자 3은 A부서에 선발이 되었고, 지원자 2는 B 또는 C부서에 선발되었다. 이때, 지원자 3의 진술에 따라, 지원자 4가 B부서, 지원자 2가 C부서에 선발되었다.
  ∴ A부서 : 지원자 3, B부서 : 지원자 4,
  C부서 : 지원자 2, D부서 : 지원자 5
- 지원자 2의 진술이 거짓인 경우
  지원자 2는 A부서에 선발이 되었고, 지원자 3은 B 또는 C부서에 선발되었다. 이때, 지원자 3의 진술에 따라, 지원자 4가 B부서, 지원자 3이 C부서에 선발되었다.
  ∴ A부서 : 지원자 2, B부서 : 지원자 4,
  C부서 : 지원자 3, D부서 : 지원자 5

따라서 지원자 4는 항상 B부서에 선발되었다.

17 정답 ③

약술형에서 48점을 득점하여 과락이 된 D응시자를 제외하고 나머지 4명의 필기시험 점수의 평균과 가점을 더한 값은 다음과 같다.

- A응시자 : {(85+52+61+57)÷4}+6=69.75점 → 불합격
- B응시자 : (75+71+67+81)÷4=73.5점 → 합격
- C응시자 : {(67+81+72+54)÷4}+2=70.5점 → 합격
- E응시자 : (66+82+58+78)÷4=71점 → 합격

따라서 J국가자격 필기시험에 합격한 사람은 B, C, E응시자 3명이다.

18 정답 ②

상대참조는 수식을 복사할 때 행과 열이 함께 복사되므로 「=A2+B2」가 옳은 수식이다.

19 정답 ③

제시된 상황은 조건이 참인지 거짓인지에 따라 서로 다른 값을 반환해야 하므로 IF 함수를 활용해야 한다. IF 함수의 함수식은 「=IF(조건,"참일 때의 값","거짓일 때의 값")」이며, 조건은 참조대상의 값이 90 이상이어야 하므로 "참조대상>=90"이어야 한다. 따라서 옳은 함수식은 「=IF(참조 대상>=90,"합격","불합격")」이다.

오답분석

① 90점을 초과해야 합격으로 값이 나오는 함수식이다.
② 90점 이상이면 불합격, 90점 미만이면 합격으로 값이 나오는 함수식이다.
④ · ⑤ CHOOSE 함수는 지정된 인덱스 번호를 기준으로 목록에서 특정 값을 선택하여 반환하는 함수로, 제시된 상황에는 옳지 않은 함수이다.

20 정답 ③

제시문의 네 번째 문단에 따르면 천식 환자는 심장박동 및 호흡수를 증가시키는 운동은 발작을 일으킬 수 있으므로 피해야 하고, 건조하지 않고 심장 박동이나 호흡 수가 급격히 증가하지 않는 수영과 같은 운동이 좋다고 하였다. 따라서 등산의 경우는 가파른 오르막, 건조한 환경 등 천식 환자에게 좋지 않은 운동일 가능성이 높다.

오답분석

① 세 번째 문단에 따르면 당뇨는 인슐린이 제 기능을 하지 못해 혈당을 낮추지 못하는 질환으로, 유산소 운동을 통해 혈당을 낮출 수 있다.
② 세 번째 문단에 따르면 당뇨 환자와 심장병 환자에게는 유산소 운동이 좋다고 하였으며, 특히 심장병 환자의 경우 규칙적인 유산소 운동은 심혈관계를 향상시킨다고 하였다.
④ 마지막 문단에 따르면 허리 통증 환자는 유산소 운동보다는 척추를 지지하는 근육을 발달시킬 수 있는 코어 운동이 도움이 된다고 하였다.

21 정답 ①

제시된 개요에 따르면 A교수의 발표 주제는 사람이 제공하던 서비스를 인공지능 기술로 대체하자는 것이 아닌, 인공지능 기술이 건강보험 가입자의 데이터를 기반으로 가입자에게 필요한 맞춤형 서비스를 제공해 주는지에 대한 것이다.

오답분석

② B교수의 발표 주제는 sLLM(소형언어모델)을 사용한 고객 서비스의 향상과 공단 근로자의 업무 효율성을 증대 사례이므로 이에 대한 고객과 공단 근로자의 의견이 필요하다.
③ D교수의 발표 주제는 야간 인공조명이 인간의 건강에 미치는 영향에 대한 것이므로, 야간 인공조명을 받은 사람과 이를 받지 않은 사람과의 건강상의 차이에 대한 구분되는 수치가 필요하다.
④ F팀장의 발표 주제는 병원 내에서 발생하는 폐렴의 데이터 분석을 통해 감염관리 체계 마련이 필요함을 제시하는 것이므로, 병원 내 감염병에 대한 데이터 정보가 필요하다. 따라서 병원 내 어느 병동에서 어떠한 상황에서 발생하였는지, 또 어느 연령대에서 주로 발생하는지 등에 대한 데이터가 필요하다.

22 정답 ③

제시문은 국민건강보험공단이 담배소송 변론에서 적극적으로 입장을 표명했다고 서술하고 있다. 그러므로 이어질 문단으로 공단의 주장이 포함된 (나) 문단 또는 (다) 문단이 와야 한다. 이 중 (다) 문단은 '마지막으로'로 시작하므로 글의 가장 마지막에 오는 것이 적절하다. 즉, 첫 문단 뒤에 이어질 문단으로 가장 적절한 것은 (나) 문단이다. 다음 (가) 문단과 (라) 문단을 보면, (가) 문단은 담배와 암 사이에는 인과관계가 있다는 주장, (라) 문단은 담배와 암 사이에 인과관계에 대한 뒷받침 자료로 제출한 증거의 목록에 대한 내용이므로 (가) – (라) 순으로 이어져야 한다. 따라서 (나) – (가) – (라) – (다) 순으로 나열하는 것이 적절하다.

23 정답 ③

제시된 자료는 7대 주요 범죄 현황이므로 한 해의 전체 범죄 현황은 알 수 없다.

오답분석

① 살인이 가장 많이 발생한 해는 1995년이며, 절도 역시 1995년에 가장 많이 발생하였다.
② K국 교도소의 잔여 형량별 복역자 수 자료를 통해 잔여 형량이 많을수록 복역자 수가 적음을 알 수 있다.
④ 잔여 형량이 1년 미만인 복역자 수가 가장 많은 교도소는 F교도소이며, 전체 복역자 수 역시 F교도소가 가장 많다.

24

정답 ④

교도소별 잔여 형량이 1년 미만인 복역자 수 대비 3년 이상 5년 미만인 복역자 수의 비율은 다음과 같다.

- A : $\frac{400}{3,000}\times100 \fallingdotseq 13.3\%$
- B : $\frac{400}{4,000}\times100=10\%$
- C : $\frac{500}{5,000}\times100=10\%$
- D : $\frac{600}{6,000}\times100=10\%$
- E : $\frac{800}{7,000}\times100 \fallingdotseq 11.43\%$
- F : $\frac{1,000}{8,000}\times100=12.5\%$

따라서 A교도소가 가장 높으므로 옳지 않은 내용이다.

오답분석

① 1990년부터 1995년까지 전년 대비 살인 사건 발생 건수는 100건씩 일정하게 증가하고 있다. 그러나 기준이 되는 전년의 수치가 점점 커지기 때문에 전년 대비 변화율은 점점 감소한다(1990년 20% 증가, 1991년 약 16.6% 증가 …).

② K국 전체 교도소 복역자 수는 5,300+5,700+7,800+10,000+10,300+11,600=50,700명이므로 D교도소에 복역하는 비율은 $\frac{10,000}{50,700}\times100 \fallingdotseq 19.72\%$이다. 따라서 20% 이하이다.

③ 1993년부터 1995년까지 7대 주요 범죄 중 절도가 차지하는 비율을 구하기 위해 연도별 7대 주요 범죄 발생 건수를 계산하면 다음과 같다.

- 1993년 : 900+3,000+10,000+10,000+20,000+3,000+1,000=47,900건
- 1994년 : 1,000+2,000+20,000+10,000+27,000+5,000+900=65,900건
- 1995년 : 1,100+3,500+17,000+9,000+34,000+2,000+1,100=67,700건

이 중 절도가 차지하는 비율을 계산하면 다음과 같다.

$$\frac{20,000+27,000+34,000}{47,900+65,900+67,700}\times100$$

$$\rightarrow \frac{81,000}{181,500}\times100 \fallingdotseq 44.63\%$$

따라서 절도가 차지하는 비율은 45% 이하이다.

25

정답 ③

계란 가격은 2024년 7월부터 9월까지 증가하다가, 10월부터 감소한 후 12월에 다시 증가 추세를 보이고 있다.

오답분석

① • 2024년 8월 대비 9월 쌀 가격 증가율

: $\frac{1,970-1,083}{1,083}\times100 \fallingdotseq 81.90\%$

• 2024년 11월 대비 12월 무 가격 증가율

: $\frac{2,474-2,245}{2,245}\times100 \fallingdotseq 10.20\%$

따라서 2024년 8월 대비 9월 쌀 가격의 증가율이 2024년 11월 대비 12월 무 가격의 증가율보다 크다.

② 국산, 미국산, 호주산 소 가격 모두 2024년 7월부터 9월까지 증가하다가 10월에 감소하였다.

④ 쌀 가격은 2024년 7월 1,992원에서 8월 1,083원으로 감소했다가, 9월 1,970원으로 증가한 후 10월부터는 꾸준히 감소하고 있다.

26

정답 ②

제시된 식재료 가격의 2024년 12월 대비 2025년 1월 증감률을 계산하면 다음과 같다.

- 쌀 : $\frac{1,805-1,809}{1,809}\times100 \fallingdotseq -0.22\%$
- 양파 : $\frac{1,759-1,548}{1,548}\times100 \fallingdotseq 13.63\%$
- 무 : $\frac{2,543-2,474}{2,474}\times100 \fallingdotseq 2.78\%$
- 건멸치 : $\frac{25,200-25,320}{25,320}\times100 \fallingdotseq -0.47\%$

따라서 증감률이 가장 큰 재료는 양파이다.

27

정답 ②

신입사원 선발 조건에 따라 지원자에게 점수를 부여하면 다음과 같다.

(단위 : 점)

구분	학위 점수	어학시험 점수	면접 점수	인턴근무 총기간	총점
A지원자	18	20	30	18	86
B지원자	25	17	24	18	84
C지원자	18	17	24	18	77
D지원자	30	14	18	12	74

따라서 최고득점자는 A이고, 최저득점자는 D이다.

28

정답 ③

제시문에서 적혈구의 수명은 최대 120일이며, 낫적혈구 빈혈 환자가 다른 사람의 혈액으로 수혈을 받는 경우 적혈구의 수명이 이보다 더 짧을 수 있고, 인공혈액으로 수혈을 받는 경우에는 120일을 모두 채울 수 있다고 하였다. 따라서 낫적혈구 빈혈 환자는 최소가 아닌 최대 4개월마다 한 번씩 수혈을 받아야 한다.

오답분석

① 첫 번째·두 번째 문단에 따르면, 열성 유전은 두 쌍 모두 열성인 경우이며, 낫적혈구 빈혈은 부모 양쪽 모두에게서 낫적혈구 유전자를 물려받을 경우 발생한다고 하였으므로 열성 유전 질환임을 알 수 있다.

② 세 번째 문단에 따르면, 낫적혈구는 서로 잘 달라붙는 특성 때문에 얇은 혈관의 통과가 어렵다고 했으므로 모세혈관에서의 통과가 어려울 것임을 알 수 있다.

④ 마지막 문단에 따르면, 인공혈액은 모두 젊은 적혈구로 구성되어 있어 적혈구의 생존 기간이 길어 수혈의 빈도가 감소할 것으로 예측된다고 하였으므로 수혈을 받는 주기는 길어질 것이다.

29

정답 ②

보금자리론은 민법상 성인이라면 신청 가능하나, 디딤돌대출은 민법상 성인이면서 세대주에 해당하여야 신청이 가능하고, 세대주이더라도 단독세대주라면 만 30세 이상이어야 신청이 가능하다. 따라서 30세 미만이어도 세대원이 있는 세대주라면 신청이 가능하다.

오답분석

① 대출요건을 살펴보면, 디딤돌대출은 구입용도의 대출만 취급하나, 보금자리론의 경우 구입, 보전, 상환용도 모두 가능하다.

③ 신혼부부의 경우 담보주택의 평가액 한도와 소득요건은 두 대출 모두 각각 6억 원 이하, 연소득 8천 5백만 원 이하로 동일하나, 대출한도는 보금자리론이 최대 3.6억 원, 디딤돌대출이 최대 4억 원으로 디딤돌대출이 유리하다.

④ 두 대출의 신용도 관련 요건을 살펴보면, 보금자리론이 신용점수 271점 이상, 디딤돌대출은 350점 이상이어야 한다. 또한 디딤돌대출에는 본인 및 배우자 합산 순자산 요건이 있으나 보금자리론은 해당 요건이 없으므로 본인 및 배우자의 합산 순자산 가액이 높다면 보금자리론이 더 유리하다.

30

정답 ④

SUMIF 함수는 「=SUMIF(조건범위,"조건",[합계범위])」이다. 조건범위가 합계범위일 경우 세 번째 인수는 생략할 수 있지만, 네 번째 인수인 "70"은 어떤 경우에도 포함될 수 없으므로 옳지 않은 함수이다.

오답분석

① SUMIF 함수는 범위 내에 조건을 만족하는 셀의 값을 모두 더하는 함수이다. 그러므로 [B2:B5] 범위에서 80을 초과하는 90, 95를 더한 185가 출력된다.

② COUNTIFS 함수는 범위 내에 여러 조건을 동시에 만족하는 셀의 개수를 세는 함수이다. 그러므로 [B2:B5] 범위에서 값이 85 초과, 95 미만인 [B3] 셀 하나만 해당하므로 1이 출력된다.

③ COUNTA 함수는 범위 내에 비어있지 않은 셀의 개수를 세는 함수이다. [A2:A5] 셀에는 모두 데이터(이름)가 들어있으므로 4가 출력된다.

31

정답 ④

- B+1 → C
- A+2 → C
- N+3 → Q
- A+4 → E
- N+5 → S
- A+6 → G

따라서 옳은 암호문은 'CCQESG'이다.

32

정답 ③

각 부서의 세부 평가 항목별 점수를 바탕으로 평가 반영 비율을 적용하여 평가별 총점을 구하면 다음과 같다.

(단위 : 점)

구분		A부서	B부서	C부서	D부서
외부평가	프로젝트 목표 달성률	78×0.35 =27.3	91×0.35 =31.85	84×0.35 =29.4	71×0.35 =24.85
	업무 프로세스 효율	80×0.2 =16	60×0.2 =12	80×0.2 =16	100×0.2 =20
	고객 및 민원 대응	75×0.2 =15	25×0.2 =5	75×0.2 =15	50×0.2 =10
	규정 준수 및 책임성	75×0.25 =18.75	100×0.25 =25	50×0.25 =12.5	75×0.25 =18.75
	총점	77.05	73.85	72.9	73.6
내부평가	예산관리 효율	40×0.2 =8	40×0.2 =8	40×0.2 =8	80×0.2 =16
	근무자 성과	50×0.3 =15	50×0.3 =15	100×0.3 =30	25×0.3 =7.5
	직원 만족도	40×0.15 =6	100×0.15 =15	80×0.15 =12	60×0.15 =9
	내부 협업 수준	70×0.35 =24.5	85×0.35 =29.75	55×0.35 =19.25	85×0.35 =29.75
	총점	53.5	67.75	69.25	62.25

외부평가와 내부평가가 6 : 4의 비율로 최종 평가 점수에 반영되므로 부서별 최종 평가 점수는 다음과 같다.

- A부서 : (77.05×0.6)+(53.5×0.4)=46.23+21.4=67.63점
- B부서 : (73.85×0.6)+(67.75×0.4)=44.31+27.1=71.41점
- C부서 : (72.9×0.6)+(69.25×0.4)=43.74+27.7=71.44점
- D부서 : (73.6×0.6)+(62.25×0.4)=44.16+24.9=69.06점

따라서 최종 평가 점수가 가장 높은 부서는 C부서이다.

33

정답 ②

ㄱ. 외부평가 총점은 모든 부서가 70점 이상이지만, 내부평가 총점은 모두 70점 미만이므로 옳은 설명이다.

ㄷ. 최종 평가 점수가 가장 높은 부서는 C부서이고, 가장 낮은 부서는 A부서이므로 최종 평가 점수 차이는 71.44−67.63=3.81점으로 5점 이하이다.

오답분석

ㄴ. 부서별 외부평가 총점과 내부평가 총점의 차이를 구하면 다음과 같다.

- A부서 : 77.05−53.5=23.55점
- B부서 : 73.85−67.75=6.1점
- C부서 : 72.9−69.25=3.65점
- D부서 : 73.6−62.25=11.35점

따라서 A부서의 외부평가와 내부평가 총점이 가장 많이 차이난다.

ㄹ. 외부평가와 내부평가의 최종 평가 점수 반영 비율이 5 : 5로 동일하게 적용된다면 부서별 내·외부평가 총점을 더해서 가장 높은 부서를 구하면 된다.

- A부서 : 77.05+53.5=130.55점
- B부서 : 73.85+67.75=141.6점
- C부서 : 72.9+69.25=142.15점
- D부서 : 73.6+62.25=135.85점

따라서 최종 평가 점수가 가장 높은 부서는 C부서이다.

34

정답 ②

33번 해설에 따라 최종 평가 점수가 4등인 부서는 A부서이고, 3등인 부서는 D부서이다.

A부서와 D부서의 최종 평가 점수 차이는 69.06−67.63=1.43점이므로 A부서의 내부평가 비율점수는 21.4+1.43=22.83점을 초과해야 한다. 즉, A부서의 내부평가 총점은 22.83÷0.4=57.075점을 초과해야 한다. 이때 총점은 53.5점이며, 57.075−53.5=3.575점을 초과하는 최소 자연수는 4이다.

따라서 4등인 A부서가 3등이 되기 위해서 필요한 가점은 최소 4점이다.

35

정답 ③

제시문에 따르면 전기 집진기는 (+) 전하를 분진에 부여하여 집진판에 흡착시키는 방식이다. 따라서 집진판은 (+) 전하가 아니라 (−) 전하를 띨 것이다.

오답분석

① 사이클론, 전기, 필터 등 여과하는 방식만 다를 뿐이며 분진 집진기는 분진이 포함된 공기를 흡입하여 분진과 공기를 분리하고, 깨끗한 공기를 외부로 배출하는 3단계를 거친다.

② 분진 집진기는 사이클론, 필터, 전기 등을 활용해 공기와 분진을 분리하는 장치이다.

④ 필터 집진기의 경우 섬유필터를 통해 분진을 걸러내므로 다양한 크기의 분진을 제거할 수 있어 큰 분진을 주로 제거하는 사이클론 방식이나 작은 분진을 주로 제거하는 전기 방식에 비해 광범위하게 사용할 수 있다.

⑤ 사이클론 집진기의 경우 큰 분진 제거에 유리하고, 전기 집진기의 경우 작은 분진 제거에 유리하기 때문에 분진의 크기를 고려하여 집진기 작동방식을 선택하는 것이 효과적이다.

36

정답 ①

2호선과 3호선의 에스컬레이터 설치율을 비교하면 다음과 같다.

- 2호선 : (50÷65)×100≒76.9%
- 3호선 : (30÷45)×100≒66.7%

따라서 2호선의 에스컬레이터 설치율이 더 높다.

오답분석

② 1호선에서 에스컬레이터가 설치된 역사의 비율은 (38÷50)×100=76%이므로 75% 이상이다.

③ 4호선에서 에스컬레이터가 설치되지 않은 역사 수는 55−44=11개이다.

④ 전체 역사 215개 중 에스컬레이터가 설치되지 않은 역사는 215−162=53개이다. 따라서 전체 역사 중 에스컬레이터가 설치되지 않은 역사의 비율은 (53÷215)×100≒24.7%이며, 이는 $\frac{1}{4}$ 이하이다.

⑤ 3호선에서 에스컬레이터가 설치된 역사는 30개이고, 1, 2, 4호선의 에스컬레이터가 설치된 역사 수의 평균은 (38+50+44)÷3=44개이므로 옳은 설명이다.

37

정답 ⑤

2024년에 S시 버스를 이용한 사람은 5,200,000명이고, 운영한 버스 노선 수는 250개이므로 노선당 평균 이용자 수는 5,200,000÷250=20,800명이다. 2025년에 S시 버스를 이용할 것으로 예상되는 사람은 5,850,000명이므로 운영할 버스 노선 수를 x개라고 할 때, 노선당 이용자 수가 20,800명 이하가 되도록 하려면 다음 식이 성립해야 한다.

$5{,}850{,}000 \div x \leq 20{,}800$

$\rightarrow 5{,}850{,}000 \div 20{,}800 \leq x$

$\therefore\ x \geq 281.25$

이때 x의 값은 자연수이므로 필요한 노선의 최솟값은 282개이다.

따라서 2025년에 충원해야 하는 최소한의 버스 노선 수는 282−250=32개이다.

38

정답 ②

고객별 캐리어 이동 비용 및 보관료를 계산하면 다음과 같다.

(단위 : 원)

구분	이동 비용	캐리어 크기	기본 보관료	추가 보관료	합계
A고객	40,000	(40+20+55)÷2.54≒45.3인치	15,000	1,000	56,000
B고객	60,000	(40+40+55)÷2.54≒53.1인치	15,000	3,000	78,000

C고객	45,000	(40+60+60)÷2.54≒63.0인치	20,000	10,000	75,000
D고객	60,000	(25+30+60)÷2.54≒45.3인치	15,000	1,000	76,000
E고객	50,000	(20+20+30)÷2.54≒27.6인치	7,000	8,000	65,000

따라서 가장 많은 비용을 지불하는 사람은 B고객이다.

39

정답 ①

고객별 캐리어 이동 서비스 내용을 정리하면 다음과 같다.

(단위 : 원, 개)

구분	기본 거리 비용	추가 거리 비용	시간 비용	캐리어 수량	할인 내용
갑 고객	10,000	6×3,000=18,000	42×200=8,400	2	10%
을 고객	10,000	–	14×200=2,800	3	–
병 고객	10,000	5×3,000=15,000	34×200=6,800	2	10%
정 고객	10,000	10×3,000=30,000	43×200=8,600	1	–

고객별 캐리어 이동 서비스 비용을 구하면 다음과 같다.

- 갑 고객 : (10,000+18,000+8,400)×2×0.9=65,520원
- 을 고객 : (10,000+2,800)×3=38,400원
- 병 고객 : (10,000+15,000+6,800)×2×0.9=57,240원
- 정 고객 : (10,000+30,000+8,600)×1=48,600원

따라서 4명의 캐리어 이동 서비스 비용의 총합은 65,520+38,400+57,240+48,600=209,760원이다.

40

정답 ⑤

기업별 전체 수입을 구하면 다음과 같다.

- A기업 : 400×70,000=2,800만 원
- B기업 : 650×50,000=3,250만 원
- C기업 : (550×65,000)×0.8=2,860만 원
- D기업 : 300×85,000=2,550만 원
- E기업 : (850×55,000)×0.8=3,740만 원

기업별 전체 투입 비용을 구하면 다음과 같다.

- A기업 : 4×100+3×100+500+120×1=1,320만 원
- B기업 : (3×100+2×150+470+100×1)×1.2=1,404만 원
- C기업 : 5×100+3×130+510+75×1=1,475만 원
- D기업 : 2×100+1×200+535+135×1=1,070만 원
- E기업 : (5×100+2×170+495+150×1)×1.2=1,782만 원

기업별 순수익을 구하면 다음과 같다.

- A기업 : 2,800−1,320=1,480만 원
- B기업 : 3,250−1,404=1,846만 원
- C기업 : 2,860−1,475=1,385만 원
- D기업 : 2,550−1,070=1,480만 원
- E기업 : 3,740−1,782=1,958만 원

기업별 효율성을 구하면 다음과 같다.

- A기업 : 1,480÷7,300×100≒20.27%
- B기업 : 1,846÷8,500×100≒21.72%
- C기업 : 1,385÷6,800×100≒20.37%
- D기업 : 1,480÷7,600×100≒19.47%
- E기업 : 1,958÷8,800×100=22.25%

따라서 가장 효율적인 사업을 하는 기업은 E기업이다.

41

정답 ③

선택지에 주어진 내용을 토대로 각 임직원의 귀속 강사료를 구하면 다음과 같다.

- A부사장 : 250,000×3×0.8=600,000원
- B상무 : 200,000×2×0.8=320,000원
- C부장 : 180,000×5×0.6=540,000원
- D대리 : 300,000×4×0.6=720,000원
- E사원 : 200,000×6×0.6=720,000원

각 임직원의 여비를 구하면 다음과 같다.

- A부사장 : 100,000×2+50,000×3+100,000×2+60,000×3=730,000원
- B상무 : 50,000×2+50,000×2+100,000×1+50,000×2=400,000원
- C부장 : 50,000×2+30,000×5+50,000×4+40,000×5=650,000원
- D대리 : 30,000×2+30,000×4+50,000×3+30,000×4=450,000원
- E사원 : 30,000×2+30,000×6+50,000×5+30,000×6=670,000원

따라서 A부사장, B상무, C부장은 출장비가 귀속 강사료보다 많으므로 S공사 입장에서 적자이고, D대리와 E사원은 출장비가 귀속 강사료보다 적으므로 S공사 입장에서 흑자이다.

42

정답 ①

스프레드 시트의 날짜에서 5일을 더하려면 기준 셀에 5를 더하면 된다. 따라서 「=A6+5」가 옳은 함수식이다.

43

정답 ③

오답분석

① 2021년의 값이 서로 바뀌었다.
② 2024년 충주댐의 발전량 값이 잘못되었다.
④ 2023년 소양강댐의 발전량 값이 잘못되었다.

44

정답 ②

제시문에 따르면 큐비트는 양자 중첩 특성을 가지고 있기 때문에 0과 1의 상태를 동시에 가진다. 반면 기존의 고전적 컴퓨터는 비트(Bit)를 통해 정보를 0과 1의 형태로 나타낸다.

오답분석

①·③ 큐비트는 측정하기 전에는 0과 1의 값을 동시에 지니지만, 측정과 동시에 하나의 값으로 확정된다.

④ 4개의 큐비트를 활용하면 $2^4=16$번의 상태를 동시에 표현할 수 있다.

45

정답 ②

제시문에 따르면 SMR은 다양한 입지 조건에서 설치가 가능하여 전력망이 없는 지역이나 해상에서도 활용할 수 있다. 또한 크기가 작고 유연한 설계 덕분에 다양한 환경에서 활용이 가능하다.

오답분석

① SMR은 방사성 물질의 저장 및 관리 측면에서 유리하지만, 폐기물이 발생에 대한 내용은 설명하고 있지 않다.

③ SMR은 공장에서 모듈화된 기기를 제작하고, 현장으로 운송해 조립하는 방식이다.

④ 한국을 포함한 여러 국가가 SMR 개발에 적극적으로 나서고 있지만, 현재 기존 원전이 대부분 SMR로 전환되었는지는 알 수 없다.

46

정답 ④

J공사의 비밀번호 규칙을 정리하면 다음과 같다.

- 첫 번째와 아홉 번째 숫자 : 직원 종류별 코드(1 ~ 3)
- 두 번째 ~ 일곱 번째 숫자 : 입사 연, 월, 일(YYMMDD)
- 여덟 번째 문자 : 앞의 숫자를 모두 더하고 2를 뺀 값에 해당하는 알파벳 대문자

위의 규칙에 맞지 않는 비밀번호를 고르면 다음과 같다.

- 1942131S1 : 월 부분의 숫자가 21로 존재할 수 없다.
- 1241215N2 : 첫 번째와 아홉 번째 숫자가 동일하게 부여되지 않았다.
- 2210830P2 : 여덟 번째 문자로 $2+2+1+0+8+3+0-2=14$번째 알파벳인 N이 부여되어야 한다.
- 4200817T4 : 직원 종류별 코드에 4는 없다.
- 2191229Z2 : 여덟 번째 문자로 $2+1+9+1+2+2+9-2=24$번째 알파벳인 X가 부여되어야 한다.

따라서 J공사 비밀번호 규칙에 맞지 않는 비밀번호는 모두 5개이다.

47

정답 ③

'A카페에 간다'를 p, '타르트를 주문한다'를 q, '빙수를 주문한다'를 r, '아메리카노를 주문한다'를 s라고 하면, $p \rightarrow q \rightarrow \sim r$, $p \rightarrow q \rightarrow s$의 관계가 성립한다. 'A카페를 가면 아메리카노를 주문한다'는 참인 명제이므로 대우인 '아메리카노를 주문하지 않으면 A카페를 가지 않았다는 것이다'도 참이다.

48

정답 ④

명제	문자화
아침에 시리얼을 먹는 사람은 두뇌 회전이 빠르다.	A → B
아침에 토스트를 먹는 사람은 피곤하다.	C → D
에너지가 많은 사람은 아침에 밥을 먹는다.	E → F
피곤하면 회사에 지각한다.	D → G
두뇌 회전이 빠르면 일 처리가 빠르다.	B → H

명제들을 문자화하면, 'A → B → H, C → D → G, E → F'가 된다. 여기서 추론할 수 있는 것은 C → G의 대우인 ~G → ~C로, '회사에 지각하지 않으면 아침에 토스트를 먹지 않는다.'이다.

오답분석

① '회사에 가장 일찍 오는 사람은 피곤하지 않다.'는 어떤 명제에서도 추론할 수 없다.

② '두뇌 회전이 느리면 아침에 시리얼을 먹는다.'는 ~B → A로 첫 번째 명제 A → B에서 추론할 수 없다.

③ '아침에 밥을 먹는 사람은 에너지가 많다.'는 F → E로 명제의 역은 반드시 참이라고 할 수 없다.

49

정답 ③

고속국도를 제외하면 본사와 이어지는 길은 A공장과 B공장밖에 없으므로 S대리는 A공장을 처음 방문하고 마지막으로 B공장을 방문하거나, B공장을 처음 방문하고 A공장을 마지막으로 방문해야 한다. 즉, S대리는 A → D → C → E → B 순서로 방문하거나, 그 반대인 B → E → C → D → A 순서로 방문해야 한다. 두 경로의 길이는 같으므로 본사 → A → D → C → E → B → 본사의 이동거리를 구하면 $8+14+12+20+10+16=80$km이다.

따라서 S대리가 일반국도만을 이용하여 본사에서 출발해서 모든 부속 공장을 방문하고 본사로 돌아오는 최단거리는 80km이다.

50

정답 ②

고속국도를 이용한다면 본사에서 출발하거나 본사에 도착할 때 반드시 E공장을 거쳐야 한다. 그러므로 S대리는 E → B → C → D → A 또는 A → D → C → B → E 순서로 방문해야 한다. 두 경로의 길이는 같으므로 본사 → E → B → C → D → A → 본사의 이동거리를 구하면 $20+10+8+12+14+8=72$km이다. 따라서 S대리가 고속국도를 이용할 때의 최단거리는 고속국도를 이용하지 않을 때와 $80-72=8$km 차이가 난다.

제1회 모의고사 정답 및 해설

01	02	03	04	05	06	07	08	09	10
⑤	⑤	④	③	③	⑤	⑤	③	③	④
11	12	13	14	15	16	17	18	19	20
④	①	④	⑤	①	⑤	④	③	①	④
21	22	23	24	25	26	27	28	29	30
①	⑤	④	③	②	③	①	④	②	④
31	32	33	34	35	36	37	38	39	40
①	④	③	③	②	③	⑤	②	④	⑤
41	42	43	44	45	46	47	48	49	50
⑤	③	③	③	④	①	⑤	④	③	③

01

정답 ⑤

ㄱ. 두 번째 문단의 내용처럼 '디지털 환경에서는 저작물을 원본과 동일하게 복제할 수 있고 용이하게 개작할 수 있기 때문에' ㄱ과 같은 문제가 생겼다. 또한 이에 대한 결과로 (나) 바로 뒤의 내용처럼 '디지털화된 저작물의 이용 행위가 공정 이용의 범주에 드는 것인지 가늠하기가 더 어려워졌고 그에 따른 처벌 위험'도 커진 것이다. 따라서 ㄱ의 위치는 (나)가 가장 적절하다.

ㄴ. '이들'은 '저작물의 공유' 캠페인을 소개하는 마지막 문단에서 언급한 캠페인 참여자들을 가리킨다. 따라서 ㄴ의 위치는 (마)가 가장 적절하다.

02

정답 ⑤

제시문은 자연법의 권위를 중요하게 생각하는 주장을 담고 있다. 그러나 자연법은 인간의 경험에 근거하기 때문에 구체적으로 정의하기 어렵다는 문제점이 있다. 따라서 ⑤는 반박으로 적절한 주장이다.

오답분석

① 때와 장소에 관계없이 누구에게나 보편적으로 받아들여질 수 있는 정의롭고 도덕적인 법을 자연법이라고 정의한다.

② 특히 인간의 본성에 깃든 이성, 다시 말해 참과 거짓, 선과 악을 분별할 수 있는 인간만의 자질은 자연법을 발견해 낼 수 있는 수단이 된다고 밝히고 있다.

③ 그로티우스는 이성의 올바른 인도를 통해 다다르게 되는 자연법이 국가와 실정법을 초월하는 규범이라고 보았다.

④ 근대의 자연법 사상에서는 신학의 의존으로부터 독립하여 자연법을 오직 이성으로써 확인할 수 있다고 보았다.

03

정답 ④

④는 지구력이 월등히 높은 1반 학생들과 그렇지 않은 2반 학생들을 비교하여 그들의 차이점인 달리기의 여부를 지구력 향상의 원인으로 추론하였으므로 차이법이 적용된 사례로 볼 수 있다.

오답분석

① 시력이 1.5 이상인 사람들의 공통점인 토마토의 잦은 섭취를 시력 증진의 원인으로 간주하는 방법인 일치법이 적용되었다.

② 전염병에 감염된 사람들은 모두 돼지 농장에서 근무하였다는 점을 통해 돼지를 전염병의 원인으로 간주하는 방법인 일치법이 적용되었다.

③ 사고 다발 구간에서 40km/h 이하로 지나간 차량은 사고가 발생하지 않았다는 점을 통해 40km/h 이하의 운행 속도를 교통사고 발생률 0의 원인으로 간주하는 방법인 일치법이 적용되었다.

⑤ 손 씻기를 생활화한 아이들은 감기에 걸리지 않았다는 내용을 통해 손 씻기를 감기 예방의 원인으로 간주하는 방법인 일치법이 적용되었다.

04

정답 ③

ㄴ. 1개의 적혈구는 3억 개의 헤모글로빈을 가지고 있으며 1개의 헤모글로빈에는 4개의 헴이 있다. 그리고 헴 1개가 산소 분자 1개를 운반한다고 하였다. 따라서 1개의 적혈구에는 12억 개의 헴이 있으며 이 12억 개의 헴은 산소 분자 12억 개를 운반한다.

ㄹ. SPF 40은 자외선 차단 시간이 $15\times40=600$분$=10$시간이다.

오답분석

ㄱ. 피부색은 멜라닌, 카로틴 및 헤모글로빈이라는 세 가지 색소에 의해 나타나는 것이지 멜라닌의 종류에 의해 결정되는 것이 아니다. 또한 제시문에서는 멜라닌의 종류에 대한 내용은 언급되고 있지 않다.

ㄷ. SPF는 자외선 B를 차단해주는 시간을 나타낼 뿐 차단 정도(양)와는 관계가 없다고 하였다.

05

정답 ③

ㄴ. 2024년 전년 대비 지역별 장애인택시 이용자 수를 구하면 다음과 같다.

- A시 : 1,239−1,020=219명
- B시 : 202−168=34명
- C시 : 984−770=214명
- D시 : 712−648=64명
- E시 : 492−420=72명
- F시 : 754−602=152명

ㄷ. 연도별 A시와 C시의 장애인택시 이용자 수의 합계를 구하면 다음과 같다.

- 2021년 : 822+559=1,381명
- 2022년 : 885+628=1,513명
- 2023년 : 1,020+770=1,790명
- 2024년 : 1,239+984=2,223명

오답분석

ㄱ. 그래프의 2022년 지역별 장애인택시 이용자 수가 2021년 수치로 잘못 표기되어 있다.

ㄹ. 그래프의 2023년과 2024년 C시의 장애인택시 이용자 수가 잘못 표기되어 있다.

06

정답 ⑤

연도별 D시와 E시의 장애인택시 이용자 수의 합계를 구한 다음 표에 따르면, 2023년을 제외한 연도는 A시의 장애인택시 이용자 수가 D시와 E시의 장애인택시 이용자 수의 합계보다 많지만, 2023년에는 D시와 E시의 장애인택시 이용자 수의 합계가 더 많다.

구분	2021년	2022년	2023년	2024년
D시	479명	508명	648명	712명
E시	302명	358명	420명	492명
합계	781명	866명	1,068명	1,204명

오답분석

① 연도별 A시와 F시의 장애인택시 이용자 수의 차이를 정리한 다음 표에 따르면, A시와 F시의 장애인택시 이용자 수의 차이는 매년 증가하고 있다.

구분	2021년	2022년	2023년	2024년
A시	822명	885명	1,020명	1,239명
F시	462명	512명	602명	754명
A시−F시	360명	373명	418명	485명

② A시의 2024년 장애인택시 이용자 수는 1,239명으로 2022년 885명의 $\frac{1,239}{885}$=1.4배에 해당한다.

③ 연도별 B시의 전년 대비 장애인택시 이용자 수의 증가폭을 구하면 다음과 같다.

- 2022년 : 132−102=30명
- 2023년 : 168−132=36명
- 2024년 : 202−168=34명

따라서 B시의 전년 대비 장애인택시 이용자 수의 증가폭이 가장 작은 연도는 2022년이다.

④ 2021년부터 2024년까지의 장애인택시 이용자 수가 가장 많은 지역은 A시이고, 가장 적은 지역은 B시임을 자료를 통해 확인할 수 있다.

07

정답 ⑤

그래프의 제목은 'TV+스마트폰 이용자의 도시 규모별 구성비'이나 그래프에 있는 수치는 TV에 대한 도시 규모별 구성비와 같다. TV+스마트폰 이용자의 도시 규모별 구성비는 다음과 같다.

구분	TV	스마트폰
사례 수	7,000명	6,000명
대도시	45.3%	47.5%
중소도시	37.5%	39.6%
군지역	17.2%	12.9%

- 대도시 : $\left(45.3\%\times\frac{7,000}{13,000}+47.5\%\times\frac{6,000}{13,000}\right)\times100$ ≒46.32%
- 중소도시 : $\left(37.5\%\times\frac{7,000}{13,000}+39.6\%\times\frac{6,000}{13,000}\right)\times100$ ≒38.47%
- 군지역 : $\left(17.2\%\times\frac{7,000}{13,000}+12.9\%\times\frac{6,000}{13,000}\right)\times100$ ≒15.22%

오답분석

① 연령대별 스마트폰 이용자 비율에 사례 수(조사 인원)를 곱하면 이용자 수를 구할 수 있다.

② 매체별 성별 이용자 비율에 사례 수(조사 인원)를 곱하면 구할 수 있다.

③ 주어진 자료에서 확인할 수 있다.

④ 각 사례 수(조사 인원)에서 사무직에 종사하는 대상의 수를 도출한 뒤, 매체별 비율을 산출하여야 한다.

구분	TV	스마트폰	PC / 노트북
사례 수(a)	7,000명	6,000명	4,000명
사무직 비율(b)	20.1%	25.6%	28.2%
사무직 대상수 ($a\times b=c$)	1,407명	1,536명	1,128명
비율($c\div d$)	34.56%	37.73%	27.71%
합계(d)	4,071명		

08

정답 ③

- 희수 : 상품수지는 기간 내에 항상 흑자였다.
- 소정 : 소득수지는 항상 흑자였으므로, 만약 대외 금융자산 및 부채와 관련된 투자소득을 0이라고 할 때, 우리나라에 있는 외국인 노동자에게 지급되는 임금 총량보다 외국에 있는 우리나라 노동자에게 지급되는 임금 총량이 더 크다고 할 수 있다.

오답분석

- 난정 : 개인송금에 해당하므로 경상이전수지에 해당한다.
- 만호 : 무역수지는 항상 흑자였다. 무역수지와 관련된 수치는 왼쪽 축이 아닌 오른쪽 축에 있으므로 유의해서 보아야 한다. 꺾은선 그래프가 단 한 번도 0 미만이었던 적이 없으므로, 무역수지는 항상 흑자이다.

09

정답 ③

배당금은 주당배당금의 100배이기 때문에 각각의 주당배당금만 계산하면 된다. 계산 방식은 크게 2가지로 나뉜다. 주당배당금 공식[(배당금 총액)÷(발행주식 수)]으로 구할 수 있는 사람은 A, C, E의 투자한 회사에 대한 주당배당금이다.

투자자	배당금 총액	발행주식 수	주당배당금
A	20×0.2=4억 원	10만 주	4,000원
C	40×0.2=8억 원	10만 주	8,000원
E	20×0.2=4억 원	20만 주	2,000원

다음으로 두 번째 배당수익률 공식을 응용하면 (주당배당금)= $\frac{(\text{배당수익률})}{100}$×(주가)라고 볼 수 있다. B, D의 경우에 이 공식을 활용한다.

투자자	배당수익률/100	주가	주당배당금
B	$\frac{10}{100}=0.1$	30,000원	3,000원
D	$\frac{20}{100}=0.2$	60,000원	12,000원

따라서 배당금을 가장 많이 받는 사람은 D>C>A>B>E 순으로 나열할 수 있다.

10

정답 ④

출산장려금 지급 시기의 우선순위인 임신일이 가장 긴 임산부는 B, D, E임산부이다. 이 중에서 만 19세 미만인 자녀 수가 많은 임산부는 D·E임산부이고, 소득 수준이 더 낮은 임산부는 D임산부이다. 따라서 D임산부가 가장 먼저 출산장려금을 받을 수 있다.

11

정답 ④

가~마 학생이 얻는 점수는 다음과 같다.

- 가 학생 : 기본 점수 80점에 오탈자 33건이므로 5점 감점, 전체 글자 수 654자이므로 3점 추가, A등급 2개와 C등급 1개이므로 15점 추가하여 총 80−5+3+15=93점이다.
- 나 학생 : 기본 점수 80점에 오탈자 7건이므로 0점 감점, 전체 글자 수 476자이므로 0점 추가, B등급 3개이므로 5점 추가하여 총 80+5=85점이다.
- 다 학생 : 기본 점수 80점에 오탈자 28건이므로 4점 감점, 전체 글자 수 332자이므로 10점 감점, B등급 2개와 C등급 1개이므로 0점 추가하여 총 80−4−10=66점이다.
- 라 학생 : 기본 점수 80점에 오탈자 25건이므로 4점 감점, 전체 글자 수가 572자이므로 0점 추가, A등급 3개이므로 25점 추가하여 총 80−4+25=101점이다.
- 마 학생 : 기본 점수 80점에 오탈자 12건이므로 1점 감점, 전체 글자 수가 786자이므로 8점 추가, A등급 1개와 B등급 1개와 C등급 1개이므로 10점 추가하여 총 80−1+8+10=97점이다.

따라서 점수가 가장 높은 학생은 라 학생이다.

12

정답 ①

제시문의 내용을 정리하면 다음과 같다.

- M → X∧Y, X
- 방화 → 감시∧방범, 방범 → ~B∧~C, ~B, 감시
- 누전 → 을∨병, 을 → ~정

ㄱ. 제시된 조건으로부터 X, Y공장에서 모두 화재가 발생했다고 해서 기계 M의 오작동이 화재의 원인이라고 단정할 수 없다.

ㄷ. 제시된 조건에서 C지역에 화재가 확대되었다면 방범용 비상벨이 작동하지 않았을 것이고, 방범용 비상벨이 작동하지 않았다면 방화가 이번 화재의 원인이 아님을 알 수 있다.

오답분석

ㄴ. 병에게 책임이 없다고 해도 을에게 책임이 있는지 여부는 알 수 없으므로, 정의 책임 여부를 확정할 수 없다.

ㄹ. 정에게 이번 화재의 책임이 있다면 을에게는 이번 화재의 책임이 없지만, 을에게 이번 화재의 책임이 없다는 것만으로는 제시된 조건에서 누전이 화재의 원인이라고 단정할 수 없다.

13

정답 ④

- A : 견학 희망 인원이 45명, 견학 희망 장소는 발전소 전체이고 견학 희망 시간이 100분 이상이므로 Z발전소로 견학을 가야 한다.
- B : 견학 희망 인원이 35명이고 견학 희망 장소는 발전 시설을 제외한 곳이므로 U발전소 또는 Y발전소로 견학을 가야 한다. 이때 C팀이 U발전소로 견학을 가야 하므로 Y발전소로 견학을 가야 한다.
- C : 견학 희망 인원이 45명이고 견학 희망 장소는 홍보관이므로 U발전소로 견학을 가야 한다.
- D : 견학 희망 인원이 35명이고 견학 희망 장소는 발전소 전체이므로 Z발전소, X발전소로 견학을 갈 수 있으나, A팀이 Z발전소로 견학을 가야 하므로 X발전소로 견학을 가야 한다.
- E : 견학 희망 인원이 35명, 견학 희망 시간은 최소 100분이므로 W발전소와 Z발전소 중 한 곳으로 견학을 가야 한다. 이때 A팀이 Z발전소를 가야 하므로 W발전소로 견학을 가야 한다.

따라서 A팀은 Z발전소, B팀은 Y발전소, C팀은 U발전소, D팀은 X발전소, E팀은 W발전소로 견학을 가야 한다.

14

정답 ⑤

Y발전소의 견학 순서에 따라 모든 발전소의 견학 순서를 가정하면 다음과 같다.

- Y발전소의 견학 순서가 첫 번째일 때
  W발전소는 세 번째로 가야 한다. 이때 두 번째와 다섯 번째 조건에 의해 X발전소는 두 번째로 가야 하고, 첫 번째 조건에 의해 U발전소는 Z발전소보다 먼저 견학을 가야 한다. 따라서 견학 순서는 'Y발전소 → X발전소 → W발전소 → U발전소 → Z발전소'이다.
- Y발전소의 견학 순서가 세 번째일 때
  네 번째 조건에 의해 W발전소는 다섯 번째로 가야 한다. 이때 X발전소를 네 번째로 간다면 Y발전소보다 먼저 Z발전소로 견학을 가야 하므로 첫 번째 조건을 충족하지 않는다. 따라서 견학 순서는 'U발전소 → X발전소 → Y발전소 → Z발전소 → W발전소'이다.
- Y발전소의 견학 순서가 다섯 번째일 때
  Y발전소보다 먼저 Z발전소에 견학을 가야 하므로 첫 번째 조건을 충족하지 않는다.

따라서 항상 두 번째로 견학을 가게 되는 발전소는 X발전소이다.

15

정답 ①

S씨 가족은 4명이므로 4인용 이상의 자동차를 택해야 한다. 그러므로 2인용인 B자동차를 제외한 나머지 4종류 자동차의 주행거리에 따른 연료비용은 다음과 같다.

- A자동차 : $\frac{140}{25}\times 1,640 \fallingdotseq 9,180$원
- C자동차 : $\frac{140}{19}\times 1,870 \fallingdotseq 13,780$원
- D자동차 : $\frac{140}{20}\times 1,640 = 11,480$원
- E자동차 : $\frac{140}{22}\times 1,870 \fallingdotseq 11,900$원

따라서 S씨 가족은 A자동차를 이용하는 것이 가장 저렴하다.

16

정답 ⑤

전체 단속 건수에서 광주시와 대전시가 차지하는 비율은 다음과 같다.

- 광주시 : $\frac{1,090}{20,000}\times 100 = 5.45\%$
- 대전시 : $\frac{830}{20,000}\times 100 = 4.15\%$

따라서 광주시가 대전시보다 1.3%p 더 높다.

오답분석

① 수도권 지역의 단속 건수는 $3,010+2,650+2,820=8,480$건으로 전체 단속 건수에서 차지하는 비중은 $\frac{8,480}{20,000}\times 100 = 42.4\%$이다. 따라서 수도권 지역의 단속 건수는 전체 단속 건수의 절반 미만이다.

② 경기도의 무단횡단 · 신호위반 · 과속 · 불법주정차 위반 건수는 서울시보다 적지만, 음주운전 위반 건수는 서울시보다 많다.

③ 신호위반이 가장 많이 단속된 지역은 980건으로 제주시이지만, 과속이 가장 많이 단속된 지역은 1,380건으로 인천시이다.

④ 울산시의 단속 건수는 1,250건으로 전체 단속 건수에서 차지하는 비중은 $\frac{1,250}{20,000}\times 100 = 6.25\%$이다.

17

정답 ④

제시문은 통계 수치의 의미를 정확하게 이해하고 도구와 방법을 바르게 사용해야 하며, 특히 아웃라이어의 경우를 생각해야 한다고 주장하고 있다.

오답분석

① · ② 집단을 대표하는 수치로서의 평균 자체가 숫자 놀음과 같이 부적당하다고는 언급하지 않았다.

③ 아웃라이어가 있는 경우에는 평균보다는 최빈값이나 중앙값이 대푯값으로 더 적당하지만 이를 글의 중심 내용으로 볼 수는 없다.

⑤ 내용이 바르지 않은 것은 아니지만, 통계의 유용성은 글의 도입부에 잠깐 인용되었을 뿐, 글의 중심 내용으로 볼 수 없다.

18

정답 ③

제시된 자료에 따르면 해당 프로모션은 지정된 행사 매장에 방문 또는 상담하는 고객에게 구매여부와 관계없이 다이어리를 증정한다고 되어 있으므로 전국 매장이라는 표현은 잘못 이해한 것이다.

19

정답 ①

ㄱ. 해외연수 경험이 있는 지원자의 합격률은 $\frac{53}{53+414+16}\times 100 \fallingdotseq 11\%$로, 해외연수 경험이 없는 지원자의 합격률인 $\frac{11+4}{11+37+4+139}\times 100 \fallingdotseq 7.9\%$보다 높다.

ㄴ. 인턴 경험이 있는 지원자의 합격률은 $\frac{53+11}{53+414+11+37}\times 100 = \frac{64}{515}\times 100 \fallingdotseq 12.4\%$로, 인턴 경험이 없는 지원자의 합격률인 $\frac{4}{16+4+139}\times 100 = \frac{4}{159}\times 100 \fallingdotseq 2.5\%$보다 높다.

오답분석

ㄷ. 인턴 경험과 해외연수 경험이 모두 있는 지원자 합격률(11.3%)의 2배는 22.6%로, 인턴 경험만 있는 지원자 합격률(22.9%)보다 낮다.

ㄹ. 인턴 경험과 해외연수 경험이 모두 없는 지원자와 인턴 경험만 있는 지원자 간 합격률 차이는 $22.9-2.8=20.1\%p$이다.

20 정답 ④

제시문의 첫 번째 문단에서 이야기하는 공군이 차기 전투기 도입을 위해 고려해야 하는 사항을 정리하면 다음과 같다.

- 비행시간이 길어야 한다.
- 정비시간이 짧아야 한다.
- 폭탄 적재량이 많아야 한다.
- 공대공 전투 능력이 높아야 한다.

이를 두 번째 문단에 제시된 조건에 적용하면 다음과 같다.

- 폭탄 적재량이 많거나, 공대공 전투 능력이 높다. → 정비시간이 길다.
  (대우 : 정비시간이 짧다. → 적재량이 적거나, 공대공 전투 능력이 낮다.)
- 비행시간이 길다. → 공대공 전투 능력은 낮다.
  (대우 : 공대공 전투 능력은 높다. → 비행시간은 짧다.)

'정비시간이 짧아야 한다.'는 필수적인 조건이므로 '폭탄 적재량'과 '공대공 전투 능력'은 만족시킬 수 없다. 따라서 차기 전투기로 선정되기 위해서는 '정비시간'과 '비행시간'을 만족시켜야 한다.

ㄴ. 공군의 차기 전투기로 도입되기 위해서는 '정비시간'과 '비행시간'을 만족시켜야 하므로 옳은 설명이다.

ㄷ. 두 번째 문단의 두 번째 조건의 대우에 따라 공대공 전투 능력이 높다면, 비행시간은 짧다.

오답분석

ㄱ. A사의 기종은 비행시간이 길고 폭탄 적재량이 많다고 하였는데, 두 번째 문단의 첫 번째 조건에서 폭탄 적재량이 많으면 정비시간은 길어짐을 알 수 있으므로, 공군이 필수조건으로 제시한 '정비시간' 조건을 충족하지 못한다. 따라서 A사의 기종이 선정될 것이라는 언론의 예측은 옳지 않다.

21 정답 ①

분기별 매출이익 대비 순이익의 비는 다음과 같다.

- 2023년 3분기 : $\frac{302}{1,327} \fallingdotseq 0.228$
- 2023년 4분기 : $\frac{288}{1,399} \fallingdotseq 0.206$
- 2024년 1분기 : $\frac{212}{1,451} \fallingdotseq 0.146$
- 2024년 2분기 : $\frac{240}{1,502} \fallingdotseq 0.160$
- 2024년 3분기 : $\frac{256}{1,569} \fallingdotseq 0.163$

따라서 매출이익 대비 순이익의 비가 가장 낮은 때는 2024년 1분기이며, 영업이익은 전분기에서 변하지 않았으므로 증감률은 0%이다.

22 정답 ⑤

제시문의 두 번째 문단에서 '한국어를 예로 들면 한국어를 이루고 있는 각 지역의 말 하나하나, 즉 그 지역의 언어 체계 전부를 방언이라고 한다.'라는 내용과 '충청도 방언은 충청도 특유의 언어 요소만을 가리키는 것이 아니라 충청도 토박이들이 전래적으로 써 온 한국어 전부를 가리킨다.'라는 내용을 통해 한국어는 표준어와 지역 방언 전체를 아우르는 개념이라고 이해할 수 있다. 따라서 (마)에서의 '공통부분'은 적절하지 않은 내용이며, '표준어와 지역 방언 전체를 지칭하는 개념'이 들어가는 것이 적절하다.

오답분석

① (가)의 바로 뒷부분에 '방언을 비표준어로서 낮잡아 보는 인식이 담겨 있다.'라고 했는데, 이는 (가)에서 제시한 내용과 의미가 통한다.

② (나)의 바로 다음 문장에서 '이러한 용법에는 방언이 표준어보다 열등하다는 오해와 편견이 포함되어 있다.'라고 했으므로 (나)에는 방언을 낮추어 부른다는 의미가 들어가야 한다.

③ (다)의 바로 앞 문장에서 '사투리는 그 지역의 말 가운데 표준어에는 없는, 그 지역 특유의 언어 요소만을 일컫기도 한다.'라고 설명했으므로 (다)에서는 다른 지역과 같지 않은 성질을 강조해야 한다.

④ 두 번째 문단에서 '한국어를 이루고 있는 각 지역의 말 하나하나, 즉 그 지역의 언어 체계 전부를 방언이라고 한다.'고 설명했으므로 각 지역의 방언은 한국어의 하위 단위로 볼 수 있다.

23 정답 ④

- 역의 개수 : 47개
- 역과 역 사이 구간 : 47−1=46구간
- 당고개에서 오이도까지 걸리는 시간 : 2×46=92분
- A열차의 경우
  - A열차와 오이도행 열차의 출발 시각 차이
    : 6시−5시 40분=20분
  - 오이도행 열차의 6시까지 이동구간의 개수 : $\frac{20}{2}=10$구간
  - 오이도행 열차의 위치 순번 : 47−10=37번
  - 1번째 역과 37번째 역의 중간역 : (1+37)÷2=19번째 역
- B열차의 경우
  - B열차와 오이도행 열차의 출발 시각 차이
    : 6시 24분−5시 40분=44분
  - 오이도행 열차의 6시 24분까지 이동구간의 개수
    : $\frac{44}{2}=22$구간
  - 오이도행 열차의 위치 순번 : 4−22=25번
  - 1번째 역과 25번째 역의 중간역 : (1+25)÷2=13번째 역
- C열차의 경우
  - C열차와 오이도행 열차의 출발 시각 차이
    : 6시 48분−5시 40분=68분
  - 오이도행 열차의 6시 48분까지 이동구간의 개수
    : $\frac{68}{2}=34$구간
  - 오이도행 열차의 위치 순번 : 47−34=13번
  - 1번째 역과 13번째 역의 중간역 : (1+13)÷2=7번째 역

따라서 A열차는 19번째 역에서, B열차는 13번째 역에서, C열차는 7번째 역에서 오이도행 열차와 마주친다.

24

정답 ③

a는 'A가 외근을 나감', b는 'B가 외근을 나감', c는 'C가 외근을 나감', d는 'D가 외근을 나감', e는 'E가 외근을 나감'이라고 할 때, 네 번째 조건과 다섯 번째 조건의 대우인 $b \rightarrow c$, $c \rightarrow d$에 따라 $a \rightarrow b \rightarrow c \rightarrow d \rightarrow e$가 성립한다. 따라서 'A가 외근을 나가면 E도 외근을 나간다.'는 항상 참이 된다.

25

정답 ②

남성 실기시험 응시자가 가장 많은 분야는 건축 분야(15,888명)이고, 남성 필기시험 응시자가 가장 많은 분야는 토목 분야(8,180명)이다.

오답분석

① 필기시험 전체 합격률이 실기시험 전체 합격률보다 높은 직무 분야는 디자인 분야와 영사 분야이다.
③ 여성 필기시험 응시자가 남성보다 많은 분야는 디자인 분야이며, 실기시험 응시자도 여성이 더 많다.
④ 건축 분야의 여성 실기시험 합격률은 토목 분야의 남성 실기시험 합격률보다 75.6−70.5=5.1%p 낮다.
⑤ 영사 분야는 필기·실기시험 전체 신청자와 응시자가 동일하므로 응시율이 100%이다.

26

정답 ③

기준소득월액이 468만 원 초과이므로 468만 원으로 적용하고, 지역가입자이므로 보험료율은 9%를 적용한다. 연금보험료를 구하면 4,680,000×0.09=421,200원이다.

오답분석

① 기준소득월액이 30만 원 미만이므로 30만 원으로 적용하고, 임의가입자이므로 보험료율은 9%를 적용한다. 연금보험료는 300,000×0.09=27,000원이다.
② 기준소득월액이 340만 원이고 사업장가입자이므로 보험료율은 9%를 적용하고, 이것의 절반인 4.5%를 납부한다. 연금보험료는 3,400,000×0.045=153,000원이다.
④ 기준소득월액이 130만 원인 임의계속가입자이므로 보험료율은 9%를 적용한다. 연금보험료를 계산하면 1,300,000×0.09=117,000원이다.
⑤ 기준소득월액이 250만 원이고 사업장가입자이므로 보험료율 9%를 적용하고, 이것의 절반인 4.5%를 납부한다. 연금보험료는 2,500,000×0.045=112,500원이다.

27

정답 ①

승진자 결정 방식에 따라 V, W, X, Y, Z직원의 승진 점수를 계산하면 다음과 같다.

(단위 : 점)

구분	업무실적 점수	사고 점수	근무태도 점수	가점 및 벌점		승진 점수
				점수	사유	
V직원	20	7	7	+2	수상 1회	36
W직원	17	9	10	+4	수상 2회	40
X직원	13	8	7	−	−	28
Y직원	20	6	4	−	−	30
Z직원	10	10	10	+4	수상 1회, 무사고	34

승진 점수가 가장 높은 사람은 40점인 W직원과 36점인 V직원이므로 두 사람이 승진하게 된다.

28

정답 ④

행사장 방문객은 시계 반대 방향으로 돌면서 전시관을 관람한다. 400명의 방문객이 출입하여 제1전시관에 100명이 관람한다면 나머지 300명은 관람하지 않고 지나치게 된다. 따라서 A에서 홍보판촉물을 나눠 줄 수 있는 대상자가 300명이 된다. 그리고 B는 A를 거쳐서 오는 300명과 제1전시관을 관람하고 나온 100명의 인원이 합류되는 장소이므로 총 400명을 대상으로 홍보판촉물을 나눠 줄 수 있다. 이러한 개념으로 모든 장소를 고려해 보면 각 전시관의 출구에서 입구로 가는 길목에 있는 B, D, F에서 가장 많은 사람들에게 홍보판촉물을 나눠 줄 수 있다.

29

정답 ②

제시문은 강이 붉게 물들고 산성으로 변화하는 이유인 티오바실러스와 강이 붉어지는 것을 막기 위한 방법에 대해 설명하고 있다. 따라서 (가) 철2가이온(Fe^{2+})과 철3가이온(Fe^{3+})의 용해도가 침전물 생성에 중요한 역할을 함 – (라) 티오바실러스가 철2가이온(Fe^{2+})을 산화시켜 만든 철3가이온(Fe^{3+})이 붉은 침전물을 만듦 – (나) 티오바실러스는 이황화철(FeS_2)을 산화시켜 철2가이온(Fe^{2+})이 철3가이온(Fe^{3+})을 얻음 – (다) 티오바실러스에 의한 이황화철(FeS_2)의 가속적인 산화를 막기 위해서는 광산의 밀폐가 필요함 순으로 나열하는 것이 적절하다.

30

정답 ④

제시문에 따르면 녹차와 홍차는 같은 식물의 찻잎으로 만들어지며 L−테아닌과 폴리페놀 성분을 함유하고 있다는 공통점이 있으나, 공정 과정과 함유된 폴리페놀 성분의 종류가 다르다는 차이가 있다. 제시문은 이러한 녹차와 홍차의 공통점과 차이점을 중심으로 두 대상을 비교하고 있다.

31

정답 ①

ㄱ. A지역 인구 중 도망노비를 제외한 사노비(솔거노비, 외거노비)가 차지하는 비율은 1720년 28.5%인데 나머지 연도는 모두 20% 정도이다.

ㄴ. 1720년 A지역의 사노비 수는 2,228×40%이며, 1774년은 3,189×34.8%이므로 곱셈 비교를 이용하면 1774년의 사노비 수가 더 많다는 것을 알 수 있다.

오답분석

ㄷ. 1720년 A지역 사노비 중 외거노비가 차지하는 비율은 $\frac{10.0}{40.0}$, 1762년은 $\frac{8.5}{31.7}$이므로 분수 비교를 통해 1762년이 더 높다는 것을 알 수 있다.

ㄹ. A지역 인구 중 솔거노비가 차지하는 비율은 1774년부터 높아지고 있으므로 옳지 않다.

32

정답 ④

ㄱ. 리조트 1박 기준, 성수기 일반요금이 저렴한 리조트일수록 성수기 무기명 회원할인율도 낮아 회원요금이 저렴하다.

ㄴ. 리조트 1박 기준, B리조트의 회원요금 중 가장 비싼 값은 성수기 무기명 회원요금이고, 가장 저렴한 값은 비수기 기명 회원요금이다. 따라서 두 금액의 차이는 350×(1−0.25)−250×(1−0.45)=262.5−137.5=125천 원(=125,000원)이다.

ㄹ. 리조트 1박 기준, 비수기 기명 회원요금과 비수기 무기명 회원요금 차이가 가장 작은 리조트는 E리조트이며, 성수기 기명 회원요금과 성수기 무기명 회원요금 차이도 가장 작다.

오답분석

ㄷ. 리조트 1박 기준, A리조트와 E리조트의 기명 회원요금은 성수기가 비수기의 2배보다 많다.

33

정답 ③

보증료 공식에서 보증료율을 보면 크게 차이가 나지 않는 반면 보증금액과 기간은 일정 배수대로 움직인다.

우선 보증금액의 경우 1억 2,000만 원을 a, 보증기간 1년을 b라고 가정하면 다음과 같이 정리할 수 있다.

구분	보증금액	신용등급(보증료율)	보증기간	(보증금액)×(보증기간)
A회사	$2a$	3등급(0.408%)	$3b$	$6ab$
B회사	$3a$	4등급(0.437%)	$2b$	$6ab$
C회사	$2a$	4등급(0.437%)	$2b$	$4ab$
D회사	a	5등급(0.469%)	$4b$	$4ab$
E회사	$5a$	1등급(0.357%)	b	$5ab$

따라서 보증료가 가장 높은 회사는 A와 B 둘 중 하나이며, 낮은 곳은 C와 D 둘 중 하나이다. 마지막으로 신용등급을 보면 A와 B회사 중에서는 신용등급이 더 낮은 B가 가장 많은 보증료를 내고, C와 D회사 중에서는 신용등급이 더 높은 C가 보증금을 가장 적게 냄을 알 수 있다. 참고로 보증료를 공식에 대입하여 직접 계산하면 다음과 같다.

구분	보증료
A회사	24,000×0.408%×3×365÷365=293.76만 원
B회사	36,000×0.437%×2×365÷365=314.64만 원
C회사	24,000×0.437%×2×365÷365=209.76만 원
D회사	12,000×0.469%×4×365÷365=225.12만 원
E회사	60,000×0.357%×1×365÷365=214.20만 원

34

정답 ③

8월 8일의 날씨 예측 점수를 x점, 8월 16일의 날씨 예측 점수를 y점이라고 하자(단, $x \geq 0$, $y \geq 0$).

8월 1일부터 8월 19일까지의 날씨 예측 점수를 달력에 나타내면 다음과 같다.

구분	월	화	수	목	금	토	일
날짜			1	2	3	4	5
점수			10점	6점	4점	6점	6점
날짜	6	7	8	9	10	11	12
점수	4점	10점	x점	10점	4점	2점	10점
날짜	13	14	15	16	17	18	19
점수	0점	0점	10점	y점	10점	10점	2점

두 번째 조건에 제시된 한 주의 주중 날씨 예측 점수의 평균을 이용해 x와 y의 범위를 구하면 다음과 같다.

- 8월 둘째 주 날씨 예측 점수의 평균

$$\frac{4+10+x+10+4}{5} \geq 5 \rightarrow x+28 \geq 25 \rightarrow x \geq -3$$

$\therefore x \geq 0 (\because x \geq 0)$

- 8월 셋째 주 날씨 예측 점수의 평균

$$\frac{0+0+10+y+10}{5} \geq 5 \rightarrow y+20 \geq 25$$

$\therefore y \geq 5$

세 번째 조건의 요일별 날씨 평균을 이용하여 x와 y의 범위를 구하면 다음과 같다.

- 수요일 날씨 예측 점수의 평균

$$\frac{10+x+10}{3} \leq 7 \rightarrow x+20 \leq 21$$

$\therefore x \leq 1$

- 목요일 날씨 예측 점수의 평균

$$\frac{6+10+y}{3} \geq 5 \rightarrow y+16 \geq 15 \rightarrow y \geq -1$$

$\therefore y \geq 0 (\because y \geq 0)$

그러므로 x의 범위는 $0 \le x \le 10$이고, y의 범위는 $y \ge 50$이다. 따라서 8월 8일의 예측 날씨는 맑음이고, 예측 점수의 범위는 $0 \le x \le 10$이므로 8월 8일의 실제 날씨는 눈·비이다. 그리고 8월 16일의 예측 날씨는 눈·비이고 예측 점수의 범위는 $y \ge 50$이므로 8월 16일의 실제 날씨는 흐림 또는 눈·비이다.

35

정답 ②

ㄱ. E대학의 지표 '다', '라', '마'의 지표 점수를 x, y, z라고 가정하고, 가중치를 1, 2로 바꾸어 계산하면 대학 평판도 총점은 $\frac{410}{5}=82$점이다.

$2x+y+2z=82-32=50$이고, 세 미지수는 0 ~ 10 사이의 정수이다. 이 방정식을 만족하는 경우를 찾으면 (10, 10, 10)이 유일하므로 세 지표 점수는 동일함을 알 수 있다.

ㄴ. ㄱ과 같은 방법으로 G대학의 '라' 지표 점수를 계산하면 7점이다. F대학의 '라', '마' 지표 점수를 a, b라고 가정하면 $a+2b=73-45=28$의 방정식을 구할 수 있고, 이 방정식을 만족하는 경우는 $(a, b)=(8, 10)$, $(10, 9)$이다. 두 경우 모두 '라' 지표 점수가 7보다 높다.

오답분석

ㄷ. H대학은 지표 '나'의 지표 환산점수($8\times1=8$점)가 지표 '마'의 지표 환산점수($6\times2=12$점)보다 대학 평판도 총점에서 더 낮은 비중을 차지한다(가중치는 5, 10 대신 1, 2를 사용했다).

36

정답 ③

가중치는 10 또는 5이므로 편리한 계산을 위해 5로 나누어 10을 2로, 5를 1로 계산한다. D대학의 '사' 지표 점수는 x로 가정한다.

구분	대학 평판도 총점
A대학	$(9+10+4)\times2+(6+4+10+8)\times1=74$점
B대학	$(8+9+6)\times2+(8+6+9+6)\times1=75$점
C대학	$(7+10+6)\times2+(5+6+10+4)\times1=71$점
D대학	$(3+9+6)\times2+(8+6+3+x)\times1=(53+x)$점

D대학은 최고점 10점을 받아도 63점으로 C대학보다 낮다. 따라서 대학 평판도 총점이 높은 대학부터 순서대로 나열하면 'B－A－C－D'이다.

37

정답 ⑤

돼지고기는 2.5인분인 225g이 필요하다. 현재 냉장고에는 필요한 양의 절반인 112.5g 이하의 돼지고기 100g이 있으므로 125g을 구매해야 한다.

오답분석

① 면은 2.5인분인 500g이 필요하다. 현재 냉장고에는 필요한 양의 절반인 250g 이하의 면 200g이 있으므로 300g을 구매해야 한다.
② 양파는 2.5인분인 150g이 필요하다. 현재 냉장고에는 양파 100g이 있으므로 50g을 구매해야 하지만 필요한 양의 절반인 75g 이상이 냉장고에 있으므로 양파는 구매하지 않는다.
③ 아들이 성인 1인분의 새우를 먹으므로 새우는 3인분인 120g이 필요하다. 현재 냉장고에는 새우가 없으므로 새우 120g을 구매해야 한다.
④ 매운 음식을 잘 먹지 못하는 아내를 위해 건고추는 절반만 넣으므로 10g($=4\times2.5$)이 필요하다. 현재 냉장고에는 건고추가 없으므로 건고추 10g을 구매해야 한다.

38

정답 ②

9월 8 ~ 10일 오전(09:00 ~ 12:00)은 A, B, C사원이 모두 모일 수 있는 시간대이며, 예약 현황을 볼 때 예약 신청이 가능하다.

오답분석

① 다목적실 예약 현황에 따르면 9월 1일부터 9월 3일까지 3일 동안 오전(09:00 ~ 12:00)에는 예약이 가능하다. 다만, 다목적실 운영 방침 중 사용일로부터 1주일 전에 신청해야 한다는 점을 고려할 때, 9월 1 ~ 3일은 신청할 수 없다. 다목적실 예약 현황표의 업데이트 날짜가 2025년 8월 28일인 것으로 보아 B사원이 예약할 당시는 8월 28일 이후라는 점을 알 수 있기 때문이다.
③ 다목적실 예약 현황에 따르면 9월 9 ~ 11일 오후(13:00 ~ 16:00)에 예약은 가능하지만, 목요일 오후는 C사원이 참석할 수 없는 시간대이다.
④ 다목적실 예약 현황에 따르면 9월 12 ~ 16일 오전(09:00 ~ 12:00)에 예약이 가능하고 A, B, C사원이 모두 참여할 수 있는 시간대이나, 주말이 끼어 있어 연속해서 매일 연습할 수 없다.
⑤ 다목적실 예약 현황에 따르면 9월 18 ~ 20일 오후(13:00 ~ 16:00)에는 9월 18일 예약이 완료되어 있는 데다가 9월 20일은 토요일이어서 이용할 수 없다.

39

정답 ④

제시문은 첫 문단에서 이앙법의 확산이 양반과 농민들 중에서 다수의 부농이 나타나게 된 계기가 되었다는 역사학자들의 주장을 언급한 후 두 번째 문단에서 양반층에게 이 주장이 적용되기 어렵다고 하였고, 세 번째 문단에서 농민층이 부농으로 성장하기 어려웠던 이유를 들면서 첫 문단의 내용을 비판하는 내용으로 구성되어 있다. 따라서 마지막 문장의 빈칸에 들어가기에 가장 적절한 것은 제시문의 내용을 포괄하고 있는 ④이다.

40

정답 ⑤

주어진 예산은 3천만 원이므로 월 광고비용이 3,500만 원인 KTX는 제외된다. TV, 버스, 지하철, 포털사이트의 광고효과를 구하면 다음과 같다.

- TV : $\frac{3\times1,000}{30,000}=0.1$
- 버스 : $\frac{1\times30\times100}{20,000}=0.15$
- 지하철 : $\frac{60\times30\times2}{25,000}=0.144$
- 포털사이트 : $\frac{50\times30\times5}{30,000}=0.25$

따라서 A과장은 광고효과가 가장 큰 포털사이트를 선택한다.

41

정답 ⑤

㉠ A의 지름을 x라고 하면 B의 지름은 $\frac{x}{2}$가 되며, 진동수는 판 지름의 제곱에 반비례한다는 두 번째 명제에 따라 B의 진동수 $\left(\frac{4}{x^2}\right)$는 A$\left(\frac{1}{x^2}\right)$의 4배가 된다. 진동수가 2배가 될 때 한 옥타브 높은 음이 나오므로 B는 A보다 두 옥타브 높은 음을 낸다.

㉡ C의 두께가 A의 두께의 2배이므로 진동수는 두께에 비례한다는 첫 번째 명제에 따라 C의 진동수는 A의 2배가 된다. 따라서 C는 A보다 한 옥타브 높은 음을 낸다.

42

정답 ③

D국의 여성 대학진학률이 4%p 상승하면 15%로 대학진학률 격차지수가 1이 되어 D국의 간이 성평등지수는 $\frac{1.7}{2}\fallingdotseq0.85$가 된다.

오답분석

ㄱ. A국의 여성 평균소득과 남성 평균소득이 각각 1,000달러씩 증가하면 A국의 평균소득 격차지수는 $\frac{9,000}{17,000}\fallingdotseq0.53$이 되고, 간이 성평등지수는 0.77이 된다.

ㄴ. B국의 여성 대학진학률이 85%면 대학진학률 격차지수가 1이 되고, 간이 성평등지수는 0.80이므로 C국(0.82)보다 낮다.

43

정답 ③

탑승자가 1명이라면 우선순위인 인명 피해 최소화의 규칙 2에 따라 아이 2명의 목숨을 구하기 위해 자율주행 자동차는 오른쪽 또는 왼쪽으로 방향을 바꿀 것이다. 이때 다음 순위인 교통 법규 준수의 규칙 3에 따라 교통 법규를 준수하게 되는 오른쪽으로 방향을 바꿀 것이다.

오답분석

①·⑤ 탑승자 보호의 규칙 1이 인명 피해 최소화의 규칙 2보다 높은 순위라면 자율주행 자동차는 탑승자를 보호하기 위해 직진을 하였을 것이다.

② 탑승자 2명과 아이 2명으로 피해 인원수가 동일하기 때문에 마지막 순위인 탑승자 보호의 규칙 1에 따라 탑승자를 보호하기 위해 자율주행 자동차는 직진하였을 것이다.

④ 탑승자가 2명이라면 인명 피해를 최소화하기 위해 오른쪽이 아닌 왼쪽으로 방향을 바꿔 오토바이와 충돌하였을 것이다.

44

정답 ③

㉢의 '이율배반적 태도'를 통해 인명 피해를 최소화하도록 설계된 자율주행 자동차가 도로에 많아지는 것을 선호하는 대다수의 사람들이 실제로는 이와 다른 태도를 보여준다는 것을 예측할 수 있다. 따라서 빈칸에는 사람들이 '아니다'라는 대답을 통해 실제로 자율주행 자동차에 대한 부정적인 태도를 보여줄 수 있는 질문이 들어가기에 적절하다. 자동차 탑승자 자신을 희생하더라도 더욱 많은 사람의 목숨을 구하도록 설계된 자율주행 자동차의 실제 구매 의향을 묻는 ③에 대한 '아니다'라는 대답은 결국 탑승자 본인의 희생을 원하지 않는 이율배반적 태도를 보여준다.

오답분석

① 사람들이 직접 운전하는 것을 선호하지 않는다면 도로에 자율주행 자동차가 많아질 것이므로 적절하지 않다.

② 자율주행 자동차가 낸 교통사고에 대한 탑승자의 책임과 자율주행 자동차에 대한 이율배반적 태도는 관련이 없다.

④·⑤ '아니다'라고 대답할 경우 인명 피해를 최소화하도록 설계된 자율주행 자동차를 선호한다는 의미가 되므로 이율배반적 태도를 보여주지 않는다.

45

정답 ④

2021 ~ 2024년 동안 SOC 투자 규모의 전년 대비 증감 방향은 '증가 – 감소 – 감소 – 감소'이고, 총지출 대비 SOC 투자 규모 비중은 '증가 – 증가 – 감소 – 감소'이다.

오답분석

① 2024년 총지출을 a조 원이라고 가정하면 $a\times0.069=23.1$조 원이므로, $a=\frac{23.1}{0.069}\fallingdotseq334.8$이므로 300조 원 이상이다.

② 2021년 SOC 투자 규모의 전년 대비 증가율은 $\frac{25.4-20.5}{20.5}\times100\fallingdotseq23.9\%$이므로 30% 이하이다.

③ 2021 ~ 2024년 동안 SOC 투자 규모가 전년에 비해 가장 큰 비율로 감소한 해는 $\frac{23.1-24.4}{24.4}\times100\fallingdotseq-5.3\%$인 2024년이다.

- 2022년 : $\frac{25.1-25.4}{25.4}\times100\fallingdotseq-1.2\%$
- 2023년 : $\frac{24.4-25.1}{25.1}\times100\fallingdotseq-2.8\%$

⑤ 2025년 SOC 투자 규모의 전년 대비 감소율이 2024년과 동일하다면, 2025년 SOC 투자 규모는 $23.1\times(1-0.053)\fallingdotseq 21.9$조 원이므로 20조 원 이상이다.

46

정답 ①

제시문의 마지막 문단에서 최초진입기업이 후발진입기업의 시장 진입을 막기 위한 마케팅 활동을 한다고 설명한다. 그러나 최초진입기업과 후발진입기업 중에 누가 더 많은 마케팅 비용을 사용하는지에 대한 언급은 없으므로 알 수 없다.

오답분석

② 두 번째 문단에 따르면 후발진입기업의 모방 비용은 최초진입기업이 신제품 개발에 투자한 비용 대비 65% 수준이다.

③ 마지막 문단에 따르면 최초진입기업은 인지도 측면에서 후발진입기업보다 월등한 우위에 있다. 또한 첫 번째 문단에 따르면 기업이 시장에 최초로 진입하여 무형(인지도 등) 및 유형의 이익을 얻는 것을 A효과라고 한다.

④ 두 번째 문단에 따르면 후발진입기업은 절감된 비용을 마케팅 등에 효과적으로 투자하여 최초진입기업의 시장 점유율을 단기간에 빼앗아 오는 것이 성공의 핵심 조건이다.

⑤ 첫 번째 문단에 따르면 후발진입기업이 최초진입기업과 동등한 수준의 기술 및 제품을 보다 낮은 비용으로 개발할 수 있을 때만 B효과를 얻을 수 있다.

47

정답 ⑤

ㄴ. 갑 ~ 무 도시에 있는 B브랜드의 합은 $4\times5=20$개이며, 갑과 병에는 총 8개가 있어야 하므로 편차 절댓값에 따라 한 곳은 6개, 다른 한 곳은 2개가 된다.

ㄷ. 정 도시의 A브랜드 점포 수는 $20-17=3$개이므로, B브랜드 점포 수인 5개보다 적다.

ㄹ. 무 도시에 있는 A브랜드 중 1개 점포가 병 도시로 브랜드의 변경 없이 이전할 경우, 병과 무 도시의 브랜드 점포 수는 각각 3개가 되며, 편차 절댓값도 똑같이 1이 된다. 따라서 편차의 평균도 변하지 않는다.

오답분석

ㄱ. A브랜드 편차의 평균은 1.2로, B브랜드 편차의 평균인 1.6보다 작다.

48

정답 ④

ㄴ. 사슴의 남은 수명이 20년인 경우, 사슴으로 계속 산다면 $20\times40=800$의 총효용을 얻지만, 독수리로 사는 것을 선택한다면 $(20-5)\times50=750$의 총효용을 얻는다. 사슴은 여생의 총효용이 줄어드는 선택은 하지 않으므로 독수리를 선택하지 않을 것이다.

ㄷ. 사슴의 남은 수명이 x년이라고 할 때, 사자로 사는 것을 선택한다면 $(x-14)\times250$의 총효용을 얻고, 호랑이로 사는 것을 선택한다면 $(x-13)\times200$의 총효용을 얻는다. 이때, 사슴의 남은 수명인 x년이 18년이라면 둘의 총효용이 같게 되므로 사슴의 남은 수명이 18년일 때, 사자를 선택했을 때와 호랑이를 선택했을 때 여생의 총효용이 같아질 수 있다.

오답분석

ㄱ. 사슴의 남은 수명이 13년인 경우, 사슴으로 계속 산다면 $13\times40=520$의 총효용을 얻지만, 곰으로 사는 것을 선택한다면 $(13-11)\times170=340$의 총효용을 얻는다. 사슴은 여생의 총효용이 줄어드는 선택은 하지 않으므로 곰을 선택하지 않을 것이다.

49

정답 ③

남직원은 조건에서 B등급 이상인 호텔을 선호한다고 하였으므로 K · M · W호텔이 이에 해당한다. M호텔은 2인실이 없으므로 제외되며, K · W호텔 숙박비와 식비(조식1, 중식2, 석식1)는 다음과 같다.

- K호텔 : $(17\times3)+(1\times3\times6)=69$만 원
- W호텔 : $(15\times3)+(7,500\times4\times6)=63$만 원

따라서 가장 저렴한 W호텔에서 숙박하며, 비용은 63만 원이다. 여직원도 B등급 이상인 호텔을 선호한다고 했으므로 K · M · H호텔이 이에 해당한다. 그런데 M호텔은 2인실이 없으므로 제외되며, K · H호텔 중에서 역과 가장 가까운 K호텔에서 숙박한다. 따라서 K호텔에서의 비용은 $(17\times2)+(1\times3\times4)=46$만 원이다.

50

정답 ③

ㄴ. $115,155\times2=230,310>193,832$이므로 옳은 설명이다.

ㄷ. • 2022년 : $\frac{18.2}{53.3}\times100\fallingdotseq 34.1\%$

• 2023년 : $\frac{18.6}{54.0}\times100\fallingdotseq 34.4\%$

• 2024년 : $\frac{19.1}{51.9}\times100\fallingdotseq 36.8\%$

따라서 2022 ~ 2024년 동안 석유제품 소비량 대비 전력 소비량의 비율은 매년 증가한다.

오답분석

ㄱ. 비중은 매년 증가하지만, 전체 최종에너지 소비량 추이를 알 수 없으므로 절대적인 소비량까지 증가하는지는 알 수 없다.

ㄹ. • 산업부문 : $\frac{4,750}{15,317}\times100\fallingdotseq 31.0\%$

• 가정 · 상업부문 : $\frac{901}{4,636}\times100\fallingdotseq 19.4\%$

따라서 산업부문의 유연탄 소비량 대비 무연탄 소비량의 비율은 25% 이상이므로 옳지 않다.

제2회 모의고사 정답 및 해설

01	02	03	04	05	06	07	08	09	10
⑤	②	③	③	⑤	④	②	④	④	②
11	12	13	14	15	16	17	18	19	20
⑤	②	①	④	②	③	③	⑤	③	②
21	22	23	24	25	26	27	28	29	30
①	①	②	①	④	③	⑤	①	①	③
31	32	33	34	35	36	37	38	39	40
⑤	④	②	③	①	②	③	④	③	②
41	42	43	44	45	46	47	48	49	50
⑤	②	④	③	④	④	②	①	②	④

01

정답 ⑤

제시문의 (마)의 앞 문단에서는 정보와 지식이 커뮤니케이션 속에서 살아 움직이며 진화함을 말하고 있다. 따라서 정보의 순환 속에서 새로운 정보로 거듭나는 역동성에 대한 사례로 보기의 내용이 이어질 수 있다. 한 나라의 관광 안내 책자 속 정보가 섬세하고 정확한 것은 소비자들에 의해 오류가 수정되고 개정되는 것이 정보와 지식의 커뮤니케이션 속에서 새로운 정보로 거듭나는 것을 잘 나타내고 있기 때문이다.

02

정답 ②

제시문에 따르면 아버지의 사랑은 조건이 있고, 어린애를 가르치고 지도하는 기능이 있는 반면에, 어머니의 사랑은 무조건적이며 어린애의 생명을 안전하게 하는 기능을 한다. 빈칸에 들어갈 내용은 아버지의 사랑에 대한 것으로, '너는 내 아이로 태어났기 때문에'는 무조건적인 어머니의 사랑에 해당하여 적절하지 않다.

03

정답 ③

정규시간 외에 초과근무가 있는 날의 시간외근무시간을 구하면 다음과 같다.

구분	초과근무시간			1시간 공제
	출근	야근	합계	
1 ~ 15일	–	–	–	770분
18(월)	–	70분	70분	10분
20(수)	60분	20분	80분	20분
21(목)	30분	70분	100분	40분
25(월)	60분	90분	150분	90분
26(화)	30분	160분	190분	130분
27(수)	30분	100분	130분	70분
합계	–	–	–	1,130분

∴ 1,130분=18시간 50분

따라서 1시간 미만은 절사하므로 7,000×18=126,000원이다.

04

정답 ③

제시된 내용을 정리하면 다음과 같다.

구분	1인당 비용(원)	총무팀	영업팀	개발팀	홍보팀	공장1	공장2	합계
A상품	500,000	2	1	2	0	15	6	26
B상품	750,000	1	2	1	1	20	5	30
C상품	600,000	3	1	0	1	10	4	19
D상품	1,000,000	3	4	2	1	30	10	50
E상품	850,000	1	2	0	2	5	5	15
합계		10	10	5	5	80	30	140

ㄱ. 가장 인기 있는 것은 D상품이지만 공장1의 고려사항은 회사에 손해를 줄 수 있으므로, 2박 3일 상품이 아닌 1박 2일 상품 중 가장 인기 있는 B상품이 선택된다. 따라서 750,000×140=105,000,000원이 필요하다.

ㄷ. 공장1의 A, B상품의 투표 결과가 바뀐다면 A, B상품의 투표 수가 각각 31, 25표가 되어 A상품으로 선택 상품이 변경된다.

오답분석

ㄴ. 가장 인기 있는 것은 D상품이다.

05
정답 ⑤

제시문에서는 역사적 사건의 진행 과정이 의미를 지닐 수 있도록 서술하는 양식을 이야기식 서술이라고 한다. 이에 따르면 역사적 서술의 타당성은 결코 논증에 의해 결정되지 않으며 사건은 원래 가지고 있지 않던 발단 – 중간 – 결말이라는 성격을 부여받는다. 이를 통해 역사적 사건의 진행 과정에 특정한 문학적 형식을 부여할 뿐만 아니라 의미도 함께 부여한다는 것을 알 수 있다. 따라서 글의 중심 내용으로 가장 적절한 것은 ⑤이다.

06
정답 ④

A대리의 이동 경로는 '본사 – 나주역 – 대구역 – S호텔 – 대구 본부 – 대구역 – 광주역 – T호텔 – 광주 본부 – 광주역 – 나주역 – 본사'이다.

- 이동 단계별 철도 요금 및 택시비 : 7,900+42,000+4,300+4,900+4,300+37,100+6,500+5,700+5,400+43,000+7,900=169,000원
- 숙박비 : 75,500+59,400=134,900원

따라서 총경비는 169,000+134,900=303,900원이다.

07
정답 ②

- 항공편 예약
  김과장은 시간이 적게 걸리는 항공편을 효율적이라고 본다. 따라서 시간이 적게 걸리는 항공편을 순서대로 나열하면 '503(5시간 10분) – 300(7시간 30분) – 150(10시간 35분) – 701(12시간 10분) – 103(18시간) – 402(21시간 25분)'이다(∵ 프놈펜과 서울의 시차 2시간을 적용해서 계산해야 한다).
  그러나 주어진 조건에 따라 김과장은 4월 17일 자정 이전에 입국해야 한다. 따라서 503 항공편은 5시간 10분이 걸리지만 4월 17일 오전 7시 5분에 도착하므로 적절하지 않다. 따라서 503 항공편 다음으로 시간이 적게 소요되고 4월 16일 16시 25분에 도착하는 300 항공편을 예약하면 된다.
- 비용(취소 수수료 포함)
  – 김과장이 다시 예약할 300 항공편 : 582,900원
  – 취소 수수료(출발 30일 ~ 21일 전 가격) : 18,000원
  따라서 총비용은 582,900+18,000=600,900원이다.

08
정답 ④

재고 코드에 따르면 상품은 약품이며, 냉장보관이 필요하고 미국에서 생산된 것이다. 또한 유통기한은 3개월 미만이다.

09
정답 ④

중국에서 생산된 것으로 표기된 재고가 2개, 러시아에서 생산된 것으로 표기된 재고가 1개이므로, 실제로 러시아에서 생산된 재고는 총 3개이다.

10
정답 ②

제시된 설명에 따르면 상품은 식품이므로 1, 냉장이 필요하므로 r, 기타 국가에서 생산되었으므로 ETC, 유통기한은 19개월이므로 5이다. 따라서 설명에 해당하는 재고 코드는 '1rETC5'이다.

11
정답 ⑤

- (가) : $\frac{34,273-29,094}{29,094}\times 100 \fallingdotseq 17.8\%$
- (나) : 66,652+34,273+2,729=103,654백만 달러
- (다) : $\frac{103,654-91,075}{91,075}\times 100 \fallingdotseq 13.8\%$

12
정답 ②

지원한도액을 초과하는 경우 초과하는 전세금액은 입주자가 부담하면 지원 가능하다.

오답분석

① 신청 절차를 보면 전세 가능 여부 검토(권리분석)는 L공사에서 진행한다.
③ 만 39세를 초과해도 대학생이고 기타 요건을 충족하면 가능하다.
④ 수도권과 광역시, 기타 지역의 지원한도액이 모두 상이하다.
⑤ 1순위는 100만 원, 2・3순위는 200만 원으로 상이하다.

13
정답 ①

K는 2회 재계약이 가능하여 총 6년간 거주 가능하다.

오답분석

ㄴ. 광역시 단독거주를 희망하므로 전세금 총액은 지원한도액인 9,500만 원의 150%인 1억 4,250만 원이다.
ㄷ. 전세지원금 중 임대보증금을 제외한 금액에 대한 연 2% 이자 해당액이 최대 월임대료이므로 (8,000만−100만)×0.02=158만 원이다.

14
정답 ④

- 연봉이 3,600만 원인 H사원의 월 수령액은 3,600÷12=300만 원이다. 월평균 근무시간은 200시간이므로 시급은 300÷200=1.5만 원/시간이다.
- 야근 수당 : H사원이 평일에 야근한 시간은 2+3+1+3+2=11시간이므로 야근 수당은 15,000×11×1.2=198,000원이다.
- 특근 수당 : H사원이 주말에 특근한 시간은 2+3=5시간이므로 특근 수당은 15,000×5×1.5=112,500원이다.

식대는 야근・특근 수당에 포함되지 않으므로 H사원의 이번 달 야근・특근 근무 수당의 총액은 198,000+112,500=310,500원이다.

15

정답 ②

- A씨의 요금
  - 이용요금 : $1,310\times6\times3=23,580$원
  - 주행요금 : $92\times170=15,640$원
  - 반납지연에 따른 페널티 요금 : $(1,310\times9)\times2=23,580$원

  따라서 A씨의 요금은 $23,580+15,640+23,580=62,800$원이다.
- B씨의 요금
  - 이용요금
    → 목요일 : 39,020원
    → 금요일 : $880\times6\times8=42,240$원(∵ 24시간 한도 초과로 기준요금으로 계산)
  - 주행요금 : $243\times170=41,310$원

  따라서 B씨의 요금은 $39,020+42,240+41,310=122,570$원이다.

16

정답 ③

기업의 자금난을 파악할 수 있는 사채는 차환사채로 2022년 하반기 발행액이 202억 원이며, 2023년 하반기 발행액의 90%인 $226\times0.9=203.4$억 원보다 적다.

오답분석

① 2023년 하반기 대비 2024년 상반기 증감률은 보증사채가 $\frac{1,562-1,407}{1,407}\times100≒11.0\%$, 무보증사채가 $\frac{977-896}{896}\times100≒9.0\%$이다. 따라서 보증사채 증가율이 무보증사채 증가율의 $11\div9≒1.2$배가 된다.

② 2022년 상반기부터 2024년 상반기까지 모든 회사채 발행액은 매 분기 증가하고 있다.

④ 물적인 보증을 통해 발행하는 사채는 담보부사채이며, 2023년 상반기 발행액과 2022년 하반기 발행액의 차이, 2023년 상반기 발행액과 2023년 하반기 발행액의 차이는 각각 $980-880=100$억 원, $1,047-980=67$억 원으로 2023년 상반기 발행액과 2022년 하반기 발행액의 차이가 더 크다.

⑤ 사채별 전년 동기 대비 2024년 상반기 증감률과 전년 동기 대비 2023년 상반기 증감률을 비교하면 다음과 같다.

구분	전년 동기 대비 상반기 증감률	
	2023년	2024년
보증사채	$\frac{1,220-1,010}{1,010}\times100≒20.8\%$	28.0%
무보증사채	$\frac{740-680}{680}\times100≒8.8\%$	32.0%
담보부사채	$\frac{980-810}{810}\times100≒21.0\%$	26.0%
차환사채	$\frac{220-180}{180}\times100≒22.2\%$	5.0%
전환사채	$\frac{510-440}{440}\times100≒15.9\%$	18.0%

따라서 전년 동기 대비 2024년 상반기 증감률보다 전년 동기 대비 2023년 상반기 증감률이 더 높은 것은 차환사채 1가지이다.

17

정답 ③

제시문의 첫 번째 문단에서는 다도해 지역이 개방성의 측면과 고립성의 측면에서 모두 조명될 수 있다는 점을 언급하였고, 두 번째 문단에서는 그중 고립성의 측면이 강조되는 사례들을 서술하였다. 그러나 마지막 문단에서는 고립성을 나타내는 것으로 여겨지는 사례들도 육지와의 연결 속에서 발전한 것이라며 다도해의 문화적 특징을 일방적인 관점에서 접근해서는 안 된다고 주장하였다. 따라서 제시문의 중심 내용으로는 개방성의 측면을 간과해서는 안 된다는 내용을 담은 ③이 가장 적절하다.

18

정답 ⑤

ㄷ. 전체 품목 중 화장품의 비율은 $\frac{62,733}{122,757}\times100≒51.1\%$이며, 국산품 합계 중 국산 화장품의 비율은 $\frac{35,286}{48,717}\times100≒72.4\%$로 국산 화장품 비율이 더 높다.

ㄹ. 전체 품목 중 가방류의 비율은 $\frac{17,356}{122,757}\times100≒14.1\%$이며, 외국산품 합계 중 외국산 가방류의 비율은 $\frac{13,224}{74,040}\times100=17.9\%$로 외국산 가방류의 비율이 더 높다.

오답분석

ㄱ. 제시된 자료에서 품목별 외국산품 비중이 높은 주요 제품은 의류, 향수, 시계, 주류, 신발류이다. 품목 전체별 비중을 계산하면 다음과 같다. 이때 시계의 비중이 가장 높다.

구분	외국산품 비율
의류	약 89.7%
향수	약 96.0%
시계	약 98.9%
주류	약 97.4%
신발류	약 98.0%

ㄴ. 인삼·홍삼류의 대기업 비중은 $\frac{2,148}{2,899}\times100≒74.1\%$로 가장 높다.

19

정답 ③

등급별 임금 합계 및 임금 총액은 다음과 같다.

- 초급
  - 기본임금 총계 : $45,000\times5\times8\times(10+2)=21,600,000$원
  - 초과근무수당 총계 : $(45,000\times1.5)\times1\times4=270,000$원
  - 소계 : $21,600,000+270,000=21,870,000$원
- 중급
  - 기본임금 총계 : $70,000\times3\times8\times(10+2)=20,160,000$원
  - 초과근무수당 총계 : $(70,000\times1.5)\times2\times4=840,000$원
  - 소계 : $20,160,000+840,000=21,000,000$원
- 특급
  - 기본임금 총계 : $95,000\times2\times8\times(10+2)=18,240,000$원

- 초과근무수당 총계 : (95,000×1.7)×1×4=646,000원
- 소계 : 18,240,000+646,000=18,886,000원

따라서 A사가 근로자들에게 지급해야 하는 임금의 총액을 구하면 21,870,000+21,000,000+18,886,000=61,756,000원이다.

20

정답 ②

제시된 자료에서 장비 대수가 2대일 때 생산량은 7이므로 다음과 같은 식이 성립한다.

$a^2-2^b+2=7$

$a^2-2^b=5$ ⋯ ⓐ

장비 대수가 3대일 때 생산량은 20이므로 다음과 같은 식이 성립한다.

$a^3-3^b+2=20$

$a^3-3^b=18$ ⋯ ⓑ

장비 대수가 4대일 때 생산량은 67이므로 다음과 같은 식이 성립한다.

$a^4-4^b+2=67$

$a^4-4^b=65$ ⋯ ⓒ

$a^2=A$로, $2^b=B$로 각각 치환하면 다음과 같다.

ⓐ와 ⓒ는 $A-B=5$와 $A^2-B^2=65$이다.

여기서 $A^2-B^2=(A+B)(A-B)=65$이고 $A-B=5$이므로 $A+B=13$이 된다. 따라서 $A-B=5$와 $A+B=13$을 연립하면 $A=9$, $B=4$가 된다.

$a^2=9$이므로 a는 $+3$ 또는 -3이고, $2^b=4$이므로 $b=2$인데, ⓑ에서 $a^3-3^b=18$이므로 조건에 맞는 것은 $a=3$, $b=2$가 된다.

따라서 장비 대수가 5대일 때 생산량은 $3^5-(5)^2+2=220$이다.

21

정답 ①

제시된 정보를 수식으로 비교해 보면 다음과 같다.

A>B, D>C, F>E>A, E>B>D

∴ F>E>A>B>D>C

따라서 실적이 가장 높은 외판원은 F이다.

22

정답 ①

제시문에 따르면 물체까지의 거리가 먼 경우에는 주변의 물체들에 대한 과거의 경험에 기초하여 거리를 추론한다고 하였다. 그런데 해당 물체에 대한 경험도 없고 다른 사물들을 보이지 않도록 한 상태라면 이 추론과정이 작동하지 않아 거리를 판단할 수 없다. 따라서 ㄱ은 이와 같은 입장을 반영하고 있으므로 제시문의 주장을 뒷받침한다.

오답분석

ㄴ. 제시문의 주장에 의한다면 경험적 판단기준이 없는 상황에서는 거리를 짐작할 수 없어야 한다. 그러나 ㄴ은 이와 상반된 내용을 담고 있다.

ㄷ. 한쪽 눈이 실명 상태라면 두 직선이 이루는 각의 크기를 감지할 수 없어 거리를 파악할 수 없어야 한다. 그러나 ㄷ은 그 반대의 경우이다.

23

정답 ②

마일리지 적립 규정에는 회원등급에 관련된 내용이 없으며, 마일리지 적립은 지불한 운임의 액수, 더블적립 열차 탑승 여부, 선불형 교통카드 Rail+ 사용 여부에 따라서만 결정된다.

오답분석

① KTX 마일리지는 KTX 열차 이용 시에만 적립된다.
③ 비즈니스 등급은 기업 회원 여부와 관계없이 최근 1년간의 활동 내역을 기준으로 부여된다.
④ 추석 및 설 명절 특별수송기간 탑승 건을 제외하고 4만 점을 적립해야 VIP 등급을 부여받는다.
⑤ VVIP 등급과 VIP 등급 고객은 한정된 횟수 내에서 KTX 특실을 KTX 일반실 가격에 구매할 수 있다(무료 업그레이드).

24

정답 ①

수도꼭지 A, B에서 시간당 나오는 물의 양을 각각 aL, bL라고 하자. 수조의 총용량은 $6(a+b)$L이고, 절반은 $3(a+b)$L이다. 수조 총용량의 반을 채울 때 수도꼭지 A, B를 틀었던 시간을 각각 x, y시간이라고 하면 다음과 같은 식이 성립한다.

$ax+\frac{1}{2}by=3(a+b)$

x, y는 자연수이고 두 수도꼭지를 동시에 틀어 수조 전체를 채웠을 때와 온도가 동일하다고 했으므로 두 수도꼭지에서 나오는 물의 양의 비율이 같음을 알 수 있다. 따라서 왼쪽 항과 오른쪽 항의 a, b 상수 값이 같아야 하므로 $x=3$, $y=6$, 총 9시간이다.

25

정답 ④

제시된 대화의 내용을 벤다이어그램으로 정리해 보면 다음과 같다.

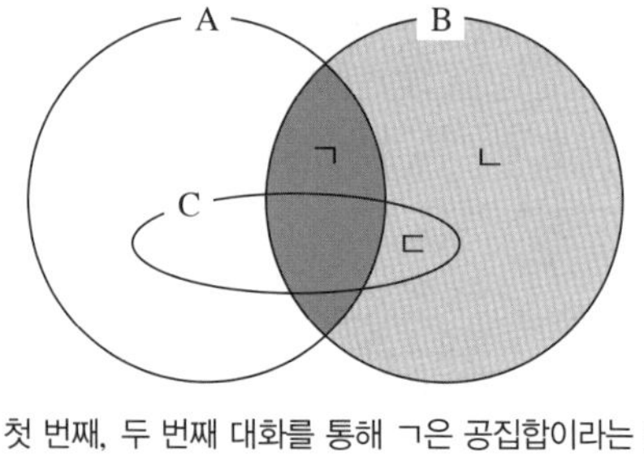

서희의 첫 번째, 두 번째 대화를 통해 ㄱ은 공집합이라는 것과 ㄴ이 공집합이 아니라는 것을 알 수 있다. 여기에 종범의 대화를 추가하여 ㄷ이 공집합이라는 결론을 얻을 수 있다면 대화 내용은 모두 참이 된다. 따라서 ㄷ이 공집합이라는 결론을 얻을 수 있는 ④가 ㉠의 내용으로 옳다.

26

정답 ③

누진적 소득세는 재정 정책 중 자동안정화 장치의 하나로, 내부 시차가 없어 경제 상황에 신속하게 대응할 수 있다.

오답분석

① 누진적 소득세는 재정 정책의 하나이다. 화폐 공급량은 통화 정책을 통해 조절된다.
② 자동안정화 장치는 별도의 동의 절차 없이 적용된다.
④ 재량적 재정 정책에 관한 설명이다. 누진적 소득세와 같은 자동안정화 장치는 내부 시차가 없다.
⑤ 누진적 소득세는 재량적 재정 정책과 마찬가지로 외부 시차가 짧다.

27

정답 ⑤

제시문 후반부의 '기다리지 못함도 삼가고 아무것도 안 함도 삼가야 한다.'라는 문장이 이 글의 주제라고 할 수 있다. 여기서 기다리지 못한다는 것은 의도적인 개입을 의미하며, 아무것도 안 한다는 것은 방관적인 태도를 뜻한다.

오답분석

① 제시문에서는 개입하고 힘을 쏟고자 하는 대신에 이 잠재력을 발휘할 수 있도록 하는 것이 중요하다고 하였으므로 인위적 노력과는 거리가 멀다.
② 싹을 잡아당겨서도 안 되지만 그렇다고 단지 싹이 자라는 것을 지켜만 봐서도 안 된다고 하였다.
③ 명확한 목적성을 설정하는 것과 제시문의 내용과는 크게 관계가 없다.
④ 기다리지 못함도 삼가고 아무것도 안 함도 삼가야 한다고 하면서 작동 중에 있는 자연스런 성향이 발휘되도록 돕는 노력, 즉 어느 정도의 개입도 해야 한다고 하였다.

28

정답 ①

오답분석

② 10세 남녀 모두 체중 수치가 자료보다 높다.
③ 4 ~ 5세 남자 표준 키 수치가 자료보다 낮다.
④ 12 ~ 13세 여자 표준 키 및 체중이 자료보다 높다.
⑤ 11 ~ 13세의 바로 전 연령 대비 남자 표준 키의 차이가 자료보다 작다.

29

정답 ①

12/5(토)에 근무하기로 예정된 1팀 C가 가족여행으로 근무를 대체하려고 할 경우, 그 주에 근무가 없는 3팀의 1명과 바꿔야 한다. 대체근무자인 O는 3팀에 소속된 인원이긴 하나 대체근무일이 12/12(토)로, 1팀인 C가 근무하게 될 경우 12/13(일)에도 1팀이 근무하기 때문에 주말 근무 규정에 어긋난다.

30

정답 ③

표 1에서 모든 메인 메뉴의 단백질 함량은 포화지방 함량의 2배 이상인 것을 확인할 수 있다.

오답분석

① 새우버거의 중량 대비 열량의 비율은 $\frac{395}{197} \fallingdotseq 2$이고, 칠리버거는 $\frac{443}{228} \fallingdotseq 1.9$로, 칠리버거가 더 낮다.
② 표 1의 나트륨 함량의 단위 mg을 당 함량 단위 g과 같게 만들면 0.5g<나트륨<1.2g의 범위가 나온다. 그런데 당 함량은 모두 6g 이상이므로 모든 메뉴에서 나트륨 함량보다 많다.
④ 표 2에서 모든 스낵 메뉴의 단위당 중량의 합은 114+68+47=229g이고, 표 1에서 메인 메뉴 중 베이컨버거의 중량은 242g이므로 모든 스낵 메뉴의 단위당 중량의 합보다 많다.
⑤ 메인 메뉴와 스낵 메뉴 중 열량이 가장 낮은 햄버거와 조각치킨의 열량의 합은 248+165=413kcal이고, 500−413=87kcal 이하인 음료 메뉴는 커피 또는 오렌지 주스이므로 커피 외에 오렌지 주스도 주문 가능하다.

31

정답 ⑤

업체들의 평가 점수를 항목별로 동일한 가중치로 합산하여 계산하면 다음과 같다.

구분	A업체	B업체	C업체	D업체	E업체
평가 점수	67점	75점	72점	72점	73점

먼저 입찰가격 점수가 10점 미만인 B업체는 제외되며, 건축안정성 점수가 17점 미만인 업체는 없으므로 이로 인해 제외되는 업체는 없다. 또한 C업체는 내진설계를 포함하지 않아 제외된다. 따라서 A, D, E업체 중 평가 점수가 가장 높은 E업체가 선정된다.

32

정답 ④

판단의 준거가 되는 명제와 그의 대우를 정리하면 다음과 같다.

- [명제] A가 채택되면 B도 채택된다.
  [대우] B가 채택되지 않으면 A도 채택되지 않는다.
- [명제] A가 채택되지 않으면 D와 E 역시 채택되지 않는다.
  [대우] D나 E가 채택되면 A가 채택된다.
- [명제] B가 채택된다면, C가 채택되거나 A는 채택되지 않는다.
  [대우] C가 채택되지 않고 A가 채택되면 B는 채택되지 않는다.
- [명제] D가 채택되지 않는다면, A는 채택되지만 C는 채택되지 않는다.
  [대우] A가 채택되지 않거나 C가 채택되면 D가 채택된다.

위와 같은 판단 명제를 종합하면 A가 모든 명제와 연결되는 것을 알 수 있다. A가 채택되는 경우와 채택되지 않는 경우를 나누어 정리하면 다음과 같다.

i) A가 채택되는 경우 : A · B · C · D는 확실히 채택되고, E는 불분명함
ii) A가 채택되지 않는 경우 : 모순이 생기므로 제외함

따라서 A가 채택되어야 하고, 이 경우 A · B · C · D 4곳은 확실히 채택된다.

33

정답 ②

제시문은 5060세대에 대해 설명하는 글이다. 기존에는 5060세대들이 사회로부터 배척당했다면, 최근에는 사회적인 면이나 경제적인 면에서 그들의 위상이 높아졌고, 이로 인해 마케팅 전략 또한 변화할 것으로 보고 있다. 따라서 글의 제목으로 가장 적절한 것은 ②이다.

34

정답 ③

오답분석

① A지원자는 9월에 복학 예정이기 때문에 인턴 기간이 연장될 경우 근무할 수 없으므로 부적합하다.
② B지원자는 경력 사항이 없으므로 부적합하다.
④ D지원자는 근무 시간(9 ~ 18시) 이후에 업무가 불가능하므로 부적합하다.
⑤ E지원자는 포토샵을 활용할 수 없으므로 부적합하다.

35

정답 ①

제시문의 ㉠에서 넷째 줄의 접속어 '그러나'를 기준으로 앞부분은 사물 인터넷 사업의 경제적 가치 및 외국의 사물 인터넷 투자 추세, 뒷부분은 우리나라의 사물 인터넷 사업 현황에 대하여 설명하고 있다. 따라서 두 문단으로 나누는 것이 적절하다.

오답분석

② 문장 앞부분에서 '통계에 따르면'으로 시작하고 있으므로, 이와 호응되는 서술어를 능동 표현인 '예상하며'로 바꾸는 것은 어색하다.
③ 우리나라의 사물 인터넷 시장이 선진국에 비해 확대되지 못하고 있는 것은 사물 인터넷 관련 기술을 확보하지 못한 결과이다. 따라서 수정하는 것은 옳지 않다.
④ 문맥상 '기술력을 갖추다.'라는 의미가 되어야 하므로 '확보'로 바꾸어야 한다.
⑤ 사물 인터넷의 의의와 기대효과로 글을 마무리하는 문장이므로 삭제할 필요가 없다.

36

정답 ②

㉠ 2023년 추석교통대책기간 중 고속도로 총이동인원은 6,160만 명으로 전년 대비 $\frac{6,160-3,540}{3,540}\times100 \fallingdotseq 74\%$ 증가했다.
㉢ 2023년 추석 당일 고속도로 교통량은 588만 대로 전년 대비 $\frac{588-535}{535}\times100 \fallingdotseq 9.9\%$ 증가했다.

오답분석

㉡ 2023년 1일 추석교통대책기간 중 평균 이동인원은 560만 명으로 전년 대비 $\frac{3,540}{6}=590$만 명보다 $\left|\frac{560-590}{590}\times100\right|$ $\fallingdotseq 5.1\%$ 감소했다.
㉣ 2023년 고속도로 최대 소요시간은 귀성의 경우 '서울 – 부산' 구간이 7시간 15분에서 7시간 50분으로 증가하였으므로 옳지 않은 설명이다.

37

정답 ③

선택지의 교통편에 따라 서울 본사에 도착하는 시각은 다음과 같다.

① 버스 – 버스 : 9시 5분 ~ 10시 5분(버스)
→ 10시 20분 ~ 10시 45분(버스)
② 버스 – 택시 : 9시 5분 ~ 10시 5분(버스)
→ 10시 5분 ~ 10시 35분(택시)
③ 지하철 – 택시 : 9시 10분 ~ 9시 55분(지하철)
→ 9시 55분 ~ 10시 25분(택시)
④ 지하철 – 버스 : 9시 10분 ~ 9시 55분(지하철)
→ 10시 20분 ~ 10시 45분(버스)
⑤ 자가용 – 지하철 : 9시 ~ 10시 20분(자가용)
→ 10시 50분 ~ 11시 5분(지하철)

따라서 지하철을 타고 고속터미널로 간 다음 택시를 타는 것이 가장 빨리 도착하는 방법이다.

38

정답 ④

A, B, C팀의 인원 수를 각각 a, b, c명이라고 가정하고 평균점수에 대한 방정식을 세우면 다음과 같다.

$\frac{40a+60b}{80}=52.5 \rightarrow 4a+6b=420 \rightarrow 2a+3b=210 \cdots$ ㉠

$a+b=80 \rightarrow b=80-a \cdots$ ㉡

㉠에 ㉡을 대입하면 $2a+3(80-a)=210 \rightarrow a=240-210=30$이므로 A팀의 인원수는 30명이고, B팀의 인원수는 50명이다. B팀과 C팀의 총인원수는 120명이므로 C팀의 인원수는 70명이다. 따라서 (가)에 들어갈 수는 30+70=100이고, (나)에 들어갈 수는 A팀과 C팀의 평균점수로 $\frac{(30\times40)+(70\times90)}{100}=75.0$이다.

39

정답 ③

(가) • 첫 번째 전제 : 어떤 수단이 우리가 원하는 이익을 얻는 최선의 수단이다.
• 두 번째 전제 : <u>어떤 수단이 우리가 원하는 이익을 얻는 최선의 수단이라면 우리에게는 그것을 실행할 의무와 필요성이 있다.</u>
• 결론 : 우리에게 어떤 수단(생물 다양성 보존)을 보존할 의무와 필요성이 있다.

(나) • 첫 번째 전제 : 내재적 가치를 지니는 것은 모두 보존되어야 한다.
• 두 번째 전제 : <u>모든 종은 내재적 가치를 지닌다.</u>
• 결론 : 모든 종은 보존되어야 한다.

40

정답 ②

A는 생명체가 도구적 가치를 가진다고 하였고, C는 생명체가 도구적 가치에 더해 내재적 가치도 가진다고 하였다. 따라서 A, C 모두 생명체가 도구적 가치를 가진다는 점에서는 일치된 견해를 가지고 있다.

오답분석

ㄱ. A는 우리에게 생물 다양성을 보존해야 할 의무와 필요성이 있다고 주장하였다. 그리고 B는 생물 다양성 보존이 최선의 수단은 아니라고 하였을 뿐 보존의 필요성 자체를 부정한 것은 아니다.

ㄴ. B는 A의 두 전제 중 첫 번째 전제가 참이 아니기 때문에 생물 다양성을 보존하는 것이 필연적이지 않다고 하였다.

41

정답 ⑤

영국 의사 S는 개인 정보 데이터베이스 자료를 분석한 결과 온갖 병균에 의한 잦은 감염 경험이 알레르기성 질환으로부터 아이들을 보호한다고 주장했다. 따라서 병원균 노출의 기회가 적을수록 알레르기 발생 확률이 높아진다는 가설을 제시할 수 있다.

오답분석

① 영국 의사 S는 가설을 뒷받침하는 증거로 함께 자란 형제자매의 수를 제시하였으나, 가족 관계에서 차지하는 서열에 대한 내용은 포함하지 못하므로 적절하지 않다.

② 영국 의사 S는 가설을 뒷받침하는 증거로 가족 관계에서 차지하는 서열을 제시하였으나, 형제자매의 수에 대한 내용은 포함하지 못하므로 적절하지 않다.

③ 제시문에는 ③의 가설과 관련한 내용이 없다.

④ 알레르기의 원인을 병원균의 침입으로 보았던 전통적인 이론과 달리 영국 의사 S는 오히려 병균에 의한 잦은 감염이 알레르기 예방에 유리하다고 주장했다.

42

정답 ②

기획안을 작성할 때는 관련된 내용을 깊이 있게 담아 상대가 채택하게끔 설득력을 갖춰야 한다. 또한, 상대가 요구하는 것이 무엇인지 고려하여 작성하는 것이 필요하다.

43

정답 ④

ㄴ. 미국 크루즈 방한객 수 대비 미국의 한국발 크루즈 탑승객 수의 비율은 $\frac{14,376}{15,462} \times 100 \fallingdotseq 93.0\%$이므로 옳은 설명이다.

ㄹ. 영국의 한국발 크루즈 탑승객 수는 일본의 한국발 크루즈 탑승객 수의 $\frac{7,976}{54,273} \times 100 \fallingdotseq 14.7\%$이므로 옳은 설명이다.

오답분석

ㄱ. 기타를 제외한 전체 크루즈 방한객 수의 순위는 중국, 필리핀, 일본 순서이지만, 한국발 크루즈 탑승객 수의 국가별 순위는 중국, 일본, 미국 순서이므로 다르다.

ㄷ. 필리핀의 한국발 크루즈 탑승객 수는 기타로 분류되어 있다. 그러므로 최대일 때의 인원은 7,976명인 영국보다 1명 적은 7,975명이다. 따라서 필리핀의 크루즈 방한객 수는 필리핀의 한국발 크루즈 탑승객 수의 최소 $\frac{60,861}{7,975} \fallingdotseq 7.63$배이다. 필리핀의 한국발 크루즈 탑승객 수가 7,975명보다 작을수록 그 배수는 더 높아질 것이므로, 최소 7.63배 이상임을 알 수 있다.

44

정답 ③

1차 투표 후보자들의 득표 현황을 정리하면 다음과 같으며, 1차 투표 결과 A, B, C후보가 2차 투표 후보자로 선출된다.

구분	선호 부서	득표 수
A후보	기획개발과(7명 / 1순위)	7표
B후보	경영지원과(9명 / 1순위)	9표
C후보	아동청소년과(4명 / 1순위) +대외협력과(6명 / 1순위)	10표
D후보	–	0표
E후보	보육지원과(5명)	5표

2차 투표 후보자들의 득표 현황을 정리하면 다음과 같으며, 남부본부 2차 투표 결과 B, C후보가 최종 투표 후보자로 선출된다.

구분	선호 부서	득표 수
A후보	기획개발과(7명 / 1순위)	7표
B후보	경영지원과(9명 / 1순위) +보육지원과(5명 / 2순위)	14표
C후보	아동청소년과(4명 / 1순위) +대외협력과(6명 / 1순위)	10표

최종 투표 후보자들의 득표 현황을 정리하면 다음과 같다.

구분	선호 부서	득표 수
B후보	경영지원과(9명 / 1순위) +보육지원과(5명 / 2순위)	14표
C후보	기획개발과(7명 / 2순위) +아동청소년과(4명 / 1순위) +대외협력과(6명 / 1순위)	17표

따라서 남부본부 대표로 C후보가 최종 선출된다.

45

정답 ④

K씨는 소득인정액이 2인 가구의 생계급여 선정 기준보다 적으므로 실제임차료 전액을 지원받는다.

• 실제임차료 : 2,000만×0.04÷12+20만=266,666원

N씨는 소득인정액이 3인 가구의 생계급여 선정 기준보다 많으므로 실제임차료에서 자기부담분을 제외한 나머지를 지원받는다.

• 실제임차료 : 2,500×0.04÷12+15=233,333원
• 자기부담분 : (1,200,000−1,161,173)×0.3=38,827×0.3 =11,648원

→ 233,333−11,648=221,685원

따라서 K씨와 N씨가 받는 지원금의 합은 266,666+221,685 =488,351원이다.

46

정답 ④

• 세 번째 조건 : A가 받는 상여금은 75만 원이다.
• 네 번째, 여섯 번째 조건 : (B의 상여금)<(C의 상여금), (B의 상여금)<(D의 상여금)<(E의 상여금)이므로 B가 받는 상여금은 25만 원이다.
• 다섯 번째 조건 : C가 받는 상여금은 50만 원 또는 100만 원이다.

이를 정리하여 가능한 경우를 표로 나타내면 다음과 같다.

구분	A	B	C	D	E
경우 1	75만 원	25만 원	50만 원	100만 원	125만 원
경우 2	75만 원	25만 원	100만 원	50만 원	125만 원

따라서 C의 상여금이 A보다 많은 경우는 경우 2로, 이때 B의 상여금(25만 원)은 C의 상여금(100만 원)의 25%이다.

오답분석

① 모든 경우에서 A를 제외한 나머지 4명의 상여금 평균은 $\frac{25만+50만+100만+125만}{4}$=75만 원이므로 A의 상여금과 같다.

② 어떠한 경우에도 A와 B의 상여금은 각각 75만 원, 25만 원이므로 A의 상여금은 반드시 B보다 많다.

③ C의 상여금은 경우 1에서 50만 원으로 두 번째로 적고, 경우 2에서 100만 원으로 두 번째로 많다.

⑤ C의 상여금이 D보다 적은 경우는 경우 1로, 이때 D의 상여금(100만 원)은 E의 상여금(125만 원)의 80%이다.

47

정답 ②

질병에 양성 반응을 보인 사람은 전체 중 95%이고, 그중 항체가 있는 사람의 비율은 15.2%이므로 항체가 없는 사람은 95.0−15.2 =79.8%이다. 다음으로 질병에 음성 반응을 보인 사람은 100−95 =5%이므로 음성인데 항체가 있는 사람의 비율은 5−4.2=0.8%이다. 이를 표로 정리하면 다음과 같다.

구분	항체 ×	항체 ○	합계
양성	79.8%	15.2%	95%
음성	4.2%	0.8%	5%
합계	84%	16%	100%

따라서 조사 참여자 중 항체가 있는 사람의 비율은 16%이다.

48

정답 ①

• 산업기사 전체 응시율 : $\frac{151}{186}\times100\fallingdotseq81.2\%$

• 기능사 전체 응시율 : $\frac{252}{294}\times100\fallingdotseq85.7\%$

따라서 산업기사 전체 응시율은 기능사 전체 응시율보다 낮다.

오답분석

② • 산업기사 전체 합격률 : $\frac{61}{151}\times100\fallingdotseq40.4\%$

• 기능사 전체 합격률 : $\frac{146}{252}\times100\fallingdotseq57.9\%$

따라서 산업기사 전체 합격률은 기능사 전체 합격률보다 낮다.

③ 기능사 종목 중 응시율이 100%인 귀금속가공의 경우 합격률은 72.7%로, 합격률이 85.3%인 컴퓨터응용선반이나 80%인 컴퓨터응용밀링보다 낮다. 따라서 응시율이 높은 종목이라고 하여 합격률도 높다고 할 수는 없다.

④ 산업기사 종목 중 응시율이 가장 낮은 것은 용접(45.8%)이며, 컴퓨터응용가공의 응시율은 87.5%이다.

⑤ 산업기사 종목을 합격률이 높은 것부터 순서대로 나열하면 치공구설계(63.6%), 기계설계(40.8%), 컴퓨터응용가공(33.3%), 용접(18.2%) 순서이다.

49

정답 ②

주어진 조건에 따라 악기별로 서로 잘 어울리는 악기와 잘 어울리지 않는 악기를 정리하면 다음과 같다.

구분	플루트	클라리넷	오보에	바순	호른
플루트	−	○	○	○	?
클라리넷	○	−	×	○	?
오보에	○	×	−	○	×
바순	○	○	○	−	○
호른	?	?	×	○	−

○ : 음색이 서로 잘 어울리는 악기
× : 음색이 서로 잘 어울리지 않는 악기
? : 알 수 없음

이때, 오보에와 음색이 서로 어울리지 않는 악기는 클라리넷과 호른으로 오보에는 반드시 1번, 3번, 5번에 놓여야 하므로 3가지 경우로 나누어 생각하면 다음과 같다.

ⅰ) 오보에가 1번에 놓이는 경우
클라리넷과 호른이 각각 3번 또는 5번에 놓일 수 있으나, 호른은 오직 바순과 음색이 어울리므로 반드시 5번에 위치해야 한다.

구분	1번	2번	3번	4번	5번
경우 1	오보에	플루트	클라리넷	바순	호른

ⅱ) 오보에가 3번에 놓이는 경우
오보에는 플루트, 바순과 음색이 어울리므로 각각 2번 또는 4번에 놓여야 한다.

구분	1번	2번	3번	4번	5번
경우 1	호른	바순	오보에	플루트	클라리넷
경우 2	클라리넷	플루트	오보에	바순	호른

ⅲ) 오보에가 5번에 놓이는 경우
클라리넷과 호른이 각각 1번 또는 3번에 놓일 수 있으나, 호른은 오직 바순과 음색이 어울리므로 반드시 1번에 위치해야 한다.

구분	1번	2번	3번	4번	5번
경우 1	호른	바순	클라리넷	플루트	오보에

따라서 총 4가지 경우가 있으며, 바순은 모든 악기와 음색이 어울리지만 놓일 수 있는 자리는 2번 또는 4번밖에 없다.

오답분석

① 어느 경우에도 호른은 1번, 5번 자리에만 놓일 수 있다.
③ 어느 경우에도 오보에는 1번, 3번, 5번 자리에만 놓일 수 있다.
④ 어느 경우에도 플루트는 2번 또는 4번 자리에만 놓일 수 있다.
⑤ 오보에가 3번에 놓인 경우 클라리넷은 양 끝 자리인 1번 또는 5번 자리에만 놓일 수 있다.

50

정답 ④

제시문에서는 심리적 성향에서 비롯된 행위라도 결과적으로 의무와 부합할 수 있다고 하였으므로 이성의 명령에 따른 행위와 심리적 성향에 따른 행위가 결과적으로 일치하는 경우가 있을 수 있다.

오답분석

① 동물은 이성을 가지고 있지 않으며, 단지 본능적 욕구에 따라 행동할 뿐이므로 동물의 행동을 선하다거나 악하다고 평가할 수 없다. 즉, 동물의 행위는 도덕적 평가의 대상이 될 수 없다.
② 감정이나 욕구는 주관적이므로 시공간을 넘어 모든 인간에게 적용될 수 있는 보편적인 도덕의 원리가 될 수 없다.
③ 상대적인 심리적 성향에서 비롯된 행위는 도덕성과 무관하기 때문에 도덕적 행위가 될 수 없다.
⑤ 인간은 이성뿐만 아니라 감정과 욕구를 가진 존재이므로 도덕적 의무(이성)에 따라 행동하거나 심리적 성향(감정과 욕구)에 따라 행동할 수 있다.

PSAT형 NCS 집중학습 봉투모의고사

제3회 모의고사 정답 및 해설

01	02	03	04	05	06	07	08	09	10
②	④	④	①	③	④	③	③	⑤	④
11	12	13	14	15	16	17	18	19	20
②	③	①	④	⑤	③	①	②	④	④
21	22	23	24	25	26	27	28	29	30
③	⑤	③	③	②	④	③	⑤	③	④
31	32	33	34	35	36	37	38	39	40
①	④	⑤	③	②	①	②	③	②	④
41	42	43	44	45	46	47	48	49	50
③	②	①	①	③	④	④	①	④	④

01

정답 ②

제시문의 논점은 첫 번째 문단의 '제로섬(Zero-sum)적인 요소를 지니는 경제 문제'와 두 번째 문단의 '우리 자신의 수입을 보호하기 위해 경제적 변화가 일어나는 것을 막거나 혹은 사회가 우리에게 손해를 입히는 공공정책이 강제로 시행되는 것을 막기 위해 싸울 것'에 있다. 따라서 제시문은 사회경제적인 총합이 많아지는 정책, 즉 '사회의 총생산량이 많아지게 하는 정책이 좋은 정책'이라는 주장에 대한 비판의 내용이라고 할 수 있다.

02

정답 ④

제품코드(A2:A6)가 1로 끝나는 제품의 예정 생산량(B2:B6) 평균을 구하는 수식은 △(A2:A6,"*1",B2:B6)이다.

오답분석

① 실제 생산량의 합은 ♡(C2:C6)으로 구할 수 있다.
② 예정 생산량의 평균은 ■(B2:B6)으로 구할 수 있다.
③ 원래 생산하기로 예정되어 있던 제품의 총생산량은 예정 생산량을 모두 더한 값으로 ♡(B2:B6)이다.
⑤ 조건에 부합하는 셀의 합을 구하는 문항이므로 ♤ 함수를 사용해야 한다.

03

정답 ④

사원 수를 x명, 사원 1명당 월급을 y만 원이라고 하면 월급 총액은 $(x\times y)$이다. 두 번째 정보에서 사원 수는 10명이 늘어났고, 월급은 100만 원 작아졌다. 또한 월급 총액은 기존의 80%로 줄었다고 하였으므로, 이에 따라 방정식을 세우면 다음과 같다.

$(x+10)\times(y-100)=(x\times y)\times 0.8 \cdots$ ㉠

세 번째 정보에서 사원이 20명 줄어들면 월급은 동일하고, 월급 총액은 기존의 60%가 된다고 했으므로 사원 20명의 월급 총액은 기존 월급 총액의 40%임을 알 수 있다.

$20y=(x\times y)\times 0.4 \cdots$ ㉡

㉡에서 사원 수 x를 구하면 다음과 같다.

$20y=(x\times y)\times 0.4$

$\rightarrow 20=x\times 0.4$

$\therefore\ x=\dfrac{20}{0.4}=50$

㉠에 사원 수 x를 대입하여 월급 y를 구하면 다음과 같다.

$(x+10)\times(y-100)=(x\times y)\times 0.8$

$\rightarrow 60\times(y-100)=40y$

$\rightarrow 20y=6{,}000$

$\therefore\ y=300$

따라서 사원 수는 50명이며, 월급 총액은 $x\times y=50\times 300$만$=$ 1억 5,000만 원이다.

04

정답 ①

연도별 도시의 인구수를 표로 정리하면 다음과 같다.

(단위 : 만 명)

구분	2022년 인구수	2023년 인구수	2024년 인구수	2025년 인구수
A도시	1,800	1,800×1.04 =1,872	1,872×1.05 ≒1,965	1,965×1.11 ≒2,181
B도시	1,450	1,450×1.09 ≒1,580	1,580×1.08 ≒1,706	1,706×1.1 ≒1,876
C도시	1,680	1,680×1.07 ≒1,797	1,797×1.09 ≒1,958	1,958×1.1 ≒2,153
D도시	1,250	1,250×1.07 ≒1,337	1,337×1.09 ≒1,457	1,457×1.12 ≒1,631
E도시	880	880×1.15 =1,012	1,012×1.04 ≒1,052	1,052×1.1 ≒1,157

ㄱ. 2025년 5개 도시의 총인구수는 2,181+1,876+2,153+1,631+1,157=8,998만 명이므로 옳은 설명이다.
ㄴ. 2025년 인구수가 2,000만 명을 넘은 도시는 A도시와 C도시 두 곳이므로 옳은 설명이다.

오답분석

ㄷ・ㄹ. 2022년과 2025년 인구수의 증가량과 증가율을 구하면 다음과 같다.

구분	인구수 증가량	인구수 증가율
A도시	2,181−1,800=381만 명	$\frac{381}{1,800}\times100 \fallingdotseq 21.2\%$
B도시	1,876−1,450=426만 명	$\frac{426}{1,450}\times100 \fallingdotseq 29.4\%$
C도시	2,153−1,680=473만 명	$\frac{473}{1,680}\times100 \fallingdotseq 28.2\%$
D도시	1,631−1,250=381만 명	$\frac{381}{1,250}\times100 \fallingdotseq 30.5\%$
E도시	1,157−880=277만 명	$\frac{277}{880}\times100 \fallingdotseq 31.5\%$

따라서 2022년 인구수 대비 2025년 인구수가 가장 많이 증가한 도시는 C도시이고, 인구수의 증가율이 가장 높은 도시는 E도시이다.

05 정답 ③

각 도시의 2026년 예상 인구수를 구하면 다음과 같다.

- A도시 : 2,181+{(2,181−1,872)×3}=3,108만 명
- B도시 : 1,876×(1+0.18−0.08)≒2,063만 명
- C도시 : 2,153+(2,153×0.12)−{(2,153×0.12)×2}≒1,894만 명
- D도시 : 1,631+(1,631×0.2)≒1,957만 명
- E도시 : 1,157×(1+0.26−0.01)≒1,446만 명

따라서 2026년 예상 인구수를 1위부터 5위까지 차례대로 나열하면 A도시 – B도시 – D도시 – C도시 – E도시 순서이다.

06 정답 ④

제시문의 두 번째 문단에서 전기자동차 산업이 확충되고 있음을 언급하면서 구리가 전기자동차의 배터리를 만드는 데 핵심 재료임을 설명하고 있다.

오답분석

① 제시문에서 산업금속 공급난이 우려된다고 했으나, 그로 인한 문제가 제시되어 있지는 않다.
② 제시문에서 '그린 열풍'을 언급하고 있으나 그 이유는 제시되어 있지 않다.
③・⑤ 제시문에서 언급하고 있는 내용은 아니나 주제로 보기는 어렵다.

07 정답 ③

국제 경쟁입찰의 과열 경쟁 심화와 컨소시엄 구성 시 민간기업과 업무 배분, 이윤 추구 성향 조율의 어려움 등은 문제점에 대한 언급이기 때문에 추진 방향으로 적절하지 않다.

08 정답 ③

추운 지역의 LPG는 프로판 비율이 높다.

09 정답 ⑤

i) A의 말이 거짓인 경우

구분	A (원료분류)	B (제품성형)	C (제품색칠)	D (포장)
실수	○		×	○

실수는 한 곳에서만 발생했으므로 A의 말은 진실이다.

ii) B의 말이 거짓인 경우

구분	A (원료분류)	B (제품성형)	C (제품색칠)	D (포장)
실수	× / ○		×	×

A와 D 2명의 말이 모두 진실일 때 모순이 발생하므로 B의 말은 진실이다.

iii) C의 말이 거짓인 경우

구분	A (원료분류)	B (제품성형)	C (제품색칠)	D (포장)
실수	× / ○		○	○

A와 D 두 사람 말이 모두 진실일 때 모순이 발생하며 실수는 한 곳에서만 발생했으므로 C의 말은 진실이다.

iv) D의 말이 거짓인 경우

구분	A (원료분류)	B (제품성형)	C (제품색칠)	D (포장)
실수	×		×	○

D가 거짓을 말했을 때 조건이 성립한다.

따라서 거짓을 말한 사람은 D이며, 실수가 발생한 단계는 포장 단계이다.

10 정답 ④

상품설명 내 '가입금액'란에 따르면 '계약기간 3/4 경과 후 적립할 수 있는 금액은 이전 적립누계액의 1/2 이내'라고 했기 때문에 12개월의 3/4인 9개월을 경과하지 않은 8개월째는 조건에 해당하지 않는다.

11

정답 ②

조사 결과의 시간대별 이용률 상위 3개 미디어에 대해서 순서대로 제시되어 있다. 그리고 조사대상 미디어 중 잡지는 모든 시간대에 3순위 안에 들지 않는다. 따라서 자료에 제시된 3순위 미디어의 이용률보다 낮다는 것을 알 수 있다. 그러나 잡지의 시간대별 이용률이 10% 미만이라는 설명은 오전, 점심, 오후 시간대 잡지의 이용률을 추측해보면 옳지 않다는 것을 알 수 있다.

- (오전 시간대)=30.8%+24.1%+23.5%=78.4%
  → 100%−78.4%=21.6%
  ∴ 잡지 이용률이 최대 21.6%까지 가능
  [21.6%<23.5%(스마트 기기)]
- (점심 시간대)=47.7%+23.6%+13.4%=84.7%
  → 100%−84.7%=15.3%
  ∴ 잡지 이용률이 최대 13.4%까지 가능
  [15.3%>13.4%(TV)]
- (오후 시간대)=36.5%+25.2%+23.7%=85.4%
  → 100%−85.4%=14.6%
  ∴ 잡지 이용률이 최대 14.6%까지 가능
  [14.6%<23.7%(TV)]

오답분석

① 시간대별로 이용률이 높은 미디어를 바르게 나열하였다.
③ 저녁 시간대 TV 이용률이 70.9%로 가장 높기 때문에 옳은 설명이다.
④ 출퇴근 및 등하교는 이동 시간대를 보면 되는데, 두 시간대 모두 스마트기기 이용률이 50% 이상이므로 옳은 설명이다.
⑤ 시간대별 1 ~ 3순위 미디어 간 격차를 보면 오전 및 오후 시간대가 다른 시간대보다 상대적으로 낮다는 것을 알 수 있다.

구분	1순위 −2순위	2순위 −3순위	1순위 −3순위
출근 / 등교 전	39.9%p	11.4%p	51.3%p
이동 (출근 / 등교)	30.5%p	14.2%p	44.7%p
오전	6.7%p	0.6%p	7.3%p
점심	24.1%p	10.2%p	34.3%p
오후	11.3%p	1.5%p	12.8%p
이동 (퇴근 / 하교)	45.7%p	9.7%p	55.4%p
저녁	55.3%p	5.4%p	60.7%p

12

정답 ③

- (1일 평균임금)=4월+5월+6월 임금총액÷(근무일 수)
  (160+25)+{(160÷16)×6}+(160+160+25)÷(22+6+22)=118,000원
- (총근무일수)=31+28+31+22+6+22=140일
- 퇴직금 : $118{,}000\times30\times\frac{140(\text{총근무일수})}{360}\fallingdotseq1{,}376{,}667$원

  따라서 직원 A가 받을 퇴직금은 1,376,000원(∵ 1,000원 미만 절사)이다.

13

정답 ①

1월에 가입한 고객은 을, 정, 무 고객이고, 2월에 가입한 고객은 병 고객이다. 을, 정, 무 고객은 1.2%p 우대금리가 적용되고, 병 고객에게는 0.5%p가 적용된다. 또한 모든 고객이 2024년에 가입했으므로 0.3%p가 추가 우대금리가 적용된다. 가입자별 기존금리와 우대금리를 더한 연 이자율에 따른 단기적금의 만기 시 이자를 구하면 다음과 같다.

- 이자(단리) : (월 납입금)$\times\frac{n(n+1)}{2}\times\frac{r}{12}$($n$은 개월 수, r은 이자율)
- 갑 : $50{,}000\times\frac{60\times61}{2}\times\frac{0.028+0.003}{12}=236{,}375$원
- 을 : $80{,}000\times\frac{36\times37}{2}\times\frac{0.02+0.012+0.003}{12}=155{,}400$원
- 병 : $100{,}000\times\frac{24\times25}{2}\times\frac{0.029+0.005+0.003}{12}=92{,}500$원
- 정 : $60{,}000\times\frac{48\times49}{2}\times\frac{0.018+0.012+0.003}{12}=194{,}040$원
- 무 : $120{,}000\times\frac{24\times25}{2}\times\frac{0.015+0.012+0.003}{12}=90{,}000$원

따라서 만기 시 적금상품의 이자 금액이 가장 큰 고객은 갑 고객이다.

14

정답 ④

고객별 원하는 시점에 중도해지 시 적용되는 이자율(기존금리의 50%)에 대한 이자금액은 다음과 같다.

- 갑 : $50{,}000\times\frac{40\times41}{2}\times\frac{0.028\times0.5}{12}\fallingdotseq47{,}833$원
- 을 : $80{,}000\times\frac{25\times26}{2}\times\frac{0.02\times0.5}{12}\fallingdotseq21{,}667$원
- 병 : $100{,}000\times\frac{20\times21}{2}\times\frac{0.029\times0.5}{12}=25{,}375$원
- 정 : $60{,}000\times\frac{40\times41}{2}\times\frac{0.018\times0.5}{12}=36{,}900$원
- 무 : $120{,}000\times\frac{20\times21}{2}\times\frac{0.015\times0.5}{12}=15{,}750$원

따라서 갑 고객이 이자를 가장 많이 받고, 정 고객이 두 번째로 많이 받는다.

15

정답 ⑤

제시문은 인간의 문제를 자연의 힘이 아니라 인간의 힘으로 해결해야 한다는 생각으로 정나라의 재상인 자산(子産)이 펼쳤던 개혁 정책의 특징과 결과를 설명한다. 보기는 통치자들의 무위(無爲)를 강조하고 인위적인 규정의 해체를 주장하는 노자의 사상을 설명한다. 보기의 노자의 입장에서는 인간의 힘으로 문제를 해결하려는 개혁 정책은 인위적이라고 반박할 수 있다. 즉, 이러한 정책의 인위적 성격은 제시문의 마지막 문장에서 지적한 것처럼 '엄한 형벌과 과중한 세금 수취로 이어지는 폐단'을 낳을 뿐이며, 사회를 해체해야 할 허위로 가득 차게 한다고 비판할 수 있다.

오답분석

① 자산을 비판하는 입장이 아니라 자산의 주장을 뒷받침하는 내용이다.
② 자산의 입장에서 주장할 수 있는 내용이며, 보기의 노자는 오히려 인위적 사회 제도의 해체를 주장했다.
③ 자산이 주장할 수 있는 내용이다. 또한 마지막 문단에 따르면 자산의 현실주의적 개혁은 엄한 형벌과 과중한 세금 수취 등의 폐단을 낳았다.
④ '자연이 인간의 화복을 주관하지 않는다는 생각'은 자산의 입장이지만, 보기의 노자 사상도 '자연의 의지'를 강조하는 것은 아니다. 오히려 '자연의 의지'와 무관하다고 말할 수 있다.

16

정답 ③

ㄱ. 종합병원에서 제왕절개분만(단태아) 수술을 받고 일주일간 입원했을 경우, 진료비를 계산하면 1,247,500+(284,900×7)=3,241,800원이다. 2018년이므로 제왕절개분만 시 본인부담금은 5%이다. 따라서 본인이 부담해야 하는 진료비는 3,241,800×0.05≒162,000원이다.
ㄴ. 상급종합병원의 수술비와 3일 동안 입원비를 합한 진료비는 1,558,200+(355,900×3)=2,625,900원이며, 다태아이므로 추가 5%가 적용되어 2,625,900×1.05=2,757,195원이다. 2016년 7월 이전이므로 본인부담금 20%를 적용한다. 따라서 본인이 부담해야 하는 진료비는 2,757,195×0.2≒551,400원이다.

17

정답 ①

- 갑 : 돌봄대상은 2011년 1월 1일 이후 출생 아동 1명이며, 소득기준은 120%를 초과하므로 시간당 7,800원을 본인부담한다.
  → 7,800×6=46,800원
- 을 : 돌봄대상은 2011년 1월 1일 이후 출생 아동 2명이며, 소득기준은 120% 이하이므로 시간당 5,460원을 본인부담한다.
  → 5,460×5×2×0.85(2명 할인)=46,410원
- 병 : 돌봄대상은 2011년 1월 1일 이후 출생 아동 1명이며, 소득기준은 120% 이하이므로 시간당 5,460원을 본인부담한다.
  → 5,460×6+[5,460+3,900(야간)]×1=42,120원
- 정 : 돌봄대상은 2011년 1월 1일 이후 출생 아동 1명과 2010년 12월 31일 이전 출생 아동 1명이며, 소득기준은 60% 이하이므로 본인부담으로 시간당 각자 1,560원, 2,340원을 본인부담한다.
  - 2011년 1월 1일 이후 출생 아동 1명 : 1,560×7+[1,560+3,900(야간)]×2=21,840원
  - 2010년 12월 31일 이전 출생 아동 1명 : 2,340×7+[2,340+3,900(야간)]×2=28,860원

  ∴ (21,840+28,860)×0.85(2명 할인)=43,095원
- 무 : 돌봄대상은 2011년 1월 1일 이후 출생 아동 1명이며, 소득기준은 85% 이하이므로 시간당 3,900원을 본인부담한다.
  → 3,900×10=39,000원

따라서 본인부담으로 가장 많은 비용을 부담하는 신청자는 갑이다.

18

정답 ②

제시문은 '인간 본성을 구성하는 하부 체계들은 서로 극단적으로 밀접하게 연관되어 있기 때문에 어느 일부를 인위적으로 개선하려고 한다면 인간 본성이라는 전체가 변화되어 결국 무너지는 위험에 처한다.'라고 주장한다. 따라서 ㄷ처럼 하부 체계가 서로 분리되어 특정 부분의 변화가 다른 부분에 영향을 끼치지 못한다는 것은 제시문의 논증을 약화시킨다.

오답분석

ㄱ. 제시문에서 인간이 갖고 있는 개별적인 요소들이 모여 만들어 낸 인간 본성이라는 복잡한 전체는 인간에게 존엄성을 부여한다고 했으므로, ㄱ처럼 인간 본성은 인간의 도덕적 지위와 존엄성의 근거가 된다고 볼 수 있다. 따라서 ㄱ은 제시문의 논지를 강화한다.
ㄴ. 제시문의 논증과 관련이 없으므로 논지를 약화시키지도 강화시키지도 않는다.

19

정답 ④

제시문의 ㉠은 오랑우탄이 건초더미를 주목한 연구 결과를 통해 유인원도 다른 개체의 생각을 미루어 짐작하는 능력이 있다고 주장한다. 오랑우탄이 건초더미를 주목한 것은 B가 상자 뒤에 숨었다는 사실을 모르는 A의 입장이 되었기 때문이라는 것이다. 그러나 오랑우탄이 단지 건초더미가 자신에게 가까운 곳에 있었기 때문에 주목한 것이라면, 다른 개체의 입장이 아닌 자신의 입장에서 생각한 것이 되므로 ㉠은 약화된다.

오답분석

① 외모의 유사성은 제시문의 연구 내용과 관련이 없다.
② 사람에게 동일한 실험을 한 후 비슷한 결과가 나왔다는 것은 사람도 유인원처럼 다른 개체의 생각을 미루어 짐작하는 능력이 있다는 것이므로 오히려 ㉠을 강화할 수 있다.
③ 새로운 오랑우탄을 대상으로 동일한 실험을 한 후 비슷한 결과가 나왔다는 것은 ㉠을 강화할 수 있다.
⑤ 제시문에서는 나머지 오랑우탄 10마리에 대해 언급하고 있지 않다.

20

정답 ④

두 번째 진술이 거짓일 경우 A, C, D는 모두 뇌물을 받지 않고, 세 번째 진술이 거짓일 경우 B, C 모두 뇌물을 받게 되므로 두 번째 진술과 세 번째 진술은 동시에 거짓이 될 수 없다. 따라서 두 번째 진술 또는 세 번째 진술이 참인 경우를 나누어 정리하면 다음과 같다.

- 두 번째 진술이 참인 경우

  A, C, D 중 적어도 1명 이상이 뇌물을 받았고, 나머지 진술은 모두 거짓이 되어 B와 C는 모두 뇌물을 받았다. 또한 B와 C가 모두 뇌물을 받았으므로 D는 뇌물을 받지 않았다. 한편 첫 번째 진술이 거짓이 되려면 진술의 대우 역시 성립하지 않아야 한다. 즉, 'B가 뇌물을 받았다면, A는 뇌물을 받지 않는다.'가 성립하지 않으려면 A는 뇌물을 받아야 한다. 그러므로 뇌물을 받은 사람은 D를 제외한 A, B, C 3명이다.

• 세 번째 진술이 참인 경우
A, C, D 모두 뇌물을 받지 않았으며, B와 C 중 적어도 1명 이상은 뇌물을 받지 않았다. 나머지 진술은 모두 거짓이 되어야 하는데, 먼저 첫 번째 진술이 거짓이 되려면 대우 역시 성립하지 않아야 하므로 B는 뇌물을 받지 않아야 한다. 또한 마지막 진술 역시 거짓이 되려면 대우인 'D가 뇌물을 받지 않았다면, B와 C 모두 뇌물을 받지 않았다.'가 성립하지 않아야 한다. 그러나 이때 B와 C는 모두 뇌물을 받지 않았으므로 마지막 진술의 대우가 성립하여 네 번째 진술은 참이 된다. 즉, 참인 진술이 둘이 되므로 조건에 맞지 않는다.

따라서 두 번째 진술이 참이며 뇌물을 받은 사람은 A, B, C 총 3명이다.

21

정답 ③

제시문의 소재는 '회전문'이며 (나)에서는 그보다 더 포괄적인 개념인 '문'에 대한 일반적인 내용을 서술하고 있으므로 가장 앞에 위치해야 한다. '그 대표적인 예가 회전문이다.'라고 언급하고 있는 부분을 통해서도 이를 유추해볼 수 있다. 또한 (나)의 후반부에는 '회전문의 구조와 기능'이라는 부분이 언급되어 있다. 즉, 이 문장을 통해 (나) 다음에 위치할 문단은 '구조와 기능'을 구체화시킨 (가)가 됨을 알 수 있으며, 그 뒤에는 사례를 들며 비판한 (라)가 위치하는 것이 가장 적절하다. 마지막으로는 이를 종합하여 회전문을 가장 미개한 형태의 문으로 규정한 (다)가 오는 것이 자연스럽다. 따라서 (나) – (가) – (라) – (다) 순으로 나열하는 것이 적절하다.

22

정답 ⑤

하루에 한 번만 이동하므로, 본부 복귀 전에 마지막으로 11월 6일에 방문할 발전소는 산청발전소이다. 그러므로 청평발전소, 무주발전소, 예천발전소 간의 방문 순서만 정하면 된다. 선택지의 경로에 따른 이동 소요시간을 각각 계산하면 다음과 같다(마지막 날 산청발전소에서 본부로의 이동시간은 선택지의 모든 경우에서 동일하므로 계산에서 제외하여 시간을 절약할 수 있다. 또한 계산의 편의를 위해 '1시간=60분'으로 환산하여 계산한다).

① 55+45+110+35=245분
② 55+50+110+80=295분
③ 125+110+50+65=350분
④ 125+45+50+35=255분
⑤ 40+50+45+80=215분

따라서 이동 소요시간이 가장 짧은 경로의 순서는 ⑤이다.

23

정답 ③

논리 순서를 따라 주어진 조건을 정리하면 다음과 같다.

• 첫 번째 조건 : B부장의 자리는 출입문과 가장 먼 10번 자리에 배치된다.
• 두 번째 조건 : C대리와 D과장은 마주봐야 하므로 2·7번 또는 4·9번 자리에 앉을 수 있다.
• 세 번째 조건 : E차장은 B부장과 마주보거나 옆자리이므로 5번과 9번에 배치될 수 있지만, 다섯 번째 조건에 따라 옆자리가 비어있어야 하므로 5번 자리에 배치된다.
• 다섯 번째 조건 : E차장 옆자리는 공석이므로 4번 자리는 아무도 앉을 수가 없어 C대리는 7번 자리에 앉고, D과장은 2번 자리에 앉아야 한다.
• 일곱 번째 조건 : 과장끼리 마주보거나 나란히 앉을 수 없으므로 G과장은 3번 자리에 앉을 수 없고, 6번과 9번에 앉을 수 있다.
• 여섯 번째 조건 : F대리는 마주보는 자리에 아무도 앉지 않아야 하므로 9번 자리에 배치되어야 하고 G과장은 6번 자리에 앉아야 한다.

따라서 주어진 조건에 맞춰 자리 배치를 정리하면 다음과 같다.

출입문				
1 – 신입사원	2 – D과장	×	×	5 – E차장
6 – G과장	7 – C대리	8 – A사원	9 – F대리	10 – B부장

24

정답 ③

제시문은 A국과 B국의 문화재보호법을 비교하며 자연물을 문화재에 포함해야 하는가에 대한 여러 가지 견해를 보여주고 있다. A국과 B국의 문화재보호법을 비교하여 표로 정리하면 다음과 같다.

구분	A국(㉢)	B국(㉣)
자연물	보호대상	문화재(보호대상)
인간의 창작물	문화재(보호대상)	문화재(보호대상)
보호 대상과 문화재의 관계	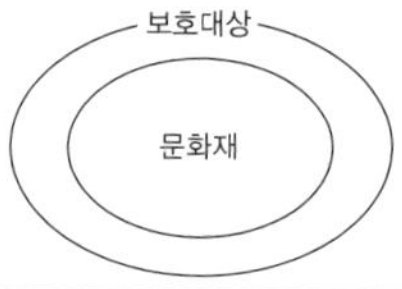	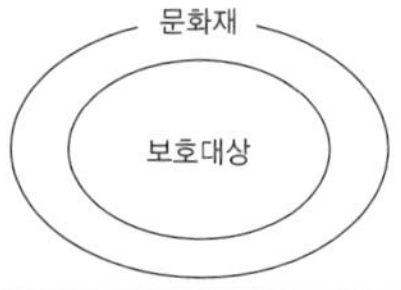

A국 정부 관계자의 설명(㉢)에 따르면 문화재란 인간의 창작물만을 지칭하며, 이러한 문화재는 보호대상 안에 포함된다. 따라서 보호대상이면서 문화재인 것은 인간의 창작물만을 의미한다.

오답분석

① ㉠은 A국의 자연물에 대해서만 언급하고 있을 뿐 인공물에 대해서는 언급하고 있지 않으므로 적절하지 않다.
② ㉡은 ㉠의 근거가 설득력이 부족하다는 견해일 뿐 화석과 같은 자연물에 대한 평가는 나타내지 않는다. 따라서 ㉡을 통해 화석의 가치에 대해 평가하는 것은 적절하지 않다.
④ ㉣은 B국 정부 관계자의 입장으로 B국에서는 인간의 여러 활동이 역사적·사회적·문화적 환경 등 다양한 환경뿐만 아니라 자연에 의해 많은 영향을 받으므로 자연물과 인간의 창작물 모두 문화재로 분류한다. 즉, B국에서 문화재로 분류된 사물은 자연 환경 외에도 역사적·사회적·문화적 환경의 영향을 받은 것으로 이들 모두가 자연 환경의 영향을 받았다는 것은 적절하지 않다.

⑤ ㉠ ~ ㉣ 중 자연물을 문화재에서 명시적으로 제외하는 것은 ㉢ 하나뿐이다. ㉡은 ㉠의 근거에 대해 비판할 뿐 자연물을 문화재에 포함해야 하는가에 대한 명시적인 입장 표명은 하지 않는다. 또한 ㉠과 ㉣은 모두 자연물을 문화재에 포함해야 한다는 견해이다.

25

정답 ②

'용기디자인'의 점수는 A음료가 약 4.5점이므로 가장 높고, C음료가 약 1.5점으로 가장 낮기 때문에 옳은 내용이다.

오답분석

① C음료는 8개 항목 중 '단맛'의 점수가 가장 높으므로 옳지 않은 내용이다.
③ A음료가 B음료보다 높은 점수를 얻은 항목은 '단맛'과 '쓴맛'을 제외한 6개 항목이므로 옳지 않은 내용이다.
④ 항목별 점수의 합이 크다는 것은 이를 연결한 다각형의 면적이 가장 넓다는 것을 의미한다. 따라서 D음료가 B음료보다 크다.
⑤ A ~ D음료 간 '색'의 점수를 비교할 때 점수가 가장 높은 음료는 A음료이고, '단맛'의 점수가 가장 높은 것은 B, C음료이므로 옳지 않은 내용이다.

26

정답 ④

제시문에 따르면 현재 사용되는 코일 크기로는 일반 가전제품에 적용할 수 없으므로 자기 공명 방식의 상용화를 위해 코일을 소형화할 필요가 있다고 언급하였다.

오답분석

① 자기 유도 방식의 2차 코일은 교류 전류 방식이다.
② 자기 공명 방식에서 공진 주파수를 만드는 역할을 하는 것은 1차 코일이며, 2차 코일은 공진 주파수를 전달받는다.
③ 자기 유도 방식은 유도 전력을 이용하지만, 무선 전력 전송을 하기 때문에 철심을 이용하지 않는다.
⑤ 자기 유도 방식은 전력 전송률이 높으나 1차 코일에 해당하는 송신부와 2차 코일에 해당하는 수신부가 몇 센티미터 이상 떨어지거나 송신부와 수신부의 중심이 일치하지 않게 되면 전력 전송 효율이 급격히 저하된다.

27

정답 ③

애플리케이션에 대한 판단 (A), (B)의 영향도를 분석하면 다음과 같다.

(A) 애플리케이션의 응답시간에 대한 사용자 요구 수준을 볼 때, 기본적인 성능이 잘 제공되는 것으로 판단된다.
→ 성능 영향도 0
그러나 고장 시 불편한 손실이 발생되며, 다행히 쉽게 복구가 가능하다. → 신뢰성 영향도 1
설계 단계에서 하나 이상의 설치 사이트에 대한 요구사항이 고려되며, 유사한 하드웨어나 소프트웨어 환경하에서만 운영되도록 설계되었다. → 다중 사이트 영향도 1
그리고 데이터를 전송하는 정도를 보면 분산처리에 대한 요구사항이 명시되지 않은 것으로 판단된다. → 분산처리 영향도 0

(B) 애플리케이션에서 발생할 수 있는 장애에 있어서는 기본적인 신뢰성이 제공된다. → 신뢰성 영향도 0
응답시간 또는 처리율이 피크타임에 중요하며,
→ 성능 영향도 1
애플리케이션의 처리기능은 복수개의 서버 상에서 동적으로 상호 수행된다. → 분산처리 영향도 2
그리고 이 애플리케이션은 동일한 소프트웨어 환경하에서만 운영되도록 설계되었다. → 다중 사이트 영향도 0

따라서 판단 (A), (B)에 대한 총영향도는 각각 2, 3이다.

28

정답 ⑤

ㄷ. '3. 견적서 제출 기간'에 따르면 마감 시간은 6월 16일 오전 10시이나, 마감 시간이 임박하여 제출할 경우 입력 도중 중단되는 경우가 있으니 적어도 마감 시간 10분 전까지 입력을 완료해야 한다.
ㄹ. '5. 견적 제출 참가 자격'에 따르면 이번 입찰은 "지문인식 신원확인 입찰"이 적용되므로 입찰대리인은 미리 지문 정보를 등록하여야 하지만, 예외적으로 지문인식 신원확인이 곤란한 자에 한하여 개인인증서를 통한 제출이 가능하다. 따라서 둘 중 하나의 방법을 선택한다는 내용은 적절하지 않다.

오답분석

ㄱ. '5. 견적 제출 참가 자격'에 따르면 수의 견적 제출 안내 공고일 전일부터 계약체결일까지 해당 지역에 법인등기부상 본점 소재지를 둔 업체만 이번 견적 제출에 참가할 수 있다.
ㄴ. '2. 견적 제출 및 계약 방식'에 따르면 국가종합전자조달시스템을 이용하여 견적서를 제출해야 한다.

29

정답 ③

프로젝트에 소요되는 비용은 인건비와 작업장 사용료로 구성된다. 인건비의 경우 각 작업의 필요 인원은 증원 또는 감원될 수 없으므로 조절이 불가능하다. 다만, 작업장 사용료는 작업기간이 감소하면 비용이 줄어들 수 있다. 따라서 최단기간으로 프로젝트를 완료하는 데 드는 비용을 산출하면 다음과 같다.

구분	인건비	작업장 사용료
A작업	(10×5)×10=500만 원	50×50 =2,500만 원
B작업	(10×3)×18=540만 원	
C작업	(10×5)×50=2,500만 원	
D작업	(10×2)×18=360만 원	
E작업	(10×4)×16=640만 원	
합계	4,540만 원	2,500만 원

따라서 프로젝트를 완료하는 데 소요되는 최소 비용은 7,040만 원으로, 6,000만 원 이상이라고 판단하는 것이 옳다.

오답분석

① 각 작업에서 필요한 인원을 증원하거나 감원할 수 없다. 그러므로 주어진 자료와 같이 각 작업에 필요한 인원만큼만 투입된다. 따라서 가장 많은 인원이 투입되는 A작업과 C작업의 필요 인원이 5명이므로 해당 프로젝트를 완료하는 데 필요한 최소 인력은 5명이다.
② 프로젝트를 최단기간에 완료하기 위해서는 각 작업을 동시에 진행해야 한다. 다만, B작업은 A작업이 완료된 이후에 시작할 수 있고, E작업은 D작업이 완료된 이후에 시작할 수 있다는 점을 고려하여야 한다. C작업은 50일, A+B작업은 28일, D+E작업은 34일이 걸리므로, 프로젝트를 완료할 수 있는 최단기간은 50일이다.
④ 프로젝트를 완료할 수 있는 최단기간은 50일이다. C작업은 50일 내내 작업해야 하므로 반드시 5명이 필요하다. 그러나 나머지 작업은 50일을 안분하여 진행해도 되므로, 먼저 A작업에 5명을 투입한다. 작업이 완료된 후 그들 중 3명은 B작업에, 2명은 D작업에 투입한다. 그리고 B, D작업을 완료한 5명 중 4명만 E작업에 투입한다. 이 경우 작업 기간은 10일(A)+18일(B와 D 동시 진행)+16일(E)=44일이 걸린다. 따라서 프로젝트를 최단기간에 완료하는 데 투입되는 최소 인력은 10명이다.
⑤ 프로젝트를 완료할 수 있는 최소 인원은 5명이다. 먼저 5명이 A작업에 투입되면 10일 동안은 다른 작업을 진행할 수 없다. A작업이 완료되면 5명은 B작업과 D작업으로 나누어 투입된다. 그다음으로 C작업과 E작업을 순차적으로 진행하면 총 10일(A)+18일(B와 D 동시 진행)+50일(C)+16일(E)=94일이 소요된다.

30

정답 ④

A, B, C가 각각 7개, 6개, 7개의 동전을 가지고 있다. 이때 모든 종류의 동전이 있는 A는 최소 (10×4)+(50×1)+(100×1)+(500×1)=690원을 가지게 된다.

오답분석

① C가 2개[(500×1)+(100×1)=600원]의 동전을 가지고, B도 C와 같은 개수(2개)의 동전을 가지게 된다. 이때 16개의 동전을 가진 A의 최대 금액은 500×16=8,000원이 된다.
② 제시된 조건만으로는 알 수 없다.
③ C가 8개[(100×4)+(50×4)=600원]의 동전을 가진다. 이때 A도 C와 같은 개수인 8개(10×8=80원)의 동전을 가지며, B는 4개(10×4=40원)의 동전을 가지게 된다. 따라서 이들의 최소 금액은 80+40+600=720원이 된다.
⑤ C가 2개[(500×1)+(100×1)=600원]의 동전을 가진 경우와 3개[(500×1)+(50×2)=600원]의 동전을 가진 경우가 있을 수 있다. 이때 B도 C와 같은 개수인 2개 혹은 3개의 동전을 가져, B와 C가 각각 4개 이상의 동전을 가질 수는 없다.

31

정답 ①

문맥의 흐름상 '겉에 나타나 있거나 눈에 띄다.'의 의미를 지닌 '드러나다'의 쓰임은 적절하다. '들어나다'는 사전에 등록되어 있지 않은 단어로 '드러나다'의 잘못된 표현이다.

32

정답 ④

제시된 자료에서 항공기 화재진압훈련과 관련된 업무는 찾아볼 수 없다.

오답분석

①·② 기반시설팀 : 운항기반시설 제설작업 및 장비관리 업무, 전시목표(활주로 긴급 복구) 및 보안시설관리 업무
③ 항공등화팀 : 항공등화시설 개량계획 수립 및 시행 업무
⑤ 운항안전팀 : 야생동물 위험관리 업무(용역관리 포함)

33

정답 ⑤

착륙하여 들어오는 항공기가 시간당 9대이고, 이륙하는 항공기가 시간당 3대이므로 시간당 6대의 항공기가 쌓이는 셈이 된다. 따라서 항공기의 보관 여유는 70−30=40대이므로 40대가 모두 꽉 차기까지는 $\frac{40}{6}=6\frac{2}{3}$시간, 즉 6시간 40분이 걸린다.

34

정답 ③

국제관 세미나실B의 경우 화요일에 글로벌전략실의 이용이 끝난 13:30부터 예약이 가능하다.

오답분석

① 본관 1세미나실의 경우 수요일은 15시 이후에 이용 가능하지만 회의는 오후 1시부터 4시 사이에 진행되어야 하므로, 1시간 30분 동안 연이어 진행해야 하는 회의는 불가능하다.
② 본관 2세미나실은 최대 수용 가능 인원이 16명이므로 24명의 회의 참석자를 수용하지 못해 제외된다.
④ 국제관 세미나실B의 경우 수요일은 내진기술실 이용 전에는 1시간, 이용 후에는 30분만 이용이 가능하므로 1시간 30분 동안 연이어 진행해야 하는 회의는 불가능하다.
⑤ 복지동 세미나실은 빔프로젝터가 없어서 제외된다.

35

정답 ②

ISNONTEXT 함수는 값이 텍스트가 아닐 경우 논리값 'TRUE'를 반환한다. [A2] 셀의 값은 텍스트이므로 결괏값으로 'FALSE'가 산출된다.

오답분석

① ISNUMBER 함수 : 값이 숫자일 때 논리값 'TRUE'를 반환하는 함수이다.
③ ISTEXT 함수 : 값이 텍스트일 경우 논리값 'TRUE'를 반환하는 함수이다.

④ ISEVEN 함수 : 값이 짝수이면 논리값 'TRUE'를 반환하는 함수이다.
⑤ ISODD 함수 : 값이 홀수이면 논리값 'TRUE'를 반환하는 함수이다.

36

정답 ①

주어진 조건에 따라 A ~ D비행기의 정보를 정리하면 다음과 같다.

구분	A비행기	B비행기	C비행기	D비행기
한국과의 시차	3−9 =−6	0	−8−9 =−17	−8−9 =−17
비행시간	9시간	2시간 10분	13시간	11시간 15분
출발시각 기준 현지 도착시간	+3시간	+2시간 10분	−4시간	−5시간 45분

C비행기와 A비행기는 출발시각 기준으로 현지 도착시간이 7시간 차이가 난다. 그러나 두 번째 조건에서 두 비행기가 도착 시 현지 시각이 같다고 했으므로, A비행기는 C비행기보다 7시간 빨리 출발한다. 또한 세 번째 조건에 따라 B비행기는 A비행기보다 6시간 늦게 출발한다. 네 번째 조건에 따라 D비행기는 C비행기보다 15분 빨리 출발하므로 A비행기보다 6시간 45분 늦게 출발한다. 따라서 비행기는 A－B－D－C 순서로 출발하여 출발시각이 가장 빠른 비행기는 A비행기이다.

37

정답 ②

3번째 조건에 따라 A는 청소기를 제외한 프리미엄형 가전을 총 2개 골랐는데, B가 청소기를 가져가지 않았으므로 A는 청소기 일반형, C는 프리미엄형 청소기를 가져가야 한다. 또한, 5번째 조건을 만족시키기 위해 A가 가져가는 프리미엄형 가전 종류의 일반형을 B가 가져가야 하며, 6번째 조건을 만족시키기 위해 전자레인지는 C가 가져가야 한다. 이를 표로 정리하면 다음과 같다.

구분	A	B	C
경우 1	냉장고(프) 세탁기(프) 청소기(일)	냉장고(일) 세탁기(일) 에어컨(프 or 일)	에어컨(프 or 일) 청소기(프) 전자레인지
경우 2	세탁기(프) 에어컨(프) 청소기(일)	세탁기(일) 에어컨(일) 냉장고(프 or 일)	냉장고(프 or 일) 청소기(프) 전자레인지
경우 3	냉장고(프) 에어컨(프) 청소기(일)	냉장고(일) 에어컨(일) 세탁기(프 or 일)	세탁기(프 or 일) 청소기(프) 전자레인지

ㄱ. C는 항상 전자레인지를 가져간다.
ㄷ. B는 반드시 일반형 가전 2대를 가져가며, 나머지 1대는 프리미엄형일 수도, 일반형일 수도 있다.

오답분석

ㄴ. A는 어떤 경우에도 청소기를 가져간다.
ㄹ. C는 프리미엄형 청소기를 가져간다.

38

정답 ③

서울의 비중이 22.1%, 인천・경기의 비중이 35.8%로 주어져 있으므로 둘을 합하면 50%가 넘는 것을 알 수 있다.

오답분석

① 마약 단속 건수가 없는 지역은 강원, 충북, 제주로 3곳이다.
② 대마 단속 전체 건수(167건)는 마약 단속 전체 건수(65건)의 3배(195)에 미치지 못하므로 옳지 않은 내용이다.
④ 강원 지역은 향정신성의약품 단속 건수(35건)가 대마 단속 건수(13건)의 3배에 미치지 못하므로 옳지 않은 내용이다.
⑤ 향정신성의약품 단속 건수는 대구・경북 지역(138건)이 광주・전남 지역(38건)의 4배(152)에 미치지 못하므로 옳지 않은 내용이다.

39

정답 ②

제시문에 따르면 『일리아스』는 호메로스가 오래전부터 구전된 이야기를 읊은 서사시로 객관적 서술 태도와는 거리가 멀다고 할 수 있다.

40

정답 ④

출장을 가는 3월 11일은 하루 종일 비가 오므로 1시간이 추가로 소요되어 출발 후 B지사에 복귀하기까지 총 9시간이 소요된다. 그러므로 출장인원은 아침 8시 정각에 출발하여 9시간 후인 17시에 B지사에 도착하게 된다. ④의 경우 1종 보통의 면허를 지닌 정과 차장인 을이 포함되므로 첫 번째 조건과 네 번째 조건을 만족한다. 또한 출장인원에 부상자가 포함되지 않아 17시에 복귀할 수 있으므로 사내 업무와 출장이 겹치지 않는다. 따라서 을, 정, 무 직원은 출장을 함께 갈 수 있다.

오답분석

① 출장인원 중 부상자인 갑이 포함되어 있는 경우 30분이 추가로 소요되므로 B지사에 17시 30분에 도착하게 된다. 이때, 17시 15분에 협력업체 면담이 있는 을은 출장과 사내 업무가 겹쳐 갑과 함께 출장을 갈 수 없다.
② ①과 마찬가지로 B지사에 17시 30분에 도착하게 되므로 17시 10분에 당직 근무를 시작해야 하는 정은 갑과 함께 출장을 갈 수 없다.
③ 출장인원 중 1종 보통 운전면허 소지자만 운전할 수 있으므로 2종 보통의 면허를 지닌 을, 무와 면허가 없는 병은 함께 출장을 갈 수 없다.
⑤ 출장인원 중 적어도 1명은 차장이어야 하므로 과장인 병, 정과 대리인 무는 함께 출장을 갈 수 없다.

41

정답 ③

제시된 조건의 내용을 정리하면 다음과 같다.

구분	내근	외근
미혼	과장 미만	연금 저축 가입
기혼	남성	남성, 과장 이상

최과장이 여성이라면 두 번째 조건과 세 번째 조건에 따라 미혼이면서 외근을 하는 것을 알 수 있다. 이때, 다섯 번째 조건에 따라 최과장은 연금 저축에 가입되어 있다.

오답분석

① 김대리가 내근을 한다면, 그는 미혼 또는 기혼이다.
② 이과장이 미혼이 아니라면, 그는 내근 또는 외근을 한다.
④ 정부장이 외근을 한다면 그는 미혼 또는 기혼일 수 있으며, 미혼이라면 연금 저축에 가입되어 있을 수도 있다.
⑤ 박대리가 미혼이면서 연금 저축에 가입되어 있지 않다면, 그는 내근을 한다.

42

정답 ②

정보 이용자의 특성을 프로파일로 등록해둔 후 새로운 정보가 발생하면 정보 이용자가 관심을 가질 만한 자료를 제공해주는 서비스는 SDI(Selective Dissemination of Information) 서비스로, 마이 페이지 항목에 해당한다.

43

정답 ①

• 첫 번째 조건에 의해 ㉠~㉣ 국가 중 연도별로 8위를 두 번 한 두 나라는 ㉠과 ㉣이므로 둘 중 한 곳이 한국, 나머지 하나가 캐나다임을 알 수 있다.
• 두 번째 조건에 의해 2020년 대비 2025년의 이산화탄소 배출량 증가율은 ㉡과 ㉢이 각각 $\frac{556-535}{535}\times100 \fallingdotseq 3.93\%$와 $\frac{507-471}{471}\times100 \fallingdotseq 7.64\%$이므로 ㉢은 사우디아라비아, ㉡은 이란이 된다.
• 세 번째 조건에 의해 이란의 수치는 고정값으로 놓고 2015년을 기점으로 ㉠이 ㉣보다 배출량이 커지고 있으므로 ㉠이 한국, ㉣이 캐나다임을 알 수 있다.

따라서 ㉠~㉣은 순서대로 한국, 이란, 사우디아라비아, 캐나다이다.

44

정답 ①

빈칸의 전 문단에서 '보손 입자는 페르미온과 달리 파울리의 배타 원리를 따르지 않는다. 따라서 같은 에너지 상태를 지닌 입자라도 서로 겹쳐서 존재할 수 있다. 만져지지 않는 에너지 덩어리인 셈이다.'라고 하였고, 빈칸 다음 문장에서 '빛은 실험을 해보면 입자의 특성을 보이지만, 질량이 없고 물질을 투과하며 만져지지 않는다.'라고 하였다. 또한 마지막 문장에서 '포논은 광자와 마찬가지로 스핀이 0인 보손 입자다.'라고 하였으므로 광자는 스핀이 0인 보손 입자라는 것을 알 수 있다. 따라서 빈칸에 들어갈 내용으로는 ①이 적절하다.

오답분석

②·⑤ 스핀이 1/2의 홀수배인 입자들을 페르미온이라고 하였고, 광자는 스핀이 0인 보손 입자이므로 적절하지 않은 내용이다.
③ 광자가 파울리의 배타 원리를 따른다면, 파울리의 배타 원리에 따라 페르미온 입자로 이뤄진 물질은 우리가 손으로 만질 수 있어야 한다. 그러나 광자는 질량이 없고 물질을 투과하며 만져지지 않는다고 하였으므로 적절하지 않은 내용이다.
④ '포논은 광자와 마찬가지로 스핀이 0인 보손 입자이다.'라는 문장에서 광자는 스핀 상태에 따라 분류할 수 있는 입자임을 알 수 있다.

45

정답 ③

삶의 만족도가 한국보다 낮은 국가들의 장시간근로자비율은 에스토니아(3.6%), 포르투갈(9.3%), 헝가리(2.7%)이므로 이들의 산술평균은 5.2%이다. 따라서 이탈리아의 장시간근로자비율(5.4%)보다 낮으므로 옳지 않은 내용이다.

오답분석

① 삶의 만족도가 가장 높은 국가는 덴마크(7.6점)이며 장시간근로자비율이 가장 낮은 국가도 덴마크(2.1%)이므로 옳은 내용이다.
② 한국의 장시간근로자비율은 28.1%로 삶의 만족도가 가장 낮은 국가인 헝가리의 장시간근로자비율 2.7%의 10배 이상이므로 옳은 내용이다.
④ 여가·개인돌봄시간이 가장 긴 국가는 덴마크(16.1시간)이고 가장 짧은 국가는 멕시코(13.9시간)이며 이들 국가의 삶의 만족도는 덴마크(7.6점), 멕시코(7.4점)이다. 둘의 차이는 0.2점으로 0.3점 이하이다.
⑤ 장시간근로자비율이 미국(11.4%)보다 낮은 국가는 덴마크, 프랑스, 이탈리아, 에스토니아, 포르투갈, 헝가리이며 이들 국가의 여가·개인돌봄시간은 모두 미국(14.3시간)보다 길다. 따라서 옳은 내용이다.

46

정답 ④

ㄱ. 2024년 상업용 무인기의 국내 시장 판매량 대비 수입량의 비율은 $\frac{5}{202}\times100 \fallingdotseq 2.5\%$이다.

ㄴ. 2021~2024년 동안 상업용 무인기 국내 시장 판매량의 전년 대비 증가율은 다음과 같다.

• 2021년 : $\frac{72-53}{53}\times100 \fallingdotseq 35.8\%$
• 2022년 : $\frac{116-72}{72}\times100 \fallingdotseq 61.1\%$
• 2023년 : $\frac{154-116}{116}\times100 \fallingdotseq 32.8\%$
• 2024년 : $\frac{202-154}{154}\times100 \fallingdotseq 31.2\%$

따라서 2022년의 증가율이 가장 높다.

ㄹ. 2022년 상업용 무인기 수출량의 전년 대비 증가율은 $\frac{18-2.5}{2.5}\times100=620\%$이고, A사의 상업용 무인기 매출액의 전년 대비 증가율은 $\frac{304.4-43}{43}\times100 ≒ 608\%$로, 차이는 $620-608=12\%$p이다.

오답분석

ㄷ. 2021 ~ 2024년 동안 상업용 무인기 수입량의 전년 대비 증가율이 가장 작은 해는 2024년으로 $\frac{5-4.2}{4.2}\times100 ≒ 19\%$이며, 상업용 무인기 수출량의 전년 대비 증가율은 2022년이 620%로 가장 크다.

47

정답 ④

오답분석

① 2000년의 노령화지수는 20.0%이고, 2026년 노령화지수는 100.7%로 약 5배 증가했다.
② GDP의 증가 예상 지수는 제시되지 않았으므로 알 수 없다.
③ • 2030년 대비 2040년 노령화지수 : $125.9\times2=251.8$
  • 2020년 대비 2030년 노령화지수 : $67.7\times2=135.4$
  모두 두 배를 넘지 않으므로 증가율은 100% 미만이다.
⑤ 1조 원을 초과한 해는 2010년인데 10년 뒤의 2020년은 1.5조 원, 10년 뒤인 2030년에는 2.17조 원이므로 10년당 두 배를 넘지 않는다.

48

정답 ①

소음이 심하고 이상한 소리가 날 때는 냉장고 뒷면이 벽에 닿는지 확인하고, 주위와 적당한 간격을 둘 수 있도록 한다.

오답분석

②・③・⑤ 냉동・냉장이 잘 되지 않을 때의 원인이다.
④ 냉장실 식품이 얼 때의 원인이다.

49

정답 ④

소음이 심하고 이상한 소리가 날 때는 냉장고 설치 장소의 바닥이 약하거나, 불안정하게 설치되어 있는지 확인할 필요가 있다.

오답분석

① 냉장실 식품이 얼 때의 해결 방법이다.
② 냉동・냉장이 전혀 되지 않을 때의 해결 방법이다.
③・⑤ 냉동・냉장이 잘 되지 않을 때의 해결 방법이다.

50

정답 ④

ㄴ. 2023년의 비중은 분모가 되는 전체 생산액은 증가한 반면, 분자가 되는 쌀 생산액은 감소하였으므로 전체 비중은 2022년에 비해 감소하였음을 알 수 있다. 또한 2024년의 경우 분모가 되는 전체 생산액과 분자가 되는 쌀 생산액 모두 증가하였으나 분모의 증가율이 더 크다. 따라서 2024년의 비중은 2023년에 비해 감소하였으므로 옳은 내용이다.

ㄹ. 2024년의 오리 생산액(12,323억 원)은 2023년(6,490억 원)에 비해 증가하였다는 것을 자료를 통해 알 수 있다. 2023년의 경우도 2022년에 10위를 차지한 마늘의 생산액이 5,324억 원이고, 오리의 생산액이 아무리 많아도 이 수치보다는 작다는 것을 알 수 있다. 따라서 2023년의 오리 생산액도 2022년에 비해 증가하였음을 알 수 있다.

오답분석

ㄱ. 2024년의 감귤 생산액(분자)은 2023년에 비해 10%가량 증가하였으나 농축수산물 전체 생산액(분모)은 10%를 훨씬 넘는 증가율을 기록하였다. 따라서 전체 비중은 감소하였다.

ㄷ. 2022년부터 2024년까지 매년 상위 10위 이내에 포함된 품목은 쌀, 돼지, 소, 우유, 고추, 닭, 달걀, 감귤 총 8개이다.

제4회 모의고사 정답 및 해설

01	02	03	04	05	06	07	08	09	10
④	④	④	③	④	①	④	④	①	③
11	12	13	14	15	16	17	18	19	20
④	③	②	②	③	②	④	④	③	②
21	22	23	24	25	26	27	28	29	30
④	①	②	③	③	②	④	②	③	④
31	32	33	34	35	36	37	38	39	40
①	④	③	①	①	①	②	③	④	②
41	42	43	44	45	46	47	48	49	50
②	④	⑤	⑤	③	④	④	⑤	④	④

01

정답 ④

ㄴ. FD 방식은 입자가 구별되지 않고 하나의 양자 상태에 하나의 입자만 있을 수 있다. 그러므로 두 개의 입자는 항상 다른 양자 상태에 존재하며 양자 상태의 수를 n이라고 할 때, 경우의 수는 $\frac{n(n-1)}{2}$이다. 따라서 양자 상태의 가짓수가 많아지면 두 입자가 서로 다른 양자 상태에 각각 있는 경우의 수는 커진다.

ㄷ. BE 방식에서는 두 입자가 구별되지 않고 하나의 양자 상태에 여러 개의 입자가 있을 수 있으므로, 이때의 경우의 수는 $n(n-1)$이다. MB 방식에서는 두 입자가 구별 가능하고 하나의 양자 상태에 여러 개의 입자가 있을 수 있으므로, 이때의 경우의 수는 n^2이다. 따라서 BE 방식에서보다 MB 방식에서의 경우의 수가 더 크다.

오답분석

ㄱ. 두 개의 입자에 대해 양자 상태가 두 가지인 경우 BE 방식이라면 두 입자가 구별되지 않고 하나의 양자 상태에 여러 개의 입자가 있을 수 있으므로, 경우의 수는 3이다.

02

정답 ④

제시문의 세 번째 문단을 통해 정부가 철도 중심 교통체계 구축을 위해 노력하고 있음을 알 수는 있으나, 구체적으로 시행된 조치는 언급되지 않았다.

오답분석

① 첫 번째 문단을 통해 전 세계적으로 탄소중립이 주목받자 이에 대한 방안으로 등장한 것이 철도 수송임을 알 수 있다.
② 첫 번째 문단과 두 번째 문단을 통해 철도 수송의 확대가 온실가스 배출량의 획기적인 감축을 가져올 것임을 알 수 있다.
③ 네 번째 문단을 통해 '중앙선 안동 ~ 영천 간 궤도' 설계 시 탄소 감축 방안으로 저탄소 자재인 유리섬유 보강근이 철근 대신 사용되었음을 알 수 있다.
⑤ 네 번째 문단을 통해 S철도공단은 철도 중심 교통체계 구축을 위해 건설 단계에서부터 친환경·저탄소 자재를 적용하였고, 탄소 감축을 위해 2025년부터는 모든 철도 건축물을 일정한 등급 이상으로 설계하기로 결정하였음을 알 수 있다.

03

정답 ④

주어진 조건을 정리하면 두 가지 경우로 나눌 수 있다.

• 경우 1

첫 번째 공휴일	두 번째 공휴일	세 번째 공휴일	네 번째 공휴일	다섯 번째 공휴일
A약국 D약국	D약국 E약국	A약국 C약국	B약국 C약국	B약국 E약국

• 경우 2

첫 번째 공휴일	두 번째 공휴일	세 번째 공휴일	네 번째 공휴일	다섯 번째 공휴일
D약국 E약국	A약국 D약국	A약국 C약국	B약국 C약국	B약국 E약국

따라서 네 번째 공휴일에 영업하는 약국은 B약국과 C약국이다.

오답분석

① A약국은 이번 달에 공휴일에 연달아 영업할 수도, 하지 않을 수도 있다.
② 다섯 번째 공휴일에는 B약국과 E약국이 같이 영업한다.
③ B약국은 네 번째, 다섯 번째 공휴일에 영업을 한다.
⑤ E약국은 두 번째 공휴일, 다섯 번째 공휴일에도 영업을 할 수 있다.

04

정답 ③

ㄱ. 두 번째 정보에 따라 2015년부터 2023년까지 연도별 합계출산율 순위 중 2015년이 두 번째로 높은 연도이므로 가장 많은 2016년의 합계출산율인 1.297명보다 낮고, 세 번째로 많은 2019년의 1.239명보다 높아야 한다. 따라서 선택지에서 1.244와 1.251이 범위에 포함된다.

ㄴ. 세 번째 정보에 따르면 2017 ~ 2019년의 출생성비는 동일하다. 따라서 빈칸에 들어갈 수는 105.3이다.

ㄷ. 첫 번째 정보에서 2020 ~ 2023년의 전년 대비 출생아 수는 감소하는 추세이며, 빈칸에 해당하는 2023년의 전년 대비 감소한 출생아 수가 가장 적다고 하였다. 연도별 전년 대비 출생아수 감소 인원은 다음과 같다.

- 2020년 : 438,420－406,243＝32,177명
- 2021년 : 406,243－357,771＝48,472명
- 2022년 : 357,771－326,822＝30,949명

22020 ~ 2022년 중 2022년이 전년 대비 감소 인원이 가장 적으므로 이보다 적게 차이가 나는 수를 찾으면 선택지 중 302,676이 된다.

그러므로 2023년 전년 대비 출생아 수 감소 인원은 326,822－302,676＝24,146명(<30,949명)이다.

따라서 빈칸에 들어갈 수를 바르게 짝지은 것은 ③이다.

05

정답 ④

직업 선호도가 5위인 직업을 선택한 연도별 초・중・고등학생 인원은 다음과 같다.

- 2019년 : 1,248×0.07≒87천 명
- 2020년 : 1,190×0.05≒60천 명
- 2021년 : 1,128×0.09≒102천 명
- 2022년 : 1,058×0.04≒42천 명
- 2023년 : 978×0.05≒49천 명

따라서 직업 선호도가 5위인 직업을 선택한 인원이 10만 명 이상인 해는 2021년뿐이다.

오답분석

① 공무원의 직업 선호도 비율은 매년 증가하는 추이를 보였지만, 교사의 직업 선호도 비율은 2020년에는 전년 대비 증가하였고 그 이후에 매년 감소하였다.
② 2019년부터 2023년까지 매년 5위 안에 드는 직업은 교사와 공무원 2가지이다.
③ 1위와 2위가 전체 인원수의 절반 이상을 차지하려면 두 비율의 합이 50% 이상이어야 한다. 그러나 2019년의 경우 28+20=48%이므로 옳지 않은 설명이다.
⑤ 2020년부터 2023년까지 초・중・고등학생의 남자 인원수는 매년 전년 대비 감소하지만, 여자 인원수는 2021년까지 전년 대비 증가하다가 2022년부터 감소하고 있다.

06

정답 ①

두 번째 조건에 따라 S사원의 부서 직원 80명이 전원 참석하므로 수용 가능 인원이 40명인 C세미나는 제외되고, 세 번째 조건에 따라 거리가 60km를 초과하는 E호텔이 제외된다. 또한 부서 워크숍은 2일간 진행되므로 하루 대관료가 50만 원을 초과하는 D리조트는 제외된다. 마지막으로 다섯 번째 조건에 따라 왕복 이동 시간이 4시간인 B연수원은 제외된다. 따라서 워크숍 장소로 가장 적절한 곳은 A호텔이다.

07

정답 ④

제시된 조건에 따라 최고점과 최저점을 제외한 3명의 면접관이 부여한 점수의 평균과 보훈 가점을 더한 총점은 다음과 같다.

구분	총점	순위
A	$\frac{80+85+75}{3}=80$점	7위
B	$\frac{75+90+85}{3}+5 \fallingdotseq 88.33$점	3위
C	$\frac{85+85+85}{3}=85$점	4위
D	$\frac{80+85+80}{3} \fallingdotseq 81.67$점	6위
E	$\frac{90+95+85}{3}+5=95$점	2위
F	$\frac{85+90+80}{3}=85$점	4위
G	$\frac{80+90+95}{3}+10 \fallingdotseq 98.33$점	1위
H	$\frac{90+80+85}{3}=85$점	4위
I	$\frac{80+80+75}{3}+5 \fallingdotseq 83.33$점	5위
J	$\frac{85+80+85}{3} \fallingdotseq 83.33$점	5위
K	$\frac{85+75+75}{3}+5 \fallingdotseq 83.33$점	5위
L	$\frac{75+90+70}{3} \fallingdotseq 78.33$점	8위

따라서 총점이 가장 높은 6명의 합격자를 면접을 진행한 순서대로 나열하면 G－E－B－C－F－H이다.

08

정답 ④

직업방송매체팀은 계획된 사업 중 직업방송 제작 사업을 담당하며, 해당 사업의 예산은 5,353백만 원으로 다른 부서에 비해 가장 적은 예산을 사용한다. 컨소시엄지원팀이 담당하는 컨소시엄훈련 지원 사업의 예산은 108,256백만 원으로 두 번째로 많은 예산을 사용한다.

오답분석

① 보기의 분장업무에 따르면 능력개발총괄팀은 능력개발사업 장단기 발전계획 수립 업무를 담당한다.
② 사업주 훈련지원팀은 사업주 직업능력개발훈련 참여 확대, 중소기업 훈련지원센터 관리, 체계적 현장훈련 지원, 학습조직화 지원, 청년취업아카데미 운영관리, 내일이룸학교 운영 지원의 총 6개 사업을 담당한다.
③ 컨소시엄지원팀은 컨소시엄훈련지원을, 직업방송매체팀은 직업방송 제작을 담당하므로 담당 사업의 수는 같다.
⑤ 사업주 훈련지원팀이 담당하는 사업의 예산은 총 441,815(=434,908+3,645+3,262)백만 원으로 가장 많다.

09

정답 ①

A제품의 판매 이익을 높이려면 재료비, 생산비, 광고비, A/S 부담 비용을 낮추어야 한다. 선택지 ①～⑤에 따라 감소하는 비용을 계산하면 다음과 같다.

① 2,500×0.25=625원
② 4,000×0.1=400원
③ 1,000×0.5=500원
④ 3,000×0.2=600원
⑤ 무료 A/S 비율을 감소시키는 것은 A/S 부담 비용을 감소시키는 것과 같으므로 3,000×0.05=150원만큼 비용이 감소한다.

따라서 A제품의 판매 이익을 가장 크게 높일 수 있는 방법은 재료비를 25% 감소시키는 것이다.

10

정답 ③

직원들의 책임감(B2:B4) 평균과 협동심(C2:C4) 평균의 합인 166이 출력된다.

오답분석

① 근무수행 평균(F2:F4) 중 1번째로 큰 값과 1번째로 작은 값의 합인 171이 출력된다.
② 근무수행 평균(F2:F4) 중 가장 높은 점수와 가장 낮은 점수의 합인 171이 출력된다.
④ 이름이 '이'로 시작하는 직원들의 근무수행 평균(F2:F4)의 합인 176.5가 출력된다.
⑤ 이름이 '림'으로 끝나는 직원들의 근무수행 평균(F2:F4)의 합인 171이 출력된다.

11

정답 ④

모든 시설은 공통적으로 A공사 홈페이지를 통해 견학 신청 접수가 가능하다.

오답분석

① 본사와 각 지사의 견학 시간은 동일하나(평일 오전 10시～오후 4시), 통합운영센터는 1시간 더 길다(평일 오전 10시～오후 5시).
② 본사는 홍보실, 각 지사는 홍보과에서 담당하며, 통합운영본부는 통합운영부에서 담당한다.
③ 통합운영센터에 일반인 단체가 견학하는 경우 인솔자의 참석이 필수가 아니다.
⑤ A공사 시설 중 통합운영센터는 견학 가능 인원이 5～40명이므로 최소 5명 이상의 단체를 구성해야 한다.

12

정답 ③

ㄱ. • A공사 본사의 경우에 견학 가능 시간은 총 360분(평일 오전 10시～오후 4시)이며, 한 번 견학하는 데 40분이 소요된다. 따라서 9개 조가 견학할 수 있고, K고등학교는 8개 학급이 견학을 가므로 견학 계획을 완료할 수 있다.
• A공사 지사의 경우에 견학 가능 시간은 총 360분(평일 오전 10시～오후 4시)이며, 한 번 견학하는 데 50분이 소요되므로 하루에 7개의 조가 견학을 할 수 있다. 그러나 8개의 견학 조가 있으므로 마지막 1개 조는 견학을 완료하지 못한다.
• A공사 통합운영센터의 경우에 견학 가능 시간은 총 420분(평일 오전 10시～오후 5시)이며, 한 번 견학하는 데 60분이 소요되므로 하루에 7개 조가 견학을 할 수 있다. 따라서 통합운영센터의 경우에도 1개 조는 견학을 완료하지 못한다.

ㄷ. 견학하려는 학생은 모두 20명×8개 학급=160명이므로 24명씩 조를 구성한다면 24명으로 된 6개의 조와, 16명으로 구성된 1개의 마지막 조가 구성된다[(24×6)+16=160]. 16명은 시설별 견학 가능 인원을 만족하므로 ㉠에서 확인했듯 이렇게 총 7개의 조를 이루어 3개의 시설에서 모두 견학 계획을 완료할 수 있다.

오답분석

ㄴ. 견학일 7일 전까지 홈페이지를 통해 접수해야 하므로 9월 15일까지 접수해야 견학이 가능하다.

13

정답 ②

ㄱ. 판매종사자의 경우, 다른 직업에 비해 주 근무시간이 주 52시간을 초과하는 근로자의 수가 6,602×36.1%≒2,383명으로 가장 많다.

ㄷ. 실제 근로시간이 주 52시간을 초과하는 근로자의 비중이 높은 직업일수록 주 52시간 근무제 도입 후 근로시간 단축효과가 클 것임을 추론할 수 있다. 관리자의 경우, 해당 비율이 6.3%이고, 단순노무종사자의 경우 20.7%이므로 옳은 설명이다.

오답분석

ㄴ. 주 52시간 근무제 도입에 찬성하는 근로자의 비율이 가장 높은 직업은 희망 근무시간이 52시간을 초과하는 근로자의 비율이 가장 낮은 직업이다. 따라서 서비스 종사자가 아닌 사무종사자이다.

ㄹ. 주 52시간 근무제에 대해 부정적으로 응답하는 사람은 주 52시간 초과 근로시간을 희망하는 근로자이다. 따라서 주 52시간 초과를 희망하는 비중이 10.1%(약 273명)인 농림어업 숙련종사자보다 15.6%(약 757명)인 기능업 및 관련기능종사자의 경우 부정적 응답의 비율이 더 높을 것이다.

14

정답 ②

(나)에 의하면 단풍색은 일종의 경계 신호로써 진하고 뚜렷한 색깔을 보일수록 경계가 철저한 것이고 그렇지 않은 것일수록 경계가 허술한 것이다. 따라서 진딧물은 가장 형편없이 단풍이 든 나무에 알을 낳게 된다. 따라서 ㄷ과 같은 연구 결과가 나왔다면 이는 (나)의 주장을 강화하므로 옳은 내용이라고 할 수 있다.

오답분석

ㄱ. (가)에 의하면 가을이 되었을 때 잎을 떨어뜨리기 위해 잎자루 끝에 떨켜가 생기면서 가지와 잎 사이의 물질 이동이 중단된다고 하였다. 즉, 떨켜의 발생으로 인해 단풍이 생기게 되는 것이라고 볼 수 있다. 하지만 떨켜를 만들지 않았음에도 단풍이 드는 나무가 있다면 이것은 (가)의 주장을 약화하게 되므로 적절하지 않은 내용이다.

ㄴ. (가)에 의하면 주홍빛의 색소는 새롭게 생기는 것이 아니라 엽록소로 인해 감춰졌던 것이다. 그러나 ㄴ과 같이 주홍빛을 내는 색소가 새롭게 생긴다는 연구 결과가 나왔다면 이는 (가)의 주장을 약화하게 되므로 옳지 않은 내용이다.

15

정답 ③

근무지로부터 100km 이상의 출장에서 숙박하지 않을 경우 교통비와 일비는 전액을 지급받을 수 있지만, 식비는 1일분의 3분의 2 해당액을 지급받는다.

오답분석

① 근무지와 출장지 간의 거리가 편도 100km 미만일 때와 100km 이상일 때에 따라 지급되는 출장비 지급 기준이 다르다.

② 임원 및 본부장의 경우 "별표 1"의 4호에 따라 1일 식비가 45,000원을 초과할 경우 실비를 지급받을 수 있다.

④ 근무지로부터 100km 미만의 출장은 K공단 차량 이용을 원칙으로 하지만, K공단 차량을 이용할 수 없어 개인 소유 차량으로 업무를 수행한 경우에는 이사장이 따로 정하는 바에 따라 교통비를 지급한다.

⑤ 편도 50km 이상 100km 미만의 출장 중 출장일수가 2일 이상으로 숙박을 한 경우에는 증빙자료 제출 시 숙박비를 지급받는다.

16

정답 ②

창업교육을 미이수한 폐업 자영업자 중 생존기간이 10개월인 자영업자의 비율이 약 68%이므로 생존기간이 10개월 미만인 자영업자의 비율은 약 32%이다.

오답분석

① 제시된 자료를 통해서는 기간별 생존비율만을 알 수 있을 뿐 창업교육을 이수 또는 미이수한 폐업 자영업자 수는 알 수 없다.

③ 창업교육을 이수한 폐업 자영업자의 생존비율과 창업교육을 미이수한 폐업 자영업자의 생존비율의 차이는 창업 후 45~48개월의 구간에서 약 30%p로 가장 크다는 것을 알 수 있다.

④ 창업교육을 이수한 폐업 자영업자 중 생존기간이 32개월 이상인 자영업자의 비율은 45%에 미치지 못한다.

⑤ 0~5개월 구간과 48~50개월 구간에서는 두 그룹의 생존비율이 같으나, 나머지 구간에서는 모두 창업교육 미이수 그룹의 생존비율이 이수 그룹에 비해 낮다. 따라서 평균 생존기간은 이수 그룹이 더 길다.

17

정답 ④

성과급 기준표를 바탕으로 A~E교사에 대한 성과급 배점을 정리하면 다음과 같다.

(단위 : 점)

구분	주당 수업시간	수업 공개 유무	담임 유무	업무 곤란도	호봉	합계
A교사	14	–	10	20	30	74
B교사	20	–	5	20	30	75
C교사	18	5	5	30	20	78
D교사	14	10	10	30	15	79
E교사	16	10	5	20	25	76

따라서 D교사가 가장 높은 배점을 받게 된다.

18

정답 ④

A, B, E구의 1인당 소비량을 각각 a, b, $e$kg이라고 하자.
제시된 조건을 식으로 나타내면 다음과 같다.

- 첫 번째 조건 : $a+b=30$ … ㉠
- 두 번째 조건 : $a+12=2e$ … ㉡
- 세 번째 조건 : $e=b+6$ … ㉢

㉢을 ㉡에 대입하여 식을 정리하면

$a+12=2(b+6) \rightarrow a-2b=0$ … ㉣

㉠-㉣을 하면 $3b=30 \rightarrow b=10,\ a=20,\ e=16$

A~E구의 변동계수를 구하면 다음과 같다.

- A구 : $\frac{5}{20}\times100=25\%$
- B구 : $\frac{4}{10}\times100=40\%$
- C구 : $\frac{6}{30}\times100=20\%$
- D구 : $\frac{4}{12}\times100 \fallingdotseq 33.33\%$
- E구 : $\frac{8}{16}\times100=50\%$

따라서 변동계수가 3번째로 큰 구는 D구이다.

19

정답 ③

B안의 가중치는 전문성인데 자원봉사제도는 (−)이므로 부적절한 판단이다.

오답분석

① 전문성 면에서는 유급법률구조제도가 (+), 자원봉사제도가 (−)로 옳은 설명이다.
② A안에 가중치를 적용할 경우 접근용이성과 전문성에 가중치를 적용하므로 두 정책목표 모두에서 (+)를 보이는 유급법률구조제도가 가장 적절하다.
④ B안에 가중치를 적용할 경우 전문성에 가중치를 적용하므로 (+)를 보이는 유급법률구조제도가 가장 적절하며, A안에 가중치를 적용할 경우 ②에 의해 유급법률구조제도가 가장 적절하다. 따라서 어떤 것을 적용하더라도 결과는 같다.
⑤ 비용저렴성을 달성하려면 (+)를 보이는 자원봉사제도가 가장 유리하다.

20

정답 ②

- 예상수입 : 40,000×50=2,000,000원
- 공연 준비료 : 500,000원
- 공연장 대여료 : 6×200,000×0.9=1,080,000원
- 소품 대여료 : 50,000×3×0.96=144,000원
- 보조진행요원 고용료 : 50,000×4×0.88=176,000원
- 총비용 : 500,000+1,080,000+144,000+176,000=1,900,000원

총비용이 150만 원 이상이므로 공연 준비비에서 10%가 할인되어 50,000원이 할인된다. 따라서 할인이 적용된 비용은 1,900,000−50,000=1,850,000원이다.

21

정답 ④

검색하고자 하는 텍스트와 정확하게 일치하는 자료를 검색하려면 문구 앞뒤로 큰따옴표(" ")를 붙여서 검색해야 한다.

22

정답 ①

제시된 자료에 따르면 사업계획이나 경영점검 등 경영활동 전반에 걸친 기획 업무가 주를 이루며, 사옥 이전 관련 발생 비용 산출은 회계부, 대내외 홍보는 총무부에서 담당한다.

23

정답 ②

첫 번째 조건에서 2024년 11월 요가 회원은 $a=50\times1.2=60$으로 60명이고, 세 번째 조건에서 2025년 1월 필라테스 예상 회원 수는 2024년 4분기 월 평균 회원 수가 되어야 하므로 $d=\frac{106+110+126}{3}=\frac{342}{3}=114$명이다.

두 번째 조건에 따라 2024년 12월 G.X 회원 수 c를 구하면 $(90+98+c)+37=106+110+126 \rightarrow c=342-225=117$명이다.

b를 구하기 위해 방정식 $2a+b=c+d$에 a, c, d에 해당하는 수를 대입하면 $b+(2\times60)=117+114 \rightarrow b=231-120 \rightarrow b=111$이다. 따라서 2024년 12월의 요가 회원 수는 111명이다.

24

정답 ③

대·중소기업 동반녹색성장의 추진절차에 따르면 사업 설명회는 참여기업이 확정되기 전에 개최된다. 즉, 사업 설명회를 통해 참여를 원하는 기업의 의견을 수렴한 뒤 참여기업을 확정한다.

25

정답 ③

제시문의 첫 문단에서는 국내 산업 보호를 위해 정부가 사용하는 관세 조치와 비관세 조치를 언급하고 있다. 따라서 먼저 관세 조치의 개념을 설명하는 (나) 문단이 첫 문단 뒤에 오는 것이 적절하며, 다음으로 관세 조치에 따른 부과 방법으로 종과세 방식을 설명하는 (가) 문단과 종량세 방식을 설명하는 (다) 문단이 차례대로 오는 것이 적절하다. 그 뒤를 이어 종과세와 종량세를 혼합 적용한 복합세 부과 방식을 설명하는 (마) 문단이 오는 것이 적절하며, 마지막으로 정부의 비관세 조치를 설명하는 (라) 문단이 오는 것이 적절하다. 따라서 (나) – (가) – (다) – (마) – (라) 순으로 나열하는 것이 적절하다.

26

정답 ②

ㄱ. 각주의 산식을 분석해보면, 가격 괴리율이 0% 이상인 점은 '해당 월 시장가격>해당 월 이론가격'의 관계를 갖는 점을 의미하며, 이는 그래프상에서 원점을 통과하는 45°선의 상단에 위치하는 점을 나타낸다. 따라서 가격 괴리율이 0% 이상인 달은 2월, 3월, 5월, 7월 총 4개이다.
ㄷ. 가격 괴리율을 직접 구해야 하는 것이 아닌 대소비교만 하면 되는 상황이다. 따라서 주어진 산식을 변형해보면 괴리율은 $\frac{(\text{시장가격})}{(\text{이론가격})}-1$로 나타낼 수 있으며 이를 통해 괴리율의 대소는 $\frac{(\text{시장가격})}{(\text{이론가격})}$, 즉 원점에서 해당 월의 점을 연결한 직선의 기울기로 비교할 수 있다. 따라서 가격 괴리율이 전월 대비 증가한 달은 2월, 5월, 7월의 세 달임을 알 수 있다.

오답분석

ㄴ. 이론가격이 전월 대비 증가한 달은 3월과 4월뿐이며 7월은 이론가격이 전월 대비 감소하였다.
ㄹ. 시장가격이 전월 대비 가장 큰 폭으로 증가한 달은 5월(약 1,400원 증가)이며 6월은 전월 대비 가장 큰 폭(약 1,600원 감소)으로 감소하였다.

27

정답 ④

㉠ 느린 : 고령 운전자의 반응 시간은 1.4초이므로 0.7초인 비고령 운전자에 비해 느리다.
㉡ 길다 : 고령 운전자의 제동거리는 30 ~ 50대 운전자의 약 2배이므로 비고령 운전자보다 길다.
㉢ 줄어들었다 : 경찰청은 고령 운전자 교통사고를 예방하기 위해 75세 이상 운전자의 면허 갱신 기간을 5년에서 3년으로 줄였다.

28

정답 ②

SOC, 산업·중소기업, 통일·외교, 공공질서·안전, 기타 5개 분야에 전년 대비 재정지출액이 증가하지 않은 해가 있으므로 옳은 설명이다.

오답분석

① 교육 분야의 전년 대비 재정지출 증가율은 다음과 같다.

- 2021년 : $\frac{27.6-24.5}{24.5}\times 100 \fallingdotseq 12.7\%$
- 2022년 : $\frac{28.8-27.6}{27.6}\times 100 \fallingdotseq 4.3\%$
- 2023년 : $\frac{31.4-28.8}{28.8}\times 100 \fallingdotseq 9.0\%$
- 2024년 : $\frac{35.7-31.4}{31.4}\times 100 \fallingdotseq 13.7\%$

따라서 교육 분야의 전년 대비 재정지출 증가율이 가장 높은 해는 2024년이다.

③ 2020년에는 기타 분야가 예산에서 차지하고 있는 비율이 더 높았다.

④ SOC(−8.6%), 산업·중소기업(2.5%), 환경(5.9%), 기타(−2.9%)의 4개 분야가 해당한다.

⑤ 통일·외교 분야는 '증가 − 증가 − 감소 − 증가'이고, 기타 분야는 '감소 − 감소 − 증가 − 증가'로 두 분야의 증감 추이는 다르다.

29

정답 ③

안마의자 사용설명서에서 설치 시에 등받이와 다리부를 조절할 경우를 대비하여 제품의 전방 50cm, 후방 10cm 이상 여유 공간을 두라고 설명하고 있다. 따라서 후방을 벽면에 밀착할 수 있는 장소를 고려하는 것은 옳지 않다.

30

정답 ④

그림은 안마의자의 움직이는 부위에 손가락이 끼어 다칠 수 있다는 내용을 담고 있다. 사용설명서의 '안전을 위한 주의사항'에서 7번째 사항을 보면 같은 내용이 있으며, '삼각형 느낌표' 표시가 되어 있어 해당 내용이 '경고' 수준의 주의를 필요로 한다는 것을 알 수 있다.

오답분석

① 사용 중에 잠들지 말라는 의미의 그림이다. 이는 '주의' 수준에 해당한다.

② 사용 중에 음료나 음식을 섭취하지 말라는 의미의 그림이다. 이는 '주의' 수준에 해당한다.

③ 사용 시간은 1회 20분을 권장한다는 의미의 그림이다. 이는 '주의' 수준에 해당한다.

⑤ 제품 안쪽에 휴대폰 등의 물건을 빠뜨리지 않도록 주의하라는 의미의 그림이다. 이는 '주의' 수준에 해당한다.

31

정답 ①

제시문에서는 한 개인의 특수한 감각을 지시하는 용어는 올바른 사용 여부를 판단할 수 없기 때문에 아무런 의미를 갖지 않는다고 하였다. 따라서 본인만이 느끼는 감각을 지시하는 용어는 아무 의미도 없을 것이다.

오답분석

② 구체적 사례 자체가 이미 객관화될 수 있는 감각이기 때문에 구체적 사례를 통해서 어떤 의미도 얻게 될 수 없다는 것은 적절하지 않은 내용이다.

③ 감각을 지시하는 용어 모두가 개인만의 특수한 것이 아니므로 사용하는 사람에 따라 상대적인 의미를 갖는다는 것은 적절하지 않은 내용이다.

④ 감각을 지시하는 용어의 의미는 존재하고 있으므로 그것이 무엇을 지시하는가와 아무 상관이 없다는 것은 적절하지 않은 내용이다.

⑤ 감각을 지시하는 용어의 올바른 사용 여부를 판단하지 못한다면 다른 사람들과 공유하는 의미로 확장될 수 없으므로 적절하지 않은 내용이다.

32

정답 ④

제시문에서는 대학에 대한 차별적인 지원을 언급하면서 합당한 차이가 있다면 집단 간에 차별 대우가 정당화된다고 하였으므로 적절한 내용이다.

오답분석

① 대학에 대한 차별적인 지원을 언급하면서 차별 대우가 정당화되는 경우가 있다고 하였으므로 적절하지 않은 내용이다.

②·⑤ 제시문은 집단 간의 차별대우에 대한 내용이지만 구성원 간에도 합당한 차이를 찾을 수 있다면 차별대우가 정당화될 수 있을 것이라는 것을 추론할 수 있다.

③ 다른 구성원들의 이익을 고려해야 한다는 것은 제시문과는 무관한 내용이므로 적절하지 않은 내용이다.

33

정답 ③

C업체가 참일 경우 나머지 미국과 서부지역 설비를 다른 업체가 맡아야 한다. 이때, 두 번째 정보에서 B업체의 설비 구축지역은 거짓이 되고, 첫 번째 정보와 같이 A업체가 맡게 되면 4개의 설비를 구축해야 하므로 A업체의 설비 구축계획은 참이 된다.
따라서 장대리의 말은 참이다.

오답분석

- 이사원 : A업체가 참일 경우 A업체가 설비를 3개만 맡는다고 하면, B업체 또는 C업체가 5개의 설비를 맡아야 하므로 나머지 정보는 거짓이 된다. 하지만 A업체가 B업체와 같은 곳의 설비 4개를 맡는다고 할 때, B업체는 참이 될 수 있으므로 옳지 않다.
- 김주임 : B업체가 거짓일 경우 만약 6개의 설비를 맡는다고 하면, A업체는 나머지 2개를 맡게 되므로 거짓이 될 수 있다. 반면 B업체가 참일 경우 똑같은 곳의 설비 하나씩 4개를 A업체가 구축해야 하므로 참이 된다.

34

정답 ①

상궁의 연봉은 $(11\times5)+(1\times7.12)=62.12$냥으로 보병 연봉의 2배인 $\{(3\times5)+(9\times2.5)\}\times2=37.5\times2=75$냥보다 적다.

오답분석

② 기병의 연봉은 종9품의 연봉보다 콩 1섬, 면포 9필이 더 많고, 정5품보다는 쌀 10섬만큼 적고, 콩 1섬, 면포 9필만큼 많다. 따라서 쌀 10섬이 50냥이고, 콩 1섬과 면포 9필이 $(1\times7.12)+(9\times2.5)=29.62$냥으로 정5품의 연봉이 더 많다.

③ 나인의 연봉은 $(5\times5)+(1\times7.12)=32.12$냥으로, 소고기 40근 가격인 $40\times0.7=28$냥 이상이다.

④ 정1품의 12년 치 연봉은 $12\times\{(25\times5)+(3\times7.12)\}=1,756.32$냥이고, 100칸 기와집의 가격은 2,165냥으로 기와집의 가격이 더 비싸다.

⑤ 1냥의 가치는 보병의 연봉을 기준으로 계산하면 $1,500,000\div\{(3\times5)+(9\times2.5)\}=40,000$원/냥이다. 따라서 400원/푼이므로 옳은 내용이다.

35

정답 ①

두 번째 조건에서 총구매금액이 30만 원 이상이면 총금액에서 5% 할인을 해주므로, 한 벌당 가격이 $300,000\div50=6,000$원 이상인 품목은 할인이 적용된다. '업체별 품목 금액'을 보면 모든 품목이 6,000원 이상이므로 5% 할인 적용대상이다. 그러므로 모든 품목에 할인 조건이 적용되어 정가로 비교가 가능하다.

마지막 조건에서 차순위 품목이 1순위 품목보다 총금액이 20% 이상 저렴한 경우 차순위를 선택한다. 한 벌당 가격으로 계산하면 1순위인 카라 티셔츠의 20% 할인된 가격은 $8,000\times0.8=6,400$원으로, 정가가 6,400원 이하인 품목은 A업체의 티셔츠이다. 따라서 팀장은 1순위 카라 티셔츠가 아닌 2순위인 A업체의 티셔츠를 구입할 것이다.

36

정답 ①

경영연구팀 사무실에는 침구류가 없다. 따라서 살균 브러시와 침구싹싹 브러시가 필요 없다. 또한 물걸레 청소는 기존에 비치된 대걸레를 이용하므로 물걸레 브러시도 필요 없다. 따라서 C대리가 구입할 청소기는 'AC3F7LHAR'이다.

37

정답 ②

필터가 더러워졌는지 확인해야 하는 경우는 흡입력이 떨어지고 떨리는 소리가 날 때이다.

38

정답 ③

제시문은 자동차 에어컨 필터의 역할, 교체 주기, 교체 방법, 주행 환경에 따른 필터의 선택 등 자동차 에어컨 필터를 관리하는 방법에 대해 포괄적으로 설명하고 있는 글이다. 따라서 가장 적절한 제목은 '자동차 에어컨 필터의 관리 방법'이다.

오답분석

①·② 일부 문단의 중심내용으로 글 전체를 포괄하는 제목이 아니다.

④ 첫 번째 문단에서 여름철 자동차 에어컨 사용 시 필터를 주기적으로 교체해 주어야 한다고 설명하지만, 자동차 에어컨 취급 유의사항에 대한 내용은 없다.

⑤ 호흡기 질환은 오랫동안 방치한 자동차 에어컨 필터의 곰팡이가 유발한다.

39

정답 ④

제시문에 따르면 생식 기관의 성장을 억제하는 멜라토닌은 어두울 때 많이 생성되고 밝을 때 덜 생성된다. 즉, 빛이 멜라토닌의 생성을 억제하는 것이다. 따라서 포유동물이 긴 시간 동안 빛에 노출되었다면 생식 기관의 성장을 억제하는 멜라토닌 생성이 역으로 억제되어 오히려 생식 기관이 빠르게 발달할 것이다.

오답분석

① 멜라토닌이 생성되는 송과선을 제거하면 멜라토닌이 생성되지 않으므로 오히려 포유동물의 성적 성숙이 빨라질 것이다.

② 멜라토닌이 많이 생성되면 난자와 정자의 생성이 억제되므로 포유동물의 번식과 짝짓기는 줄어들 것이다.

③ 멜라토닌은 어두울 때 많이 생성되므로 지속적으로 어둠 속에서 자란 포유동물의 혈액 속 멜라토닌의 평균 농도는 오히려 높아져야 한다.

⑤ 멜라토닌은 생식 기관의 발달을 억제하므로 생식 기관의 발달이 저조한 포유동물의 경우 그렇지 않은 포유동물보다 멜라토닌의 평균 농도가 높을 것이다.

40

정답 ②

위험 1단위당 기대수익률은 $\frac{(\text{기대수익률})}{(\text{표준편차})}$로 구할 수 있다. E안의 기대수익률은 $\frac{8}{4}=2$이며, F안의 기대수익률은 $\frac{6}{3}=2$이다. 따라서 E안과 F안은 위험 1단위당 기대수익률이 같다.

오답분석

① E안은 B안과 G안에 비해 표준편차는 낮지만 기대수익률 역시 낮으므로 우월하다고 볼 수 없다.

③ G안이 기대수익률이 가장 높지만 표준편차도 가장 높기 때문에 가장 바람직한 대안이라고 볼 수 없다.

④ 위험 1단위당 기대수익률이 높은 투자 대안을 선호한다고 하였으므로 A, B, C, D 중에서 D가 가장 낫다고 평가할 수 있다.

⑤ 지배 원리에 의해 동일한 기대수익률이면 최소의 위험을 선택해야 하므로 기대수익률이 동일한 A안과 E안, C안과 F안은 표준편차를 기준으로 우열을 가릴 수 있다.

41

정답 ②

부서를 우선으로 오름차순, 그다음으로 직위 순으로 정렬되었다.

오답분석

ㄱ. 부서를 기준으로 오름차순으로 정렬되었다.
ㄷ. 성명을 기준으로 정렬되지 않았다.

42

정답 ④

ㄴ. A ~ E시 중 예측 날씨와 실제 날씨가 일치한 경우는 B시가 7일로 가장 많다.
ㄷ. 7월 2일은 예측 날씨와 실제 날씨가 일치한 도시가 없다.

오답분석

ㄱ. 7월 8일 A시의 날씨는 '비'로 예측했지만 실제로는 '맑음'이었다.

43

정답 ⑤

제시문 (가)에서는 철도 건설이 경제 성장에 필수불가결한 것이었다는 기존의 사고를 비판하며, 철도 건설이 운송비 변화에 초래하는 효과를 평가할 때 인과 경로에 따른 효과들을 모두 검토해야 함을 주장한다. 그중 하나는 철도로 인한 직접적인 물류 운송비 절감 효과이며, 나머지 하나는 대안적 운송 체계로 기대할 수 있었던 운송비 감소의 미실현 효과이다. 결국 제시문 (가)는 기존의 사고는 두 번째 효과를 고려하지 못했음을 이야기한다.

제시문 (나)는 (가)와 같은 구조로 주장을 펼치고 있다. 즉, (나)에서 신약 A의 혈압 저하 효과만을 주장한 갑은 (가)의 철도로 인한 직접적인 물류 운송비 절감 효과만을 주장했던 기존의 미국 사학자들과 대응된다. 또한 신약 A가 아닌 다른 방안으로 기대할 수 있었던 혈압 저하의 미실현 효과까지 모두 고려해야 한다고 주장한 을은 (가)의 포겔과 대응된다.

ㄱ. (가)의 두 번째 효과를 고려해야 한다는 것은 (나)에서 두 번째 효과를 고려해야 한다는 것에 해당한다.
ㄴ. (가)의 포겔의 주장은 (나)의 을의 주장과 대응된다.
ㄷ. (가)에서 기존의 사고는 첫 번째 효과만을 고려한 것이므로 (나)에서 첫 번째 효과만을 고려한 갑의 사례와 대응된다.

44

정답 ⑤

제시문에 따르면 인접한 셀들은 주파수 간섭 문제를 피하기 위해 서로 다른 주파수 대역을 사용하지만, 일정 거리 이상 떨어져 있고 인접하지 않은 셀에서는 이미 사용 중인 주파수 대역을 재사용함으로써 주파수 재사용률을 높이는 것을 알 수 있다. 하지만 전파 강도 조정이 주파수 재사용률에 어떤 영향을 끼치는지는 언급되지 않았다.

오답분석

① 두 번째 문단에 따르면 하나의 기지국이 감당할 수 있는 최대 통화량은 일정하다. 그러므로 기지국의 수를 늘리면 수용할 수 있는 통화량이 증가한다.
② 두 번째 문단에 따르면 시스템 설계자는 평소 통화량이 많은 곳은 셀의 반지름을 줄이고 통화량이 적은 곳은 셀의 반지름을 늘려 서비스 효율성을 높인다.
③ 첫 번째 문단에 따르면 주파수 간섭 문제를 피하기 위해 인접한 셀들은 서로 다른 주파수 대역을 사용한다.
④ 첫 번째 문단에 따르면 인접한 셀들은 서로 다른 주파수 대역을 사용하고, 인접하지 않은 셀에는 이미 사용하고 있는 주파수 대역을 다시 사용하도록 셀을 구성해 방대한 지역을 제한된 몇 개의 주파수 대역으로 서비스할 수 있다.

45

정답 ③

구매자의 교섭력은 소수의 구매자만 존재하거나 구매자의 구매량이 판매자의 규모에 비해 클 때, 시장에 다수 기업의 제품이 존재할 때, 구매자가 직접 상품을 생산할 수 있을 때, 공급자의 제품 차별성이 낮을 때, 구매자가 공급자를 바꾸는 데 전환 비용이 거의 발생하지 않을 때 높아진다.

46

정답 ④

반도체의 낮은 차별성은 반도체산업 내의 경쟁을 심화시키고, 신규 기업의 진입 장벽을 낮추기도 한다. 또한 낮은 차별성으로 인한 치열한 가격경쟁은 구매자의 교섭력을 높이는 반면, 공급자의 교섭력은 낮아지게 한다. 따라서 ④는 ㉣을 제외한 ㉠ · ㉡ · ㉢ · ㉤에 해당하는 사례이다.

㉣은 반도체를 대체할 수 있는 다른 제품의 여부에 대한 것으로 대체재의 상대가격, 대체재에 대한 구매자의 성향이 이에 해당한다.

〈포터의 산업구조분석기법〉

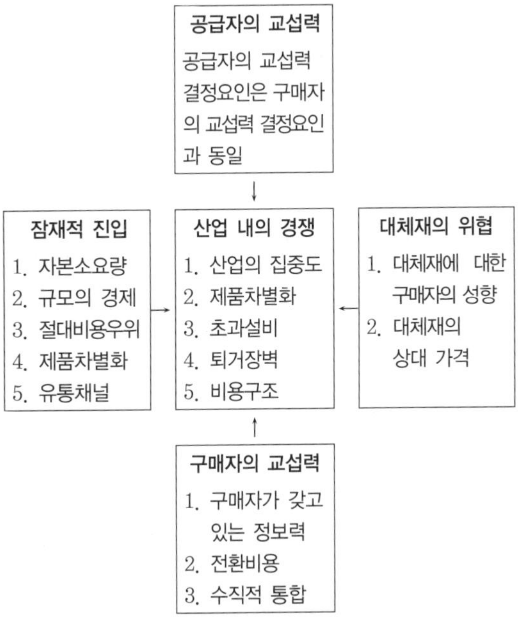

47

정답 ④

ㄴ. 과학에서 이론을 정립하는 과정은 예술가의 창작 작업과 흡사하다고 하였으므로 제시문의 내용을 뒷받침한다.

ㄷ. 입체파 화가들이 기하학 연구를 자신들의 그림에 적용하고, 피카소 역시 자신의 그림이 모두 연구와 실험의 산물이라고 하였으므로 제시문의 내용을 뒷받침한다.

오답분석

ㄱ. 제시문은 과학과 예술이 전혀 동떨어진 분야가 아닌 서로 연관된 것이라는 것임을 설명한다. 하지만 ㄱ에서는 예술은 특정인만의 독특한 속성에 의해서 창조되는 것이지만, 과학은 그렇지 않다고 하여 서로 연관성이 없는 분야라고 서술하고 있다. 따라서 ㄱ은 논지를 뒷받침하지 않거나, 논지와는 전혀 무관한 내용이라고 할 수 있다.

48

정답 ⑤

먼저 모든 면접위원의 입사 후 경력은 3년 이상이어야 한다는 조건에 따라 A, E, F, H, I, L직원은 면접위원으로 선발될 수 없다. 이사 이상의 직급으로 6명 중 50% 이상 구성되어야 하므로 자격이 있는 C, G, N직원은 반드시 면접위원으로 포함되어야 한다. 다음으로 인사팀을 제외한 부서는 2명 이상 구성할 수 없으므로 이미 N이사가 면접위원으로 선출된 개발팀은 더 선출할 수 없기 때문에 M과장은 면접위원이 될 수 없으며, 인사팀은 반드시 2명 이상을 포함해야 하므로 D과장이 반드시 선발된다. 이를 표로 정리하면 다음과 같다.

구분	1	2	3	4	5	6
경우 1	C이사	D과장	G이사	N이사	B과장	J과장
경우 2	C이사	D과장	G이사	N이사	B과장	K대리
경우 3	C이사	D과장	G이사	N이사	J과장	K대리

따라서 B과장이 면접위원으로 선출되더라도 K대리가 선출되지 않는 경우가 있다.

49

정답 ④

제시문에 따르면 신약 개발의 전문가가 되기 위해서는 해당 분야에서 오랫동안 연구한 경험이 필요하므로 석사나 박사 학위를 취득하는 것이 유리하다고 하였다. 그러나 석사나 박사 학위가 신약 개발 전문가가 되는 데 도움을 준다는 것일 뿐이므로 반드시 필요한 필수 조건인지는 알 수 없다. 따라서 ④는 제시문을 통해 추론할 수 없다.

오답분석

① 제약 연구원은 약을 만드는 모든 단계에 참여한다고 하였으므로 일반적으로 약을 만드는 과정에 포함되는 약품 허가 요청 단계에도 제약 연구원이 참여하는 것을 알 수 있다.

② 오늘날 제약 분야가 성장함에 따라 도전 의식, 호기심, 탐구심 등도 제약 연구원에게 필요한 능력이 되었다고 하였으므로 과거에 비해 요구되는 능력이 많아졌음을 알 수 있다.

③ 약학 전공자 이외에도 생명 공학・화학 공학・유전 공학 전공자들도 제약 연구원으로 활발하게 참여하고 있다고 하였다.

⑤ 일반적으로 제약 연구원이 되기 위해서는 약학을 전공해야 한다고 생각하기 쉽다고 하였으므로 제약 연구원에 대한 정보가 부족한 사람이라면 약학을 전공해야만 제약 연구원이 될 수 있다고 생각할 수 있다.

50

정답 ④

ㄴ. A사가 조사한 시청률과 B사가 조사한 시청률의 값이 동일한 지점을 선으로 이으면 원점을 통과하며 x축과 $45°$ 각을 이루는 직선을 그릴 수 있다. 만약 어떠한 항목이 이 선 위에 위치한다면 A사와 B사가 조사한 시청률이 동일하다는 의미이고, 멀리 떨어져 있다면 두 회사 간의 시청률의 차이가 크다는 뜻이다. 이에 따르면 예능프로그램이 가장 멀리 떨어져 있으므로 시청률 차이가 가장 크다는 것을 알 수 있다.

ㅁ. A사의 조사에서는 오디션프로그램(20% 이상)이 뉴스(20%)보다 시청률이 높으나, B사의 조사에서는 뉴스(20% 이상)가 오디션프로그램(20% 미만)보다 시청률이 높다.

오답분석

ㄱ. 제시된 자료에 따르면 B사가 조사한 일일연속극의 시청률은 40%를 약간 넘고 있으므로 옳지 않다.

ㄷ. 오디션프로그램의 시청률은 A사의 조사에서는 20%를 조금 넘고 있으나 B사의 조사에서는 20%에 미치지 못하고 있다. 따라서 A사의 조사 결과가 B사의 조사 결과보다 더 높다.

ㄹ. ㄴ의 해설처럼 주말연속극 항목은 직선 위에 위치하고 있으므로 두 회사의 조사 결과가 동일하다.

PSAT NCS 집중학습 봉투모의고사 답안카드

성 명

지원 분야

문제지 형별기재란	
(　　　)형	Ⓐ Ⓑ

수 험 번 호						
⓪	⓪	⓪	⓪	⓪	⓪	⓪
①	①	①	①	①	①	①
②	②	②	②	②	②	②
③	③	③	③	③	③	③
④	④	④	④	④	④	④
⑤	⑤	⑤	⑤	⑤	⑤	⑤
⑥	⑥	⑥	⑥	⑥	⑥	⑥
⑦	⑦	⑦	⑦	⑦	⑦	⑦
⑧	⑧	⑧	⑧	⑧	⑧	⑧
⑨	⑨	⑨	⑨	⑨	⑨	⑨

감독위원 확인
인

1	①	②	③	④	⑤	21	①	②	③	④	⑤	41	①	②	③	④	⑤
2	①	②	③	④	⑤	22	①	②	③	④	⑤	42	①	②	③	④	⑤
3	①	②	③	④	⑤	23	①	②	③	④	⑤	43	①	②	③	④	⑤
4	①	②	③	④	⑤	24	①	②	③	④	⑤	44	①	②	③	④	⑤
5	①	②	③	④	⑤	25	①	②	③	④	⑤	45	①	②	③	④	⑤
6	①	②	③	④	⑤	26	①	②	③	④	⑤	46	①	②	③	④	⑤
7	①	②	③	④	⑤	27	①	②	③	④	⑤	47	①	②	③	④	⑤
8	①	②	③	④	⑤	28	①	②	③	④	⑤	48	①	②	③	④	⑤
9	①	②	③	④	⑤	29	①	②	③	④	⑤	49	①	②	③	④	⑤
10	①	②	③	④	⑤	30	①	②	③	④	⑤	50	①	②	③	④	⑤
11	①	②	③	④	⑤	31	①	②	③	④	⑤						
12	①	②	③	④	⑤	32	①	②	③	④	⑤						
13	①	②	③	④	⑤	33	①	②	③	④	⑤						
14	①	②	③	④	⑤	34	①	②	③	④	⑤						
15	①	②	③	④	⑤	35	①	②	③	④	⑤						
16	①	②	③	④	⑤	36	①	②	③	④	⑤						
17	①	②	③	④	⑤	37	①	②	③	④	⑤						
18	①	②	③	④	⑤	38	①	②	③	④	⑤						
19	①	②	③	④	⑤	39	①	②	③	④	⑤						
20	①	②	③	④	⑤	40	①	②	③	④	⑤						

※ 본 답안카드는 마킹연습용 모의 답안카드입니다.

PSAT NCS 집중학습 봉투모의고사 답안카드

성 명

지원 분야

문제지 형별기재란	
( )형	Ⓐ Ⓑ

수 험 번 호						
⓪	⓪	⓪	⓪	⓪	⓪	⓪
①	①	①	①	①	①	①
②	②	②	②	②	②	②
③	③	③	③	③	③	③
④	④	④	④	④	④	④
⑤	⑤	⑤	⑤	⑤	⑤	⑤
⑥	⑥	⑥	⑥	⑥	⑥	⑥
⑦	⑦	⑦	⑦	⑦	⑦	⑦
⑧	⑧	⑧	⑧	⑧	⑧	⑧
⑨	⑨	⑨	⑨	⑨	⑨	⑨

감독위원 확인
㉟ 인

1	① ② ③ ④ ⑤	21	① ② ③ ④ ⑤	41	① ② ③ ④ ⑤
2	① ② ③ ④ ⑤	22	① ② ③ ④ ⑤	42	① ② ③ ④ ⑤
3	① ② ③ ④ ⑤	23	① ② ③ ④ ⑤	43	① ② ③ ④ ⑤
4	① ② ③ ④ ⑤	24	① ② ③ ④ ⑤	44	① ② ③ ④ ⑤
5	① ② ③ ④ ⑤	25	① ② ③ ④ ⑤	45	① ② ③ ④ ⑤
6	① ② ③ ④ ⑤	26	① ② ③ ④ ⑤	46	① ② ③ ④ ⑤
7	① ② ③ ④ ⑤	27	① ② ③ ④ ⑤	47	① ② ③ ④ ⑤
8	① ② ③ ④ ⑤	28	① ② ③ ④ ⑤	48	① ② ③ ④ ⑤
9	① ② ③ ④ ⑤	29	① ② ③ ④ ⑤	49	① ② ③ ④ ⑤
10	① ② ③ ④ ⑤	30	① ② ③ ④ ⑤	50	① ② ③ ④ ⑤
11	① ② ③ ④ ⑤	31	① ② ③ ④ ⑤		
12	① ② ③ ④ ⑤	32	① ② ③ ④ ⑤		
13	① ② ③ ④ ⑤	33	① ② ③ ④ ⑤		
14	① ② ③ ④ ⑤	34	① ② ③ ④ ⑤		
15	① ② ③ ④ ⑤	35	① ② ③ ④ ⑤		
16	① ② ③ ④ ⑤	36	① ② ③ ④ ⑤		
17	① ② ③ ④ ⑤	37	① ② ③ ④ ⑤		
18	① ② ③ ④ ⑤	38	① ② ③ ④ ⑤		
19	① ② ③ ④ ⑤	39	① ② ③ ④ ⑤		
20	① ② ③ ④ ⑤	40	① ② ③ ④ ⑤		

※ 본 답안카드는 마킹연습용 모의 답안카드입니다.

성 명

지원 분야

문제지 형별기재란	
(　　　)형	Ⓐ Ⓑ

수 험 번 호						
⓪	⓪	⓪	⓪	⓪	⓪	⓪
①	①	①	①	①	①	①
②	②	②	②	②	②	②
③	③	③	③	③	③	③
④	④	④	④	④	④	④
⑤	⑤	⑤	⑤	⑤	⑤	⑤
⑥	⑥	⑥	⑥	⑥	⑥	⑥
⑦	⑦	⑦	⑦	⑦	⑦	⑦
⑧	⑧	⑧	⑧	⑧	⑧	⑧
⑨	⑨	⑨	⑨	⑨	⑨	⑨

감독위원 확인
인

PSAT NCS 집중학습 봉투모의고사 답안카드

1	①	②	③	④	⑤	21	①	②	③	④	⑤	41	①	②	③	④	⑤
2	①	②	③	④	⑤	22	①	②	③	④	⑤	42	①	②	③	④	⑤
3	①	②	③	④	⑤	23	①	②	③	④	⑤	43	①	②	③	④	⑤
4	①	②	③	④	⑤	24	①	②	③	④	⑤	44	①	②	③	④	⑤
5	①	②	③	④	⑤	25	①	②	③	④	⑤	45	①	②	③	④	⑤
6	①	②	③	④	⑤	26	①	②	③	④	⑤	46	①	②	③	④	⑤
7	①	②	③	④	⑤	27	①	②	③	④	⑤	47	①	②	③	④	⑤
8	①	②	③	④	⑤	28	①	②	③	④	⑤	48	①	②	③	④	⑤
9	①	②	③	④	⑤	29	①	②	③	④	⑤	49	①	②	③	④	⑤
10	①	②	③	④	⑤	30	①	②	③	④	⑤	50	①	②	③	④	⑤
11	①	②	③	④	⑤	31	①	②	③	④	⑤						
12	①	②	③	④	⑤	32	①	②	③	④	⑤						
13	①	②	③	④	⑤	33	①	②	③	④	⑤						
14	①	②	③	④	⑤	34	①	②	③	④	⑤						
15	①	②	③	④	⑤	35	①	②	③	④	⑤						
16	①	②	③	④	⑤	36	①	②	③	④	⑤						
17	①	②	③	④	⑤	37	①	②	③	④	⑤						
18	①	②	③	④	⑤	38	①	②	③	④	⑤						
19	①	②	③	④	⑤	39	①	②	③	④	⑤						
20	①	②	③	④	⑤	40	①	②	③	④	⑤						

※ 본 답안카드는 마킹연습용 모의 답안카드입니다.

PSAT NCS 집중학습 봉투모의고사 답안카드

성 명

지원 분야

문제지 형별기재란	
(　　　)형	Ⓐ Ⓑ

수 험 번 호						
⓪	⓪	⓪	⓪	⓪	⓪	⓪
①	①	①	①	①	①	①
②	②	②	②	②	②	②
③	③	③	③	③	③	③
④	④	④	④	④	④	④
⑤	⑤	⑤	⑤	⑤	⑤	⑤
⑥	⑥	⑥	⑥	⑥	⑥	⑥
⑦	⑦	⑦	⑦	⑦	⑦	⑦
⑧	⑧	⑧	⑧	⑧	⑧	⑧
⑨	⑨	⑨	⑨	⑨	⑨	⑨

감독위원 확인
인

1	①	②	③	④	⑤	21	①	②	③	④	⑤	41	①	②	③	④	⑤
2	①	②	③	④	⑤	22	①	②	③	④	⑤	42	①	②	③	④	⑤
3	①	②	③	④	⑤	23	①	②	③	④	⑤	43	①	②	③	④	⑤
4	①	②	③	④	⑤	24	①	②	③	④	⑤	44	①	②	③	④	⑤
5	①	②	③	④	⑤	25	①	②	③	④	⑤	45	①	②	③	④	⑤
6	①	②	③	④	⑤	26	①	②	③	④	⑤	46	①	②	③	④	⑤
7	①	②	③	④	⑤	27	①	②	③	④	⑤	47	①	②	③	④	⑤
8	①	②	③	④	⑤	28	①	②	③	④	⑤	48	①	②	③	④	⑤
9	①	②	③	④	⑤	29	①	②	③	④	⑤	49	①	②	③	④	⑤
10	①	②	③	④	⑤	30	①	②	③	④	⑤	50	①	②	③	④	⑤
11	①	②	③	④	⑤	31	①	②	③	④	⑤						
12	①	②	③	④	⑤	32	①	②	③	④	⑤						
13	①	②	③	④	⑤	33	①	②	③	④	⑤						
14	①	②	③	④	⑤	34	①	②	③	④	⑤						
15	①	②	③	④	⑤	35	①	②	③	④	⑤						
16	①	②	③	④	⑤	36	①	②	③	④	⑤						
17	①	②	③	④	⑤	37	①	②	③	④	⑤						
18	①	②	③	④	⑤	38	①	②	③	④	⑤						
19	①	②	③	④	⑤	39	①	②	③	④	⑤						
20	①	②	③	④	⑤	40	①	②	③	④	⑤						

※ 본 답안카드는 마킹연습용 모의 답안카드입니다.